湛庐文化 Cheers Publishing

a mindstyle business

与 思 想 有 关

2015年

中国资产管理行业发展报告

市场大波动中的洗礼

巴曙松　杨倞　刘少杰　等◎著

中国人民大学出版社
·北京·

图书在版编目（CIP）数据

2015年中国资产管理行业发展报告：市场大波动中的洗礼 / 巴曙松等著. —北京：中国人民大学出版社，2015.10

ISBN 978-7-300-21901-1

Ⅰ.①2… Ⅱ.①巴… Ⅲ.①资产管理—研究报告—中国—2015 Ⅳ.①F832.48

中国版本图书馆CIP数据核字（2015）第215765号

上架指导：资产管理 / 金融投资

2015年中国资产管理行业发展报告：市场大波动中的洗礼

巴曙松 杨 倞 刘少杰 等 著

2015 Nian Zhongguo Zichan Guanli Hangye Fazhan Baogao: Shichang Dabodong zhong de Xili

出版发行	中国人民大学出版社		
社 址	北京中关村大街31号	邮政编码	100080
电 话	010-62511242（总编室）		010-62511770（质管部）
	010-82501766（邮购部）		010-62514148（门市部）
	010-62515195（发行公司）		010-62515275（盗版举报）
网 址	http:// www. crup. com. cn		
	http:// www. ttrnet. com（人大教研网）		
经 销	新华书店		
印 刷	北京中印联印务有限公司		
规 格	170 mm×230 mm 16开本	版 次	2015年10月第1版
印 张	29 插页1	印 次	2015年10月第1次印刷
字 数	436 000	定 价	89.90元

中国资产管理行业发展报告
课题组简介

课题主持人

巴曙松 研究员 中国银行业协会首席经济学家，博士生导师
香港交易及结算所首席中国经济学家

课题协调人

杨 倞 兴业全球基金固定收益部
刘少杰 平安证券股权事业部

合作的行业专家（排名不分先后）

余 青 中再资产管理股份有限公司董事长
肖 风 万向控股副董事长、通联支付网络服务股份有限公司董事长
李春平 量鼎资本管理有限公司执行董事
莫泰山 上海博道投资管理有限公司董事长
王 菁 招商银行私人银行部总经理
罗春风 平安大华基金管理有限公司总经理
刘秋明 平安证券副总裁
刘艳华 平安证券董事总经理
陈 恳 梧桐理财网 CEO
刘亦婷 LSUS 资本公司联合创始人、CEO
刘 辉 红塔红土基金管理公司董事副总经理
李 叶 广发证券产品中心总经理
林 华 厦门市创业投资公司总经理
陈力君 美国教师年金基金会（TIAA CRFF）资产管理部董事主管
刘书文 上海衡庐资产管理有限公司董事长
吴荣文 美国某银行集团全球资产负债管理高级总监

合作机构

挖财理财　王志峰、叶捷、陈益纤、郝洋、王晓文、陈琦、张乐章
百瑞信托　石笑东、罗靖、高志杰、陈进
源乐晟投资　王猛
清科集团　符星华、姬利
诺亚财富　刘晓政、蔡真、孙一如
华宝证券研究所　李真
赣江汇　Julian Wang

课题组成员

高　扬　兴业证券固定收益部
周冠南　华创证券资产管理总部
李　科　招商期货
陈　洁　包商银行研究所
刘蕾蕾　中国人民银行西安分行营业管理部
邱思骏　平安信托资产管理部
郭红涛　平安信托金融同业部
黄泽娟　广州证券战略管理总部
黄　杨　深圳证券交易所固定收益部
张　喆　中国证券登记结算有限责任公司基金业务部
张　来　吉富创业投资股份有限公司创投管理部
马文霄　中央财经大学
方　立　中央财经大学
吴　过　中央财经大学
尹海晨　南开大学
张必武　上海财经大学
郭兴邦　上海财经大学
朱茜月　重庆工商大学
胡　北　重庆工商大学

序言 2015

经历市场大波动洗礼的资产管理行业

巴曙松
中国银行业协会首席经济学家，博士生导师
香港交易及结算所首席中国经济学家

2015年以来中国资本市场上最受关注的市场事件之一，莫过于中国资本市场在半年之内再一次走出了“过山车”行情。不同于以往的几轮股票牛市，此次杠杆强化推动下的牛市，行情来势之迅猛，下跌之惨烈，对整个资产管理行业来说不啻是一次没有先例的洗礼。

在中国资本市场高速发展的不同时间节点，资产管理行业作为对市场变化最为敏感的行业之一，必然会相应衍生出许多层出不穷的新现象。但与以往不同的是，一方面，在中国资产管理行业不同领域陆续发生转型量变的过程中，质变也在这几年陆续发生；另一方面，在这些质变陆续发生的同时，除了监管层预期和规划之内的现象和效果之外，一些不同领域之间的变化叠加产生的“化学反应”，带来了一些意料之外的现象。

以此次杠杆牛市“过山车”行情为例，行情巨幅波动的一个重要因素就是场外配资以及不同形式的社会资金大规模进入股市。互联网金融活动的崛起，带动了一大批活跃的社会资金以不同的形式涌入股市；同时，随着银行理财“负债”大规模替代一般性存款负债，银行理财资金相比一般性存款的偏高成本特性造成了理财资金配置的风险偏好明显提升。因此，银行理财资金在投向上也在不断作出新的尝试。在权益市场持续走牛的过程中，固定收益市场的绝对收益持续走低加上权益市场强烈的上涨预期，一些理财资金有强烈的冲动参与到权益市场之中。

面对资产管理行业在资本市场大幅波动下的自我调整，也促使这个行业在经历市场大幅波动的洗礼之后更为成熟。

第一，多元化综合经营需要跨市场的新视角。在分业监管体制下，不同资产管理机构往往由不同的监管机构监管，在不同机构的业务被较为严格的区分、资产管理业务链条复杂度有限的背景下尚可以取得较好的效果，但是，随着“大资管”趋势的逐步确立，各种类型的机构在“转型”和“突围”中积极创新出了各种多样化的业务范围，跨监管机构监管的资产管理机构之间的合作变得愈加频繁，这就要求不同的监管机构也要具有全局思维，不能仅仅考虑自己所监管的机构的风险敞口，还要考虑所监管的机构的风险对于整个金融系统而言会造成何种影响。随着资产管理行业的进一步发展和深化，不论是从监管还是市场分析环节，全局思维将会越来越重要。

第二，市场工具的多元化和复杂化，也促使资产管理机构需要更加熟练地运用不同市场工具来管理市场波动。此轮权益类牛市的一大特征是，逐渐丰富的衍生品开始在资本市场上逐步扮演愈加重要的角色。一方面，衍生品的种类逐渐丰富，交投逐渐活跃；作为杠杆品种，衍生品具有较高的灵敏性，既可以发挥风险对冲的效果，同时也能对市场情绪有一定的引导作用。另一方面，大量的类衍生品（两融、分级、资本市场配资等），对于市场波动的影响力也会放大。

第三，资产管理机构的专业化、差异化在大波动中显得更为重要。在此轮权益市场大幅波动的过程中，我们可以看到，一些资产管理机构顺周期的行为非常明显，部分机构过于“散户化”的思维和“同涨同跌”行为，对于资本市场的稳定非常不利。

此次权益市场的大震荡不是中国资本市场在资产管理行业大发展背景下新现象的终结。未来，随着中国资本市场的快速发展和资产管理行业变革的进一步加深，中国资本市场会有更多的新现象和新常态出现。在当前环境下，资产管理行业的几个新特征同样值得我们重点关注。

第一，随着牌照制度的进一步放开以及整个行业的"互联网化"程度的进一步加深，中国资产管理行业的效率将得到持续的提升。同时，随着进入行业越来越容易，退出也会更加有章可循，行业内资产管理机构的"荣枯"和"迭代"将会加速，病树前头万木春，伟大的资产管理公司也必将在此过程中产生。

第二，随着证券化的进一步推进以及衍生品种类的丰富，中国标准化的融资需求将会越来越多，中国资产管理行业的基础产品市场将会变得越来越丰富，各类机构参与资产管理行业的手段将会变得更为立体和多元。

第三，中国资产管理行业变得越来越国际化。一方面，从中国国家资产负债表的角度来看，外储持有主体和境外投资主体多元化和分散化是中国改善国家资产负债表的必然要求，中国具有境外投资能力和国际化视野的投资管理机构将会越来越多。另一方面，随着人民币国际化的逐步推进和资本项目的有序开放，境外投资机构也将会更多地参与到中国资本市场中。

基于对资产管理市场的思考和总结，2015 年资产管理报告主要分为以下几部分内容：第一部分是行业格局篇，本部分从整个资产管理行业面临的宏观环境出发，对行业发展的脉络与格局进行梳理与思考，对整个行业的内涵与外延做了进一步的梳理与界定，并针对眼下正在发生的、将对整个行业造成深远影响的资产证券化和互联网化浪潮进行了阐述和研究。同时，对于 2015 年 6 月底 7 月初所发生的股市大幅波动，我们也从资产管理行业发展的角度对其进行了解释和探讨。

第二部分是机构专题篇，在行业宏观研究的背景之下，本部分立足于细分行业的中观视角，重点对 2015 年资产管理板块下各子行业进行了勾勒与刻画。在资产管理板块旗下的子行业队伍越发壮大，不同类型机构之间的相互联系也变得更为紧密的状态下，银行、券商等各类资产管理机构积极寻找适合自身的行业定位、业务模式与组织架构，保险行业、信托行业等板块积极谋求转型，以及期货资管等行业积极拓展自身在整个资产管理行业中的发展空间均是本年度行业发展过程中的亮点。

第三部分是全球资产管理篇，2015 年的报告新增了对全球资产管理的研究内容，结合全球宏观经济发展背景，对美国、欧洲和新兴市场资产管理行业发展状况进行考察。希望通过对全球资产管理行业的总体描摹，能让各位读者在关注国内资产管理行业大发展的同时，也能关注和了解全球资产管理行业发展更为广阔的图景。

本年度报告是由我和刘少杰、杨倞负责整体协调组织以及全书的统稿、修订、讨论、出版等事宜，最后由我对全书进行全面修订统稿。各章起草人员为：巴曙松、杨倞、刘少杰起草第 1 章；巴曙松、杨倞、高扬起草第 2 章；杨倞、刘少杰、Julian Wang 起草第3章；刘蕾蕾、方立起草第4章；高扬、马文霄、方立起草第5章；陈洁、马文霄起草第 6 章；邱思骏、黄杨起草第 7 章；杨倞、高扬、吴过起草第 8 章；黄泽娟、张喆起草第 9 章；石笑东、罗靖、高志杰、陈进起草第 10 章；李科起草第 11 章；符星华、姬利起草第 12 章；王猛起草第 13 章；刘晓政、蔡真、孙一如起草第 14 章；李真起草第 15 章；周冠南起草第 16 章；张必武、周冠南起草第 17 章；尹海晨、周冠南起草第 18 章；朱茜月、周冠南起草第 19 章。除了章节作者之外，郭红涛、张来、郭兴邦、胡北对于本书修订、校对亦作出了非常大的贡献。

同时，我们也十分感谢湛庐文化的编辑团队为本书的出版所付出的持续的专业努力。感谢诺亚财富、清科集团、百瑞信托、源乐晟资产、挖财、华宝证券研究所、赣江汇等金融机构和组织，以及肖风、余青、李春平、李叶、林华、陈文、陈恳、陈力君、王春艳、王菁、罗春风、刘辉、刘艳华、刘亦婷、刘秋明、吴荣文、莫泰山、赵新杰、王玉国、王瑞君（排名不分先后）等金融界朋友的帮助和支持。有了他们的鼓励和支持，我们的研究也有了继续前行的动力。当然，本书中的所有观点仅仅代表参与课题研究的研究人员的个人观点，不代表任何机构的意见和看法。虽然研究人员本着专业严谨的态度进行研究，但是并不能保证相关信息的准确性和完整性，本报告中的所述内容和意见仅供读者参考，不构成对所述资产的投资建议。

在市场大变革时期，我们希望本书可以继续抛砖引玉，希望更多的优秀资产管理机构共同参与到对资产管理行业的研究活动中来，共同促进行业的进一步繁荣发展。

是为序。

目录

序言　**经历市场大波动洗礼的资产管理行业**

巴曙松
中国银行业协会首席经济学家，博士生导师
香港交易及结算所首席中国经济学家

第一部分
行业格局篇

01　竞争加剧、效率提升，迎接资产管理行业“百花齐放时代”/ 003
02　杠杆牛市中的资产管理行业检验与反思 / 017
03　资产管理核心商业模式的求索与激辩 / 033
04　“互联网 +”资产管理，大数据智能化的转基因革命 / 049
05　资产证券化酝酿大资管变局 / 079

第二部分
机构专题篇

06　银行资产管理，从适时而生到顺势而变 / 125

07 保险资管，政策红利推动下向全面资管机构转型 / 161
08 权益大行情背景下的公募基金行业观察 / 189
09 券商资管，去通道下的创新谋求转型 / 213
10 转型中的信托业，行业重塑与未来发展 /231
11 期货资管，新生力量的抉择与机遇 / 259
12 新股权时代的私募股权发展格局 / 275
13 移动互联时代私募证券基金的商业模式创新 / 295
14 财富配置新趋势中的高端财富管理 / 307
15 金融产品发展与展望 / 327

第三部分
全球资产管理篇

16 全球资产管理，快速增长下的新趋势 / 351
17 美国资产管理行业发展现状与展望 / 367
18 欧洲资产管理行业发展现状与展望 / 397
19 新兴市场国家资产管理行业发展现状与展望 / 421

后记 / 447

2015

第一部分

行业格局篇

◎ 大资管行业转型逐步进入“深水区”，市场化程度逐步提升。资管行业展开了以逐步降低准入门槛为标志，彻底解放资产管理能力为核心的市场化进程。

◎ 经历了此轮“牛熊过山车”之后，这要求中国的监管部门和各类资产管理机构要在新形势下建立新思维。

◎ 互联网金融的出现推动资产管理行业渠道模式的升级，互联网的渠道优势与资产管理机构的投研能力相结合，对资产管理行业产生了积极影响。

01

竞争加剧、效率提升，迎接资产管理行业“百花齐放时代”

2015

本章导读

- 大资管行业转型逐步进入“深水区”，市场化程度逐步提升。资管行业展开了以逐步降低准入门槛为标志，彻底解放资产管理能力为核心的市场化进程。伴随着资产管理行业市场化程度的提高，资产管理效率将进入一个持续提升的通道。
- 从产业链分析的角度来看，资产管理效率的提升体现在：在基础资产池中，各类标准化的基础产品正陆续被设计和推出，非标准化的融资需求持续向标准化的融资需求转变，融资效率得到改善。另外，随着技术的发展和管制的放松，各类次级融资需求开始逐步被覆盖和满足。
- 从需求端来看，本轮资产管理行业大发展的黄金时代对于更高效的资产管理能力的需求持续增加。从供给端来看，牌照管理制度的持续放开，新的机构、新的产品、新的业务模式等也在持续增加。在供需两端都持续有增量的背景下，传统资管模式难以进一步释放生产力，而快速增加的供给会引发更加激烈的竞争。整个行业在本轮大发展中从质量上都将有所提高。

资产管理行业正经历着从大资管综合经营向核心竞争力提升的转型期。这一时期的主要特征是牌照价值的降低为整个行业带来了更多的机会和竞争，从而激发了行业的活力。对于此种现象，行业普遍将其称为“大资管时代”的到来。实际上，“大资管时代”更多地指的是牌照管理制度逐步放开的第一阶段，即现存金融机构的许可经营范围逐渐被放开，某种牌照对应某类或者某几类资产管理业务的现象被逐渐减弱，各类牌照之间的鸿沟也在逐渐缩小；然而同时，牌照管理制度逐步放开的第二阶段也随之到来，即牌照发放的难度在逐渐降低，市场资产管理业务供给逐步提升。第二阶段正在进行之中，继“大资管时代”真正来临的同时或之后，资产管理行业的“百花齐放时代”也必将随之到来。在这个过程中，行业竞争不可避免地会加剧，同时，资产管理行业的整体效率也会逐渐得到长久提升，最终为行业的真正做大做强奠定坚实的基础，为多层次资本市场的建设打下坚固的基石。

从“大资管”到“百花齐放”：市场化程度日渐加深

市场化是资产管理行业的灵魂，而无论是“大资管”还是“百花齐放”均是行业在逐步摒弃原有牌照管理制度的过程中，市场化程度日益加深所带来的欣欣向荣的现象。一方面，资产管理行业市场化程度加深的过程正是资产管理供给方伴随门槛逐步降低而增加、竞争日益激烈的过程。另一方面，资产管理行业市场化程度加深的过程也是资产管理能力在要素分配中所占的比重逐渐上升，资本等因素在要素分配中所占比重逐渐下降的一种回归行业本源的过程。

以拓宽牌照业务范围为表象，初步打破行业牌照垄断、增加行业供给为核心的“大资管”化进程

严格说来，“大资管时代”算不得特别准确的表述。因为“大资管化”是行业由原有的牌照管理制度开始转变的第一道进程。在此进程中，行业牌照垄断初步被打破，行业供给逐渐增加，牌照所带来的垄断式的超额收益迅速减少（见表 1-1）。

很难定义“大资管化”正式开始的时间，在行业多年发展的过程中，不同牌照的界限一直在被缓慢地侵蚀。例如，券商的资产管理板块的崛起，逐渐分食了公募基金的资产管理业务市场。在资产管理行业某一块业务火热的同时，总有其他类型的资产管理机构希求踏入这个市场从中分一杯羹。然而，这一进程在 2010 年前后迅速加快，随着类信托业务的火爆发展，信托行业的领地先后被券商，乃至公募基金闯入。此后，基金子公司的成立、银行资产管理业务的开展等行业里程碑事件，逐步宣告了行业牌照垄断已逐渐被打破。更令所有人意外的是，以“余额宝”的出现为标志的互联网化的货币市场基金带动了货币市场基金对银行一般性存款和一些理财产品的挑战，不同牌照之间资产管理业务范围的鸿沟正逐步被弥补。

表 1-1　金融行业牌照逐步放开

牌照	数量	监管部门	最初发放时间	现状	主要业务
银行牌照	商业银行 773 家	银监会	–	民营银行逐步放开	储蓄、信贷
信托牌照	71 家	银监会	1984 年	冻结发放	各类信托业务
金融租赁	26 家	银监会	1986 年	–	融资租赁
第三方支付牌照	269 家	中国人民银行	2011 年 5 月	逐步规范管理	网络支付、预付卡的发行与受理、银行卡收单
公募基金牌照	95 家（基金管理公司）	证监会	1998 年	放宽、溢价下降	公募基金、机构业务
基金子公司牌照	67 家	证监会	2012 年 11 月	总体放宽	类信托业务

续前表

牌照	数量	监管部门	最初发放时间	现状	主要业务
基金销售牌照	248 家	证监会	2001 年	–	发售基金份额
基金销售支付牌照	22 家	证监会	2010 年 5 月	成熟一家，批准一家	基金销售支付结算业务
券商牌照	111 家	证监会	1988 年	券商综合牌照已停，专业券商牌照有望开放	证券承销与保荐、经纪、证券投资活动等
期货牌照	161 家	证监会	1993 年	冻结发放	期货交易
保险牌照	135 家	保监会	1988 年	收紧	财险、寿险、万能险
融资租赁	约 1 324 家	商务部	2006 年	–	外商、内资融资租赁
典当牌照	上海 259 家	商务部	1987 年	–	典当业务
小额贷款公司	上海 114 家	省级金融办公室	–	–	无抵押贷款、抵押贷款、质押贷款
融资担保公司	上海 80 家	省级金融办公室	–	–	贷款担保、信用证担保

资料来源：金融行业网，截至 2015 年 7 月，作者整理。

在此过程中，各类资产管理业务的供给迅速增加，牌照所带来的垄断式超额收益在此过程中被迫逐渐降低。例如，二级市场投资业务供给的大幅增加，致使公募基金的工作重心更多地转向了销售和渠道，而在尾随佣金等销售所必须付出的费用方面，公募基金和银行等渠道谈判的能力也越来越弱；类信托业务供给的大幅增加，也迫使信托行业的通道费率一降再降。在此过程中，过去资产管理行业“其他版块”的上下游关系机构，都突然变成了自己这块业务的“门口的野蛮人”，迫使每一家资产管理机构都必须适应更为市场化的竞争。同时，这一过程也改变了不少资产管理机构靠天吃饭的生存逻辑。在不同的经济周期和投资周期背景下，某一块业务好的时候也需要面临更为激烈的竞争，某一块业务差的时候也可以更多地开展其他业务以获取利润。

严格来说，“大资管化”的进程并没有结束，各类机构之间一些不合理的差距也依然存在，要彻底迎来“大资管时代”还需要很长的时间。例如，银行资产管理业务的发展受制于非常大体量的管理资产的转型，净值化、资产估值的更加合理化等进程不可能一朝一夕完成。但不可否认的是，“大资管化”的过程已经逐步跨过了“量变”的门槛，释放出了“质变”的魅力：总体而言，各类资产管理机构在业务范围上已经消除绝大部分“盲点”，在资产管理行业的每一块业务领域上不同机构相互竞争的格局已经初步形成。

以逐步降低准入门槛为标志，彻底解放资产管理能力为核心的市场化进程

相较于“大资管化”的深入推进，推动资产管理行业准入门槛逐步降低的市场化进程则依旧显得更为初步一些：迄今为止，仅有私募基金行业开展了备案制管理制度，其余板块依旧沿用着牌照管理的制度和思路。但是，这并非代表行业准入门槛没有被降低。实际上，在彻底取消牌照制管理体系之前，一些领域已经降低了牌照发放的难度，并扩大了牌照发放的供给。例如，以公募基金为例，自2013年起，牌照发放的速度就已远超从前，基金产品审批发行的数据也迅速增长（见图1-1）。

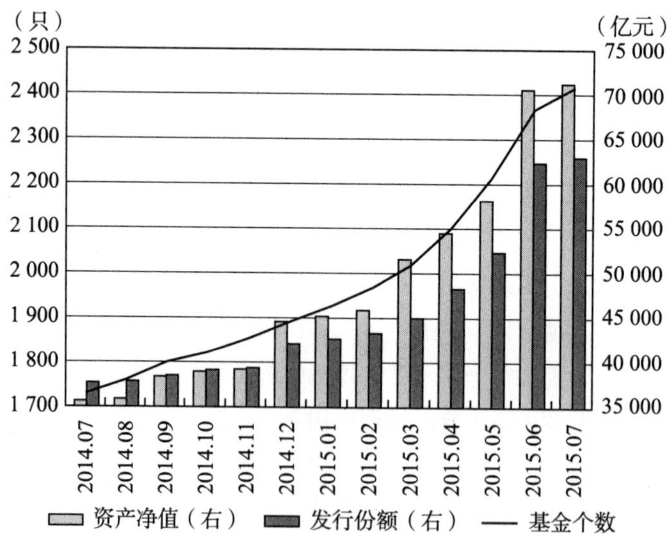

图1-1　公募基金份额及净值增长迅速

资料来源：Wind资讯。

同时,民营银行的放开某种程度上也是对过去行业准入的一种突破。目前，尚不能断论牌照审批的放宽、准入门槛的降低将是彻底取消牌照管理的前兆。但是，已经开展备案制管理的私募基金行业伴随着此轮权益牛市的兴起，迅速展现出“百花齐放”的特征：基金业协会最新数据显示,截至 2015 年 6 月 30 日，私募证券基金的管理规模已达到 12 577.39 亿元。曾经的公募基金行业不少顶尖人士“奔私”大潮,更是从侧面体现出了这一点。在“百花齐放”的局面下，激励和竞争致使各类私募资产管理机构的创新性和活力也远超公募基金公司，不仅仅在投资范围、投资手法上，甚至在商业模式、业务范围等领域，私募资产管理机构也涌现出了不少创新。公募基金行业逐渐不能再完全代表中国二级市场投资的塔尖，甚至在二级市场投资的某些细分领域，私募基金的能力和水准都已经走在了公募基金之前（见图 1-2）。

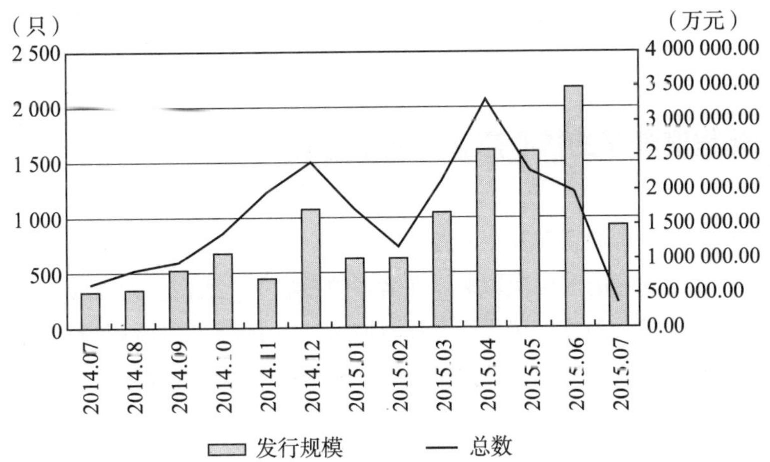

图 1-2　阳光私募发展迅速

资料来源：Wind 资讯。

除以上所说的传统资产管理行业的板块之外，非常值得我们注意的另一个新兴板块：互联网金融板块也在初期较少的准入管理之下，呈现出了“百花齐放”的特征。从资产管理行业的角度来看，在互联网金融板块中，除了纯平台类机构外，绝大多数机构都致力于替代存款、银行理财，甚至是信托产品等业务。虽然对于互联网金融板块机构而言，多数资产端只能限于无法从银行等金融体系获得资金来源的个人甚至是小企业等次级融资需求上，但巨大的创新活力使得这一块原本由正规机构较难做起来的需求转变成了一个容量非常巨大的市场。暂且不论互联网金融因为缺乏规范管理而带来的各类风险，单从行业活力角度来看，暂时处于“弱管制”和“低准入”状态下的互联网金融行业的创新能力和潜力巨大。

回到整个资产管理行业的角度，站在行业规范和管理的立场上，牌照管理制度也具有非常高的合理性和必要性。但在目前这套体系下，制约整个资产管理行业活力发展和潜力挖掘的因素还有很多，全行业最终的“百花齐放”还远远没有到来。但是，至少针对这个问题开始入手，降低市场准入，引入更多的参与者,从而带来市场化程度的进一步加深,则是“百花齐放时代”的一个序曲。未来，相较于“大资管化”进程更为激动人心的资产管理大时代会随之而来。

市场化程度渐深的核心影响：效率提升

资产管理全行业正在发生的各类激动人心的变化，也给整个资产管理行业带来了长足且深远的多层次影响。在诸多的影响中，我们认为最为核心且最为关键的影响则是，随着市场化程度逐渐加深，整个资产管理行业的构架随着中国金融体系的变化而变化，在此过程中，整个中国资产管理行业的效率得到了长足的提升。

中国资产管理行业内涵与外延发生变化

在中国，资产管理行业从来就没有一个清晰的定义和边界，在不断发展的过程中，其内涵和外延也一直发生着巨大的变化。中国资产管理行业曾经较为狭义地指的是，公募基金等二级市场上对股票、债券等产品进行投资的投资管理。此后，中国资产管理行业逐步纳入了券商、信托、银行理财、第三方财富管理等内容。如今，我们所定义的资产管理，其概念应当跳出机构视角的范畴，指的是居民、企业等存在资产配置与管理等需求的主体进行资产的配置与管理的行为。在整个资产管理的产业链上，应当分为基础资产、金融产品、金融机构、销售渠道及投资者 5 大类主体，这 5 类主体互相影响，相互之间供需关系的变化都会对整个资产管理行业产生重要影响（见图 1-3）。

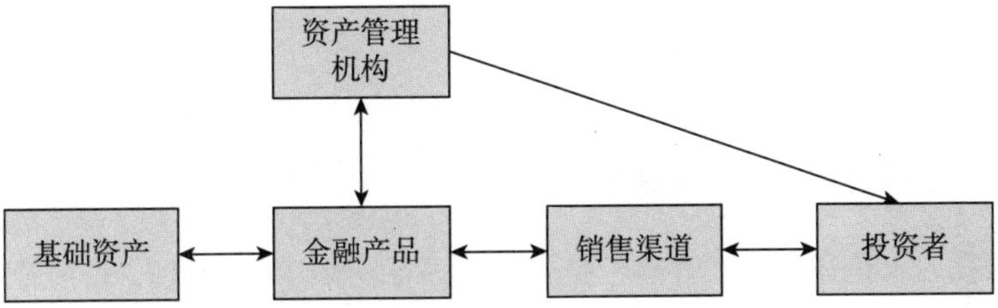

图 1-3　中国资产管理机构产业链结构

基础资产是资产管理产业链中的最底层，它是对实体经济投融资需求的反应，既可以是一个直接的融资需求，也可以是被标准化了的融资需求（即基础产品，如债券、股票等），还可以是基于标准化了的融资需求（基础产品）之上产生出来的衍生品。这几大类资产是中国资产管理产业链中的基础资产，是将实体经济中的融资需求转化为投资品种的关键环节。

资产管理机构和金融产品在资产管理行业产业链中处于中枢的核心地位。资产管理机构设计、管理并销售金融产品；而金融产品是连接投资者和基础资产之间的环节，投资者投资金融产品，金融产品再投资于基础资产，各类机构的资产管理能力就蕴含在金融产品投资基础资产的这一过程中。其事后的效果，即给投资者带来的回报，影响着投资者对于设计、管理并发行这一金融产品的资产管理机构的评价和再次选择。

并非每一个资产管理机构都具有非常强的销售能力，因此，在资产管理产业链中，销售渠道也是非常重要的一个主体。过去，银行和券商因为网点较多，客户资源较丰富，在整个产业链中扮演了分销商角色。随着行业的进一步扩大，分工也更加深入和细化，投资者群体在选择广阔的投资品种之时，也面临着非常严重的专业性不足或信息不对称等问题。因此，一些并不直接进行金融产品生产、投资的机构也慢慢出现并壮大，它们在帮助投资者选择金融产品，为投资者提供知识、建议等一系列协助的过程中，逐步具备了财富管理的功能。近年来，逐渐发展壮大的第三方财富管理机构、私人银行部门即是此类。

投资者是这个行业的最终端，是满足基础资产所代表的融资需求的最终资金来源。他们根据从金融产品这一端反应出来的回报和可利用资金的数量，作出自己的投资决策和理财规划。

中国资产管理行业效率得到提升

根据以上论述的资产管理产业链分析框架，我们可以发现，资产管理产业链实质上是中国投融资体系中非常重要的一个组成部分。资金从一般性存款转换到货币市场基金或银行理财中，并非完全是资产管理行业逐步壮大的过程，同时还是中国资产管理行业效率逐步提升的过程。因为货币市场基金、银行理财产品等金融产品相对于一般性存款这类金融产品而言，其管理的精细化程度有明显提高，不仅带给投资者更高的回报，同时对整个社会也起到了帕累托改进的效果。

因此，我们对于中国资产管理行业发展趋势的最主要判断就是：伴随着中国资产管理行业市场化程度的提高，中国资产管理行业的效率将进入一个持续提升的通道中，并且这种提升的效率也在加速的过程中。

从产业链分析的角度来看，这种效率的提升可以从以下几个方面来看。首先，在中国的基础资产池中，各类标准化基础产品正陆续被设计和推出，非标准化融资需求处于持续向标准化融资需求的转变中，相关衍生品也陆续出现并被交易。融资需求“非标转标”的一个巨大优点就是，尽可能地降低了信息的不对称性，不仅使得可以满足该笔融资需求的投资者群体变得更为广阔，而且使得每满足一笔融资需求的时间也变得大幅缩短。另外，基础资产这一端效率提升的另一个重要标志是，随着技术的发展和管制的放松，小贷企业、互联网金融企业也逐渐开始满足过去难以被满足的次级融资需求——小企业、个人融资需求等，整个社会的投融资体系也因此变得更加完整（见表1-2）。

表 1-2　近年来金融产品创新统计

类型	大类	细分
风险转移型	期货	国债期货，包括五年期 TF 合约和十年期 T 合约股指期货，先后推出了 IF、IH 和 IC 三个合约商品期货，焦煤期货、鸡蛋期货以及将要推出的原油期货等
	期权	股指期权，沪深 300 股指期权、上证 50 股指期权、中证 500 股指期权 3 只产品上市个股期权，尚在仿真测试阶段
增加流动性型	资产证券化	信贷资产证券化改备案制，2014 年下半年提速企业资产证券化实行备案制，发展迅速
	同业存单、大额存单	银行业金融机构向金融部门和非金融部门主动负债工具
信用创造型	债券品种创新	新公司债（大公募、小公募、非公开）、中小企业私募债、PPN、永续债、永续票据、项目收益债、项目收益票据等
	票据	票据发行便利
股权类	股权类工具	可交换债等

资料来源：课题组。

其次，从资产管理机构和金融产品的角度来看，资产管理机构之间更加激烈的竞争倒逼各类资产管理机构努力开展各类创新。一方面，各类资产管理机构积极地深入挖掘各类投融资需求，并在金融产品的设计、销售方面进行创新，更精细地将“风险 - 收益”偏好相近的融资需求和资金进行更精准的匹配。另一方面，一些资产管理机构在股权以及激励机制等方面也主动或被迫作出改革，给予资产管理能力要素更为可观的分配比例，以激发更优质的资产管理能力的可能性。从更为宏观的层面来看，近两年，无差别沉淀在一般性存款里的资金有了较为显著的迁徙，大趋势是会从一般性存款中转移出来后主动分配到各类其他金融产品中（见图 1-4）。

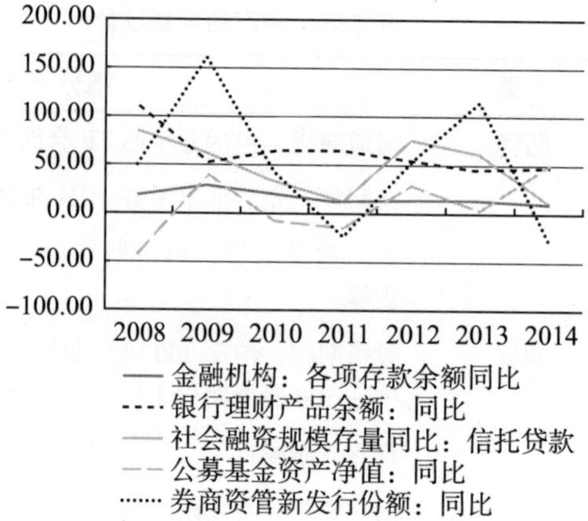

图 1-4　各类理财产品增速明显高于存款

资料来源：课题组。

从销售渠道的角度来看，效率的提升一方面指的是第三方财富管理及私人银行部门的兴起相对于过去被动的销售过程，在消除信息不对称、需求匹配方面有了较大的提升。另一方面，互联网金融在销售平台的建设方面取得了巨大进展，也削弱了以银行网点为主的传统销售渠道相对于投资机构的谈判地位。如果一款金融产品具有非常好的业绩，就能够有更广阔的渠道进行宣传，其各类信息也更容易到达到每一位投资者手中。

最好的时代：当前是中国资产管理行业大发展的又一个黄金时代

可以说，一直以来中国经济的快速发展所带来的巨大的融资需求是中国资产管理行业在过去很多年里持续发展的根本基础，但是，融金是通过庞大但效率偏低的间接融资体系完成的，这使得资产管理全行业的发展也一直处于较为缓慢的过程中。可以说，中国资产管理行业的发展过程，也伴随着中国直接融资市场的发展过程。

此次，叠加了直接融资市场发展的积累和各类市场化改革程度加深的效应，中国自2014年以来货币政策的逐步放松，利率水平趋势性下行，固定收益市场和权益市场相继迎来牛市的格局也为中国资产管理行业的发展添加了极大的助力。尤其是2015年以来，中国利率水平持续处于低位，成本依旧较为刚性的各类固定收益类产品管理难度和压力增大，商业银行较为粗放的固定收益投资模式难以为继，寻求更高效的资金管理能力成为市场上共同的需求。另外，权益市场的持续走牛吸引各类资金持续进入，也给权益类投资机构带来了极大的机会。尽管中国资产管理机构在不少方面仍受制于制度的不合理性，但在较为有利的外部市场环境下，逐步进行中的改革也激发了市场极大的热情和活力，中国资产管理行业大发展的又一个黄金时代来临。

本轮“黄金时代”是资产管理供需两端齐发力

此前，中国资产管理市场的各个子行业也曾面临属于自己的“黄金时代”，如2007年前后的公募基金行业，2007—2011年前后的私募股权投资行业以及2009—2012年间的信托行业等。在这些时间段里，市场对于此类资产管理的需求迅速增加，而资产管理供给端却基本维持着较为有限的状态。此种“不均衡”背景下的行业牛市所带来的结果是，资产管理机构不需要思考如何去提升效率和管理能力，只需要依靠牌照并进行简单的业务复制就可以获取非常高的利润回报。这种“大发展”实质上是一种被动的、“靠天吃饭式”的发展模式，行业牛市更是会将很多问题掩盖至需求骤然减弱之时再集中爆发，这种状况对于整个资产管理行业的发展而言难以称之为是最好的时代。

本轮资产管理行业大发展的黄金时代主要指的是，从需求端来看，因资产管理市场难度的增加，对于更高的资产管理能力的需求持续增加；而从供给端来看，牌照管理制度的持续放开，新的机构、产品、业务模式等也在持续增加。在供需两端都持续有增量的背景下，降低此前简单的业务复制就可以获得巨大的盈利，而快速增加的供给会引发更加激烈的竞争。整个行业在本轮大发展中从量与质上都有所提高。

02

杠杆牛市中的资产管理行业检验与反思

2015

本章导读

- 在中国资产管理行业急速发展的背景下，各类资产管理行业的改革和产品方面的创新实际上都对本轮资本市场的走势造成了极其巨大的影响。
- 从资产管理机构大发展、金融创新持续深化的角度来看，市场杠杆化、立体化的特征以及证券化不足的现状构成了此轮股市大幅波动的根本原因。其中，证券化程度不足是在宽松的货币政策条件下吹起泡沫的根本原因；然而，互相关联的杠杆化和立体化特征则是此轮股市急涨急跌的重要推手。
- 从风险维度来看，资产管理行业的大发展和金融创新的持续深化，改变了很多市场内在运行的机理。从风险维度来看，风险产生的原因和传导的路径也会因此发生重要改变。
- 经历了此轮“牛熊过山车”之后，从风险控制的角度来看，相较于中国资产管理机构大发展和金融产品创新的快速发展，中国的监管和资产管理机构对内外部风险的控制能力还远远跟不上，这要求中国的监管部门和各类资产管理机构要在新形势下建立新思维。从监管机构的角度来看，此轮股市的大幅波动直接暴露出分业监管的弱点。从各机构内部风险控制的角度来看，此轮股市大幅波动的风险提示了逆周期思维的重要性。

2015 年，权益市场在半年的时间内就经历了一轮剧烈的波动。自 2014 年 11 月以来，股市在一段时间内的急剧上涨唤醒了整个资本市场对权益牛市的记忆。此后，从 2015 年 2 月开始，权益市场在经历了一段时间的调整之后开始持续上行，在整个市场对于牛市的一致预期的基础上，短短的 4 个月时间就走过了 2 000 多点的涨幅。至 6 月 12 日，股市达到了 2015 年 8 月以来的最高点，5 128 点。

此后，市场的逆转如同此次上行一样让整个市场感到难以预测。从 6 月 15 日开始，股票市场开始下行，此后迅速演化为“断崖式下跌”，在不到一个月的时间内由 5 128 点下跌至 3 373 点，跌幅高达 35%，市场又基本上回到了 3 月初的水平。

从此前的波动历史来看，中国权益二级市场向来“牛短熊长”，牛市的来去一般都会呈现出剧烈波动的特征。但是，如 2015 年上涨之迅猛、下跌之惨烈，在中国资本市场不长的发展历史中也是不多见的。尤其是在 7 月初之后，股市进入急速下跌的通道区间，不论是市场还是各级监管机构都对此高度关注，认为其有金融危机之虞；救市措施频繁出现，这些现象在中国资本市场发展的历程中就更为罕见。

关于此次权益市场的巨幅波动，市场在这半年内从各类角度都作出了多样化的解读。然而，资本市场的主流参与者依旧是市场上各类资产管理机构；在中国资产管理行业急速发展的背景下，各类资产管理行业的改革和产品方面的创新实际上都对本轮资本市场的走势造成了极其巨大的影响。本章致力于从行业大发展的角度对本轮股市的大幅波动进行分析和解读。

此次权益市场的牛市起源部分来自经济转型的预期，但更多的是资金面及牛市一致预期的推动使然

中国经济转型已经持续多年，经济增速逐渐步入“中档”区间。近两年，中国经济增长依旧处于转型过程中持续探底的过程，在旧经济模式逐渐被放弃后，新的经济增长模式正在逐步成为拉动整个经济增长的引擎（见图 2-1）。

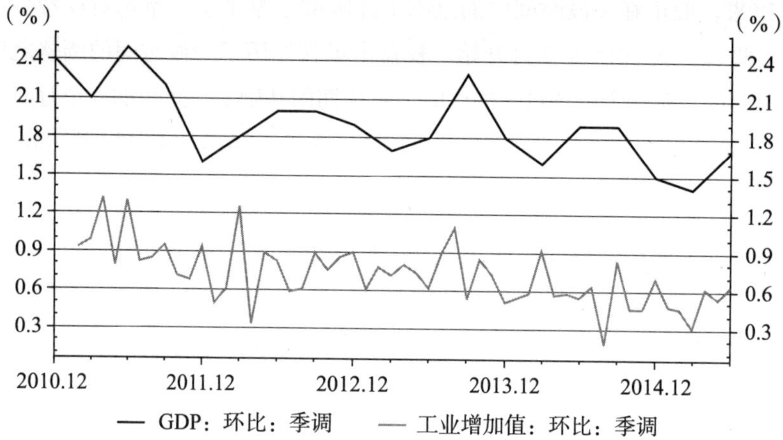

图 2-1　经济基本面逐步下行

资料来源：Wind 资讯。

从中观角度来看，中国政府的资产负债表和上市公司企业的资产负债表也处于持续恶化的状态，杠杆比例在近几年内呈现出持续上行的趋势。非金融企业债务占 GDP 的比重从 2006 年的 100% 上升到 2014 年的 152%。

从企业盈利的角度来看，上市公司的盈利水平并没有持续提高的迹象。工业企业利润总额累计同比数据从 40 000 亿元后的高峰 119% 一路下滑至 2015 年 6 月的 −0.7%（见图 2-2）。

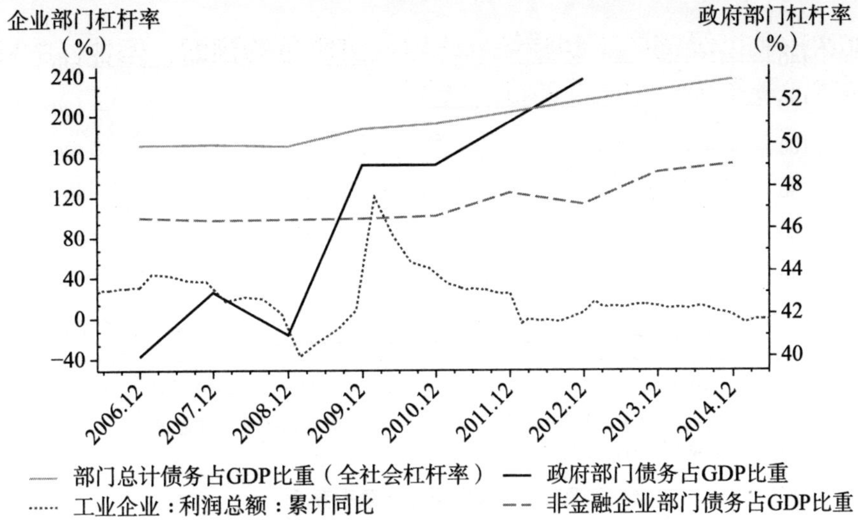

图 2-2 杠杆率不断上升，企业盈利能力逐步下滑

资料来源：Wind 资讯。

因此，从基本面的角度我们可以看出，此轮权益市场的牛市部分来自经济转型的预期；从市盈率的角度来看，截至 2015 年 6 月 12 日，中国主板市场、中小板市场和创业板市场的滚动市盈率（TTM）分别为 33.1 倍、84.11 倍和 143.98 倍，经过本轮上涨后已经处于绝对高点，远高香港主板市场 11.84 倍。哪怕是经过一轮急剧的下跌，中国权益市场平均市盈率依旧高企，主板、中小板和创业板动态市盈率分别为 23.34 倍、56.9 倍和 92.78 倍（见图 2-3）。

对于本轮牛市上涨，更多人的解读来自资金面。央行为了支持经济的转型和发展，采取了较为宽松的货币政策，截至 2015 年 7 月已经进行了两轮降准和三轮降息。

宽裕的资金面为中国股票市场提供了上涨的资金基础；同时，市场在多放因素的共同作用下迅速形成了对权益市场将步入“超级大牛市”的一致预期，加剧了多方资金迅速涌入股票市场，进而推动股票市场迅速上行。

图 2-3　A 股市场市盈率高企

资料来源：Wind 资讯。

银行资金杠杆化流入股票市场是本轮权益市场“大牛市”的一大特征

在资金面宽松以及对牛市的一致性预期推动下的权益市场，其上涨幅度及速度与资金流入股市的量和速度直接相关。在本轮权益牛市中，受益于资产管理行业的大发展和各类金融产品创新，各类资金流入股市的通道更加畅通，直接推动了股票市场在 2015 年 6 月中旬之前几乎不带调整的剧烈上涨。同时，一旦对牛市的一致性预期被打破，因抱有投机性目的进入股票市场的众多资金又会出现恐慌性、踩踏式出逃现象，进而带动股票市场在剧烈上涨之后的快速下跌。

本轮权益市场“大牛市”的一个非常重要的特征就是“杠杆性”，而给诸多投机者充当杠杆支持的资金则多数来自银行。虽然从理论上来讲，中国禁止银行资金进入股市，但对于本轮剧烈的涨跌，银行资金无疑在其中扮演了非常重要的角色。

各类金融创新为银行资金流入股市提供了丰富的选择和可能性

总的来说，银行资金进入股市主要包括以下几类渠道。

第一，结构化配资。结构化产品一般分为优先端和劣后端，优先端类似于固定收益产品，获取固定利率的回报；而劣后端是在扣减应付给优先端的固定利率之后，承受余下的收益或者亏损。在中国，结构化产品的广泛发展是银行资金流入股票市场非常重要的渠道之一。结构化产品普遍分布在基金专户、信托、券商资管等资产管理板块中，产品种类涵盖直接的二级市场中的股票投资产品、打新产品、定增产品、员工持股计划产品等。更为广泛地看，分级基金也是结构化产品的一种，而伞形信托则是结构化产品的深化——在一个母信托旗下挂靠多个子信托单元，不仅可以肆意放大杠杆倍数，还可以规避原本针对信托账户的其他监管和风控限制。

由于在结构化产品中的优先级产品披着“固定收益类产品”的外衣，使得一些商业银行一度在权益市场大幅走牛的过程中，将投资优先级产品作为投资重点。关于这一部分入市的银行资金规模，目前还没有一个较为权威的数据和说法，但是普遍认为规模应当在万亿元级别，甚至数万亿元之多。从 2015 年公募基金分级基金成立的数据也可见一斑（见图 2-4）。

第二，券商各类融资工具的发行。基于融资融券等业务的发展以及股市的走牛，券商在 2015 年上半年纷纷选择了加杠杆以应对牛市。券商收益凭证、券商短融、券商公司债、券商次级债等各类券商融资工具在 2015 年上半年较为密集的发行，而这部分品种的最终购买方很大一部分来自银行。这部分资金流入券商后，不少最终流向了股票二级市场（见图 2-5）。

第三，两融收益权和股权质押融资收益权转让。融资融券是中国较为官方和规范的杠杆类品种，而股权质押融资是 2015 年以来很多上市公司甚至非上市公司进行融资的一个非常重要的手段。作为 2015 年较受关注的非标准化品种，两融收益权和股权质押融资收益权是较受商业银行欢迎的品种。券商通过两融和股权质押融资让资金流入股市，同时又将收益权转让给银行，而链条实际上又传导到了银行。

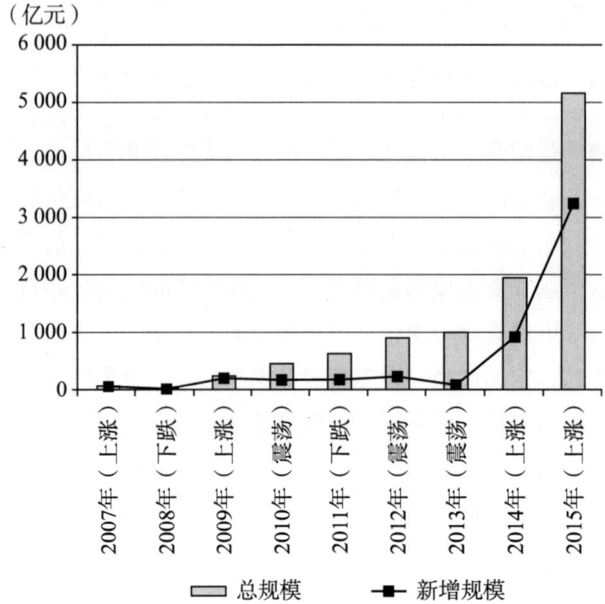

图 2-4　分级基金规模增长迅速

资料来源：Wind 资讯。

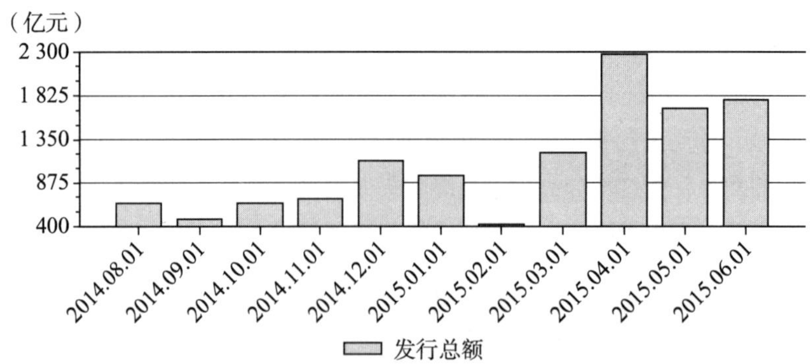

图 2-5　券商短融、次级债、公司债发行规模合计

资料来源：Wind 资讯。

第四，信贷资金违规入市，民间配资难以监管。信贷资金违规入市是每一轮牛市都不可避免的问题。但在经济形势不佳、权益二级市场却走牛的背景下，这种情况可能会显得更为普遍。例如，一个在银行尚有授信余额的企业在使用贷款从事本业利润有限的情况下，完全可能有强烈的冲动将贷款从银行贷出，并将其投入股票市场以便博取更高的收益。同时，在股票市场持续走牛时期，民间配资活动也异常活跃，很多实际上根植于券商和期货营业部周边的民间配资行为难以被掌握和监管。这部分民间配资资金甚至可能是来自某个大型企业从银行的贷款，经过几轮转手之后，以高于贷款利率数十甚至上百 bp 的价格配资给各种风险偏好强烈的投机户。另外，2015 年银行消费贷款发放也较为普遍，很多消费贷款被审批并放款之后，也最终流向了金融产品或直接流入了股票市场。

同时，较缺乏监管的 P2P 行业也成为民间配资的重要资金来源。由于 P2P 行业存在规范性较差、监管较难、资金流向难以监控等特点，各类 P2P 平台的借款方实际上有一部分资金也流入了股票市场。

理论上而言，股票市场是一个波动较为剧烈、“风险 - 回报”较高的市场，投资于股票市场的资金应当是风险承受能力较强且回报收益较高的资金。但在此轮市场上涨的过程中，由于资产管理行业的大发展以及行业的金融创新，使得大量“风险 - 回报”相对较低的资金在“类固定收益品种”的外衣的掩盖下也进入了股票市场中，对于股市的大幅涨跌起到了助推器的作用。

中国商业银行理财资金长期定位模糊是放任银行资金流入股市的重要因素

深究本轮银行资金流入股市的原因，商业银行理财产品长期定位模糊，是放任银行资金流入股市的重要因素之一。自 2005 年中国商业银行理财产品出现起，便持续处于快速成长和发展的过程中。截至 2014 年年末，中国商业银行存续理财产品共计 55 012 只，总额为 15.02 万亿元。然而，尽管商业银行理财资金规模在短短几年中有高速的发展，但是，对商业银行理财资金的性质的定位却一直处于“悬而未明”的状态中。一方面，商业银行理财资金在银行内部一直被视作“理财负债”，虽然其一直在商业银行表外运行，但绝大部分理财产品却在长期遵循着“保本保息”的原则。另一方面，商业银行理财的投资产品属性又迫使其收益率水平长期维持在偏高的位置，具有同其他银行理财产品以及其他类型的资产管理产品进行对比的需求，使得商业银行理财资金需要不停地主动发现市场上各类投资机会，在尚且允许的范围内尽量参与进去，因此风险偏好相较于一般性存款负债而言要高很多。

商业银行理财资金的性质定位一直处于“悬而未明”的状态，这对于商业银行理财的运行而言实际上是一把双刃剑。一方面，其可以享受更大的自由度和更大的政策红利，估值方法可以自由切换，风险控制主要基于本行，可以实行类资金池的管理模式，不同产品之间可以通过实际的相互交易来防范收益的大幅波动和短期风险的到来。另一方面，其也需要承担更大的责任，保本保收益的要求对于绝大部分商业银行理财资金而言就是一道不可逾越的政策红线，但是，时刻保证在市场上实现较有竞争力的高收益也是每个商业银行资产管理部门或理财管理部门必须直接面临的问题。

因此，在近几年内，商业银行理财产品方面的风险控制多数主动选择了控制可测算的风险，并与系统性风险绑定的策略。如前几年理财产品大规模进入房地产和平台融资以及 2015 年商业银行理财选择通过结构化方式进入股票市场等。尤其是自 2014 年年初起，中国固定收益市场的收益率水平一路下行，在信用风险控制存在一定标准的商业银行理财部门无法用纯粹的标准化固定收益产品投资来弥补自身相对刚性的理财成本。最终结果就是，当权益市场开始走牛之后，再加上一些预期因素的影响，商业银行理财部门主观上也会较为回避逆周期的风险控制思维，选择参与权益市场以解决其较为紧迫的收益率水平之急。

随着衍生产品的丰富，资本市场“跨市场互动”特征越发明显

自 2009 年以来，中国金融衍生产品逐渐出现并丰富，这使得中国资本市场的“立体化”程度相较于此前有了大幅提高。此处的“立体化”指的是，一方面，随着衍生品种类的丰富，更多的资产管理机构，如期货公司等，亦可以参与到股票市场中；另一方面，随着衍生品种的丰富，资本市场的不同板块联

动的渠道和方式开始增多，协同反应变得更加全面和立体。

不同于上一轮权益类牛市，股指期货品种在此轮权益市场大震荡的过程中扮演了非常重要的角色，期货市场的多空头之争在很多时候直接影响了现货市场的情绪和判断。在衍生品逐渐丰富，股指期货和国债期货等金融期货类产品市场参与度越来越高的背景下，以下几个市场特征显得较为明显。第一，市场情绪较易由金融期货市场传导至现货市场，在期货市场出现较为突然的涨跌之后，现货市场的跟随效应会显得异常明显。第二，随着金融期货市场的参与度和关注度越来越高，“谣言市”特征在本轮权益市场大震荡的过程中异常明显。再加上本轮资金市的特征，盘中谣言往往会率先带动期货市场作出剧烈反应，进而影响现货市场情绪，并影响整个市场在一定时间内的走势。

正因如此，期货公司在此轮权益市场大行情下的参与度和受关注程度，要远远高于以往任何时期，这对中国期货行业资产管理业务的发展和推动也是非常有益的。与此同时，由于结构化产品类似于一个非标准化的衍生品，商业银行此轮通过结构化产品参与到权益市场中亦是通过类似的金融创新完成的。可以说，通过标准化或非标准化的衍生品设计和发展，此轮权益类大行情的受关注程度远高于以往，资本市场“立体化”特征越发明显。

从“立体化”的另外一个维度来看，2015 年 7 月 8 日这一天对于市场的“立体化”而言，亦是非常重要和非常值得纪念的一天。这一天的重要之处在于，在股票市场连续大跌之后，从理论上而言，宽松的资金面必将驱动市场避险情绪上升，债券市场也相应持续上行。但在经历了此前几天的债券市场连续上涨之后，7 月 8 日下午，原本上午还大幅上行的国债期货突然剧烈跳水，尔后带动债券现货市场一波恐慌性抛盘。盘点原因，一些观点认为是因为 A 股市场暴跌，加上商品期货受到影响大幅下行，保证金补仓压力迫使不少国债期货持仓者砍掉手中的国债期货仓位对股指期货和商品期货进行保证金回补；而债券现货市场在面临国债期货莫名的暴跌时一时间不知所以，引发了大量抛盘。尽管在接下来的交易日里，债券现货和国债期货顺利回涨，但这个案例充分体现了在衍生品逐渐丰富的过程中，资本市场不同板块之间的联动变得更为紧密，其信号传导的方式也变得更加多元。此次联动在中国过去的资本市场上是很难实现和被观察到的，然而在未来，这类联动将会变得越来越具体和丰富，整个资本市场的协同反应将会变得更加全面和具体。

在融资结构调整过程中，资产证券化程度不足亦容易催生资产泡沫

在中国金融市场上，间接融资一直是中国主要的投融资渠道，然而近年来，中国的直接融资市场也有了长足的发展和进步。但在中国金融市场以间接融资为主向以直接融资为主转变的过程中，中国资金端的“脱媒”过程要领先于资产端的“证券化”过程，该项特征直接决定了在眼下中国的资本市场中，一旦“非标准化”的融资需求得到一定遏制，只要流动性状况还相对宽松，被证券化了的标准化的融资需求极易被催生出资产泡沫。

中国持续多年的间接融资为主的格局以及商业银行传统的吃“息差”为主的盈利模式，直接决定了中国一般性存款的利率维持在相对较低的位置难以抬升。某种程度上而言，这种回报方式很难让一般性存款的储户充分分享社会经济发展的收益。因此，当其他更有吸引力的备选项出现后，中国资金的“脱媒化”过程亦开始呈现出加速推进的状态。

从渠道来看，在中国资金的“脱媒”过程中，对一般性存款替代性最强的几类产品依旧是偏固定收益型的产品，如银行理财、货币市场基金、信托等。其中，2013 年因互联网化而带动的货币市场基金大发展，同时还倒逼了银行理财的“T+0 式”改革。现在，中国银行、浦东发展银行等多家银行亦推出了“T+0 式”流动性管理型理财产品，从而与货币市场基金相抗衡，避免坐以待毙。

与资金端“脱媒化”加速不匹配的是，中国资产端的证券化程度的远远不足，致使中国现有的证券化资产极其容易在宽松的货币政策的影响下走向泡沫化。第一，中国资金“脱媒化”后进入的主要渠道，如银行理财、货币基金等，基于监管等要求仍需要大规模配置具备流动性的标准化证券化资产。中国固定收益市场依旧以债券市场为主，现有债券存量中的国债、地方政府债券及政策性金融债等有政府信用做支持的券种占了绝大多数，信用类品种的供给相对非常有限。在较为宽松的货币政策环境下，当债券收益率因购买力过于强大而持续下行到一定位置后，社会资金的风险偏好将会提升，有助于影响资金选择进入权益类市场。第二，当资金大规模涌入权益市场后，中国非注册制的股票市场自我调节能力偏弱，难以通过供给的变化对不合理的资产价格进行调整，极其容易在资金面的推动下再次形成股票市场泡沫。

从风险控制的角度来看，在资产管理行业大发展和金融创新深化推进之后，此轮权益市场剧烈波动凸显分业监管下强化监管协调的必要性

从资产管理机构大发展与金融创新持续深化的角度来看，市场杠杆化、立体化特征以及证券化不足的现状，构成了此轮“股市大幅波动”的根本原因。其中，证券化程度不足是在宽松货币政策条件下吹起泡沫的根本原因；然而互相关联的杠杆化和立体化特征，则是此轮股市急涨急跌的重要推手。

从风险维度来看，市场新特征下的风险亦呈现出新特征。资产管理行业的大发展和金融创新的持续深化，改变了很多市场内在运行的机理，这个特征决定了风险产生的原因和传导的路径也会因此发生非常重要的改变。

此次股市大幅波动，杠杆化和立体化虽然是市场呈现出的两种特征，但其本质却高度统一。一方面，高杠杆化是衍生品一个非常重要的特征，衍生品的风险和危害相对比较容易被大家认识。但另一方面，从某种程度上看，各类结构化产品本身就是一种非标准化的衍生品。同时，这类衍生品与标准化衍生品相比，给资本市场带来的风险其实更大。首先，结构化产品直接进入现货市场进行买卖操作，对于整个市场的影响更加直接。其次，结构化产品平仓并不如衍生品平仓容易，尤其是在 6 月底 7 月初这段时间内，市场在连续负反馈中持续抛盘，很多股票开盘即跌停，整个市场流动性高度匮乏，结构化产品原有的安全设计在此市场行情下形同虚设。再次，不同于标准化衍生品可以直接进行多空化的表达，结构化产品优先端的资金成本会偏向于推动产品的偏多头风格操作，容易造成整个市场多空力量制衡的局面被打破。

除了高杠杆导致的市场剧烈涨跌之外，此轮股市大幅波动也呈现出了高传导性的特征。在这一轮权益大行情中，由于各类资产管理机构参与程度超乎以往，因此在股市大幅波动期间，此轮股市在短期内的迅速大幅下跌对于各类金融机构的冲击程度也要超过以往。以股权质押融资业务为例，上市公司开展股权质押融资业务多数选择在股市较高的位置进行，因为进行折扣换算后上市公司可以融入的资金将会变得更多。但在股价断崖式下跌的同时，股权质押融资却又非常容易被击穿。由于不少股权质押融资的收益权被券商转卖给了银行，因此风险链条又传导到了银行。

不仅如此，作为资本市场“排头兵”的券商，在此轮权益类大行情中通过或明或暗的各项业务，深度参与到了此轮权益牛市中，并且部分券商将自身与市场风险深度绑定。若股票市场并无“救市”，继续缩量暴跌，难免会有证券公司将因此覆灭。但是，由于证券公司各项融资工具的密集发行，市场上多数机构都或多或少持有证券公司的短融、公司债、受益凭证、次级债等融资工具，因此一旦有证券公司出现问题，那么对整个市场中各类机构的波及程度也将超乎以往。

从风险控制的角度来看，必须构建全局性和逆周期思维。经历了此轮“牛熊过山车”之后，从风险控制的角度来看，相较于中国资产管理机构大发展和金融产品创新的快速发展，中国的监管和资产管理机构内外部风险控制能力还远远跟不上，这要求中国的监管部门和各类资产管理机构在新形势下必须建立新思维。

从监管机构的角度来看，此轮股市大幅波动风险，直接暴露出分业监管体制下强化监管协调的必要性。在资产管理行业不断发展的过程中，不同类型的资产管理机构相互渗透、合作的密切程度已经远远超出过去任何时期。但在中国的监管层面，却依旧维持了分业监管的监管模式。这就容易造成监管层在对风险进行把控和摸底时，并不一定能够真正掌握实际风险的全貌，从而据此作出正确的应对措施和抉择。

例如，对本轮行情的驱动，银行资金杠杆化进入股票市场是非常重要的原因之一，但是，证监部门并不能完全掌握这些数据并及时了解最真实的情况。但对于银行业的监管部门而言，这些业务的规模和风险可能因为对银行业本身影响有限，而难以得到足够的重视。在监管部门之间存在分立和缺乏交流的前提下，很多风险只有被积累到了一定程度才能够被重视；而当这些风险暴露后，仅靠一个监管部门又难以全局性、系统性地将其解决。因此，从中国监管机构的角度来说，此轮股市大幅波动之后，如何构建全局性的思维和机制，进行相关的顶层设计和改革，将是应对中国日新月异的资本市场的过程中一个非常重要的议题。

从各机构内部风险控制的角度来看，此轮股市大幅波动风险提示了逆周期思维的重要性。在此轮权益二级市场的大起伏中，各家机构内部的风险控制问题也被暴露得一览无余。其中一个非常重要的因素就是在一波大行情下，风险控制部门并没有充分、冷静地对市场风控进行真正有效的评估，而是采取顺周期的思维——假设市场将会持续走牛，并据此作出相关的风险判断。实际上，当市场骤然转向时，我们可能会发现此前所有的风控假设的依据都要全部被修改。因此，对于各类机构的风险控制部门而言，此轮股市大幅波动风险也充分提示了逆周期思维的重要性。

03

资产管理核心商业模式的求索与激辩

2015

本章导读

- 对于资产管理机构来说，如何在日益激烈的行业竞争中厘清自己的优势并选择好自己的战略定位至关重要。资产管理机构选择战略定位的关键要基于自己的核心竞争力。企业文化也是构建资产管理核心商业模式的重要基石。核心商业模式最终需要更深入地从资产管理的源头去挖掘、把握企业的价值。
- “投行+资管”的模式是在资产管理行业中全产业链的布局。在投行和资管机构或部门各有其利益导向的背景下，这一商业模式有可能成为行业发展的主流，但并不适用于所有资产管理机构。从风险控制的角度来看，“防火墙”能够有效运行对于“投行+资管”模式至关重要。
- 资产管理产业链竞争的最终结果，即投资研究能力能否最终取得对渠道业务的话语权，取决于专注于长期价值投资的专业机构投资者的偏好和选择。
- 互联网将改变传统的资产管理营销模式，但传统渠道的定义未必一直永恒不变，未来互联网也可能就是最正常、最普通的渠道之一。

快速扩张的大资管行业进入创新转型的新阶段。从行业发展环境来看，一方面，监管思路的转变、牌照价值的降低和管制程度的减弱激发了行业的创新与活力，资产管理行业供给端迅速发展。另一方面，经过资产管理行业数十年的发展和积累后，资产管理理念逐步深入人心，同时在互联网金融的影响下，居民以及各类机构的理财意识加速觉醒，需求端亦有爆发式增长。同时，从宏观环境来看，持续宽松的资金面带动无风险收益率连续下行，市场资金在较为刚性的成本压力下，寻找更高效的资产管理能力的需求变得前所未有的强烈。因此，在这资产管理行业新旧时代交替之际，可以看到不少资产管理机构致力于创新资管模式，而诸多新的资产管理机构也如雨后春笋般冒出来。

如何更有效率地管理资产、提供更高的投资回报是当下每一个资产管理机构关心的问题。而如何构建资产管理机构的商业模式，使得其在短期能够获得更平稳、更多利润的同时，未来还能够穿越行业波动的周期，保持资管业务基业长青则是影响更深远，也更值得探讨的问题。

基于此，课题组特邀几位行业专家，就资产管理机构商业模式的构建以及如何成就一个伟大的资产管理企业展开了深入讨论。

核心竞争能力与企业文化：构建资管商业模式的基石

在探讨商业模式时，首先要解决的问题是企业的战略定位，即应当满足哪些目标客户的何种资管需求。资产管理业务就是一桩通过帮助客户打理资产从而获得报酬的生意。但是，不同客户对于风险的承受程度和回报的要求程度是不一样的。资管机构应当满足哪类客户的需求？是满足一类客户的理财需求，还是满足所有类型客户的所有资产管理需求？更何况市场热点的变化也会带动客户需求的变化，在市场热点变化的时候是应该选择坚持，还是作出调整？这些问题都是各个资产管理机构在认真思考和探讨的。

随着牌照限制逐渐被打破，已有的各类资产管理机构在牌照允许以及能力所及的范围内，选择了尽量地“大而全”，即全覆盖所有业务模式。但是，全牌照的资管模式是否适合所有类型的机构？资产管理机构应当如何在日益激烈的竞争中选择好自己的战略定位？

对此，量鼎资本管理有限公司执行董事李春平认为，目前资产管理的概念非常广泛。资管公司的战略定位可以从三个维度去考虑。第一个维度是从股东的角度考虑，如果股东是一个大型综合类金融机构，它对资产管理部门和资产管理公司的定位肯定是全方位的。如果股东是个人或小机构，那么定位就不可能是大而全的。小机构要么做主动管理，要么做被动管理；要么以二级市场为主，要么以非标产品为主。第二个维度是从竞争环境考虑，如何找到差异化竞争的优势，从而实现差异化的战略。从整个公司的核心竞争力来看，如何去实现差异化的发展模式不能简单地从过往的经验出发。差异化模式可以采用不同策略，有的拼团队，有的拼明星基金经理，有的靠机制（如事业部制或合伙制）。从核心能力的打造来看，不同的核心能力的匹配有助于实现不同的战略。资管机构的核心能力、团队、资源与战略是相互匹配的，只有从自身的核心优势出发，找出需要构建何种竞争战略后才能去构建战略定位。当然也可以先确定好战略定位后，再去培育核心能力。第三个维度是机构自身想服务什么样的客户，在现在的竞争环境中如何能够脱颖而出，找到适合自己客户的竞争优势、合适的产品和适合自身的商业模式，这样的资产管理公司才可能是长久的。

上海博道投资管理有限公司董事长莫泰山认为，资产管理机构选择战略定位的关键要基于自己的核心能力。在目前放松管制的大环境下，资产管理机构可以比较自由地设立，竞争更趋市场化，也更加激烈。每家机构要想立足，就要清楚自身的核心能力，并在发展过程中逐渐构建自身的“护城河”。

平安证券有限责任公司副总裁刘秋明认为，资产管理公司要有自己清晰的定位。第一，资产类别不一定是越全越好，而是自己最擅长最好。第二，资产规模未必是越大越好，自己的投资策略和管理能力能够最有效实施管理的才最好。第三，投资策略要选准自己适合的，并且能够使得策略在市场里可行，且有竞争力超越同行。这三点是资产管理公司形成自身定位的最重要问题。

上海衡庐资产管理有限公司董事长刘书文认为，对于一个资产管理机构来说，如何在日益激烈的行业竞争中厘清自己的优势并选择好自己的战略定位至关重要。以衡庐资产为例，首先，衡庐资产结合自身的投研优势打造出相关的资管产品，在投资能力上和产品形式上满足不同客户的不同需求，以便适时抓住市场的投资机会。其次，衡庐资产以阿里巴巴和高盛的企业文化为标杆，公司的竞争力来源于合伙文化和强大的资源网络体系。优秀的企业文化和基因是打造创新型资产管理公司的基石。未来在境内外资产管理方面，一级资本市场和二级资本市场的联动将会有更多创新和尝试。在行业专家库以及资产管理智库建设方面也会提前布局，这些战略布局是与公司的能力和优势密切相关的。

中再资产董事长余青认为，要明白自己的客户是谁，他们有什么样的需求，他们需要什么样的服务。一家公司如果能做到这点，那么它就可以提供符合客户风险偏好和预期收益的产品。比如，很多客户的下一个需求是养老方面的产品、教育基金方面的产品，或者医疗等未来需求方面的产品。只有这样，资管机构才能在当前同质化的竞争中立足。

“投行 + 资管”模式：防火墙具有重要意义

近一年来，行业中关于“投行 + 资管”模式的探讨比较热烈。在资产管理行业里，投行是资产管理基础产品的生产商，资产管理部门是将这些基础产品打包、加工后形成成品的生产环节，最后再由资产管理部门直接或通过渠道面向最终的需求方。“投行 + 资管”模式是在资产管理行业中全产业链的布局。在投行和资管机构或部门各有其利益导向的背景下，这一商业模式有可能成为行业发展的主流。目前，银行和券商兼备投行和资产管理功能，这种模式更有探讨的必要。但对于其他类型的资产管理机构，也有可能积极参与并适应，甚至打造出这种产业链。

对此，李春平认为这属于现阶段资产管理行业具有一定中国特色的模式，也可能是未来一种新型的资产管理模式。这需要更深入地从资产管理的源头上挖掘企业的价值。从国外市场上的经验来看，投行和资产管理应该有严格的防火墙，目前中国在这方面的监管没有那么严格。这可能是一种探索，资产管理往前端延伸，而不只是从二级市场上接受价格。前端从 PE 甚至 VC 阶段去培养好的上市公司，直到后期的市值管理，这是值得探索的新型模式。这种模式很可能是阶段性的具有中国特色的一种形式。

莫泰山认为，“投行 + 资管”模式在国外市场上并不是主流模式。市场竞争的结果必然导致细分，投行是投行，资管是资管。之所以国内有人考虑这一模式，主要是因为我们的经济体中还有大量未证券化的资产。

刘秋明认为，投行和资管之间是有防火墙的。投行和资管都是券商的基础业务，券商传统的基础业务包括投行、资管、自营和经纪。近些年，随着牌照逐步放开，券商的发展模式也已变得多样化。交易中介和资本中介业务成为券商新兴的业务增长点，也是业务发展方向的重点。但在处理投行和资管之间的关系时，要特别重视它们之间的防火墙。股权资管是投行的上游板块，二级市场资管是投行的下游板块，这之间有直接关系。也就是说，项目的来源和出处都和资产管理公司有关，但是资管毕竟是代客理财，这和投行有严格的区别。他们之间的关系是若即若离的，一定要树立好一道墙。

刘书文认为，“投行 + 资管”模式是一种有效的一体化资本运作模式。在国际资本领域，投行（如高盛、摩根士丹利等）也都同时拥有投行业务部门和资本管理部门（或者下属公司）。这种模式对于企业的综合实力、合规管理等也提出了巨大的挑战，同时在平衡企业自身利益与客户利益方面也有相当大的挑战。从实践而言，重要的是抓住两头：客户端（投资需求端，即金融机构和高净值客户）和融资需求端（企业家资源），助力于两端的投融资对接，并同时提高资管能力和风险控制能力，因此“投行 + 资管”业务的发展空间很大。另外，企业家和高净值客户之间本身也有可能身份互换。企业家的公司上市、股票套现也有资产管理需求；同时，高净值客户也有可能创业或者投资创业公司，也会有进一步的融资需求。重点应当是把两端的客户资产有效把握和服务好，了解他们的动态需求，并结合自身的产品及服务有效对接、满足客户多维度的需求，从而打造全产业链业务。

余青认为，在某种程度上，“投行 + 资管”的模式可以理解为“投顾 + 资管”的模式。虽然这样的理解未必准确，但只有这样才能贴近客户、服务客户，才能针对不同客户提供不同的投资组合，满足不同的需求，这应该也是一种发展方向。

产业链竞争趋势与投资能力培育

在资产管理行业产业链上，除了上游投资银行业务，下游产品销售也是非常重要的业务。大型综合化的资产管理机构具备覆盖高端客户，甚至是大众客户的销售能力。但是，对于公募基金及私募基金而言，小而精的专业投资机构对于渠道的依赖非常强。在上游供给方迅速增加的过程中，渠道的供给却没有随之而来的爆炸式增长，以至于公募基金大部分收入要作为尾随佣金贡献给银行等渠道。在这种供需结构失衡的情况下，下游业务对于资产管理业务的议价能力度逐渐增强，上游业务利润挤占也比较严重。近几年，第三方销售平台蓬勃发展，互联网金融的崛起也逐渐开始打破这种渠道垄断。

对于资产管理上下游产业链的竞争关系，李春平认为，从资产管理的形态来看，核心还是要围绕客户来构建商业模式，确定核心竞争力。从目前中国的资产管理生态链来看，关键在于缺乏专业的投资者。只有具备专业的投资者后，才有专业的资产管理核心能力去适应行业竞争的需要，才会真正出现专业的资产管理机构。

目前，机构投资者和个人投资者都比较关注短期收益，而较少关注长期投资。只有真正的机构投资者越来越多，才会出现真正下游的资产管理机构。目前，无论公募还是私募都是短期的机构投资者，导致虽然机构的市场占比很大，但投资行为还是散户的行为。因此，资本市场容易陷入大幅波动与同涨同跌的恶性循环中。这也导致公募基金等资产管理机构只能实施全方位、全天候策略，直接或间接导致了市场行为的趋同，而没有真正形成各自风格的机构投资者和资产管理机构。

另一方面，趋势投资者很难真正打造适合长期客户的资产管理。如果市场对这种策略短期不认可，那么长期坚持这种策略可能会被市场抛弃。所以，要真正实现跨周期的管理就不只要在体制上进行改变，更重要的是要提升投资理念。否则，许多优秀的资产管理机构、基金经理的理念也得不到长期的坚持和客户的认可。

刘书文认为，过去银行因为渠道拥有客户资源而变得异常强势，造成了公募基金和阳光私募基金的大部分利润都为银行所挤占。近几年，随着互联网尤其是移动互联网的蓬勃发展，互联网金融的崛起逐步打破了银行的渠道垄断。未来资产管理行业会经历一个去中介化的过程，渠道的多样化以及移动互联网削减成本的优势对资产管理行业是一大利好，会大大提升拥有强大投研能力的资产管理公司的议价能力。资产管理公司的资产管理能力将真正成为最核心的竞争优势和成功要素。

互联网金融重塑资产管理渠道模式

互联网金融是近两年资产管理行业的热点问题。互联网金融是一个相对较宽泛的概念，包括利用互联网的功能，甚至互联网思维对金融行业进行各个方面的改造。关于互联网金融对资产管理行业商业模式的冲击与影响，李春平认为，互联网金融改变的不只是销售的模式，可能还有未来资产管理的生态链。客户对产品信息进行筛选的过程会更加去中介化，也会改变现有的“店大欺客”的问题，也就是所谓的渠道垄断的问题。

但是，核心是如何真正构建良好的生态链。如果互联网金融只是解决去中介化的销售问题，而不能真正解决投资者对风险偏好进行分析的问题，就不能真正实现合适的客户在合适的时间买到合适的产品，那么互联网也就不能真正颠覆传统金融。也就是说，互联网金融不能只是提供信息收集的便利，更重要的是快速厘清不同产品风险特性匹配不同的客户，进而厘清个人或机构所需要的产品并根据自己的风险偏好和风险收益特征去选择适合自己的产品。

莫泰山认为，互联网能解决大量信息不对称的问题，并且可以形成海量的大数据，因此，互联网和金融的结合是有理论基础的。大部分互联网金融的创业企业或商业模式的立意并不是去打破传统渠道的垄断，而是去解决用户的"痛点"。

刘秋明认为，对传统渠道的定义未必一直永恒不变，未来互联网可能也就是最正常、最普通的渠道之一。任何一个金融机构的营销组合实际上都是万变不离其宗，最后还是要围绕消费者的诉求，满足消费者和客户的需求，以合适的渠道和推广方式为其提供合适的产品、合适的价格。因此，互联网将会是非常重要的营销方式，并会在未来冲击并改变传统的营销模式。

刘书文认为，互联网金融对于资产管理行业的商业模式主要有以下几方面的影响。第一，互联网金融大大降低了资金获取的成本并提高了资金获取的规模。例如，阿里巴巴利用从支付宝发展起来的余额宝在很短的时间里开户人数就达到 1 亿，余额宝规模则高达 5 000 亿元，其网络效应十分明显。第二，互联网金融利用大数据开发出了很多量化交易模型和投资组合，有些资产管理公司可以建立管理资金规模巨大的量化团队且能更有效地控制投资风险和基金净值回撤风险。第三，资产管理公司可以更加专注于提升投研实力，只要把投资业绩做好，公司的投研实力就可以跨越牛熊周期且长期优于同业并跑赢指数，自然也可以获得优质资金的亲睐。

余青认为，随着互联网技术的不断创新和优化，人们有意无意地接受了它的便利和便捷。只要社会诚信和监管做到位，互联网金融一定会对传统渠道产生很大的冲击。但是，要完全取代传统渠道那种面对面的服务，也就是一种面对面信任的垄断地位，恐怕还有很长的路要走。

事业部制下的牌照价值与个人价值之辩

资产管理机构事业部制是当前行业内普遍关注的问题。事业部制是牵涉资产管理机构内部架构、利益分享的重要机制。在牌照贬值的大背景下，“人”的价值不断凸显，事业部制也因此在许多机构建立起来。

但是，是否所有类型的投资机构都适合事业部制度？牌照价值究竟是什么，其内在的价值就一定会逐渐消耗殆尽吗？牌照是否在许可价值之外还包含着组织价值？资产管理业务除了需要人之外，还需要将有才华的人组织凝聚起来。牌照所提供的组织能力比结构单薄的小机构更加强大。因此，真正建立起事业部制度的机构还是少数。而且，虽然一些机构建立起了事业部制度，但到最后也没有真正完全兑现。对于利益分配问题，一个机构应当怎样设计自己的利益分享机制，才能更长远地凝聚人气，以使得自身获得更长远的发展和更强大的生命力？

对此，李春平认为中国目前的市场是趋势的市场，真正的资产管理收益都来自于 β。当市场好的时候，不论什么机构都能赚钱。平台和组织的作用在过去牌照优势背景下体现得很充分，而现在则是人的价值被夸大了。但是，如果都是靠单枪匹马式的、个人英雄主义式的资产管理是走不远的，因为大家赚的都是 α 的钱，真正的 β 钱并没那么容易体现出来。中国资本市场是一个波动的市场，无论是公募基金还是私募基金都是如此，真正实现长期回报的机构并不多。因此，长期来看，个人的价值不应该被夸大。团队和集体的作用才能真正体现长期资产管理的核心能力。国外的资产管理行业虽然不完全强调合伙制，但也比较重视管理层面上的控制。管理层对整个公司的投资理念、管理战略和市场策略的可持续性发展，尤其是公司定位的核心优势的打造是通过一代代人传承下去的。管理人的价值不是体现在最终的收益分成上，而是体现在资产管理公司本身的风格和核心能力的传承上。

莫泰山认为，利益分享机制是表面现象，本质是要符合行业规律，对最核心的驱动力给予最合理、最具有竞争力的回报。从国外的情况来看，事业部制并不是唯一的解决方案。

刘秋明认为，资产管理行业是一个人才超密集型行业，几乎是以人的思维、管理和风险意识的综合能力形成竞争力的行业。利益分享机制一定是最需要考虑的机制。在很长时间内，中国的对冲基金只能管理几十亿元人民币的规模，超过了这个规模人就很难有效管理。因此，资产管理机构需要非常好的利益分享机制和管理机制。当然对于被动投资、量化投资和模型投资来说，这些投资对个人的依赖度低，而对团队的依赖度高。所以对于资产管理行业来说，利益分享机制是一定要考虑的。至于是事业部制、持股制、合伙人制，还是薪酬挂钩制都可以去尝试，不一而足。在尝试的过程中，可能因为资产规模、投资策略模式、管理等方面的差别，最终使得不同公司采用了不同的机制。事业部制只是其中一种可行的机制。

刘书文认为，对于创新性的智能密集型企业，最重要的核心资源是“人”。如何设计有效的利益分享机制，最大化提高资产管理机构员工的工作积极性，发挥他们的主观能动性和创造性十分重要。当然，还要平衡股东的利益。契约精神和企业家精神在这方面显得十分重要。中国的互联网公司在这方面的创新先于资产管理行业。互联网行业里优秀的企业家志在做大做强，最终让企业家、公司雇员和股东多方获益，形成多赢的格局。资产管理部门也需要在这方面有新的突破，设计有效的利益分享机制，同时参考行业标杆以及行业平均基准，尽量做到公平、公开、公正，使得资产管理公司建立百年基业和品牌成为可能，也使得公司各方面参与的人士和机构都能获得良好的回报。

余青认为，资产管理公司或者公募基金正在推行的事业部制未必是稳定可靠的方向。虽然这样可以做到利益的共享，但是，人的追求和想要做的产品会随着时间发生变化。当一种产品普遍存在后，人们自然会有更高的追求和想法。所以我认为，不管采取什么机制，只要是合适的、各方都认同的机制，就应该是可行的、有效的。

如何提升资产管理的客户体验

对于所有净值型资产管理业务来说，客户体验是后验性的。只有在资产管理业务开展一个周期之后，才能够评判购买的服务是不是真的好；而且当期较好的服务并不代表未来的服务具有同样的质量。但是，资产管理业务的收费又是即时性的。因此我们可以看到的一个现象就是，对于资产管理业务来说，募集资金似乎比管理这部分资金更为重要。客观的说，这种行为自然是短视的，但现实也证明这种策略是有效的。如何看待募集与资产管理二者的关系？一个真正具有资产管理能力的资产管理机构应当如何选择更好的策略，从而避免在市场上劣币驱逐良币？

刘书文认为，除了少数封闭期比较长的基金，多数基金允许投资人在较短时间赎回或撤出投资，以往公募基金曾经驾轻就熟的牛市圈大钱，做大资产而轻视投资业绩的做法会越来越难以为继。随着互联网尤其是移动互联网的发展，广大基金投资人和专业机构对机构投资者会有更加全面和清晰的认识，优秀的资产管理公司只有同时做好募集资金和资产管理两个基本业务，才可以确保公司保持优秀的品牌和在投资机构及行业内的口碑，从而有利于公司的长期发展。真正具有资产管理能力的资产管理机构，应该同时具备以下几项核心竞争力并让这几项核心竞争力有机结合起来：1）强大的资金募集能力；2）强大的投研能力；3）长期持续的优秀的投资业绩且基金业绩回撤幅度得到较好控制；4）多策略（基于基本面投资、宏观、量化、对冲等多种投资策略）以满足不同资金来源的多样投资需求和资产配置需求。

打造穿越周期的资产管理核心竞争力

资产管理行业从快速发展阶段进入了逐步转型升级阶段。随着大众理财意识的觉醒和信息传递速度的加快，市场总需求在快速上升。同时，市场结构的变化也使得很多过去被埋没的需求被挖掘出来。但是，当所有人都意识到这一点的时候，我们也能看到这个市场的资产管理供给量也在迅速增加。当市场开始逐渐变为红海时，外部环境的变化可能会迅速造成整个市场供过于求的格局。甚至在市场某个热点切换之后，如这一轮资本市场牛市过去后，很多股票投资类资产管理机构将直接面临行业的寒冬。届时，能够渡过寒冬的机构将是少数中的精华。应如何看待行业周期和热点的变幻所带来的行业洗牌？什么样的企业可以熬过寒冬，在几轮周期的洗礼下逐渐成为伟大的企业？这样的企业在战略定位、组织架构、核心能力和资源整合等方面应具有什么样的特质？

李春平认为，总体来说，资产管理已进入全面大资管时代，离不开的核心优势就是给客户带来可持续的价值增长，这就需要建立一个完善的资产管理生态链。若从客户需求出发，其需求也应该是非常专业、可细分、可量化的投资需求，即根据不同的客户需求，通过不同产品、不同资产配置、不同资产配置下的类属配置，运用不同的投资能力和产品去实现客户的价值。这样才能实现整个资产管理行业中呈多样化的资产管理机构同时并存，从而让合适的客户在合适的时机购买合适的产品。

互联网时代一定会改变客户识别风险的传统过程，同时也会改变识别市场产品和适合自己的产品的过程。过去，客户可能依赖于传统渠道，但 2015 年的趋势已发展至去中介化，即个人可以根据自己的风险偏好选择不同的产品。而且，金融机构要反过来快速掌握不同的客户需求，根据不同客户的需求来制定不同的投资策略，量身定做不同的产品，打造快速的产品能力，进而反过来影响客户的投资需求，进一步实现快速化、定制化的资产管理模式。

中国资产管理机构的变动依旧较大，原因就在于没有真正建立起公司的文化。没有核心的公司文化的传承，无论是传统的公募基金还是保险公司的资产管理，都很难摆脱对管理层和主要管理人员个人风格的依赖，而随着团队的变化，股东的变化，资产管理机构呈现的核心能力也在不断地变化。虽然通过私募方式能够部分解决传统公募基金人员流动过快的问题，但还是没有建立可持续的管理风格和能力。若要建立能持续百年的资产管理机构，就要找到合适的客户、合适的股东结构、合适的管理团队，最终建立真正可持续的资产管理文化，并把这种文化和核心优势传承下去。

莫泰山认为，那些能够经过几轮周期的洗礼而稳健发展的公司都具有穿越周期的能力。各个公司表现出的成功之处可能并不相同，或许是把持有人利益放在首位的价值观，或者是前瞻性地把握市场周期的资产配置能力，或者是能够不折不扣执行风控制度的精神，但我认为第一条最为重要，也就是坚持把持有人利益放在首位的价值观，因为这属于信仰，信仰一旦坚定，其他都是次要的了。

刘秋明认为，首先是有理想和追求的公司，资产管理追求的是为委托人提供最好的服务，资产管理公司首先要建立为委托人服务的理念。其次是有坚定的理念和投资策略的公司，即那些有方法、有路径追求的公司。最后，是有非常好的公司治理的机构，包括激励机制、管理机制和风控机制。只有具备这三个条件的资产管理公司未来才能够不断坚持，不断修正，从而不断战胜市场。

刘书文认为，由于人类的不理性以及经济和股票资本市场的周期波动性，“牛熊”转化是历史发展的必然。随着竞争的加剧以及市场由牛市转熊市的可能性，资本市场由蓝海转变成红海是大概率事件。对于行业周期和热点变化所带来的洗牌，我们应在做大做强的同时提前布局和准备应对方法。第一，尽量把公司的资产管理规模做大，做好业绩，拿到理想的基金管理费和业绩提成，让公司积累足够的过冬储粮。第二，公司要提高投研核心能力，挖掘出能穿越“牛熊”的真正的好公司和好股票，让基金的投资业绩也穿越“牛熊”。第三，公司应打造多种投资策略（包括对冲），这样可以让公司管理的资产甚至在股票（或大盘）下跌的过程中也取得良好的投资收益。第四，公司要提前选择好一些真正优秀的行业人才。在熊市到来时这些人可能会因为他们所在的机构投资业绩不佳或者别的原因有转换公司的需求，这时，有远见的资产管理公司就可以找到真正优秀的基金经理或者行业分析师，从而进一步夯实公司的投研团队，提高投研能力，从而进一步巩固公司的核心竞争力。

有清晰的战略定位、良好的企业文化和优秀的投研团队的资产管理公司才可以熬过寒冬，在历经几轮牛熊周期的洗礼后逐渐成为伟大的资产管理公司。这样的资产管理公司一般需要做到以人为本，企业文化应唯才是举，组织架构相对扁平简单，以打造强大的投研团队为重，在资源整合方面善于利用社会化资源、人脉网络资源以及由公司的品牌吸引到的合作伙伴和资源。其核心的竞争力就是长期可靠的投资业绩以及强大的穿越牛熊的投资能力。

余青认为，经过几轮周期的洗礼仍然能够生存的公司，本身就是伟大的公司。俗话说，一家公司在牛市时的业绩未必能够跑得过大势，而只有潮水退去时才能知道谁在裸泳。因此，一家资产管理公司如果能在几轮低谷期让客户少亏钱或不亏钱，就一定可以得到客户认可。拥有稳健的投资组合，严明的投资纪律，把客户的钱当自己的钱来管理的公司或团队才可以在不同的周期中生存下来。

04

“互联网 +”资产管理，大数据智能化的转基因革命

2015

本章导读

- 互联网金融的出现推动了资产管理行业渠道模式的升级，互联网的渠道优势与资产管理机构的投研能力相结合，对资产管理行业产生了积极影响。互联网技术的发展一方面体现在降低了资产管理的渠道成本，另一方面则有助于充分利用长尾市场，扩充了客户群体。
- 互联网金融的发展催生出一种新型资产管理模式——P2P 及类 P2P 理财模式，即资产管理机构与销售渠道整合形成资产管理平台。然而，目前的 P2P 理财往往存在刚性兑付的情况，P2P 平台不仅承担了渠道及资产管理机构的角色，同时也成为了理财的担保方。未来的 P2P 投资理财平台将剥离担保职能，由第三方提供担保或由投资者承担投资风险，使得 P2P 理财回归理财的本源。
- 大数据技术的出现并未改变金融资金融通的本质，大数据技术一方面为客户提供了理财新途径，弱化了传统金融中介的作用；另一方面，资产管理机构利用大数据技术设计出具有互联网及大数据色彩的产品，实现了技术到价值的转化。

“互联网 +”行动成为新常态下重要的国家发展战略之一，推动了传统行业与互联网的跨界、融合与创新。近年来，互联网、大数据技术与传统金融行业的“接触”不断、“碰撞”不断，而作为金融领域的核心组成部分，资产管理行业也在慢慢接受互联网及大数据技术的渗透。互联网及大数据技术正逐步改变资管行业的竞争格局。

互联网及大数据技术对资管行业的影响循序渐进，主要表现在以下三个方面：

1. 互联网技术推动资产管理渠道的升级
2. 互联网金融催生资产管理新商业模式
3. 大数据技术促进资产管理技术的升级

互联网资管 1.0：互联网技术推动资产管理渠道的升级

互联网拓宽了资产管理产品的销售渠道

基金公司缺少销售渠道：基金公司传统的销售渠道有两种，一是通过银行及证券公司网点的代销模式；二是通过基金公司直接开户的直销模式。基金公司并不像银行、证券公司等机构布局众多的网点，代销成为其基金销售的主要方式。换言之，其供应链的末端往往掌握在银行、证券公司手中，虽然基金公司生产产品，但自身缺少独立的销售渠道（见图 4-1）。

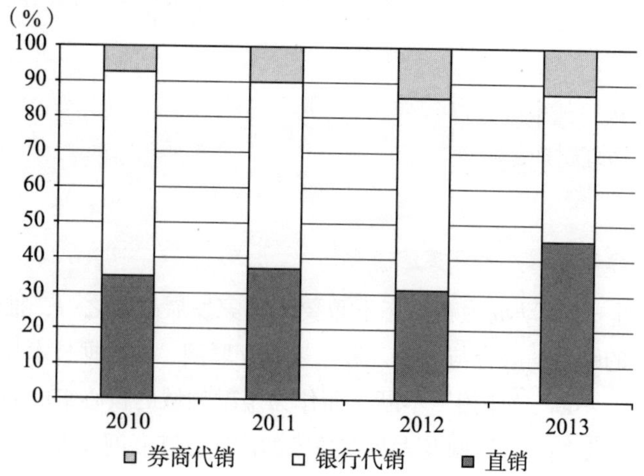

图 4-1 基金各销售渠道占比

资料来源：Wind 资讯。

互联网企业拥有渠道资源：中国互联网行业经过近 30 年的发展，产生了以 BAT 为代表的大型互联网企业，根据 2013 年的统计结果，目前全球独立用户访问量前 10 的网站中，中国有 3 家网站上榜（见表 4-1）。移动互联网应用也已经拥有数以亿计的用户，并仍在快速增加。

表 4-1　　互联网企业日均访问流量

世界排名	网站	日均 IP
1	谷歌	1 461 000 000
2	Facebook	1 194 000 000
3	Youtube	905 400 000
4	百度	451 200 000
5	雅虎	447 300 000
6	维基百科	404 100 000
7	亚马逊	276 000 000
8	Twitter	293 100 000
9	腾讯	273 300 000
10	淘宝	231 300 000

数据来源：Alexa。

互联网企业与资产管理公司的默契：互联网公司拥有大量的客户资源，而资产管理公司缺少的正是客户资源和销售渠道，互联网金融使得双方的优势得到互补。互联网基金类产品在 2013 年得到迅速发展，余额宝、百度百发、财付通等互联网理财产品迅速占领市场份额。

互联网销售降低了资产管理渠道成本

传统资管行业的经营模式与其他行业之间并无区别。资产管理机构负责产品的设计，并根据产品的风险和收益特征对产品定价，通过营销部门和第三方渠道的经纪业务，将产品推介给投资者，这是一种传统的垂直产业链模式；而互联网技术降低了信息交易的成本，使得资管行业与投资人直连，从而实现了产业链扁平化与 P2P 化（见图 4-2）。

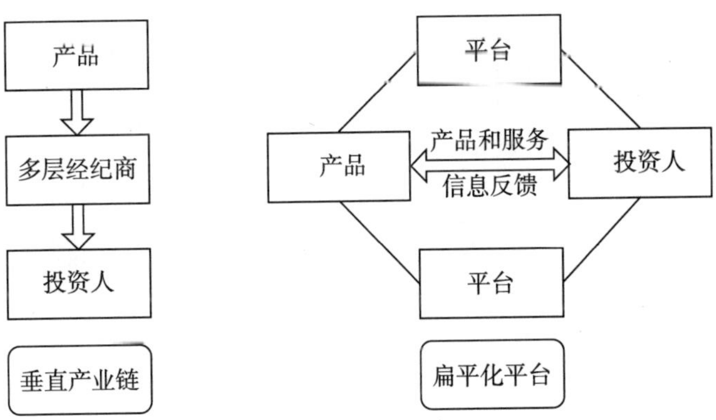

图 4-2　垂直产业链 VS 扁平化平台

以基金公司为代表的资产管理公司的功能主要集中于产品设计和投资研发，其销售渠道狭窄，客户获取成本高昂。例如，同款基金通过银行申购的费用为 1.5%，而通过互联网渠道的申购费用只有 0.6%。Wind 资讯的统计数据显示，2013 年全年市场主要的基金公司共计提取管理费用 278.17 亿元，其中支付了 49.17 亿元的客户维护费，即银行等代销渠道的销售佣金，客户维护费占管理费的比率为 17.68%。2014 年全年基金公司管理费收入为 294.23 亿元，客户维护费为49.87亿元，客户维护费占管理费的比率为16.95%。在基金管理费收入升高的同时，客户维护费却出现下降，互联网基金销售降低渠道成本的优势逐渐体现（见图4-3）。大资管背景下的产品供给会越来越丰富，渠道的优势和议价能力将更加凸显，即通过互联网平台实现基金公司与客户直连，绕过了银行、券商等中介机构。一般金融中介主要起到风险控制与风险分散的功能，而在基金代销过程中，传统金融中介仅仅是代销，并不承担分散风险的功能。网络销售代替或者局部代替中介代销，降低了渠道维护费——通过网络进行的销售相当于传统基金销售成本的75%，是销售渠道的帕累托改进。

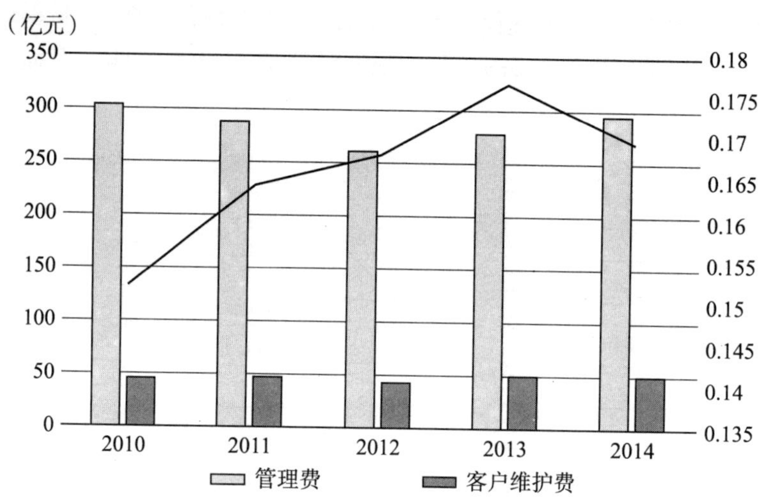

图4-3　市场主要基金公司管理费及客户维护费情况

资料来源：Wind资讯，课题组整理。

实现资产管理长尾市场的管理

包括金融业在内的任何传统行业，由于存在物理上的限制，往往会出现边际效益递减而边际成本递增的现象，企业为追求利益最大化，最终出现“二八定律”的现象，即传统金融机构仅向占潜在客户总数20%的中高端客户群体提供服务，放弃了80%的长尾市场。互联网金融凭借其在渠道中的成本优势，向长尾市场的尾端延伸（见图4-4）。

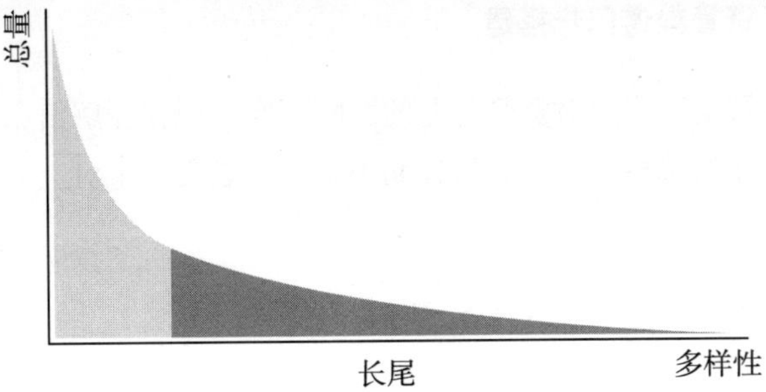

图 4-4　长尾效应

资料来源：www.jamowoo.com。

根据 2013 年波士顿咨询公司全球财富管理数据库统计，财富管理水平较低（金融资产少于 10 万美元）的家庭总数占中国内地家庭总数的 94%，这一比例在美国为 49%，而在日本仅为 13%。中国大陆家庭中金融资产超过 100 万美元的只有 1%，而在香港地区这一比例是 10%（见图 4-5）。中国大陆大部分家庭缺少金融服务渠道，无法满足自己的理财需求。在余额宝问世以前，银行也推出过类似于余额宝的理财产品，而且这些理财产品无论在流动性还是风险性上都与余额宝不相上下，并且收益性也可与余额宝媲美，但由于其起存点较高（5 万元），大部分家庭被拒之门外。

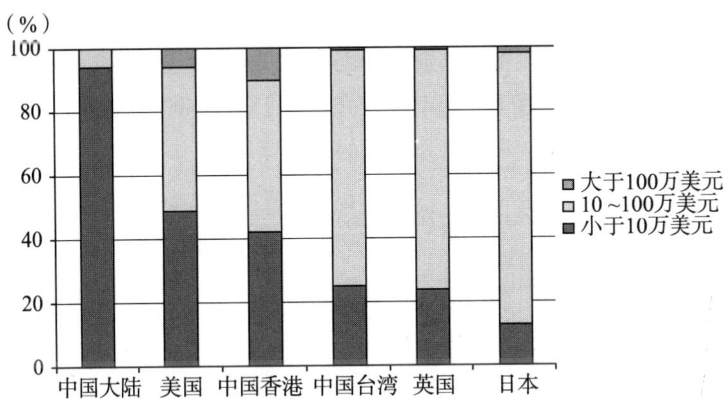

图 4-5　家庭金融资产情况

资料来源：BCG 全球财富管理数据库，《互联网生态系统 2020 报告》。

互联网推动了资管渠道门户搭建

互联网资管渠道门户对资管行业的影响主要表现在缓解信息不对称、改善用户对金融产品的选择方式上。从长期来看，可能会产生对上下游金融机构的反向控制。

（1）缓解资管产品市场的信息不对称

从2013年6月余额宝诞生起，越来越多的金融产品通过互联网渠道进行销售。在金融市场中，信息不对称导致了道德风险和逆向选择，出现了“柠檬市场现象”①，而金融渠道门户的核心功能在于信息服务与匹配交易，对市场最显著的影响在于缓解信息不对称，从而减少信息不对称出现的概率。互联网渠道门户实质是基于信息搜索与比价机制的产品超市，其为客户提供金融产品的信息，针对客户需求提供相应的金融产品，从而减少逆向选择的发生。

（2）改善用户对金融产品的选择方式

互联网资管渠道门户对金融业另一个重要影响在于，改变了用户选择金融产品的方式。在传统的搜索模式下，客户只能通过浏览不同金融机构网站或者到访线下网点的方式比较不同机构的产品之间的差异，进行产品选择，这不仅提高了客户的时间成本与比较成本，同时信息搜集的不全面还会导致客户作出的选择并非最优。

而互联网技术的应用将线下业务线上化、线上业务整合化，为客户针对各类产品的风险、收益以及非标准化信息的全面比较提供了可能，提高了效率，降低了交易成本，也加快了信息及资金的流通速度。

（3）形成对上游金融机构的反向控制

随着利率市场化的不断推进，资本市场不断完善，国内金融抑制的格局将逐步得到改善，金融领域的竞争格局将逐渐加剧，而竞争的焦点主要在产业链末端——客户群体，而客户群体则主要集中在互联网渠道门户上，这将对金融

① 指在信息不对称的情况下，好的商品往往遭到淘汰，而劣等品会逐渐取代好的商品占领市场，导致市场中都是劣等品。——编者注

产品的上游供应商（银行、证券、保险、基金）形成议价能力，而拥有客户群体较多的平台将会进一步形成市场势力，逐渐对上游企业形成反向控制。

过去，传统金融机构利用垄断优势，通过提高价格来维持高额利润，而门户由于其特殊性，需要通过降低边际成本来吸收更多长尾客户，因此其主要策略为通过与上游企业议价，降低上游企业的垄断利润，进而更好地发挥渠道和成本优势，增加消费者剩余，提高全社会的福利水平。

互联网资管 2.0：互联网催生资产管理新商业模式

互联网金融对资产管理行业产生的重大影响是催生出了一种新的商业模式——投资理财平台，其主要形式包括 P2P 理财平台以及类 P2P 理财平台。

区别于资产管理渠道门户模式，也区别于传统的资产管理产业链模式的是，资产管理平台是销售渠道与资产管理机构的整合，在此基础上形成撮合交易，其渠道性与机构性不可割裂。

资产管理平台作为互联网资管的一种新型商业模式，是对资产管理产业链的现金流运作上进行的创新（见图 4-6 与图 4-7）。

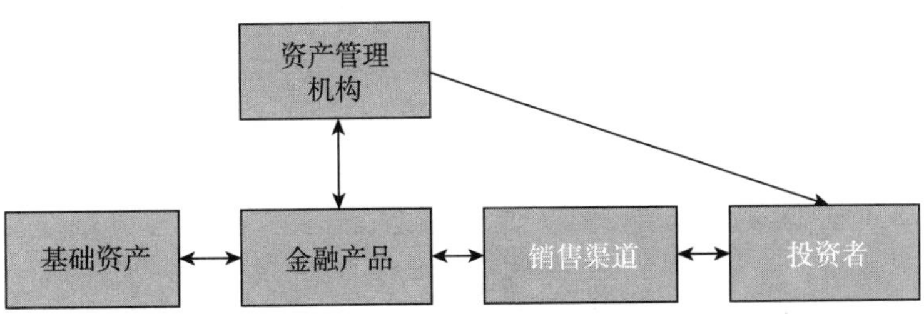

图 4-6　资产管理传统模式

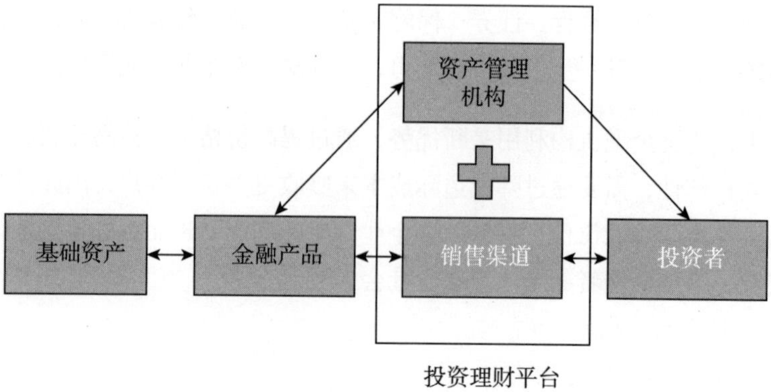

图 4-7 互联网金融模式下的投资理财平台模式

投资理财平台以互联网为依托，在融资人、投资人与理财产品发布机构之间提供金融信息服务，帮助各方完成投融资交易信息撮合，并利用金融大数据、云计算基础能力，实现平台风险控制。

2014 年，P2P 平台呈现爆发式增长，大量风投、互联网巨头以及国资企业注资该行业，形成了银行系、民营系、国资系、上市公司系四大阵营（见图 4-8）。

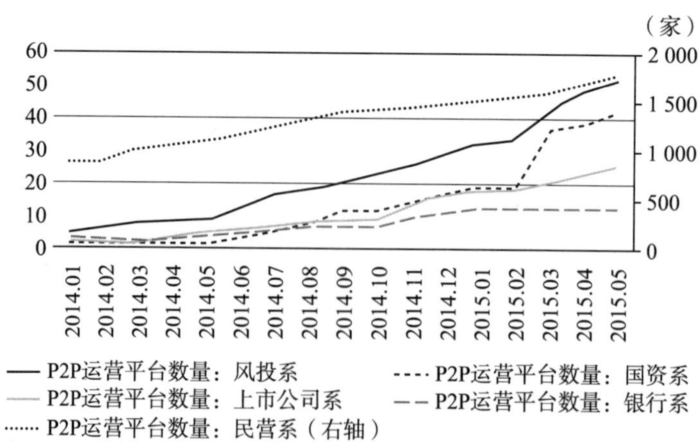

图 4-8 P2P 平台运行情况

然而由于监管缺位，导致P2P理财行业长期处于野蛮生长状态，风控环节的把控较差导致P2P理财平台的坏账率高企，平台频频出现跑路、老板失联、提现困难、倒闭等问题。随着P2P行业发展的规范化，许多P2P平台将选择风险与收益水平相适应的项目，在此过程中，对大数据技术的要求将进一步提高，并通过大数据技术对投资项目进行分析，筛选出合适的基础资产。

在传统的P2P模式下，P2P理财往往存在刚性兑付的情况，P2P平台不仅承担了渠道及资产管理机构的角色，同时也成为了理财的担保方，而其在一定程度上与现阶段银行理财产品有极大的相似性，使得P2P理财替代了部分银行理财产品。然而P2P理财的刚性兑付使得风险在理财平台内部积累，最终结果很可能是平台的破产，这也变相地导致后进入平台的投资者为先进入平台的投资者的投资坏账买单。

投资理财平台剥离担保职能，由第三方提供担保或由投资者承担投资风险，使得P2P理财回归了理财的本源。

案例分析

蚂蚁金服招财宝——类P2P的投资理财平台

招财宝作为蚂蚁金服的一款互联网金融产品，虽然其并非传统意义上的P2P理财平台，但由于其主打产品为借款产品、保险产品、基金产品和应收账款投资产品，尤其以借款及应收账款资产产品为主，使得招财宝也具有了P2P理财的属性。

根据招财宝的官方解释，招财宝是一个投资理财开放平台，主要有两大类投资品种。第一类是中小企业和个人通过平台发布的借款产品，并由银行、保险公司等金融机构或大型担保机构提供本息保障，这些中小企业及个人主要为淘宝及天猫的店主，通过蚂蚁金服的数据，筛选出合格的被投资者。在此过程中，招财宝平台只提供技术撮合交易双方，而对平台本身不发布任何理财产品或借款项目，不设立资金池，亦不为交易各方提供担保（见图 4-9）。

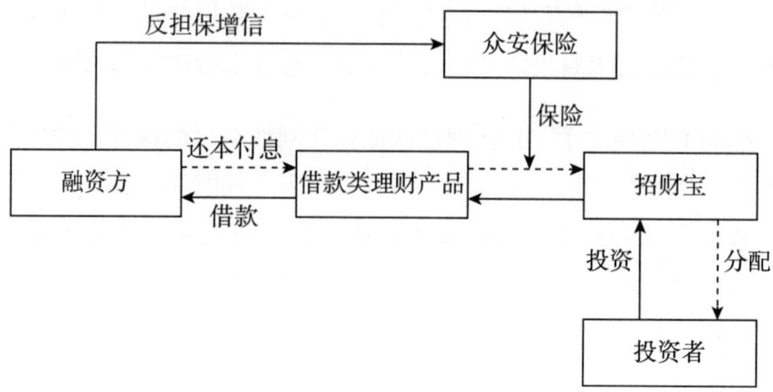

图 4-9　第一类招财宝理财产品

资料来源：《互联网金融时代的非标资产标准化》。

第二类是由各类金融机构或已获得金融监管机构认可的机构通过招财宝平台发布的理财产品。投资人可以通过本平台向融资人直接出借资金或购买理财产品，以获得收益回报，主要包括基金、保险、直接债务融资工具、资产信托受益权等产品（见图 4-10）。

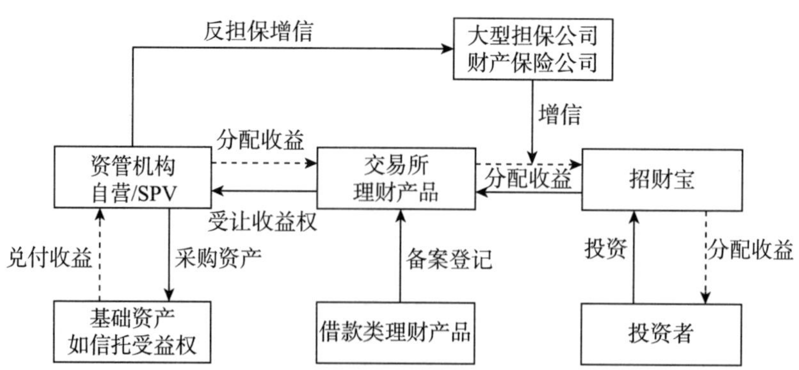

图 4-10　第二类招财宝理财产品

资料来源：《互联网金融时代的非标资产标准化》。

在所有融资成本中，招财宝仅向融资方收取1%的手续费，融资成本的大幅下降主要得益于招财宝平台的云计算和大数据能力。现在，通过云计算和大数据技术实现了集中的撮合交易，用碎片化的理财资金直接满足碎片化的融资需求，大大降低了成本。

招财宝与传统P2P借贷平台主要有两点区别：1. 招财宝只能投资而不能借贷，因此对于一般用户而言，只能作为资金供给端，而不能作为资金需求端；2. 招财宝对于个人贷的借款用户，只披露其姓名和身份证信息，对于用户的个人详细信息（性别、年龄、学历、婚姻状况等），工作信息（公司行业、公司规模、岗位职业、月收入等），资产情况（名下房产、车辆等），信用情况（信用逾期、违约记录等）均不披露。而正是由于较差的信息披露，必然要求第三方介入，为贷款的风险提供担保（通过增信方式弥补信息披露的不足）。通过担保增信方式，投资者将基础资产的违约风险转移到增信机构，类似于与增信机构签订了一个信用违约互换，增信机构替代投资者承担非标资产违约风险的暴露，满足投资者的标准化交易需求。

陆金所董事长计葵生认为，未来P2P理财的巨大机会在非标资产市场中。中国市场中的非标资产占比达66%，非标资产的广阔市场为P2P理财市场的发展提供了广阔空间，未来更多的非标资产将被盘活，为中小企业提供融资需求，而互联网金融为中国创造了更多层次的资本市场。

互联网资管3.0：大数据技术促进资产管理技术的升级

金融发展过程中存在明显的规模效应，在资产管理行业中，由于其一对多的关系使得资管行业存在明显的中心化趋势，但是互联网的渠道特征最主要的就是去中心化，这两者之间存在一定的矛盾，其最终结果可能是平台控制渠道末端，替代传统金融机构成为新的中心。互联网技术提升资管行业渠道升级，实质是使得"蛋糕"在传统金融机构、渠道及客户之间的重新分配的同时减少了“浪费”（社会总剩余）。如果要真正加深金融与互联网之间的结合，需要通过的是互联网金融深层次的大数据技术。

当前，中国互联网金融发展的一大特点是突破原有金融管制，促进金融体系的竞争。随着大数据技术向资产管理产业链渗透和融合的加速，互联网金融开始从销售端逐步切入资产管理产品的研发、研究决策、组合投资等环节。对于资产管理行业而言，大数据技术促进了资产管理机构从资金募集到投资各个环节更加高效，成本也更加低廉。

大数据未改变金融本质

大数据应用影响了包括金融在内的许多传统行业，由于金融作为信息密集型行业，大数据对其的影响更加明显。以银行业为例，银行每创收 100 万美元，平均会产生 820GB 数据，而电信行业产生的数据量为 460GB，快速消费行业产生的数据量为 180GB，海量高价值数据的积累，使金融业在发展大数据上有天然优势[①]。大数据技术近几年在中国越来越受重视并获得了长足发展，金融机构也逐渐增加了对 IT 和大数据领域的投入（见图 4-10 和图 4-11）。

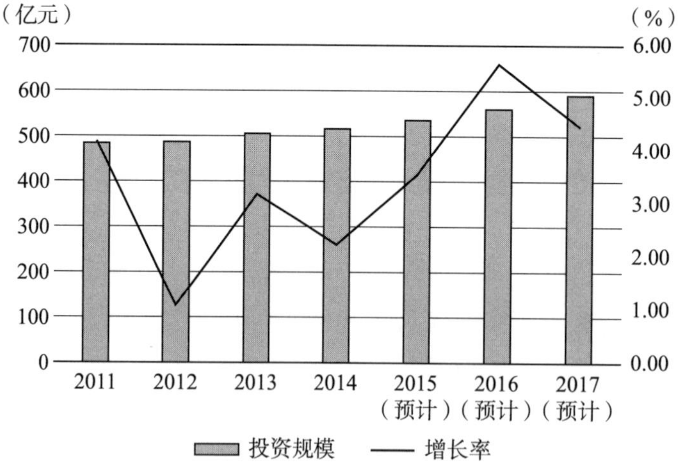

图 4-10　金融业 IT 投入

① BCG，《互联网金融生态系统 2020 系列报告之大数据篇》。

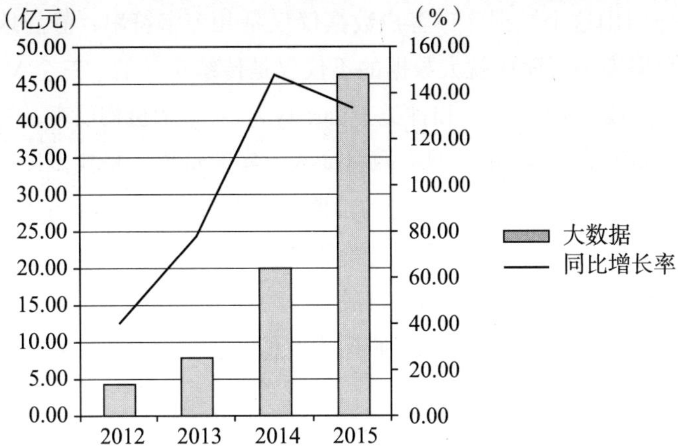

图 4-11 全社会大数据规模

资料来源：尚普咨询，《2014—2018 年中国金融业 IT 应用行业市场调查研究报告》，Wind 资讯。

金融的本质为资金融通，金融业依托大数据，通过互联网及云计算等手段对数据进行分析处理，在资金的供给、需求以及资金流通方式上进行创新。在资金需求端增加了更多小微企业以及所对应的产品纳入资产端的范畴，而在资金供给端，扩大了资金融通的数量，降低了投资的准入门槛。互联网金融适应了大数据等新技术发展的需要，促使资金供需双方直接交易，为客户提供了理财新途径，弱化了传统金融中介的作用。所以从这个角度出发，大数据技术作为互联网金融的底层技术，在扩展资产管理渠道、降低交易成本方面也有重要意义。虽然大数据技术并没有改变金融的本质，但却极大程度上提高了金融的效率。

大数据价值的实现

从目前社会零售数据的结构上看，网购部分占比不到 10%。也就是说，互联网企业掌握的交易习惯和交易实质所能覆盖的只是这不到 10% 的零售业务，而大量非网购部分的结算依旧要通过银行的支付渠道。因此，从数据的全面性来看，银行拥有比互联网企业更加全面的数据。然而，银行等金融机构并没有充分利用这个数据库，客户数据仅仅是几个字符串，静静地沉睡在金融机构的数据库中。而成就大数据的不仅仅是传统定义的“三个 V”，即数量（Volume）、速度（Velocity）和种类（Variety）。对金融机构而言，更重要的是第 4 个 V，即价值（Value）。只有数量庞大、实时传输、格式多样的数据通过技术手段得到充分利用并产生一定的价值时，大数据才能真正诞生[①]。互联网企业通过平台流量，实现数据积累与价值转化，使得更多互联网企业和金融机构纷纷意识到数据的价值，数据或将成为一种新的生产要素，影响整个金融业（见表 4-2）。平台的重要意义之一在于服务大数据库，并利用数据库实现各类金融产品的开发。

表 4-2　　互联网企业对于大数据开发及利用的过程

第一阶段	自身平台数据	网站行为数据
		提交信息数据
第二阶段	外部互联网数据	电商交易数据
		支付企业交易数据
		社交网络数据
		物流数据
		……
第三阶段	金融企业数据	金融行为数据
		证券
		基金
		保险
		……
第四阶段	政府监管数据	税务数据
		海关数据
		交通违章数据
		……
第五阶段	健全数据征信体系	全社会共享
		信用数据

① BCG,《价值回归：互联网金融背景下的金融机构如何使用大数据？》。

资产管理行业的转基因工程：大数据创造新产品

由于客户年龄、性别、文化程度和财富水平存在差异，投资者对于理财的需求也有所不同。包括资产管理在内的传统金融行业，由于数据是稀缺资源，数据挖掘意味着极高的投入，金融机构为维持健康的投入产出比，只将目标锁定在大客户的大需求上，进而寻找大机会。近几年，随着市场细分概念的不断兴起，金融行业也逐渐尝试市场细分，随着互联网及大数据技术在资管行业的不断渗透，资产管理行业运用数据处理将客户的风险偏好、理财记录进行分析，将客户群体进一步细分，甚至细分至个人，为其定制个性化产品，满足过去无法满足的客户产品需求。这与现阶段的互联网资产管理不尽相同，不仅是将产品销售渠道从线下转移到线上，而是在大数据时代挖掘新的社会需求、创造新的产品，真正做大资产管理的蛋糕（见图 4-12）。

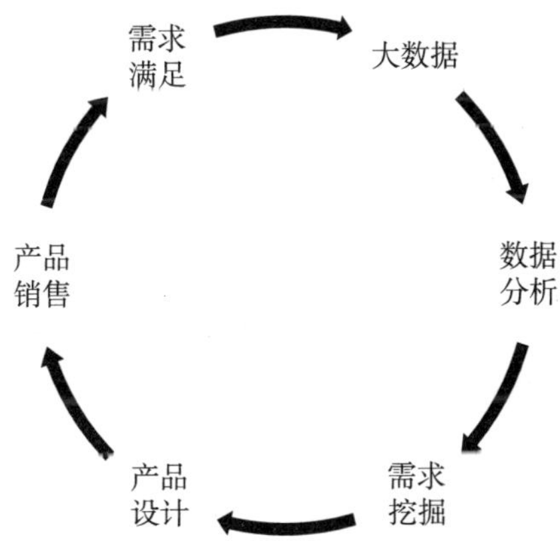

图 4-12　大数据影响下的资产管理行业产业链

资料来源：课题组整理。

（1）基于大数据技术的产品开发

对于包括资产管理行业在内的传统金融行业来说，数据获取的门槛较高，因此"样本思维"在金融行业一直占统治地位。另外，传统金融行业的数据分析能力有限，因此，对大众的理财和投资需求不能准确把握，而互联网及大数据技术突破了技术层面的限制。同时，互联网及大数据技术使得资管产业链扁平化，建立了产品端与需求端信息反馈机制，能够很容易捕捉到大众的理财需求和偏好，从而进行金融产品的定制与开发。

百度百发策略100指数基金是利用互联网大数据技术进行产品开发的一次尝试。2013年，百度搜索引擎上每天对金融理财产品的搜索次数平均达到3.3亿次，百度将这3.3亿多次对金融词汇信息的搜索进行了数据化分析，掌握了客户的需求，进而打造出合适的金融产品。

2014年10月20日，广发基金与百度公司合作开发的广发中证百度百发策略100指数基金开始发行，这是业内首只具有互联网基因指数的指数型基金产品，是余额宝后最有代表性的基金产品。广发基金与百度公司、中证指数公司联合制作了这一大数据指数基金，是第一次真正从投资领域和产品设计领域改变过去传统指数的制造模式和投资方式，它向客户提供的不仅是一个产品，还通过自己独特的大数据选股方式和每月一次的换仓机制，向客户提供一站式的投资解决方案，这完全基于百度搜索数据与金融的结合。

未来在指数的编制中可能会有更多非直接数据的接入，甚至需要掌握用户在更多金融平台上的行为数据以及用户对某些金融现象的情绪变化数据（见表4-3）。而随着数据量的不断加大，无论是大数据的存储和提取，还是高效的处理以及学习，都需要技术支持。

表4-3　　百度百发策略100指数编制方法

综合财务因子	净资产收益率（ROE） 资产收益率（ROA） 每股收益增长率（EPS） 流动负债比率 EV/EBITDA 净利润同比增长率 股权集中度 自由流通市值

续前表

综合动量因子	计算最近一个月的个股价格收益率和波动率，得到风险调整后的动量指标，按照大小从高往低排列并取前 30% 记为动量因子，后 30% 记为反转因子，中间 40% 部分记为稳定因子。
搜索因子	对样本空间的股票分别计算最近一个月的搜索总量和搜索增量，分别记为总量因子和增量因子；对搜索总量因子和增量因子构建因子分析模型，计算每期个股的综合得分并记为搜索因子。

虽然百度百发策略 100 指数基金并没有为每一位客户都定制出独特的理财产品，但是指数基金设计中引入的搜索因子是客户需求的一种表现，该指数是基于客户需求挖掘设计出的产品。

百度百发策略 100 指数基金是第一只大数据基金，其意义在于：

1. 纵观海外指数的编制，还未有将互联网大数据作为选样基础因子引入指数编制方法的指数，因此该产品是市场上首次出现的拥有"互联网基因"的指数。百度百发策略 100 指数基金出现后，南方基金、博时基金也相继推出大数据基金产品。

2. 改变了以往限于下游渠道合作的模式。常见的基金公司与互联网公司合作模式中，基金公司提供产品而互联网公司提供渠道，其与传统金融机构代销基金没有本质区别，这一模式是对传统模式的突破，丰富了资产管理机构与互联网企业的合作形式。

3. 对于互联网金融产品而言，是权益类投资的一次尝试。目前，中国互联网金融发展最广泛的是 P2P 贷款模式，近几年 P2P 贷款的快速增长与现阶段中国尚未完全实现利率市场化，导致信贷配给不协调有较大关系。随着利率市场化的推进，P2P 贷款风险定价会更趋于合理。互联网基金与股权众筹模式是作为互联网权益类投资的两种方式，未来具有广阔的发展空间。

（2）机器人理财——智能投资平台

机器人理财则是实现产品定制的一条路径，机器人自动理财是指投资机构利用信息技术，通过软件完成全部或部分多样化投资、投资组合再平衡和红利再投资决策。它通过一个运算系统分析顾客对风险及收益的偏好，并据此为每一位投资者量身定制投资计划，利用软件分析结果，执行投资决策或作为投资顾问。

对于个人投资者而言，时间和金钱是进行资产组合管理中的一对矛盾，而机器人理财利用自身的效率优势及成本优势，成功化解了这对矛盾。机器人投资顾问利用程序完成繁重的资产选择，很大程度上减少了投资者的时间成本。另外，使用计算机程序代理人工咨询，大大降低了资产管理费（见图 4-13）。机器人理财顾问的出现使得过去没有能力为自己聘请理财顾问的投资者也能享受到服务，实现了对长尾市场的开发。

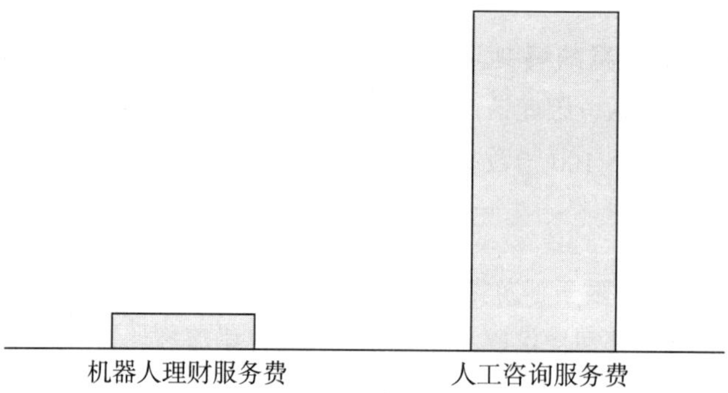

图 4-13　机器人理财服务费约为人工咨询服务费的 1/10

自动理财计划需要大量用户数据的支撑。一方面，由于国内平台规模限制以及平台大数据库起步较晚，平台自身以及外部平台并没有形成完整的大数据库。另一方面，中国投资帐号之间的数据难以共享、互通，限制着初始数据的获得，进而限制了模型的生成与应用。因此，国内的机器人理财仍处于起步阶段。

国内智能理财现状：2015 年 5 月，国内首家主动管理型互联网金融平台“U+优财”成立，公司基于用户理财需求、风险偏好、财务状况、家庭结构等因素的不同，为用户量身定制不同的主动型理财配置方案，并且凭借丰富的金融行业资源及互联网优势，整合"基金、券商、信托、银行理财、P2P、货币基金以及各种公募私募类产品"等上下游金融机构业务，真正实现主动型、一站式的"安全、便捷、更高收益"的在线理财服务。

访谈手记

【访谈手记一】

对话"挖财"

2013年6月，淘宝推出余额宝，迅速吸引上亿用户，募集资金超过上万亿元，为2013年互联网理财的爆发式增长拉开了序幕。此后，互联网理财平台如雨后春笋般涌现，理财成交量不断刷新纪录。从某种程度上来讲，互联网理财市场的蓬勃发展是中国互联网信息技术变革的必然体现，它促进了传统金融理财从信息不对称到信息对称，同时与其相互协作、相辅相成，共同构成了金融理财的生态格局。新生事物的发展总是伴随着鲜花和掌声，而互联网平台是如何看待自身定位的？如何评价其出现对资产管理行业的影响呢？为此，我们对互联网平台理财企业挖财负责人进行了访谈。

互联网的出现对中国资产管理行业格局的影响

挖财负责人认为，互联网的出现逐渐改变了中国资产管理行业六分天下的局面。目前，活跃在中国金融市场上的资产管理机构以信托公司、银行、保险公司、证券公司、基金公司和私募机构为主，这些机构主要针对的是高净值客户群。互联网理财把长期处于传统金融理财门槛之外的长尾普通用户的理财需求聚拢起来，形成目前互联网金融体系中的重要一极，也实践了"普惠金融"的理念。

互联网理财相比传统金融理财的优势

挖财负责人认为，传统金融理财门槛高、手续繁杂、信息流传达不畅，而互联网理财以线上实时交易为特色，门槛低、信息传递迅速、时效显著。很多互联网理财平台都提供手机应用软件，客户可以随时了解项目信息，随时查询账户余额、收益，甚至有些平台还允许24小时线上交易，极大地促进了交易的便利和高效。

互联网理财平台监管现状和建议

挖财负责人认为，中央和地方政府对互联网理财的政策倾向于积极鼓励与支持，但是详细的监管条例尚未公布，平台自律尚未成型，容易促成行业乱象的发生。建议有效的监管机制应该结合行业实情，践行核心监管理念。从政策层面来看，针对互联网理财的监管理念建议突出两点：首先，风险控制是本质，监管制度、监管界限要设定在符合金融本质的位置边线内；其次，在监管的界限之内允许创新和试错，这对行业的发展和突破具有开拓性意义。

互联网理财未来健康发展的关键

挖财负责人认为，互联网理财平台的健康发展离不开监管营造的良好环境，更离不开平台的自律能力、高效的运营能力和专业扎实的金融能力。早在2014年，监管层针对互联网金融就提出三条不能触碰的红线："一是乱集资、二是吸收公众存款、三是诈骗"；以此为原则，互联网理财平台需要严于律己的行业操守和勤练内功的创新能力与精神，才能在广阔的理财市场获得持续稳固的地位。互联网理财优点颇多，但无论是传统金融理财还是互联网理财，其实质均从属于金融业务（包括标品类和非标品类），顺应金融规律，健全配套监管体制，提升自身专业高效的金融能力，如产品设计能力、风险控制能力和风险定价能力均是互联网理财行业发展的应有之义。唯有建立健全有效的监管体制，打造专业、高效、自律的从业队伍，方能为互联网理财的健康、快速、长远发展打下扎实的基础。

【访谈手记二】

美国互联网金融，超越P2P

近年来，中国互联网金融发展得如火如荼，尤其是P2P和众筹行业的某些指标都已超过美国。但是国内互联网在金融创新，尤其在财富管理类创新方面与美国仍有不小的差距。为此，课题组通过巴曙松研究员搭建的"全球市场与中国市场"平台专访了LSUS资本公司的联合创始人和CEO刘亦婷，她向我们系统解读了美国财富管理类互联网金融的创新发展。

美国传统财富管理市场概况

刘亦婷通过一条财富数轴向我们全景展示了美国传统财富管理市场的状况。数轴的一端是普通工薪阶层，他们投资的一般是公司的401（k）养老基金以及个人的股票账户。另一端是资产超过10亿美元的家族，一般会有专职家族管理公司提供专业的家族财富管理服务。而资产在5亿美元以下的家族，一般会由一个管理公司为多个家族提供财富管理服务。在数轴的中间是资产约数百万及上亿美元的人群，他们成为不同档次的高净值客户，由财富顾问提供财富管理服务。在这个框架下，涵盖人群最多的是财富顾问模式。通常，财富顾问每年收取0.5%~1.5%的管理费，这个管理费是在购买的产品本身收费之外的管理费用。财富顾问提供的服务主要是资产配置、税务优化以及一些其他附带服务。

美国主流财富管理网络公司简介

美国财富管理网络公司也可谓不计其数，刘亦婷选取了其中最具代表性的7家主流公司——财富前沿（Wealthfront）、Betterment、智慧菩提（WiseBanyan）、嘉信理财（Charles SCHWAB）、SigFig、Motif和Kensho进行了介绍，这7家公司也各有优势、各具特色（见表4-4）。

表4-4　美国主流财富管理网络公司的优势及商业模式

公司名称	竞争优势	商业模式
财富前沿（Wealthfront）	以更低的费用为客户带来更高的回报，并且把投资的门槛降到了5 000美元。	财富前沿的投资团队包括：耶鲁大学基金投资委员会前主席、宾夕法尼亚大学基金投资委员会副主席、耶鲁大学商学院前院长以及哈佛大学、斯坦福大学的教授等多位资深经济学家和投资家。而收费仅仅是所管理资产的0.25%，约为传统财富管理费用的1/4。财富前沿的智能系统一是依赖于获得诺贝尔奖的现代投资组合理论，二是低成本的ETF。
Betterment	没有最低投资额。同时，如果资产超过10万美元，管理费只收0.15%。	Betterment的投资组合也是以现代投资组合理论为基础的，但在具体资产类别的选择上与财富前沿有明显区别。例如，在选择美国股票时，除了美国整个股票组合的ETF之外，还有偏重价值的股票以及中小盘股。债券中不包括美国的地方政府债券，但包含了美国高品质债券、美国企业债券、高品质国际债券以及新兴市场债券。

续前表

公司名称	竞争优势	商业模式
智慧菩提（WiseBanyan）	免费提供与财富前沿同类的服务。	一方面通过增值服务收费，比如通过税务的优化提高回报的技术操作。另一方面，通过给用户提供其他服务收费，比如保险和贷款等。
嘉信理财（Charles SCHWAB）	免费的智能理财平台。	投资的 ETF 为其自己管理的，嘉信收取 ETF 管理费。另外，嘉信给客户提供的投资组合也包含相当数量的现金，这些现金成为嘉信自己的商业银行的无息资金来源。
SigFig	免费为用户提供资产分析的平台。	用户可以在 SigFig 上跟踪分析自己的多个账户平台。与此同时，SigFig 也会根据用户的投资内容提出一些建议，比如如何减少波动性、如何增加地区的分散性等，用户在考虑或采纳这些建议的同时，也就成了 SigFig 的用户。
Motif	帮助投资者了解投资概念的平台。	Motif 平台上有上千个概念，比如食物价格上涨、咖啡消费增加、智能汽车配件、中国网络概念等。每一只概念由不超过 30 只股票构成，目的是为投资者选取能体现股票概念的同时减少个股的风险。客户购买一个概念，只需支付 9.95 美元手续费。同时，用户也可以自己创造概念。如果有其他用户购买其所创造的概念，那么概念创造人便可以收到 9.95 美元中的 1 美元。
Kensho	通过对大数据的分析，旨在用生活语言回答财经动态的问题。	大数据分析能力一直以来掌握在像桥水这样的大型基金和类似于高盛这样的大型投行手中。Kensho 想要将这类大数据投资平民化，比如用户可以问 Kensho："如果佛罗里达有三级台风，什么水泥公司的股票会上涨？" Kensho 会回答："德州工业。"

美国互联网金融创新对传统财富管理市场的影响

刘亦婷认为，虽然互联网投资管理公司的客户增长很快，但是基于以下两方面的原因，其目前对于传统财富管理市场的影响还是有限的。

一是互联网理财平台的客户大多数是 20~30 岁的年轻人，而绝大多数人的财富积累是在 40~50 岁这个年龄段达到高峰。也就是说，绝大部分财富在这些新公司出现之前就已经存在美国的财富管理系统里了。而互联网理财公司配置的 ETF 不一定是目前主流的资产已经配置的，需要换出。在美国由于资本增值税的存在，置换的成本较高，资产置换的动力变小。所以刘女士认为互联网理财公司主要是要把新出现的资金抓住，想要从传统资产管理公司里面把资金吸引过来是很困难的。

二是虽然从投资这一点来看，财富前沿等新兴公司很大程度上可以代替传统的财富顾问，但传统的财富顾问除了投资之外还会为家庭提供一些其他建议，比如应当买什么样的保险，买多少；或者做一些信托规划，推荐聘请什么样的律师等。传统财富顾问提供的这种人对人的服务与新兴的智能投资平台提供的不面对客户的服务是完全不一样的，并且两种方式在成本上有很大的区别。一些美国互联网财富管理公司的平台可以选择智能平台或是个人客户经理，前者需要 0.15% 的费用，后者需要 0.9% 的费用，差别还是很大的。

但是，刘亦婷也强调美国新一代的财富观与老一代也有很大的区别。很多新客户并不想要传统的客户经理，他们不希望经常和这些人进行电话沟通，只想在电脑界面上便解决自己的理财问题。互联网理财平台随着人们消费理财习惯的改变，未来对于传统财富管理市场的影响将越来越大。

美国对互联网财富管理公司监管的特别要求

商业模式的创新对于监管也提出了新的要求，美国对于互联网财富管理公司的监管主要按商业模式进行。对像财富前沿这种模式，是按照对资产管理公司的标准来监管的。这种模式最关心的是资金的安全性，要求资金托管，不能放在资管公司里，而且因为这类互联网财富管理公司投资的多是主流的 ETF，没有另类资产，所以对投资人的净值是没有审核要求的。Motif 实际上属于证券公司，收取的是手续费，就要有证券公司牌照，归资管监管。而房地产众筹要求高净值的客户才能投资，所以客户在房地产众筹的网站上注册时必须回答和验证有关高净值的一系列问题，而且在登陆之后的前 30 天内都不允许投资，即冷静期。在这段冷静期之后才能参与众筹的投资。

【访谈手记三】

互联网金融观察——基于创业者视角

2013 年以来，P2P、余额宝等互联网金融的崛起，推动了一种新商业模式的诞生。互联网金融商业模式的发展使得越来越多的人投身于互联网金融创业队伍中，互联网金融的创业者们是如何评价互联网金融的呢？为此，课题组通过巴曙松研究员搭建的“华尔街金融观察”平台专访了互联网金融公司梧桐理财网CEO陈恳。

互联网金融的大周期和小周期

如果对互联网金融简单进行一个历史的类比，以30年为周期来观察，互联网金融类似30年前的温州鞋。发端于草根，早期毁大于誉，最终预计还是市场力量夺得天下。若以15年为周期来观察，互联网金融类似15年前的电子商务。从B2B，到C2C、B2P，再到支付宝，不断迭代，不断升级，最终成大气候。若以5年为周期来观察，互联网金融类似5年前的团购。猛然崛起，业内竞争激烈，最终到O2O闭环，形成壁垒。

互联网金融在中国的发展

在过去，由于存在金融抑制，金融机构无法提供足够好的服务；而客观存在的金融分割，民间和传统金融成为两套完全独立的金融体系，形成民间和官方两套利率体系，两者之间存在巨大利差。近年来，互联网金融的方式逐渐得到客户的认可，未来的消费人群也将逐渐增加，80后、90后和00后将会告别银行柜台、券商营业部和保险代理人。即使面对支付瓶颈、平台跑路的风险，客户的迁移也是无法逆转的趋势。同时，金融本身可以没有物流，仅有现金流和信息流，最有可能实现由实入虚的互联网转换。未来，随着互联网金融领域的竞争加剧，部分企业将会被淘汰。

互联网金融企业取得大成功的三个方向

互联网金融企业取得大成功的三个方向主要有高频、社交和大数据。高频是未来互联网金融发展的基本需求；互联技术的发展促进了生活方式的变化，比如微信；大数据创造了带有竞争壁垒的新产品和新服务，比如京东白条；然而随着大数据技术的不断成熟，目前的所谓大数据在未来看来仅仅是小数据，因此，大数据在未来仍有巨大发展空间。

互联网金融企业的经营理论

第一是入口论，金融是客户的入口，只有持久经营才有未来。第二是富士康论，互联网金融企业最需要成为精细化经营的典范。只有精细化经营才能活得下去，粗放经营基本没有前途。所以，互联网金融注定是一个苦活累活。第三是跨界论，真正改变行业的不是行业专家，而是来自行业外的菜鸟。比如，改变出租车行业的不会是出租车公司，而是滴滴和快的这些外来客。

互联网金融企业的优势与劣势

在优势方面，商品、服务和金融是互联网逐次改变的行业。商品部分催生了电子商务，服务部分催生了O2O，金融部分催生了电子商务和O2O两种形态的结合。电子商务满足较低客单价、广域服务、人数众多、标准产品；O2O满足较高客单价、分众服务、人数有限、非标准产品。例如，用人海战术去服务中低客户这种模式，虽然短期有效，但长期却会失效，因为其类保险的高额佣金体系和金字塔组织本身就是互联网应该去打破的。

在劣势方面，第一是支付成本高，第二是PC端流量垄断，获取流量的成本高企。但是，移动端的流量碎片化，依然有低成本获取的机会，不过，需要精耕细作。

互联网金融企业的微笑曲线

互联网金融也存在微笑曲线，一端是流量和客户经营，另一端是资产和风险控制。但是互联网金融的微笑曲线可能还有第三极，那就是这个大底部——“数据 + 平台 + 生态”。

【访谈手记四】

从金融互联网到互联网金融

互联网与传统金融碰撞出了极为奇妙的火花，无论是传统金融机构还是互联网公司都在探寻金融与互联网的融合，互联网与传统金融融合的进程是怎样的？金融互联网与互联网金融有什么区别？为此，课题组通过巴曙松研究员搭建的“全球市场与中国市场”平台专访了通联支付网络服务股份有限公司董事长肖风博士。肖风博士以微众银行和网商银行为例，阐释了金融互联网和互联网金融之间的区别、发展路径以及互联网金融的内涵，并对数字货币在未来的发展前景进行了展望。

金融互联网和互联网金融的区别

肖风博士从分析网商银行和微众银行的经营理念入手，阐释了金融互联网与互联网金融的区别。他指出，网商和微众两家银行在成立之初都提出了这样的口号：一是不打算做20%的高净值客户的业务；二是尽量不要在自己的银行中形成存款和贷款。这两点做法与传统银行的区别非常大。肖风博士解释，随着阿里巴巴的兴起，互联网已经进入了价值互联网阶段，在互联网上进行价值创造和交换，其交易成本则无限趋近于零。因此，互联网公司的服务可以不限于金融服务，也可以去服务长尾客户。对于第二条口号，肖风博士认为，互联网企业是用数据驱动业务，而传统金融机构是用过程驱动业务。传统金融机构放一笔贷款需要有严谨的流程，是靠严格控制流程来控制风险；而互联网公司所创办的银行则是靠数据控制风险，能够做到快速放贷。

在上述两个案例分析的基础上，肖风博士对金融互联网与互联网金融的区别做了总结，他认为从线下到线上是金融互联网；而互联网公司做金融是从线上到线下，或者不做线下，他们是从互联网角度做金融。

从金融互联网到数字化金融

肖风博士认为，金融与互联网的融合过程可分为金融互联网、互联网金融、数字化（智能化）金融三个阶段。

- 金融互联网属于传统互联网阶段（PC互联网阶段），从数据角度看到的是结构化数据，互联网对于金融来说只是一个工具。因此，金融互联网只能解决技术层面的问题。
- 互联网金融是移动互联网时代特有的产物，因为移动互联网为收集之前很难收集到的非结构化数据提供了便利，如视频、音频与社交网络上的碎片化数据。在互联网金融阶段，互联网影响的不仅仅是工具层面，而是商业模式和范式上的变化，它涉及整个社会层面上的问题，而不仅仅是技术层面上的问题。
- 数字化（智能化）金融阶段将会随着物联网的兴起以及传感器、可穿戴设备的普及而来。届时，人类社会将真正完成数字化进程。金融服务也就进入了数字化阶段。与此同时，会带来对价值层面的影响以及哲学层面上的一些新观念。

互联网金融的内涵

对于互联网金融的内涵，肖风博士归纳总结了5个方面，并通过案例进行了进一步的分析。

一是互联网金融是基于互联网底层技术架构的金融。互联网底层架构包括移动、无线化、云计算和大数据。

二是互联网金融是纯信用金融，例如微众银行、网商银行、陆金所、阿里小贷。互联网企业展开金融业务时从来不会要求抵押或担保，而是从数据分析入手，与传统金融机构的模式完全不同，是纯信用金融、纯平台模式。

二是数据驱动业务，算法取代管理。以支付宝辨别账号被盗为例，支付宝用了一整套算法，可以辨别出账户是否处于正常使用状态，可以拒绝欺诈请求。算法取代管理的典型例子是Uber。Uber的核心为两套算法。一套是动态调整价格的算法，另一套是准确匹配位置的算法，这两套算法确保了任何一个打车的人在5分钟内会有车来接。Uber用算法取代了传统出租车公司厚厚的规章制度。

四是互联网金融必须建立在互联网治理机制上。互联网的治理机制就是用一套数学方法，在互联网上低成本地建立起信任机制，边际成本比线下的信用机制低很多，几乎为零。以维基百科为例，编一套百科全书需要有很多专家，但是维基利用共识机制，让无数人去修改某一个词条，当这个词条不再被修改时，这个词条的定义就是最准确、最接近真实情况的。这就是一个去中心化的机制，不需要有机构或者专家，在网上用众包的方式达到最好的质量。还有Uber的互动评分机制确保了大家不需要见面就可以建立一个互信机制，让劣币被驱逐出去。而传统金融机构如果要建立这样的信任机制需要庞大的人力、司法制度和物理网络，可能还需要很多法律法规。

五是互联网是以点对点、P2P、众筹的方式提供新的金融服务。肖风博士认为，目前的互联网金融就如过去10年间腾讯的QQ、微信和中国移动的关系，“最后一公里”

的增值服务被QQ、微信取代，电信运营商变成了提供通道服务的机构。现在，很多互联网上的金融服务也在慢慢地把银行藏在身后，银行账号的部分用途只是向微信支付或支付宝中转款，“最后一公里”的很多增值服务已经不是在银行账户上完成。10年后，银行账户体系可能变成中国移动的基础网络，是不可替代的，但是“最后一公里”的增值服务已经被互联网公司通过点对点、P2P、众筹等方式提供了。

数字货币的未来展望

肖风博士认为，数字货币具有4个特征。一是它建立在去中心化的分布化网络上。二是有一套密码学的货币算法，通过算法来发行货币。三是数字货币记载在公共总账本系统上（区块链技术）。四是数字货币由网络大众，而不是个人或权威机构来记账。提及目前热议的比特币，肖风博士认为可以将其定义为数字货币的1.0版本，现在比特币对传统金融的现实意义不是很大。但是，数字货币的2.0版本可能在2015年下半年发布，2.0版本将不再强调货币，而是利用数字货币的区块链技术进行更多的商业应用。肖风博士也提示，不可小视未来5~10年内数字货币将会对传统金融带来的影响与冲击。

05

资产证券化酝酿大资管变局

2015

本章导读

- 在资产端，资产证券化可以将非标基础资产标准化，使其进入市场流通，也丰富了银行可配置的资产池；在负债端，资产支持证券未来有望成为银行重要的表外融资工具，可以替代一部分“影子银行”业务。
- 对银行而言，信贷资产证券化可以节约资本、释放信贷额度、解决期限错配、提高中间业务收入占比。
- 2015 年以来，信贷资产证券化发行量不及预期，2015 年前一季度仅发行 17 单，共计 507.88 亿元。原因之一是信贷资产证券化发行成本较高，环节较多。原因之二是在经济下行、信用风险高发的环境下，银行将优质资产证券化的动力不足。
- CLO 产品市场接受度较低、流动性不足，难以回购融资，法律制度和估值定价技术不健全，流动性有待提高。
- 和具有本土特色的资产证券化非标相比，企业资产证券化尽管在融资效率、发行成本、隐形担保、资本占用、收益率和估值等方面均处于下风，但作为交易所标准化产品仍旧得到了政策的鼓励。
- 企业资产证券化有望接力非标转标，为券商贡献稳定的业务收入；券商可以发挥自身的定价优势，开展资本中介业务。

资产证券化发展有利于实体经济和金融发展

金融机构对资产证券化存在巨大需求

从市场角度来看，资产证券化市场是多层次资本市场的重要组成部分，资产证券化给金融机构带来了新的业务机会，促进了金融体系创新和金融机构经营模式的转变与升级，进而促进了中国金融业效率的提升与金融创新的发展。

在资产端，资产证券化可以将非标基础资产标准化，使其进入市场流通，丰富了银行可配置的资产池。在负债端，资产支持证券未来有望成为银行重要的表外融资工具，可以替代一部分“影子银行”业务。

（1）盘活存量

传统商业银行的盈利模式以赚取利差为主，这将导致信用风险在银行体系内聚集。商业银行将信贷资产打包卖给非银金融机构，可以降低存贷比，为银行争取了贷款空间，盘活存量，提高资产周转率，获得现金，缓解资本金压力。

商业银行发放贷款的能力始终受到资本充足率的要求，中国极高比例的存款准备金率和存贷比的压力都对商业银行新增信贷的持续增长构成了阻碍。银行通过资产证券化实现资产出表，缓解银行资本金，腾挪贷款额度，优化贷款配置方向。

另一方面，银行信贷资产证券化搭建了信贷市场与资本市场之间的桥梁，证券市场投资者根据信贷资产的质量、收益、风险等特征，对信贷资产重新定价，反过来是对商业银行进行贷款的市场约束，商业银行需要将资金投向更加优质的企业及更有经济效益的项目，也是对商业银行贷款业务进行引导。

而对于不吸收存款的金融机构而言，如政策性银行、汽车金融公司、金融租赁公司等，利用存量资产，为资金筹集提供新了渠道。

（2）分散风险

中国的金融市场是以银行为主导的间接金融市场，资本市场的发展相对较落后，资产支持证券作为信用类金融产品，其最大特征为流动性较差，该特征决定了资产证券化产品的投资者主要为机构投资者。目前，信贷资产证券化产品的机构投资者主要包括商业银行、保险公司、财务公司、信托公司、农村信用社、社保基金、企业年金、证券投资基金以及企业贷款等。

商业银行互持信贷资产支持证券是风险在银行间的重新配置过程。由于中国企业贷款和城投贷款占贷款比率较高，中长期贷款中的企业贷款所占比重较大，贷款结构风险更加集中，银行通过买卖信贷资产证券化产品相互持有资产支持证券，实际上是企业贷款在不同银行之间的重新分配，从而分散了贷款集中度（见图 5-1）。

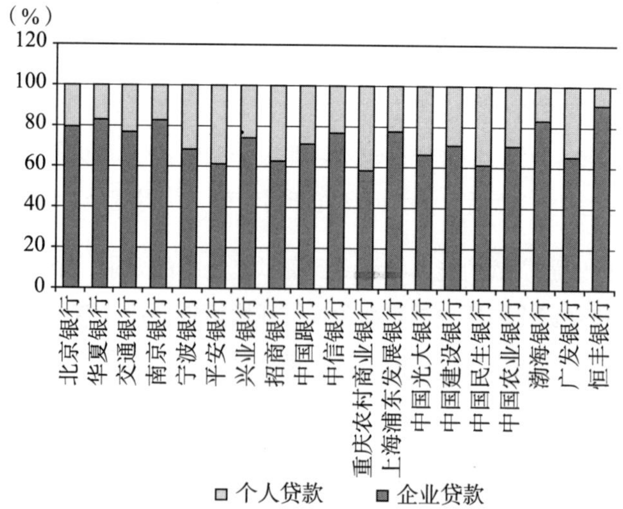

图 5-1　各家银行企业贷款占比

资料来源：Wind 资讯。

而银行将信贷资产打包卖给非银行金融机构，将间接融资方式转变为直接融资方式，信贷风险就部分转移出银行系统，增强了银行抵御系统性金融风险的能力，同时避免了使用过多投放货币的方式进行信用创造，实现了实体经济去杠杆的过程。

（3）增加中间业务收入

在资产证券化过程中，金融机构既可以作为发起人，出售资产获得现金；还可以作为中介管理机构，获得托管费、管理费和承销费等，增加了新的中间业务收入渠道。

（4）解决期限错配问题

理财崛起导致银行负债久期端的缩短，银行理财期限更短。2013 年，1~6 个月的理财产品占全部理财产品的比率为 85.64% 到 2014 年为 85.93%，基本维持不变，同一数据在 2015 年扩张至 87.59%，理财规模的扩大势必缩短负债端的久期（见表 5-1）。

表 5-1　　不同期限理财产品数量

		一个月以内	1~3 个月	3~6 个月	6~12 个月	12~24 个月	24 个月以上	未公布
2015	数量（个）	2 411	23 975	8 631	4 237	381	68	275
	占比（%）	6.03	59.97	21.59	10.60	0.95	0.17	0.69
2014	数量（个）	2 963	36 643	14 428	7 469	787	116	474
	占比（%）	4.71	58.27	22.95	11.88	1.25	0.18	0.75
2013	数量（个）	1 909	26 984	9 904	5 344	527	106	525
	占比（%）	4.21	59.57	21.86	11.80	1.16	0.23	1.16

资料来源：Wind 资讯。

另一方面，短期融资券、超短期融资券等债券产品的体量不断扩张以及股票质押式回购、互联网贷款模式等创新模式发展对银行短期信贷逐渐产生替代效应，中国银行业信贷结构中的长期化趋势将持续下去。

负债端的短期化与资产端的长期化趋势正好相左，银行资金流动性风险加大，这就意味着银行需要相应的追求资产端的可变现能力，长久期的按揭贷款对银行的吸引力日益下降使银行开始有意压低按揭的增速，也就意味着未来银行有开展抵押贷款证券化、信贷资产证券化业务的需求。

企业及地方政府对资产证券化存在巨大需求

（1）资产证券化为企业及地方政府融资提供新渠道

发行资产支持证券实际上是用直接融资代替间接融资。对于信用度极高、经营状况良好的企业来说，融资渠道相对较多，它们对融资渠道的选择主要是根据自身的需求，在融资成本、便利程度上进行比较。而对于许多小企业来说，由于自身信用条件的限制，无法实现债务融资或者债务融资的成本相对较高，企业资产证券化可以帮助评级不能满足发债要求甚至无评级的企业进入资本市场进行融资，允许企业依靠优质资产而不是自身信誉融资，降低了企业融资成本，在实现融资需求的同时不提高企业的财务杠杆（见表 5-2）。

表 5-2　　固定收益类产品比较

项目	资产支持证券	中期票据	企业债
发行规模	不受净资产规模限制	净资产 40% 以内	净资产 40% 以内
主管机关	证监会	交易商协会	发改委
审批制度	备案制	注册制	审核制
融资成本（同级别）	较高	较低	稍高
评级特征	对评级十分敏感	主体评级达到 AA 级或以上才可以发行	
发行期限	没有限制	1 年以上，1~5 年	1 年以上

续前表

项目	资产支持证券	中期票据	企业债
适用企业	适合企业包括：工程建设公司，城建公司、小贷公司、商业保理公司（非金融机构）、汽车租赁公司、融资租赁公司（非金融机构）、有稳定中长期应收款的企业、水务公司、发电企业、高速公路企业、路桥企业、地铁企业、高铁企业、航空公司、轨道交通企业、港口企业、机场企业、工业开发园区企业、旅游景区企业	适合具有法人资格的非金融企业，但对地方政府融资平台尚未完全放开，在获批上具有较大难度。 可配合银行承销授信不足的企业发行中期票据。	非上市公司、国有企业、大型民企，产业类公司亦可发行产业类企业债券。 一般债项评级在AA（含）及以上。
信用模式	资产信用	企业信用	企业信用

资料来源：课题组整理。

（2）盘活资产存量，改善财务状况

中国某些大型重工企业，由于其行业特性，长期持有大量应收账款、应收票据等流动性极差的不可变现资产，同时又面临着巨大的银行贷款及债券还本付息压力。企业资产证券化可以盘活资产存量，提高资产流动性和资产周转率，进一步提高企业的盈利能力。

企业资产证券化经过“真实销售”，将流动性差的资产转变为现金资产的同时不增加额外负债，可以在不提高资产负债率的条件下，获取新的资金来源，同时也改善了公司流动比率等流动性指标。

（3）国有企业资产证券化，避免国有资产流失

十八届三中全会后，新一轮国有企业改革展开，而混合所有制改革是新一轮国企改革的核心，利用资本市场以资产证券化实现国企混改亦是主导路径。

资产证券化有助于实现产权明晰。此轮混改改革围绕产权、产业、管理三个层面的多种方式展开。因此，将产权进行层次划分，适应不同群体需求，可以最大程度减小改革阻力。对于希望通过混改获得资金来源的国有企业及地方政府，资产证券化可以为企业及地方政府获得资金来源；对于一般性投资者，资产证券化产生稳定现金流可以满足其投资需求；而对于原股东、部分社会资本、产业投资基金要求获得国有资本的运营权，可以通过组建特殊目的载体（SPV）来实现。

纵观中国国有企业改革历程，改制、兼并、出售、转让等经济行为，似乎都或多或少地伴随着国有资产的大量流失。而通过资产证券化模式，在一级市场发行及二级市场交易，对国有资产进行合理定价，发现国有资产真实价值，可以有效避免国有资产的流失。

以美国电力公司资产证券化为例，发电项目作为一种有一定盈利能力的市政基础设施项目，电力公司投资项目能产生稳定的现金流，电力公司因此可以对该现金流进行资产证券化。首先要上报指定的电力行业委员会审批额度，然后经过几轮听证会考证后，在原有的电力价格上加价，通过电力价格的上升所获得的收益来收回既往投资和付清资产证券化的费用。一般每度电加价几厘到几分。这种资产证券化是长期的，有的3~7年，有的甚至长达12~15年。从投资者的角度来看，这类产品风险低，利差与信用卡相似，并且拥有较好的流动性。

在当前中国利用资产证券化解决地方政府融资问题的过程中，可以利用资产证券化与PPP相结合的模式。当前，中国市场上的相关政策规定为“以地方政府为直接或间接债务人的基础资产，但地方政府按照事先公开的收益约定规则，在政府与社会资本合作模式（PPP）下应当支付或承担的财政补贴除外”。

按照此规定，除了项目企业采取PPP模式形成的基础资产可以设计成资产证券化产品外，其他“以地方政府为直接或间接债务人的基础资产”均不能再做成资产证券化产品。PPP模式下项目收入来源主要有三种：第一种是政府授予项目业主特许经营权方式，社会资本业主将项目建成并负责运营，运营收入来源主要为使用者付费形式，运营期满后移交政府。第二种是社会资本项目业主负责将项目建成并运营，运营收入来源为政府付费购买。第三种是社会资本项目业主的收入来源为使用者购买与政府财政补贴结合的形式。上述采用PPP模式建成后的收入来源现金流稳定持续可靠，采用特许经营权方式建成运营的项目收入属于项目业主资产收益类的基础资产；而运营收入依靠政府付费购买或者政府财政补贴方式形成的基础资产属于项目公司的债权类资产，均可以做成资产证券化产品。

资产证券化促进P2P金融发展

个人金融对资产证券化有天然的需求。P2P公司本身无法吸收存款，有融资需要且公司信用级别不高时的发债成本较高。而个人金融体现的是大数原则，风险很分散。与公司债相比，资产证券化的好处是有自然的匹配。现金流不存在错配的问题，从资产所得直接给予投资者。

然而，目前资本市场对P2P市场有所顾虑。P2P市场成立时间短，长期资产没有足够的周期观察到其完整表现，在经济上行期，市场可能一直表现良好，但如果处于经济下行期，市场表现怎样则不得而知。评级公司对于没有历史数据的资产的评级也有顾虑。另外，如果公司信用级别不高，破产时是否有能力继续服务也是较大的担忧。此外，公司本身是否有留存收益，可以与投资者共担风险也是要考虑的因素之一。

资产证券化在P2P市场中的应用空间广泛。如果仅仅是简单的P2P公司，它们只从事中介业务，对资产证券化并没有需求。但是有些P2P公司同时也做自营投资，还有很多机构投资者也参与促进了资产证券化的应用。例如，美国资产证券化的项目包括运用Lending Club的应收账款打包发行债券；贝莱德集团利用花旗银行的融资累计4~5亿美元的P2P资产，并将收购后的贷款打包做成资产证券化产品。用应收账款做资产证券化是最通常的做法，但还有些特殊的做法。比如，服务商可以把服务费或佣金资产证券化，在这种模式下，发债人建立框架后可循环发债。短期资产可采用循环结构，如阿里小贷在国内的资产证券化就有循环结构（见图5-2）。

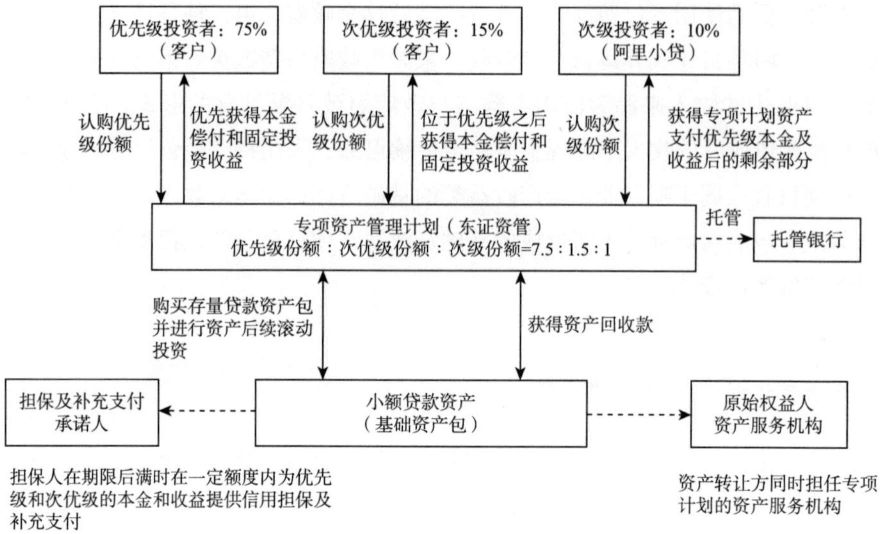

图 5-2　东证资管 - 阿里巴巴 X 号专项资产管理计划

资料来源：《东证资管 - 阿里巴巴 X 号专项资产管理计划募集说明书（草案）》。

资产证券化给资产管理机构带来的机遇和挑战

信贷资产证券化和企业资产证券化在发行方式上实行了备案制，发行规模大幅增加，基础资产类型日趋丰富，发行效率大幅提高，投资者接受度也不断提高。这对于资管机构而言，既是机遇，也是挑战。对银行而言，信贷资产证券化可以节约资本，减少监管成本，解决期限错配、提高中间业务收入改善盈利占比；对银行理财来说，拓展了投资范围，可以在同等资质和期限的条件下获得 50bp~100bp 的利差。对券商而言，企业资产证券化的备案制为券商提供了一种国家政策鼓励的融资业务，或能成为券商固定收益业务开辟未来的一片天地，对风险偏好较高的券商的债券自营而言，可以发挥自身的定价优势，博取次级和次优先级的超额收益。对于作为计划管理人和交易机构中的 SPV 的信托和券商资管而言，资产证券化的放量带来了大量增量业务。对于信托来说，由于国内信贷资产证券化采用特殊目的信托（SPT）作为特殊目的载体，信贷资产证券化的大发展将提升信托公司资产支持证券（ABS）业务的收入。同样的，企业资产证券化的发展同样为作为专项计划管理人的券商资管带来了机会，一些场外的 ABS 为信托公司的子公司带来了新的业务机会。本节将通过机构的视角，剖析资产证券化在发行、销售和投资环节方面对银行、券商、信托等资产管理机构的潜在影响。

资产证券化助力银行节约资本、释放信贷额度、减少错配、改善收入结构

在信贷资产证券化市场上，银行既是最大的发起者，也是最大的投资者。从 2014 年年初至 2015 年 6 月，发行人为商业银行的占比为 60.86%，政策性银行占比为 29.44%，合计 90.3%。同时，信贷资产证券化的原始权益人从原有的政策性银行、国有银行和股份制银行拓展到城商行和农商行。2015 年年初至 2015 年 6 月，城商行中的威海市商业银行、盛京银行、晋商银行、锦州银行、华商银行、华融湘江银行、成都银行、渤海银行、北京银行等城商行先后发行了 9 单信贷资产证券化产品，发行规模合计 235.90 亿元。农商行也加入了发行大军，2015 年年初至 2015 年 6 月，已有深圳农村商业银行、江苏江阴农村商业银行等发行了 2 单信贷资产证券化产品，发行规模合计 19.8 亿元。农商行和城商行加入原始权益人行列，意味着信贷资产证券化发行主体的真正放开，其资产相对评级较低，集中度较高，因此有比较高的收益补偿，极大延展了信贷资产证券化的风险收益光谱。

银行还是信贷资产证券化产品最大的投资者，截至 2014 年年底，国有银行和股份制银行持仓占比为 40%，城商行、农商行及信用社持仓占比 28%，资管类机构持仓占比 24%（很大一部分是银行理财）。试点初期的资产证券化产品基本只有银行申购，银行之间互持极为普遍。因此，银行的行为对整个信贷资产证券化市场的发展具有举足轻重的影响。

（1）发行环节

〈1〉真实出表有助于节约资本

过去 10 年内，银行贷款规模从 2005 年 3 月的 18.5 万亿元飙升至 2015 年 3 月的 85.9 万亿元，年复合增长率高达 16%。随着《巴塞尔协议Ⅲ》的逐步推行，银行面临的资本压力越来越大。在特定预测条件下，2015 年年底，5 大行资本缺口将达到 3 650 亿元，如何节约资本，盘活存量成为迫在眉睫的问题。[①]

2013 年 12 月 31 日，人民银行和银监会联合颁布了《关于规范信贷资产证券化发起机构风险自留比例的通知》，将原始权益人自留全部次级档证券的强制性要求改为，持有全部发行规模的比例和次级档资产支持证券的比例不得小于 5%，此后，几乎所有原始权益人都选择了自留各档的 5%。接下来，我们就来对比一下信贷资产证券化基础资产出表之前和出表之后对节约资本的效果。

假设银行采用权重法来计提加权风险资产，对一般工商企业的贷款需要计提的加权风险资产为 100%，对房贷需要计提 50%，对个人贷款需要计提 75%。我们以 2014 年开元第五期信贷资产支持证券为例，按照其发行总量 99.76 亿元并假设资本充足率为 10%，资本占用为 9.976 亿元。

如果银行采用内部评级法计提加权风险资产，加权风险资产取决于以下 4 个因素：违约概率、违约损失率、违约风险暴露以及到期时间。具体公式如下：

$$\mathrm{RWA}=(\mathrm{N}\left[\sqrt{\frac{1}{1-\mathrm{R}}}\times G(\mathrm{PD})+\sqrt{\frac{R}{1-\mathrm{R}}}-\mathrm{G}(0.999)\right]-\mathrm{PD})\times\mathrm{LGD}\times\mathrm{M}\times 12.5\times\mathrm{EAD})$$

其中，RWA 代表加权风险资产，LGD 代表违约损失率，M 代表到期期限，EAD 代表违约风险敞口，N（x）表示标准正态分布函数，G（z）表示标准正态分布函数的反函数，即 x 满足 N（x）=z，x=G（z）。

整体来看，内部评级法对风险的识别、计量、监控、控制、缓释更为细致和超前，是否能节约资本需要依赖于违约损失率等上述 4 要素。整体来看，加权风险资产较权重法低 10%~20% 左右（也许是试点初期为了推广应用），但对影响因素更为敏感。

如果将信贷资产做成信贷资产证券化产品实现真实出售和破产隔离，我们

① 巴曙松，“求解大型银行资本金缺口”。

以 2014 年开元第五期信贷资产支持证券为例，按照如下分层比例和对应的信用评级，每档自持 5% 的发行量所需要计提的加权风险资产为 5.16%。按照其发行总量 99.76 亿元并假设资本充足率为 10%，资本占用为 5 100 万元。和资产出表之前的权重法相比，该单资产证券化产品节约资本约 9.47 亿元，资本节约的效果非常明显（见表 5-3）。

表 5-3　　信贷资产证券化产品资本占用测算表

信用评级	AAA 至 AA-	A+ 至 A-	BBB+ 至 BBB-	BB+ 至 BB-	B+ 以下及未评级
风险权重	20%	50%	100%	350%	1 250%
信贷资产证券化分层（以 2014 年开元第五期信贷资产支持证券为例）	优先 A1	优先 A2	优先 A3	优先 B 级	次级
分层比例	40.10%	31%	11.53%	10.80%	6.50%
评级	AAA（联合、中债）	AAA（联合、中债）	AAA（联合、中债）	联合 AA-、中债 A+	未评级
对应风险权重	20%	20%	20%	50%	1 250%
持有比例	5%	5%	5%	5%	5%
风险资产	0.40%	0.31%	0.12%	0.27%	4.06%
加权风险资产					5.16%

资料来源：募集说明书、作者测算。

〈2〉有助于减少资产负债错配，降低流动性和利率风险

国内商业银行受利率市场化的冲击，负债短期化、资产长期化，利率缺口越来越大，资产负债错配程度越来越高。活期存款占各项存款的比例从 2002 年 3 月的 23.7% 下降至 2014 年 11 月的 18.9%；同期境内中长期贷款占资金运用的比例从 28.1% 大幅上升至 43.4%。

2013 年以来，“宝宝类”货币基金的兴起更是大量分流了银行的活期存款，由原本实际久期很长的负债转变为久期很短、几个月内就需要重新定价的同业

负债，大大降低了银行的负债端久期。银行资产端的久期随着中长期贷款占比整体上升而难以有效降低，利率风险和流动性风险愈发显著。

利率风险方面，以工商银行为例，2014 年年末利率敏感性累计正缺口为 1 004.69 亿元，假设利率上行 100bp，将出现 10 亿元的浮亏。同时，发放贷款及垫款的总量为 107 687 亿元。鉴于信贷资产证券化的基础资产多为久期较短的一般贷款，如能将其中的 1% 通过资产证券化实现资产出表，将减少利率敏感性资产 1 076 亿元，利率缺口将变成－ 71 亿元，从而实现利率风险免疫（见表 5-4）。

表 5-4　　2014 年年末工商银行利率缺口

利率缺口（亿元）	3 个月内	3 个月 ~1 年	1~5 年	5 年以上
2014 年 12 月 31 日	－ 10 474	11 479	3 616	10 227
2013 年 12 月 31 日	－ 11 067	7 550	4 736	10 920

资料来源：工商银行年报。

流动性风险方面，我们也可以看到 1~5 年和 5 年以上的流动性正缺口增加，短期流动性缺口减少，反映了资产长期化、负债短期化的趋势。如能将贷款进行证券化真实出表，假设全部贷款的 10% 出表，即期偿还的流动性缺口将变为－ 58 045 亿元，流动性风险将大幅降低（见表 5-5）。

表 5-5　　2014 年年末工商银行流动性缺口

流动性缺口（亿元）	即时偿还	1 个月内	1~3 个月	3 个月至 1 年	1~5 年	5 年以上
2014 年 12 月 31 日	－ 79 583	－ 3 258	－ 7 829	－ 4 971	30 822	46 283
2013 年 12 月 31 日	－ 75 699	－ 3 391	－ 7 671	－ 5 291	29 781	43 879

资料来源：工商银行年报。

〈3〉提高中间业务收入，改善收入结构

信贷资产证券化为银行提供了一个由贷款发放商向贷款服务商，由重资本经营向轻资本经营的契机。在原有模式下，盈利来源于存量和新增贷款带来的利息收入。在资产证券化新模式下，银行首先将收到一笔作为原始权益人转让基础资产的对价。其次，资产池加权平均利率和资产证券化各档加权平均利率之间的超额利差是银行的中间业务收入。再次，为贷款服务机构的银行还有贷款服务费收入，在其他银行作为原始权益人的资产证券化产品中，该银行还可担任资金保管机构而获得托管费。最后，银行还可以利用自身广泛的商业网络和专业知识担任财务顾问，收取财务顾问费。

接下来，我们还是以 2014 年开元第五期信贷资产证券化为例，尝试测算下资产证券化前后的税收收益率以及中间业务收入的占比。募集说明书显示，基础资产池加权平均贷款利率为 6.23%。假设其中 0.3% 是息转费，根据资产支持证券各档的比例可以计算出加权平均的转付成本为 4.94%。此外，根据原始权益人自留 5% 的各档证券的条款，我们可以算出加权风险权重为 5.16%（计算过程详见前文）。贷款服务费、资金保管费和财务顾问费在募集书说明书中并未披露具体费率，假设分别为 0.5%、0.1% 和 0.3%，我们可以看到，信贷资产证券化之前和之后扣除资金成本和资本占用后的净收益率相差仅 30bp，并不大，但中间业务收入占比从 12.45% 大幅提高到了 41.15%（见表 5-6）。因此，信贷资产证券化的大规模推行能够极大地提高银行的中间业务收入，改善收入结构，减少资本占用。

表 5-6　资产证券化前后银行净收益率及中间业务收入占比测算表

	证券化前（%）	证券化后（%）
收益率	5.93	6.23
资金成本 / 转付成本	2.50	4.94
营业税	5.00	0.00
所得税	25.00	0.00
风险权重	100.00	5.16
税收溢价	1.32	0.00
资本溢价	2.50	0.00
中间业务收入：合计	0.30	0.90
中间业务收入：息转费	0.30	0.00
中间业务收入：贷款服务费	0.00	0.50

续前表

	证券化前（%）	证券化后（%）
中间业务收入：资金保管费	0.00	0.10
中间业务收入：财务顾问费	0.00	0.30
净收益率	2.41	2.19
中间业务收入占比	12.45	41.15

资料来源：作者测算。

〈4〉发行成本比较高，优质资产转让意愿不强

整体来看，信贷资产证券化的发行涉及的职能机构众多，包括 SPV 受托机构、贷款服务机构、承销商、资金保管机构、登记结算机构以及会计师、律师、评级公司等中介机构；环节比较复杂，涉及资产的真实出售、本金账和收益帐现金流的转付等；涉及的合同众多，包括信托合同、贷款服务合同、资金保管合同、证券托管协议、承销协议等，有时候还涉及大量资产变更抵押登记，发行工作量较大，发行成本相对较高。

一方面，在央行和银监会实行信贷资产证券化备案制之前，信贷资产证券化资质需要银监会审批，发行需要央行审批，和监管部门沟通的成本以及时间成本也很高，往往到期起算日和发行日相差很长一段时间，使得资产池中的基础资产很多都已到期，导致整个发行规模出现大幅度缩水。

另一方面，信贷资产证券化的发行仅财务成本就包括优先档加权发行成本、发行税费（企业所得税，按利得部分 25% 合并缴纳〔如有〕、营业税及附加，如转让所得高于贷款本金则需按 5.65% 缴纳）、承销费（一般为 0.3% 左右）、受托人报酬（信托通道费一般在 0.1%~0.3% 之间）、登记结算费（国债公司收取 0.01%）、审计费（百万元级别，视工作量大小而定）、律师费（一般不超过百万元）、评级机构报酬（初始评级 20 万元，存续期间每年 5 万元）、资金保管机构报酬等。

我们依然以 2014 年开元第五期信贷资产证券化产品为例匡算，发行总成本为 5.92%，而资产包加权平均贷款利率为 6.23%，超额利差仅为 30bp，严重侵蚀了原始权益人所能获得的收益（见图 5-3 和表 5-7）。

然而即便如此，这也是2014年以来市场对信贷资产证券化产品接受度提高后的结果，前期试点阶段屡次出现优先A档招标利率高于加权平均贷款利率的现象，优先档的销售压力很大，利差的倒挂也使得银行将信贷资产证券化的动力不足。

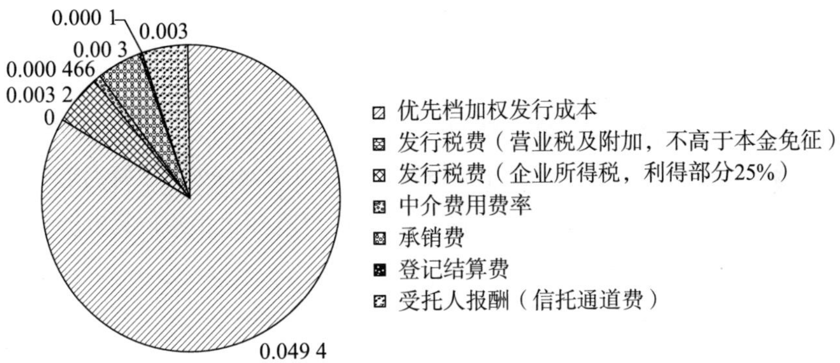

图5-3　资产证券化费率测算

注：图中百分比表示费率。

资料来源：作者测算。

表5-7　资产证券化发行成本测算表（以2014年开元第五期为例）

项目	费率或总价
加权平均贷款利率	6.23%
优先档加权发行成本	4.94%
发行税费（营业税及附加，不高于本金免征）	0%
发行税费（企业所得税，利得部分25%）	0.32%
中介费用费率	0.05%
中介费用总计	465万元
其中：审计费	200万元
其中：律师费	80万元
其中：资金保管费	100万元
其中：评级机构报酬	35万元
其中：代理兑付机构报酬	50万元
承销费	0.30%

续前表

项目	费率或总价
登记结算费	0.01%
受托人报酬（信托通道费）	0.30%
发行总成本	5.92%
超额利差保护	0.31%

资料来源：募集说明书，作者测算。

除了成本高之外，银行风险偏好下降也是重要原因之一。2015 年以来，经济基本面日趋下行，信用风险不断爆发，银行风险偏好处在下降通道中，银行对将优质资产证券化的动力并不高，这也是 2015 年上半年信贷资产证券化产品发行量远低于预期的原因之一。

（2）投资环节

〈1〉收益高，期限好，实际风险小，拓展了银行理财的投资光谱

信贷资产证券化产品的优先 A 档和优先 B 档在期限上和银行理财的久期匹配程度较高（住房抵押贷款证券化除外），优先 A 档在收益上比同评级、同期限的短融和中票高 30~100bp，对于已持有至到期、无杠杆策略的银行理财而言在收益上有不小的吸引力。在风险方面，优先 A 档清一色均为 AAA 评级，且有次级档和优先 B 档保护，遭受损失的风险极小，优先 B 档在试点阶段的实际风险也不大。从整体来看，信贷资产证券化产品的优先 A 档和 B 档对银行理财是不错的配置机会，信贷资产支持证券（CLO）将大幅拓展银行理财的投资范围。

通过测算我们发现，近期新发的一些信贷资产证券化的优先 A 档和同期限同评级银行间中短期票据（短融和中票）的利差（非关键期限到期收益率采用线性插值法计算）基本在 30~100bp 的区间内，尽管代价是 CLO 的流动性很差，现金流也不稳定。如果是过手摊还的话容易受到早偿和违约的影响，投资者群体也较为狭窄，而对银行理财而言，这个收益具有较强的吸引力（见表 5-8）。

表 5-8　　资产证券化优先级票面利率及利差

代码	证券名称	评级	当期票息（%）	加权期限
1589029.IB	15 臻骋 1 优先	AAA	4.92	1.518 4
1589073.IB	15 威元 1A1-1	AAA	3.50	0.126 0
1589055.IB	15 苏租 1A	AAA	5.28	1.741 1
1589027.IB	15 深农商 1 优先	AAA	5.10	0.650 6
1589014.IB	15 浦发机械 A	AAA	4.90	1.200 7
1589031.IB	15 平银 A1	AAA	4.88	0.071 2
1589099.IB	15 开元 2A1	AAA	3.50	0.032 9
1589050.IB	15 开元 1A1	AAA	5.00	0.032 9
1589047.IB	15 锦银 1A	AAA	5.30	1.519 8
1589040.IB	15 江银 1A	AAA	4.90	0.566 4
1589001.IB	15 汇元 1 优先	AAA	4.95	0.071 2
1589017.IB	15 华银 1A	AAA	4.73	1.285 8
1589003.IB	15 华商 1A1	AAA	5.35	0.071 2
1589024.IB	15 恒丰 1A	AAA	4.80	0.321 3
1589035.IB	15 工元 1A1	AAA	4.80	2.205 4
1589007.IB	15 工银海天 1A1	AAA	4.98	0.807 7
1589033.IB	15 福元 1 优先	AAA	4.65	1.446 9
1589011.IB	15 发元 1A	AAA	4.85	1.285 6

资料来源：Wind 资讯，作者测算。

从银行理财的成本来看，我们可以从图 5-4 中的银行理财的预期年化收益率的区间统计看出，大部分理财产品的预期收益率都在 5% 以上，而目前一年期短融中票的估值在 4.08%，远低于理财的成本，即使是做期限错配拿五年的 AAA 中票，收益率也在 4.5% 左右，依然无法覆盖成本。因此，银行有以下几个选择。一是降低对债券的资质要求，对信用风险会有所约束。二是做杠杆，但资金成本不稳定，且除了银行之外出资方寥寥，难以借到足够的资金。三是多配收益率高的非标资产，但《关于规范金融机构同业业务的通知》（简称“127 号文”）严厉限制了非标市场。所以，上述几个选项都有不尽如人意之处。信贷资产证券化的优先 A 档和优先 B 档很好地满足了银行理财的收益要求，且因政策鼓励，还能腾出配置非标的额度，预计银行理财的接受度将有较大幅度的提升。

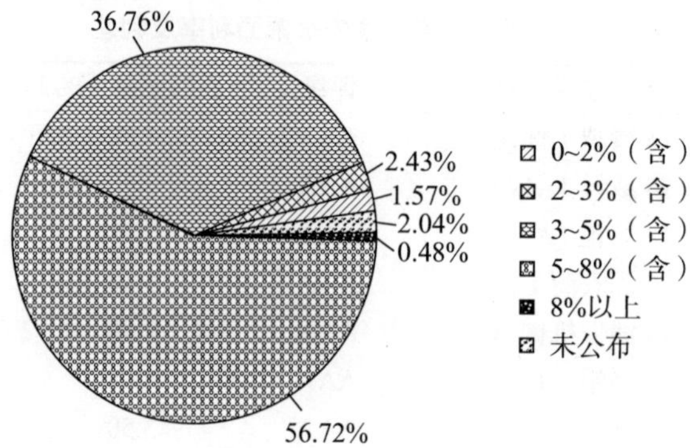

图 5-4　2015 年 6 月末理财产品预期年化收益率分布

资料来源：Wind 资讯。

从期限来看，银行理财的期限以 1~3 个月和 3~6 个月为主，而 CLO 的优先 A 级的加权平均期限也普遍较短，基本在 2 个月至 1.5 年内，在 9 个月内的也不在少数，久期和银行理财负债的匹配程度较高。原因主要是 CLO 本身基础资产贷款剩余期限就不长，优先 A 档的偿付顺序又是最靠前的，而且发行流程较长。从初始起算日至发行日，池内已经积累了不少现金，基础资产的剩余期限更短了。

〈2〉流动性不足，难以回购融资，难以估值定价

从投资的角度来看，CLO 产品的劣势主要在于市场接受度低、流动性不足、难以回购融资、法律制度和估值定价技术不健全等。上述几点互相之间其实也有关联，流动性不足和难以回购融资导致理财类机构接受度低，流动性就更差，因此愿意买的机构就更少；信托等级制度的空白和估值定价技术的不健全也导致了流动性不足和投资者群体狭窄。

在资产证券化产品现券的流动性方面，过去 4 年内，信贷资产证券化产品仅在 2011 年成交了 8 900 万元，在 2014 年成交了 1 900 万元；企业资产证券化的情况稍好，2014 年成交量为 85.29 亿元，换手率分别为万分之一和 0.16（见图 5-5）。在回购融资方面，尽管央行于 2007 年 10 月颁布了《关于资产支持证券质押式回购交易有关事项的通知》，允许 CLO 进行回购交易，但出资机

构因为 CLO 较难估值、现金流稳定性差而很少接受 CLO 质押融资，CLO 质押回购融资功能基本丧失，导致一些需要做杠杆的理财类机构对 CLO 的接受度比较差。在企业资产证券化方面，标准库中企业资产证券化产品未被纳入，固定收益平台协议质押中只要双方协商一致即可，但以企业资产证券化产品作为质押品的接受度也不高。

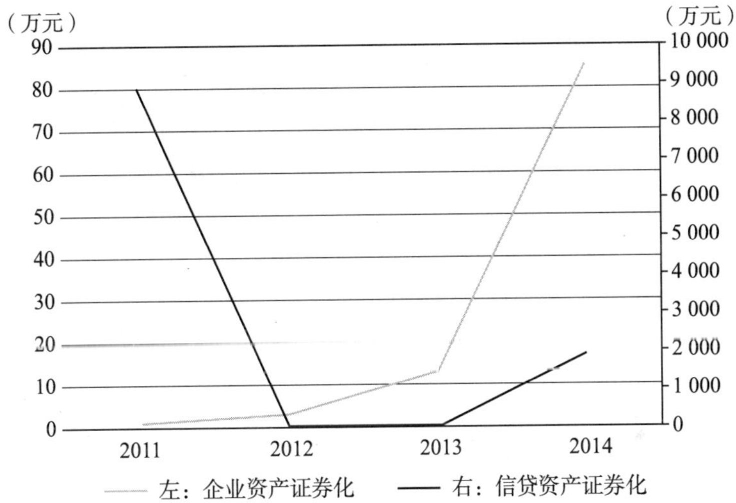

图 5-5 信贷资产证券化、企业资产证券化成交量

资料来源：Wind 资讯。

从投资决策和估值定价方面来看，目前银行在投资资产证券化产品时主要有两种模式。第一种模式是将资产包打开，通过评估每一笔贷款借款人的资质来得到整个资产包的资质。第二种模式是考察原始权益人的资质，如果原始权益人的资质好，那么即使基础资产相对评级较低也可以接受。整体来看，银行投资资产证券化产品的思路依然停留在传统授信思维里，试图通过评估静态的财务与指标来避免违约，既没有考虑基础资产违约的相关性，也没有考虑违约损失率。信贷资产证券化的发展将使得银行越来越重视对违约和早偿率的分析，其中违约因素包括违约强度、违约回收率和违约相关性等。CLO 的提前偿付司空见惯，尤其是在剩余期限很长的抵押贷款证券化中，早偿率对现金流的影响非常明显，对估值定价的意义显著（见图 5-6）。

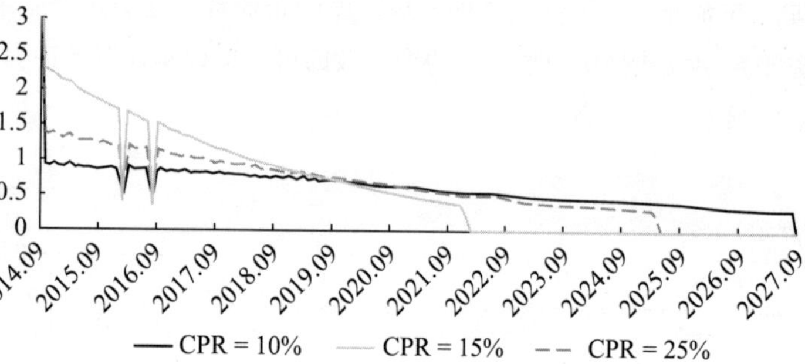

图 5-6　邮元 A 档在不同早偿假设下的现金流

资料来源：中金公司。

资产证券化发展对券商的影响

（1）发行环节

〈1〉企业资产证券化政策鼓励，有望成为非标转标主战场

企业资产证券化自 2005 年中金公司设立国内第一只联通 CDMA 网络租赁费收益计划起正式破冰，但之后因法律、会计等制度配套缺位、审批周期长等原因发展较为缓慢。

2014 年，证监会响应国务院《关于取消和下放一批行政审批项目的决定》，先后发布《证券公司及基金管理公司子公司资产证券化业务管理规定（修订稿）》及其配套规则以及相应的负面清单，正式将企业资产证券化改为事后备案制并交由基金业协会自律管理，证券公司或基金子公司只须在项目成立后的 5 个工作日内向基金业协会备案即可。

整体来看，新的企业资产证券化管理办法体现了国家推进该项业务发展的愿望，将 SPV 的范围由券商资管计划扩大到资产支持专项计划和基金子公司特定客户资产管理计划；备案制也提升了融资便利性和效率（见表 5-9）。

表 5-9　企业资产证券化发展历程

发文时间	文件名称	发文机构	主要内容
2005 年 8 月—2006 年 8 月试点			
2006 年 6 月 22 日	《关于证券公司开展资产证券化业务试点有关问题的通知》	证监会	允许证券公司开展资产证券化业务，并作出详细规定，采取先试点、后推开的原则。
2006 年 9 月—2010 年试点暂停			
2010 年—2013 年试点重启			
2010 年 11 月	《关于通报证券公司企业资产证券化业务试点情况的函》	证监会	企业资产证券化业务重新启动。
2012 年 8 月 22 日	《关于 < 证券公司客户资产管理业务试行办法 > 及配套实施细则的修订说明》	证监会	
2012 年 10 月 18 日	《证券公司客户资产管理业务管理办法》	证监会	
2013 年 3 月后，成为常规业务			
2013 年 3 月 15 日	《证券公司资产证券化业务管理规定》	证监会	明确规定了证券公司开展企业资产证券化业务时专项计划基础资产以及涉及的主体权责、管理人与托管人权责、原始权益人权责；专项管理计划设立申请、信息披露、监督管理要求等。
2013 年 3 月 27 日	《关于为资产支持证券提供转让服务的通知》	上交所	（1）公告上交所将为资产证券化提供转让服务；（2）同时规定在上交所挂牌转让的资产证券化申请要求、合格投资者要求、转让成交相关事项要求等交易细则。
2013 年 4 月 22 日	《深圳证券交易所资产证券化业务指引》	深交所	（1）公告深交所将为资产证券化提供转让服务；（2）同时规定在深交所挂牌转让的资产证券化申请要求、合格投资者要求、转让成交相关事项要求等交易细则。

续前表

发文时间	文件名称	发文机构	主要内容
2014 年 9 月 26 日	《证券公司及基金管理公司子公司资产证券化业务管理规定（修订稿）》	证监会	改事前审批为事后备案，对基础资产实施负面清单管理，开展范围拓展至基金子公司。
2014 年 11 月 21 日	《证券公司及基金管理公司子公司资产证券化业务管理规定》及配套规则	证监会	对修订稿作出如下修改：（1）将租赁债权纳入基础资产范围；（2）对于基础资产解除相关担保负担和其他权利限制的时点，明确为原始权益人向专项计划转移基础资产时须解除相关担保负担和其他权利限制；（3）明确要求为资产证券化业务出具专业意见的服务机构，如审计、评估机构等应具备证券期货相关业务资格；（4）将全国中小企业股份转让系统公司纳入资产支持证券交易场所。
2014 年 11 月 26 日	《上海证券交易所资产证券化业务指引》	上交所	（1）废止 2013 年 3 月发行的《关于为资产支持证券提供转让服务的通知》；（2）规定资产支持证券在上交所挂牌申请要求、投资者条件、转让服务要求、信息披露要求、风险控制要求等细则规定。
2014 年 11 月 26 日	《深圳证券交易所资产证券化业务指引（2014 年修订）》	深交所	（1）修订《深圳证券交易所资产证券化业务指引》；（2）规定资产支持证券在深交所挂牌申请要求、投资者条件、转让服务要求、信息披露要求、风险控制要求等细则规定。

资料来源：作者整理。

和具有本土特色的资产证券化非标相比，企业资产证券化尽管在融资效率、发行成本、隐形担保、资本占用、收益率和估值等方面均处于下风，但作为交易所标准化产品得到了政策的鼓励。另外，非标的野蛮生长遭到了监管层的限制，“127 号文”从各个方面对非标作出限制后，委托贷款和信托贷款增速开始下滑，企业资产证券化有望接棒非标转标，扛起为实体经济融资的大旗（见图 5-7 和表 5-10）。

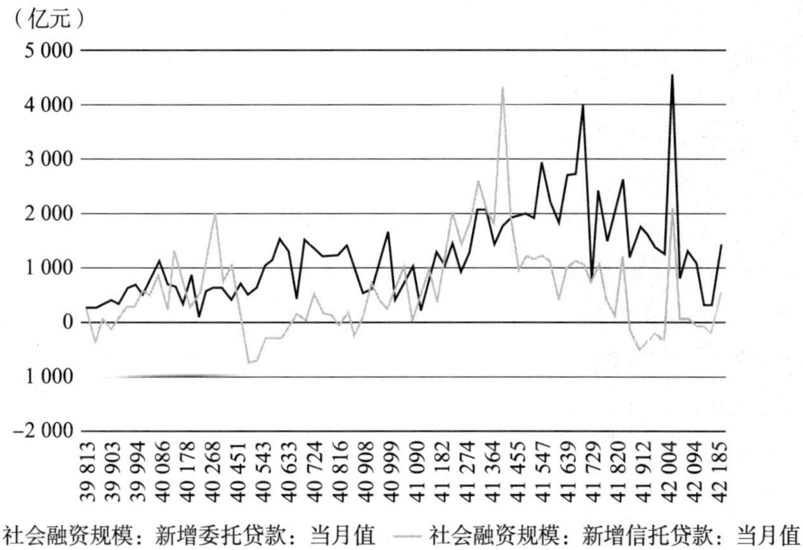

图 5-7　新增委托贷款、新增信托贷款

资料来源：Wind 资讯。

表 5-10　资产证券化和非标对比

	非标	企业资产证券化
性质	中国特色资产证券化	标准化产品
效率	效率很高，单一信托速度很快	备案制后有所加快
存贷比	可绕开	释放贷存比空间
发行成本	很低，单一信托通道费	高，交易环节较复杂
担保	有隐性担保	无

续前表

	非标	企业资产证券化
资本占用	三个月内20%，三个月以上25%	100%
期限	1~2年为主	1~5年各个期限都有
收益率	高	相对较低
流动性	无	较差
估值	无	有
政策导向	限制，“127号文”，35%和4%	鼓励，备案制新规

资料来源：作者整理。

2014年年底，企业资产证券化存量规模为443.31亿元，信托存量规模在2014年三季度末已经达到了12.95万亿元，2014年全年企业资产证券化共发行仅400.83亿元，企业资产证券化替代信托的转换空间巨大，有望给券商贡献承销费收入，给券商资管贡献通道业务收入。

〈2〉两融资产证券化成出表新渠道

自从2014年7月A股行情启动以来，融资余额出现了快速攀升，而券商净资本有限，两融余额不得超过净资本4倍。按照2014年年末行业净资本6 791.60亿元测算，两融业务上限为27 166亿元，较2015年6月18日两融业务的峰值22 730亿元仅剩余20%左右的增长空间（见图5-8）。为了应对这一局面，券商一方面通过增发、配股、H股以及次级债等债务融资工具做大资本金，另一方面通过向银行和保险转让两融资产受益权的形式释放两融额度，将两融资产打包证券化，为券商提供了一个高效、透明的出表渠道。和通过资产收益权转让回购等方式进行杠杆融资相比，前者受限于两融业务及股票质押回购的风险特征，转让与回购的融资方式使风险仍然在券商表内传递，难以真正出表。对券商而言，两融ABS的最大吸引力在于可以满足其出表需求，成为券商调节资产负债的利器。

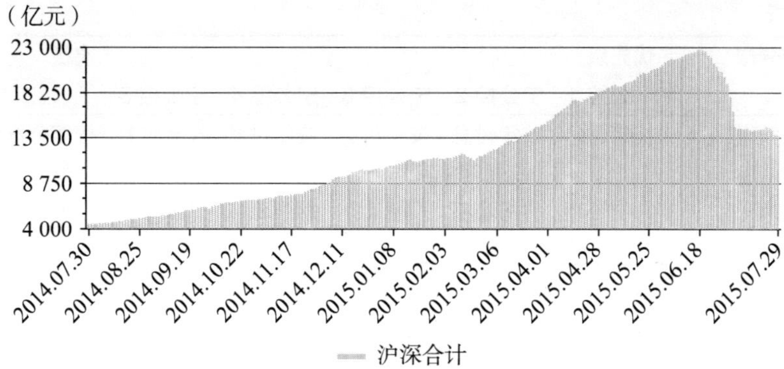

图 5-8　两融余额

资料来源：Wind 资讯。

〈3〉规模小，融资成本高，优质项目缺乏

整体来看，企业资产证券化的融资规模较小。截至 2014 年年底，所有项目的融资中位数为 14.5 亿元，最少的浦东建设 - 移交（BT）项目的资产支持收益专项资产管理计划规模仅为 4.4 亿元，与动辄数十亿、上百亿元的信贷资产证券化相比规模较小。我们以南京公用控股污水处理收费收益权专项资产管理计划（简称宁公控）为例，尽管优先级层数较多，但却拥有同样的信用评级和还款方式，仅在期限上有所不同，且每一层证券的金额都较小。在融资成本方面，由于流动性和可质押性较差，企业资产证券化的融资成本较高，宁公控的优先级加权平均利率为 6.83%，远高于 AAA 中票的利率（见表 5-11）。

表 5-11　　宁公控要素表

证券分层	优先级					次级
	宁公控 1	宁公控 2	宁公控 3	宁公控 4	宁公控 5	
金额（亿元）	2.3	2.45	2.6	2.7	2.9	0.95
占比	16.55%	17.63%	18.71%	19.42%	20.86%	6.83%
信用等级	AAA	AAA	AAA	AAA	AAA	不评级
预期期限（年）	1	2	3	4	5	
预期收益率	6.30%	6.80%	6.99%	6.99%	6.99%	无

续前表

证券分层	优先级					次级
	宁公控 1	宁公控 2	宁公控 3	宁公控 4	宁公控 5	
付息频率	按年付息	按年付息	按年付息	按年付息	按年付息	按年分配剩余部分
偿还方式	到期还本	到期还本	到期还本	到期还本	到期还本	到期分配剩余收益

资料来源：募集说明书。

由于融资成本较高、需求面较窄、发行成本高企以及负面清单管理，优质的发行人较为稀缺。整体来看，产业类国企基本已经上市，资本市场再融资和银行贷款等融资渠道很畅通，民企在陷入财务困境时的再融资能力较弱，且目前经济下行期已经有大量的信用风险开始暴露，剩下的有大量融资需求且融资渠道狭窄的就是政府融资平台。但大规模放开政府融资平台通过企业资产证券化融资不符合《国务院关于加强地方政府性债务管理的意见》（简称“43 号文”）的精神，政府融资平台在负面清单中也是赫然在列，寻找优质项目的任务比较艰巨（见表 5-12）。

表 5-12　　企业资产证券化基础资产负面清单

与政府相关的税收、行政性收费。
没有对价的政府单方面补贴承诺。
符合下列情况之一的政府 BT 类基础资产：
1. 运营项目缺少合规性证明和项目建设法律支持要件，或者因缺少负债情况、债务偿还计划等材料，无法判断支付方债务偿还能力的；
2. 无法提供地方财政收支情况、相关地方融资平台的债务情况、偿还安排等；
3. 未履行完毕建设、验收等相关义务，达到回购条件的，债权金额尚未通过审计等方式明确；
4. 其他不符合国家有关地方政府融资平台相关政策要求的项目。
符合下列情况之一的不动产类基础资产项目：
1. 空置、不能产生稳定租金收入、在建不动产的金额超过基础资产总价值 10% 的项目；
2. 资产附带抵押、质押或者其他权利限制并且无法解除。

续前表

缺乏法律支持、价值显失公允或无法实现确权的基础资产。
不能直接产生现金流、需要依托处置资产才能产生现金流的物权凭证不得作为基础资产，例如房产证、土地证、提单等（由期货交易所统一制定的标准仓单除外）。
产生现金流的能力具有较大不确定性的资产不得作为基础资产，例如履约不确定性较高的合同、竞争性产品销售、矿产资源开采。

资料来源：作者整理。

尽管如此，在负面清单的范围内，企业资产证券化依旧有发展前景，部分上市公司开始涉足应收账款证券化，如五矿发展股份有限公司（五矿）；还有一些公司已经在研究，未来准备开展应收账款证券化业务，如江苏爱康科技股份有限公司、保变电气股份有限公司等，预计企业资产证券替代的融资渠道包括投向制造业、基建和房地产，甚至也可能包括融资平台的经营性项目。

〈4〉真实出售和破产隔离有待完善

对券商而言，企业资产证券化在法律方面存在三点风险。一是券商资管计划并不具有法律主体地位，难以实现真正意义上的真实出售和破产隔离，特殊目的载体的法律地位存在瑕疵，假使券商母体资不抵债，资产支持计划的存续和运行将受到严峻挑战。二是企业资产证券化的法律依据是证监会的部门规章，其立法层级较低，一旦和上位法有所冲突就将面临尴尬的境地。最重要的第三点瑕疵是，为了给资产证券化产品增信，减轻销售压力，券商普遍设计了原始权益人差额补偿条款，当约定收益未能达到时由原始权益人进行补足，这就难以发挥资产证券化资产信用高于主体信用的优势，企业资产证券化目前还仅仅被券商当作一种受到政策鼓励的融资工具而已。

在 CLO 的实务操作中其实也存在类似的情况，一般募集说明书中会约定不合格资产由原始权益人赎回，但当资产池内的贷款出现风险时，尽管当时符合入池标准，原始权益人有时为了 CLO 产品能够达到预期收益率，主动替换了风险贷款，这也是资产证券化产品试点至今并未有任何一单违约的原因之一。

（2）投资环节

〈1〉新增高收益投资品种

券商作为风险偏好较高、追求绝对收益的机构，其在传统投资范围中的城投债、公司债和中票的一级发行利率不断走低，尤其是资质较好的交易所可质押品种受到融资便利的影响，收益率下行幅度更大。因此，如何寻找高收益的安全资产成为摆在固定收益投资者面前的一大难题。从图 5-9 中我们可以看到，资产证券化产品在同期限、同评级的条件下具有显著的票息价值。目前 AAA 评级的三年期资产证券化产品的票面较城投债高 44bp，较公司债高 13bp，较中票高 61bp。

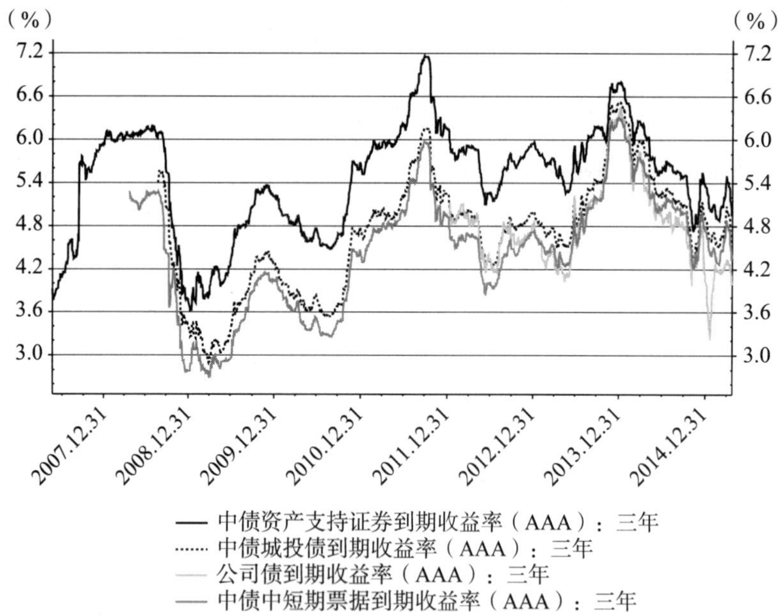

图 5-9　三年期 AAA 资产证券化产品、城投债、中票、公司债到期收益率对比

资料来源：Wind 资讯。

信贷资产证券化次级档的收益较为可观，由于次级档的收益来自资产池内现金流支付优先级本息和税费后的剩余部分——即超额利差，券商可以发挥自己的定价优势，准确估计违约率、早偿率和预计超额利率，从而投资预计超额利差最大的次级档证券，实现收益的最大化。

我们依然以 2014 年开元第五期信贷资产证券化为例，招标结果倒算出的次级档累计收益率高达 42.62%，考虑到开行客户群体以大国企为主，信用评级 AA+ 的本金余额占比为 40.87%，AAA 的占比为 24.68%。尽管基础资产集中度较高，最大借款人占比 10%，前 5 大借款人占比近 35%，但考虑到相应的信用评级很高，实际违约风险很低，因此，实际的累计收益并不会比我们测算的结果低很多，对券商来说这个收益率具有非常大的吸引力（见表 5-13）。

表 5-13　　信贷资产证券化次级档收益率测算

	招标利率（%）	加权平均期限	分层占比（%）
优先 A1	4.93	0.40	40.10
优先 A2	5.20	0.77	31
优先 A3	5.28	0.26	11.53
优先 B	6.90	1.64	10.68
次级档占比	6.50	加权平均剩余期限	0.99
加权平均贷款利率	6.23	次级档累计收益	42.62

资料来源：募集说明书，作者测算。

在企业资产证券化方面，前文提到的融资成本高是从发行人角度来看的。从投资者的角度来说，收益高是一件好事，为券商新增了高收益的投资品种。

〈2〉流动性和质押融资有望突破

资产证券化产品的流动性困局有望从质押融资缺口进行突破。信贷资产证券化托管在国债公司，央行早在 2007 年就发文放开了信贷资产证券化的质押融资，但目前鉴于银行间出资机构的原因，其接纳度较差，未来随着估值技术、信息披露的愈发完善透明，预计银行会逐步接受信贷资产证券化作为质押品。托管在交易所的企业资产证券化有望早一步迎来质押融资功能的突破，交易所在固定收益平台推出协议回购功能，赋予未能纳入标准库的低等级债券和企业资产证券化融资功能，回购要素由双发协商而定。此外，交易所还强调希望机构之间更加注重对手方的主体信用，而不是抵押品的资质，毕竟在法律上，对方违约后会先就主体信用进行追偿，而不是首先处置质押物，这对企业资产证券化的回购融资是个利好。其次，交易所协议回购的出资方预计为理财账户类机构，这些机构对企业资产证券化相对比较熟悉，且企业资产证券化优先级证券多为计划摊还，不涉及提前偿付，现金流和债券相似，作为质押品更容易得到出资方的认可。

在流动性方面，前文也可以看到，尽管企业资产证券化的存量规模仅为信贷资产证券化的 1/5，但成交量大幅高于前者，这与银行以互相持有并持有至到期，而券商是交易性机构，喜欢做趋势的偏好有关。随着发行量的增大以及机构接受度的增加，预计 ABS 的现券交易也会慢慢活跃起来。对于券商来说，流动性的增强使得趋势交易所付出的成本降低，更能发挥其定价和价值发现的作用。

信托公司

（1）《信托法》使其成为 ABS 交易结构核心，带来大量相关业务机会

截至 2015 年 5 月，共有 23 家信托公司涉足信贷资产证券化，作为受托管理人发行了 127 单信贷资产证券化产品，发行总额为 4 975.764 亿元。信托行业内的翘楚中信信托和中诚信托很早就开始布局资产证券化业务，分别发行了 25 单和 19 单，并且几乎垄断了试点初期的资产证券化受托管理人业务（见表 5-14）。

表 5-14　截至 2015 年 5 月信贷资产证券化受托人统计

信托公司	发行只数（只）	发行总额（亿元）
中信信托	25	1 237.735
中铁信托	1	15.652 7
中融国际信托	5	120.685 6

续前表

信托公司	发行只数（只）	发行总额（亿元）
中粮信托	8	281.802 8
中海信托	4	183.946 9
中诚信托	19	695.120 2
英大国际信托	1	45.787 8
兴业国际信托	5	166.091 8
苏州信托	6	54.028 8
上海国际信托	10	260.348 7
平安信托	2	152.091 7
昆仑信托	1	14.661 27
金谷国际信托	5	340.996 5
交银国际信托	5	191.652 5
华信信托	1	22
华润深国投信托	6	398.358 7
华能贵诚信托	2	66.308 55
华宝信托	6	192.011
广东粤财信托	2	23.336 99
对外经济贸易信托	4	127.396 1
北京国际信托	7	342.308 4
百瑞信托	1	5.305 1
安徽国元信托	1	38.137
合计	127	4 975.764

资料来源：Wind 资讯。

《信贷资产证券化试点管理办法》规定，资产支持证券由特定目的信托受托机构发行，代表特定目的的信托的信托受益权份额。由于中国的信托业务只有持牌的信托公司才能做，因此信贷资产证券化的发展对信托而言即意味着更多的业务机会。作为受托机构和发行人，信托公司有权收取受托报酬，管理、运用和处分信托财产，聘任主承销商等，而信托公司提供的服务包括：

1. 根据《信托合同》承担受托人的相关义务，包括但不限于为信托财产编制会计报表、定期向委托人及证券持有人报告信托财产的状况等；

2. 监督贷款服务机构、资金保管机构、登记托管机构等相关方。

我们简单测算了一下信托资产证券化业务的收入对受托人报酬费率和发行规模的敏感性，假设未来8年内信贷资产证券化业务规模年均增长率为50%，由于竞争加剧导致受托人报酬费率每年下滑10%，我们可以看到，在目前的发行规模和平均费率下，信贷资产证券化业务为整个信托行业带来的收入为6.32亿元。虽然现在蛋糕并不大，但随着发行规模的高速增长，即使考虑竞争加剧的可能，全行业中的该业务的收入也可能迅速跨入百亿元级别。此外，任何业务都有一个学习曲线效应，当信托公司开始大量从事信贷资产证券化业务后，其规模化效应就开始显现，效率提高，边际成本降低，这也能为信托公司带来更多的利润（见表5-15）。

表5-15　　信托行业资产证券化业务收入测算

费率（%）＼发行规模（亿元）	4 215.14	6 322.71	9 484.07	14 226.10	21 339.15	32 008.72	48 013.08	72 019.62
0.15	6.32	9.48	14.23	21.34	32.01	48.01	72.02	108.03
0.14	5.69	8.54	12.80	19.21	28.81	43.21	64.82	97.23
0.12	5.12	7.68	11.52	17.28	25.93	38.89	58.34	87.50
0.11	4.61	6.91	10.37	15.56	23.33	35.00	52.50	78.75
0.10	4.15	6.22	9.33	14.00	21.00	31.50	47.25	70.88
0.09	3.73	5.60	8.40	12.60	18.90	28.35	42.53	63.79
0.08	3.36	5.04	7.56	11.34	17.01	25.52	38.27	57.41
0.07	3.02	4.54	6.80	10.21	15.31	22.96	34.45	51.67
0.06	2.72	4.08	6.12	9.19	13.78	20.67	31.00	46.50

资料来源：Wind资讯。

（2）没有履行SPV核心职能，核心竞争力有待加强

在国内信贷资产证券化采用SPT模式下，信托公司作为受托人以基础资

产所产生的现金支付资产支持证券的本息。从理论上来说，信托公司处在交易的核心，履行管理信托财产、发行资产支持证券、担任特定目的的信托会计、负责信息披露、组织信托终止清算等职能。但现实情况是，由于原始权益人银行较为强势，在信贷资产证券化的发行过程中银行的角色往往更为强势，且在基础资产和交易对手的选择、交易结构的设计上，银行具有更强的话语权，而信托公司更多的是充当一个通道的角色，甚至有说法是“信托公司的任务就是在一堆文件上盖章”，纯粹是合规性要求使然。在资产证券化产品的销售环节，信托公司因为并不具有很强的承销能力，所以要么选择委托给证券公司承销，要么干脆由原始权益人自行销售，而销售难度极大的次级档一般由原始权益人自持或由和原始权益人关系密切的机构认购。正是因为信托公司在信贷资产证券化的发行和销售环节均没有附加值的贡献，前期只有中信信托和中诚信托两家较早喝上了“头啖汤”，那时竞争尚不激烈，费率还能停留在 3/1 000 左右。但随着越来越多的信托公司开始从事此类业务，价格战一触即发，费率一降再降，国有大行的信贷资产证券化项目因为基础资产规模大，费率下降更快，基本已经降至 5/10 000 的水平，即使是小型农商行和城商行的费率也下滑到了 1/1 000 的水平。与此同时，信托公司开展信贷资产证券化的成本包括人力资本投入和一些前期固定成本投入，比如会计核算系统的开发和测试，只有依靠规模效应才能摊薄固定成本，实现盈利。但在信托公司在该项业务上并不具备核心竞争力的情况下，价格战就成为部分信托公司，尤其是新进入者的首选。

访谈手记

【访谈手记一】

中国资产证券化的趋势如何？

当前中国国内资产证券化具有“去监管化”的趋势，备案制的实施使得资产证券化正发展得如火如荼。那么，备案制出台对国内证券化有什么利好？行业参与者，包括银行、券商、基金、信托等需要哪些核心竞争力？未来的资产证券化趋势如何？课题组通过巴曙松研究员搭建的“全球市场与中国市场”平台就中国资产证券化的现状、趋势以及有待突破的瓶颈专访了广发证券股份有限公司产品中心李叶博士。

备案制出台的积极意义

2014年11月，银监会宣布将信贷ABS业务由审批制改为业务备案制，证监会发布《证券公司及基金管理公司子公司资产证券化业务管理规定》及配套规则，改事前行政审批为事后备案制。李叶博士认为，备案制出台的积极意义在于以下三点：

1．基础资产的扩充：备案以及负面清单制的实施，使得对入池基础资产类型的选择有了更多的自主权，投资者更有可能获得较高投资回报率的产品。如海南航空以开账与结算计划（BSP）票款债权为基础资产，五矿以贸易应收账款为基础资产等。

2．发行周期的缩短：在备案制刚出台阶段，产品发行周期较审批制阶段有可能缩短到一个月左右，随着审批及设立发行流程的标准化，成熟的基础资产类型的资产证券化项目审批时间有可能缩短到一个星期左右。

3．参与主体的增多：在某种程度上，通道价值和牌照红利成为不确定因素。银行与券商（包括券商资管）的合作、券商（包括券商资管）与基金子公司的竞争等同业格局关系，都将变得更加复杂深刻。券商（包括券商资管）与基金子公司等要在竞争中获胜，需要拥有定价和销售上的核心竞争力，尤其在长端资产上的销售。

未来的资产证券化格局和趋势

1．从规模和市场格局上来看，国内资产证券化基本上是两类，即信贷ABS和企业ABS。无论是从国内还是海外成熟市场的现状来看，信贷资产长久以来都是中国证券化基础资产的主流。

2．券商/基金子公司在做证券化业务时并不承担基础资产的风险，从风险承受的角度来看，券商/基金子公司现在是，将来很长时间也是银行/企业的通道。这一状况要在市场非常成熟之后才会有所改变。

3．在美国市场中，绝大多数证券化基础资产都是个人消费类（包括房产）的信贷资产。由于中国的行业集中度不高，许多企业并不能主要依靠发行债券融资，直接融资能力不强，而是需要贷款，所以CLO还需要存在很长一段时间。现行的国企改革若出现国退民进的趋势，行业集中度会进一步降低。企业证券化也会存续相当长一段时间。根据 Wind 资讯的数据显示，中国近年来的直接融资占比虽然呈增长趋势，但始终未超过 20%。相比之下，美国直接融资占比一直在 80% 以上，日本、德国直接融资占比亦保持在 70% 左右。

4．企业证券化模式将会有很大的改变。过去的模式是项目型的操作方式，但由于企业个性化太强，项目型的操作方式不可复制，也就不可规模化。最近的五矿案例很有可能成为新的模式，也就是说，有一个高品质的主体充当服务商，归集资产，并提供外部增信。这一主体必须对相关实体行业有足够的渗透，对企业有一定的风险评估和把控能力。这种主体可以是银行 / 大型国有企业 / 租赁公司。

5．过去的券商资产证券化最主要涉及的是租赁和基础建设。虽然海外的租赁很发达，且租赁资产证券化几乎不可见，但租赁在中国的资产证券化方面却有特殊的地位。租赁也可以作为一个通道，以便获得一些便利，如修复隔离资产本身的不完善。例如，当公路的固定资产（路面路基）被质押出去后，此时公路的收费权是不完善的。用租赁作为通道，可以得到一个权利完善的租赁合同债权作为基础资产。同样，这样的通道也适用于信托，之前海印广场商业物业租金资产证券化中就用到了信托作为通道。

未来可能的突破方向与目前的投资者群体分析

抛开 SPV 的缺陷以及刚性兑付的打破，李叶博士认为，证券化发展的瓶颈主要体现在流通性的缺失上。能助力 ABS 提高流动性的制度安排主要有三点：一是合理实现现有流动的互通，同时增加交易平台，如新三板等；二是推进落实做市商制度，即券商等发行人 / 管理人为 ABS 提供双边报价服务，按照交易场所的规则为产品提供流动性服务；三是支持 ABS 杠杆化，如支持 ABS 作为质押标的的投融资业务等。

从投资群体角度来看，ABS 产品一般来说是复杂产品，只适合机构投资者。个人投资者也是通过理财产品间接投资 ABS。如果把 ABS 按久期来分，就是银行投资前端、资产管理投资中端、保险 / 养老 / 退休等投资长端。在中国，ABS 的销售能力往往就是引进险资和外资的能力。相对于海外，中国的非机构力量很强，所以在中国，ABS 销售还要考虑个人投资者，特别是高净值个人。高净值个人一般可能会买 6 个月到期，年化收益率 7% 的产品。

【访谈手记2】

他山之石：信用卡资产证券化——来自美国的经验

中国现有信用卡用户对信用卡的依赖性非常高。随着信用卡的进一步普及和产品的丰富，中国的信用卡市场在未来几年内还将高速增长。所以从总量上讲，中国信用卡市场已经具备了证券化的规模要求。为此，课题组通过巴曙松研究员搭建的“全球市场与中国市场”平台专访了厦门市创业投资有限公司林华博士。

信用卡贷款特征决定信用卡证券化结构

信用卡贷款是一种循环信用贷款，一旦获得审批，就可以在获准的额度内随借随还，再借再还，无须多次审批。因此，信用卡贷款的借还款周期均较短。由于信用卡的发贷方对借款方在资金的用途上一般没有限制，贷款方无需提供担保，导致其拥有一定高利率的同时，贷款风险也相对较高。信用卡贷款的循环、短期、无担保、高利率等特点，决定其在证券化过程中必须解决资产负债期限错配问题。

信用卡证券化通过对短期应收账款的循环购买，支持一个中期或长期债券发行。在此模式下，短期资产必须要有持续稳定的供应，短期资产的质量要有效控制，循环购买的操作成本不能太高，短期资产的收益率要足够高，并且需要合理有效的短期资金积累以偿付大额到期额度。

信用卡资产证券化的构架特点

循环购买和多次发行运作模式

（1）统和信托/双层信托

为了避免每次资产转让都要设立一个新信托的问题，信用卡公司一般采用统和信托模式（Master Trust）而不是单一信托模式。统和信托不是封闭的，可以长期不停地购买信用卡应收款，并以汇集的信用卡应收款资产池作为支撑，多次发行证券系列。每个证券系列都可以分享这个统和信托里的信用卡应收款的权益。

虽然统和信托可以直接发行信用卡证券，但更多的发行人采用了双层信托的方式进行证券化。在双层信托模式下，卖方一般先把信用卡资产转让给一个统和信托，然后由统和信托发行信托权益凭证，并把凭证卖给一个发行信托，最后由发行信托以信托权益凭证的现金流作为基础资产来发行证券（见图 5-10）。

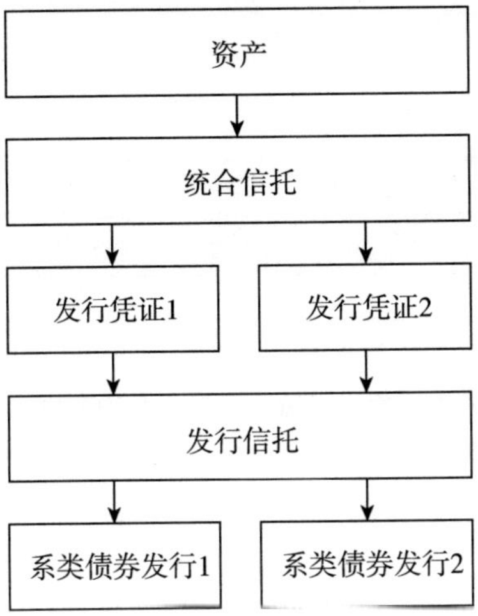

图 5-10　信用卡资产证券化

（2）卖方权益

卖方一般会放入足够的信用卡应收款到统和信托以支持投资者权益凭证（Investor Certificate），并额外多放一部分应收款作为卖方权益（Seller's Interest）。卖方权益代表着卖方对已转让到统和信托里但还没有出售部分额外资产的权益。卖方权益在会计上不算作已出售资产，而应保留在卖方的资产负债表上。

$$卖方权益 = 信托资产 - 投资者权益凭证 > 0$$

信托发行的投资者权益凭证的面额是固定的，指定给信托的信用卡账户的余额会不断变动，需要一个浮动目标来平衡（即卖方权益），以确保账户应收账款余额大于投资者权益凭证的面额。图 5-11 显示的就是卖方权益在证券生命周期中的变化。

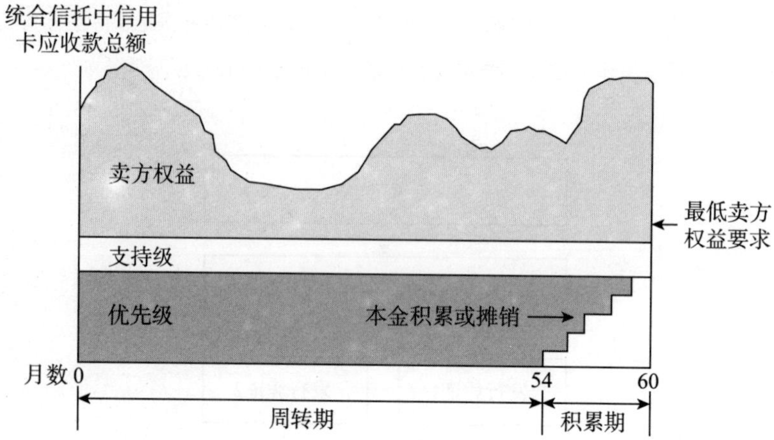

图 5-11 卖方权益在证券生命周期中的变化

现金流的使用和分配

（1）常规分配设计

用短期和无定期信用卡贷款现金流来支持相对长期的债券（一般是3,5或10年），现金流的使用和分配十分重要。目前，信用卡证券化一般利用两段式设计来解决资产和负债错配问题：周转期（Revolving Period）、控制摊还期（Controlled Amortization Period）或控制积累期（Controlled Accumulation Period）。

（2）加速偿还设计

由于信用卡资产证券化周转期的使用，信用卡支持证券不会因为基础资产的提前偿付而出现证券提前还款的情况。为了确保投资者在信用卡基础资产出现严重问题时能够尽快收回投资，信用卡证券信托都设有特定情况下的提前分期偿还机制。它是为保护投资者而设置的一个信用增级方式。

（3）信用增级方式

和其他资产证券化一样，为了使信用卡资产证券达到信用评级机构和投资者的要求，多重增信方式的组合使用是必须的。增信的目的是转化基础资产的风险和收益以达到融资的最优化。

信用卡增信主要包括内部增信及外部增信，不同的增信方式常常被组合使用。信用卡资产证券化的内部信用增级主要有超额利差（Excess Spread）、利差账户（Spread Account）、超额抵押（OC）和分级证券结构（Senior/Subordinated）。信用卡资产证券化的外部增信主要有第三方信用证、现金抵押账户、资产投资额度、储备金账户、Class D 以及资产票面折扣的方式。

美国信用卡资产证券化案例分析

花旗银行信用卡资产证券化的几个主要参与主体分别为：

花旗银行：信用卡的发起人、贷款方、卖方、服务商和发行信托的经理人。

花旗银行信用卡一号统合信托（Citibank Credit Card Master Trust Ⅰ，简称 CCIMT）：抵押权益凭证的发行人。

花旗银行信用卡发行信托（Citibank Credit Card Issuance Trust, “CCCIT”）：信用卡证券的发行人。

德意志银行美国托管公司（Deutsche Bank Trust Company Americas）：CCIMT 的受托管理人和 CCCIT 的合同受托管理人。

纽约梅隆银行托管部（BNY Mellon Trust of Delaware）：CCCIT 的受托管理人。

花旗银行信用卡资产证券化的结构如图 5-12 所示。

1．首先把符合合同规定的信用卡应收款转让给 CCIMT，花旗银行保留对信用卡账户的所有权和服务权；

2．CCIMT 以这些信用卡应收款作为抵押，发行了 2000 号抵押权益凭证并转让给 CCCIT；于 2009 年 5 月 1 日发行了一个抵押权益凭证：2009 号抵押权益凭证，即 Class D 证券；

3．CCCIT 以 2000 号抵押权益凭证的现金流为抵押发行不同级别的信用卡证券。

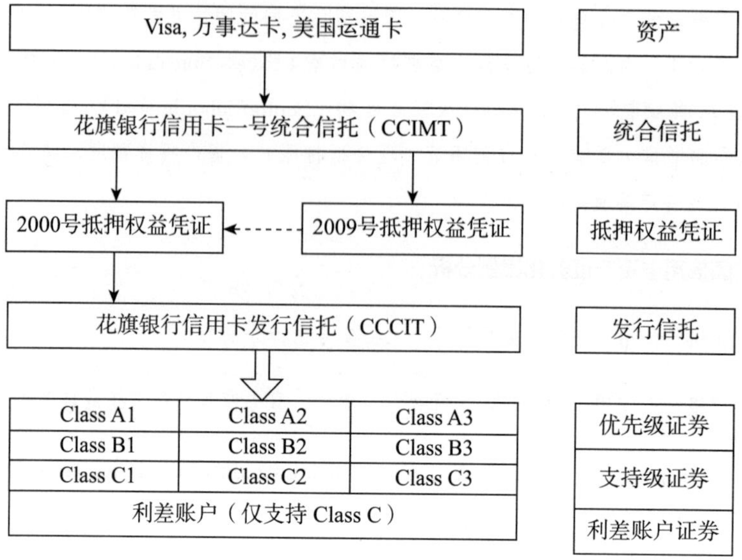

图 5-12　花旗银行信用卡资产证券化的结构

2000 号抵押权益凭证和卖方权益在信用和现金流的分配上是平等的；2009 号抵押权益凭证与卖方权益不同，它的优先级别低于 2000 号抵押权益凭证支持的各个系列证券。

2009 号抵押权益凭证的发行是花旗银行在应对由金融危机引起的 2009 年信用卡证券危机的强行增信措施之一。花旗银行的 CCCIT 是一个“共产型”（Socialized）信托。CCCIT 发行的证券在现金流的分配和风险的承担上实行统一管理、统一分配的原则。一个证券系列下的低档证券会为所有系列下比它级别高的证券提供信用支持。

共产型信托为卖方机构的融资提供了更多的弹性。在独立证券系列的框架下，不同优次级的证券一般必须同时发行。没有 Class B 和 Class C 证券的同时发行，Class A 证券也不可能发行。而在共产型信托下，发行信托可以先发行 Class B 或 Class C 证券，然后再发行 Class A 证券。这些弹性使得卖方和发行人能够提前准备，然后根据市场需要，快速反应，利用机会进行有效的证券发行和融资。

花旗银行信用卡资产证券化的信用增级包括以下几个方面：

1. 优次级证券结构：CCCIT 发行了三级别多系列证券：Class A、Class B 和 Class

C 证券。Class B 和 Class C 证券证支持 Class A 证券，Class C 证券证支持 Class B 证券。Class A 要求的最低信用支持是 18.5%，Class B 要求的最低信用支持是 13.62%，Class C 要求的最低信用支持是 7.12%。

超额利差：花旗银行发行信托发行的所有证券都会享有超额利差的信用支持。

2．提前分期偿还期：花旗银行发行信托的证券会因为信用卡资产池的质量问题、信托实体的性质变化或相关交易方（如卖方、发行人、服务商、托管人等）的违约或破产等合同指定的情况而进入提前分期偿还期。

3．利差账户：根据超额利差的水平，利差账户里要存入并保持一定比例的资金。表 5-16 是各个超额利差的水平下利差账户的资金要求（按证券面额的比例）。

表 5-16　　超额利差的水平下利差账户的资金要求

利差率水平（%）	利差账户目标资金（%）
4.01~4.50	1.00
3.51~4.00	1.50
2.51~3.50	2.50
1.51~2.50	4.00
0.51~1.50	6.00
0.00 或更低	7.00

4．资产超额抵押：以卖方权益形式存在。

5．Class D：2009 号抵押权益凭证为 CCCIT 发行的证券提供信用支持，凭证的面额会波动，但总体会维持在 CCCIT 下证券余额的 7.668 65% 左右。

6．资产票面折扣：在 2009 年 3 月到 2011 年 3 月的两年间，花旗银行运用了资产折扣的方式为 CCCIT 发行的证券进行强行增信。这两年间，花旗银行以 1% 的折扣把信用卡应收款转让给信托来提高资产的质量指标。在这 25 个月的困难时期，由于这个资产折扣的使用，花旗银行发行信托的超额利差平均提升了 2.17 个百分点，得以保证超额利差在 4.5% 以上。

中国信用卡资产证券化的挑战

中国信用卡资产证券化在过去确实存在很多障碍，包括规模限制、技术处理、法律监管、会计税收等。

首先，由于信用卡资产的无抵押、循环和期限不定的特点，信用卡资产证券化的结构和程序要比其他资产证券化复杂，对技术的要求也更高。很多商业银行在专业人才方面仍有很大的局限性，没有一个有竞争力和创新能力的团队来策划、实施和维持信用卡资产证券化。

其次，中国的商业银行在自身的运营水平上还有待提高，信用卡资产证券化不只是单笔交易，而是一个包含循环购买、多次发行的长期过程。这其中涉及持续的资产转让、服务、收款、跟踪、风控、报告等运作管理。

最后，信用卡的风险定价和投资者的预期还有一定差距。中国信用卡业务现在主要是针对一些信用比较好，质量比较高的客户群体，还没有渗透到高风险高收益的群体。虽然信用卡的授信使用率很高，但目前这部分客户的全额还款率也比较高，所以没有把信用卡的使用真正转化为融资利息收入，因此信用卡业务的总收益率并不是太高。市面上各类理财产品的高收益哄抬了投资大众对证券的收益率要求。

2015

第二部分

机构专题篇

◎ 牛市行情演绎，券商资管 2015 上半年迎来大丰收，资产管理规模大幅上升。

◎ 私募股权投资行业未来将发生两大变局。变局之一是，在创业投资热潮汹涌下，政府引导基金将出现井喷。变局之二是，在资本市场发展新格局下，私募股权机构将面临专业化或者综合化发展的方向选择。

◎ 移动互联网碎片化和高度移动的特征使得“+ 互联网”模式更适合私募基金行业。借由互联网产生的海量数据，任何机构都可以做即时性研究，应用于投资实践。

06

银行资产管理，从适时而生到顺势而变

2015

本章导读

- 从2004年光大银行推出首款人民币理财产品起，商业银行理财业务已经走过了10年历程，理财业务规模不断扩大。截至2014年年底，资金余额已达15万亿元，满足了不同层次投资者的需求，实现了居民财富的保值增值。
- 中国银行理财产品起步虽晚，但发展迅速，中国商业银行资产管理业务的发展主要经历了萌芽期、缓慢增长期和快速成长期三个阶段，每一次跨越发展都伴随着创新产品和新监管举措的出现，创新产品推动了银行理财产品的发展。同时，新的监管措施规范了银行市场，推动了理财业务的合理创新，确保了理财市场的持续稳定发展。
- 商业银行理财产品诞生于利率管制、资产证券化发展不足、企业直接融资市场欠发达和投资者投资渠道匮乏的背景下，是商业银行应对金融抑制的创新产品。2014年以来，过往支撑银行资产管理快速增长的因素正悄然生变，同时面临的刚性兑付等诸多困境也亟待突破。
- 在转型压力日益增大的情况下，未来银行资产管理会如何发展，我们试图从战略定位、产品、组织架构、运作管理方式等多个维度进行思考，描绘银行资产管理的未来视图。

对银行资产管理业务（或称银行理财业务）目前并没有统一、明晰的定义，大致上可以分为广义和狭义两种定义方式。广义的银行理财业务是指商业银行在市场细分的基础上，根据不同客户或者客户群的金融服务需求，将客户关系管理、财务规划、投资产品代销、资金管理、投资组合管理等融合在一起形成的一种综合化、个性化的金融服务方式，实质是一种财富管理业务（Wealth Management）。狭义的银行理财业务是指，商业银行通过发行理财产品或理财计划，为客户提供受托投资管理与增值服务，实质是资产管理业务（Asset Management）。

一直以来，中国银行资产管理业务主要体现在为客户提供银行理财产品上。2014年12月，银监会发布的《商业银行理财业务监督管理办法（征求意见稿）》，把商业银行理财业务定义为，商业银行本着为客户利益服务的原则，以客户需求为导向，以客户资产保值增值为目标，为客户提供资产管理等专业化服务活动，其采用的也是狭义上的银行理财定义。因此，本书中讨论的银行资产管理指的是狭义上的银行理财业务。同时为了保持表述上的清晰化，在涉及具体的历史数据及问题时，仍然沿用“银行理财”这一说法。

银行资产管理10年成长之路

从2004年光大银行推出首款人民币理财产品起，商业银行理财业务已经走过了10年历程，理财业务规模不断扩大。截至2014年年底，资金余额已达15万亿元，满足了不同层次投资者的需求，实现了居民财富的保值增值。

中国银行理财产品起步虽晚，但发展迅速，中国商业银行资产管理业务的发展主要经历了萌芽期、缓慢增长期和快速成长期三个阶段，每一次跨越发展都伴随着创新产品和新监管举措的出现，创新产品推动了银行理财产品的发展，同时新的监管措施规范了银行市场，推动了理财业务的合理创新，确保了理财市场的持续稳定发展。

萌芽期（2004 年以前）

20 世纪 90 年代之前，中国银行业业务始终停留在储蓄、代收代付业务等简单的业务层面上。1995 年 7 月，招商银行首创并推出了储蓄“一卡通”，在一张卡片上集合定活期、多储种、多币种、多功能，商业银行零售业务开始有所创新。2002 年，光大银行首推外币结构性存款业务。2004 年，光大银行推出第一支人民币理财产品，真正意义上的人民币银行理财产品就此诞生，中国银行理财开启了 10 年发展之路。这一阶段是商业银行理财的尝试阶段，银行提供的产品和服务比较简单，居民的理财意识和需求也都尚未形成规模。

缓慢增长期（2004—2009）

在这一阶段，金融业的开放与改革启动，金融机构行业竞争越来越激烈，金融理财产品及服务的社会宣传力度也不断加强，公众对理财的重要性及理财业务的熟知度均不断深化，个人理财业务悄然兴起。

2005 年，银监会发布了《商业银行个人理财业务管理暂行办法》，银行理财相关监管制度逐步完善。人民币理财产品逐渐发力，银行理财产品类型也逐渐丰富起来，2007 年的股票型理财产品，特别是打新理财产品更是风靡一时。银行理财产品逐步在资产管理领域崭露头角，居民对其的关注度也日益提高。

快速成长期（2009 年至今）

受居民财富增加和理财意识觉醒、利率市场化迫使银行突破传统存贷业务的盈利模式以及监管博弈迫使银行业务转型等多方面因素的影响，2009 年后，银行资管得到迅速发展，逐渐成为商业银行转型探索的重要方向和主要的中间业务收入来源。经过 2009—2014 年的 5 年跨越式发展，在规模上实现了远超基金、证券、保险、信托等资产管理机构，银行理财成为国内资产管理规模最大的资管产品（见图 6-1）。

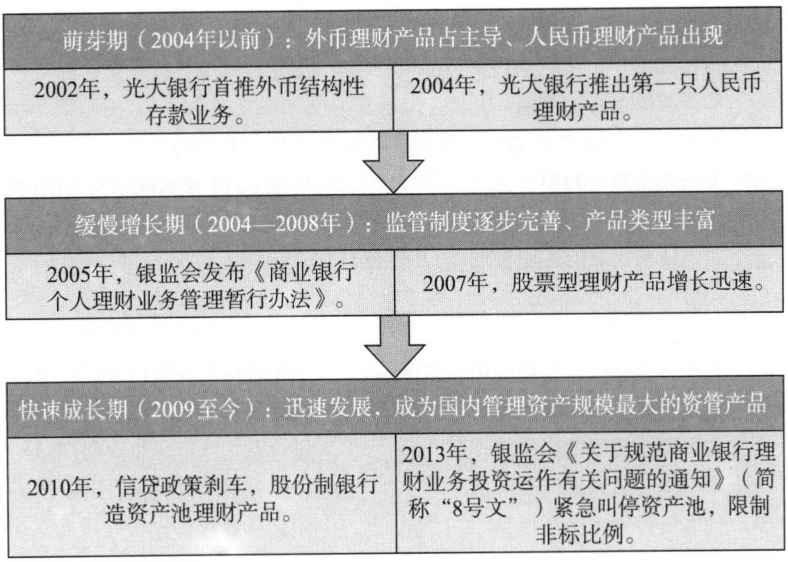

图 6-1　银行理财业务发展三阶段

经过 10 年的发展，理财产品业务在监管下不断寻求创新，推进了不同金融市场主体的合作，促进了市场的多元化发展。银行理财产品直接连通投资与融资，连接了存贷款市场与货币市场、债券市场与资本市场，形成了对存、贷款利率的倒逼机制，在中国承担了 20 世纪 70 年代美国货币市场基金的角色，成为利率市场化突破的先导（见表 6-1）。

表 6-1　理财产品创新历程一览表

时间	创新产品
1995 年	招商银行首创并推出了储蓄“一卡通”

续前表

时间	创新产品	
2002 年	外汇结构性理财产品	
2004 年	银行人民币理财产品	
2005 年	人民币 Quanto 结构化理财产品	进口付汇增值业务
	人民币信用联结理财产品	外汇债务风险管理业务
2006 年	信托理财产品	能源挂钩结构性理财产品
	人民币篮子信用联结理财产品	股票挂钩结构性理财产品
	内含保险的理财产品	
2007 年	内嵌 A 股股票期权的结构化理财产品	新股申购理财产品
	基金投资组合理财产品	内嵌 CPPI 保本机制的 QDII 理财产品
	跨 AH 股市场的主动管理型 QDII 理财产品	
2008 年	主动管理型基金类固定收益产品	高信用资质企业融资理财产品
	内嵌资产总收益互换的结构性产品	上市公司股权质押理财产品
2009 年	股票分层结构化投资理财产品	银行系私募基金理财产品
	内嵌碳减排额度交易的理财产品	银行系货币市场类理财产品
	伞型基金类理财产品	股票分层结构化投资理财产品
2011 年	代客资产管理组合产品	阳光私募基金宝
	固定收益分层结构化投资理财产品	
2012 年	北金所委托债权投资理财产品	股票定向增发分级投资理财产品
	保险债权计划产品	自主管理型固定收益结构化投资理财产品
2013 年	主动管理型养老基金理财产品	量化投资基金理财产品
	夹层并购基金理财产品	银行资产管理计划

2014 年中国银行理财业务盘点

规模：继续高歌猛进

自 2011 年以来，银行理财规模迅速扩张，2014 年年末余额已达到 15 万亿元。银行理财产品的发行数量也逐年增加，2014 年全年银行理财产品的发行数量达到了 65 825 只，再创历史新高，且以 45.32% 的增速超过了 2013 年（见图 6-2）。

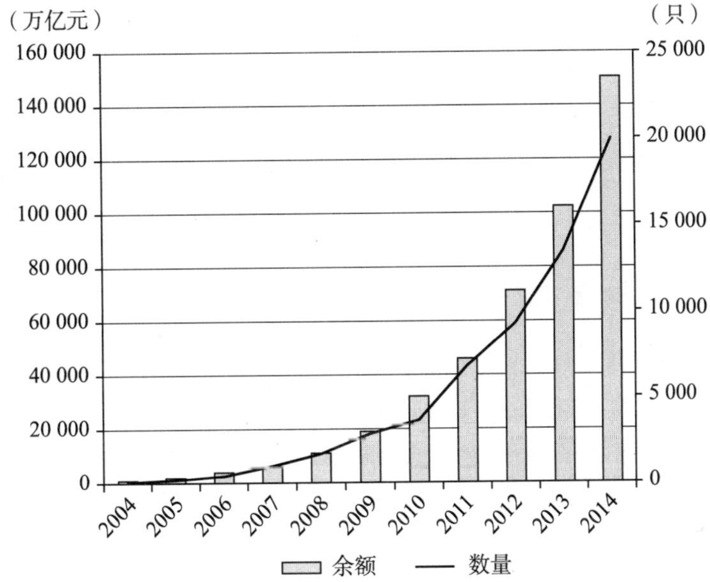

图 6-2　近 10 年理财产品发行规模与数量

资料来源：光大银行，Wind 资讯。

收益：仍保持较高水平

从收益率来看，商业银行理财产品的收益率集中在 5% 左右，收益率 3%~5% 和 5%~8% 的产品分别占 29% 和 65%（见图 6-3）。根据《中国银行业理财市场年度报告（2014）》的数据，2014 年封闭式非净值型理财产品、封闭式净值型理财产品、开放式非净值型理财产品按募集资金额加权平均兑付客户年化收益率均较 2013 年提高 50bp 左右，理财产品收益率仍然保持在较高水平。

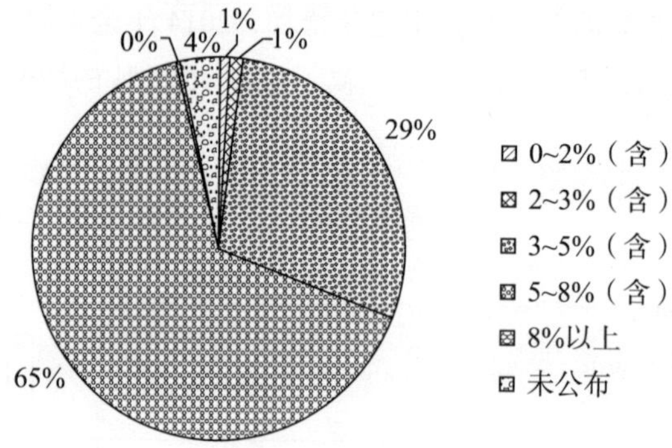

图 6-3　银行理财产品预期收益率占比情况

结构：保本型占比不容忽视

截至 2015 年 6 月，从发行数量上来看，保本型理财产品合计占比 35%，其中保本固定型理财产品占比 13.96%，保本浮动型理财产品占比 21.01%，非保本型理财产品占比 65.03%（见图 6-4）。保本型银行理财产品除了期限有所拉长外，预期收益率并没有令人失望。部分保本保息类产品仍能得到“刚性兑付”，所以“保本保息”的概念，现在尚未变成“浮云”。

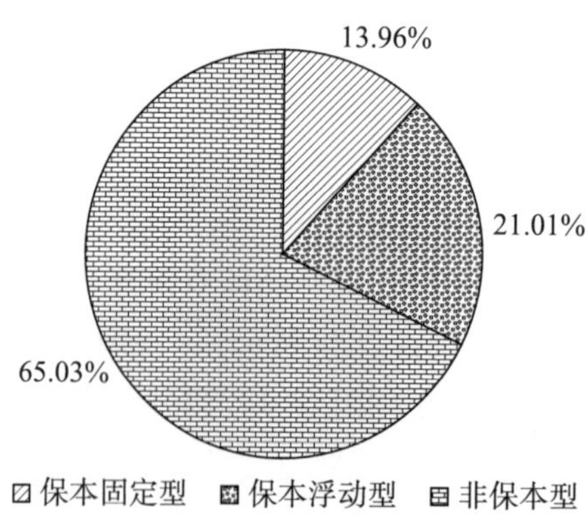

图 6-4　各收益类型理财产品发行占比

期限：中短期产品是主流

在存续理财产品中，中短期理财产品（指产品期限在 6 月（含）以内）数目占比为 81.48%，1 年期（含）以上理财产品数目占比为 0.19%（见图 6-5）。

并且,3 个月（含）以下理财产品募集规模在 2014 年保持了 70% 左右的增幅。中短期理财产品多为封闭非净值型，从中可以看出理财客户短期投资理财需求旺盛，对流动性要求较高。

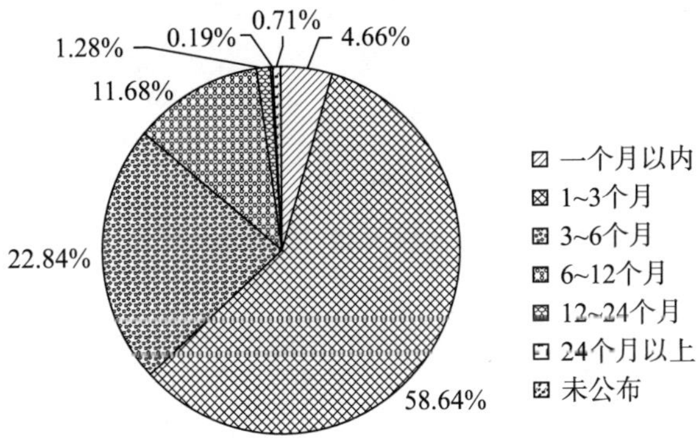

图 6-5　各存续期产品占比

投向：非标逐渐萎缩

理财产品投资品种多为短期流动性较强的货币、债券、存款等品种，这符合投资者对短期高流动性理财产品的需求。截至 2014 年年底，理财资金投向债券及货币市场、现金及银行存款和非标准化债券的比重分别为 43.75%、26.56% 和 20.91%。

相比 2013 年，投向非标债权的比例明显下降；而权益类资产配置比例为 6.24%，相比 2013 年略有上升（见图 6-6）。

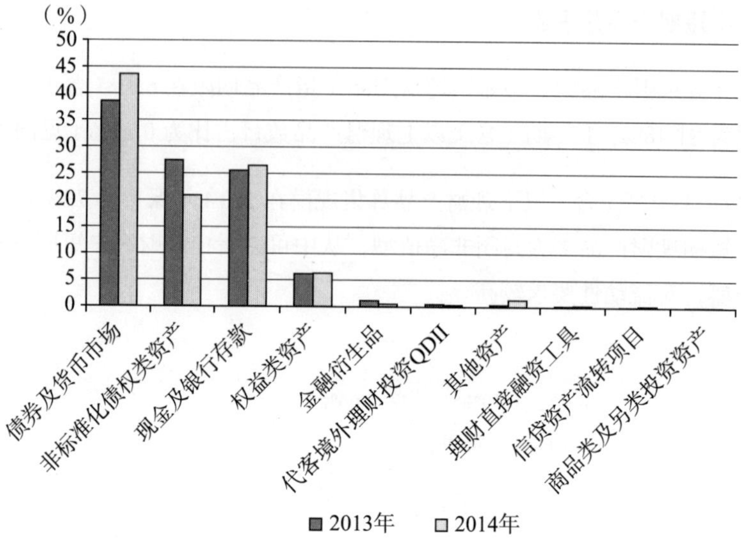

图 6-6　2013 年和 2014 年银行理财资产配置分布情况

主体：各类银行齐上阵

从银行理财的发行主体来看，国有、股份制、城商行、农商行及外资行各类银行齐上阵，理财市场竞争日益激烈。

国有银行一如既往占比最高。国有银行的理财业务依旧稳健，稳步发展的同时降低转账额度，限制“宝类”理财。

股份制银行创新产品较多，其理财业务向资管转型的迹象最明显，理财业务收入增速远高于产品销售规模的增长，这意味着理财资金投向结构发生了不小的变化。

城商行在理财市场的表现依然突出，不仅体现在量上，收益率方面的表现也很亮眼。此外，外资银行理财产品发行占比减少，不断边缘化（见图 6-7）。

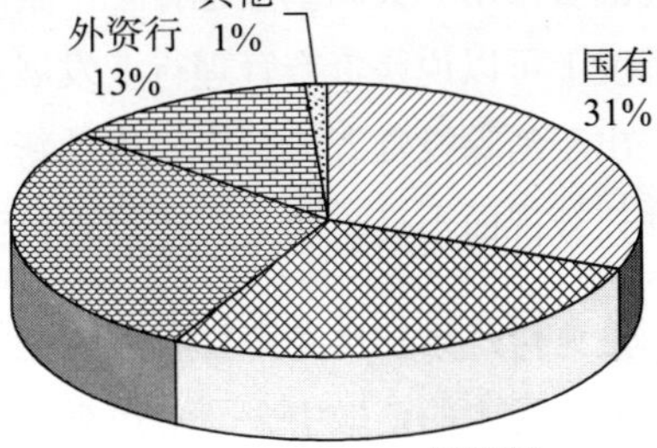

图 6-7　各类银行理财产品市场份额占比

银行资产管理困境与突破

银行理财产品是利率市场化过程中，银行规避利率管制，打破存款利率上限的一种金融创新。过去 10 年，银行理财业务取得飞速发展，但同时也面临刚性兑付等诸多困境，亟待突破。

刚性兑付——高悬的“达摩克利斯之剑”

银行理财刚性兑付是指由银行提供隐性担保，银行理财没有实现投资者风险自担，即在理财产品达不到预期收益或者可能违约时，由银行承担损失。根据中央国债登记结算公司“全国银行业理财信息登记系统”发布的《中国银行业理财市场年度报告（2014）》，2014 年全年共存续理财产品 55 012 只，终止到期的理财产品中只有 51 只产品出现了亏损，占全部终止到期产品的 0.03%。刚性兑付现象着实令人无法忽视。

形成银行理财刚性兑付的原因可谓复杂，大体可以分为外部环境、银行、理财产品、投资者 4 个层面。

在外部环境层面，刚性兑付是资产管理行业发展初期的表现之一。刚性兑付现象并非银行理财独有，在中国的债券市场、信托市场也同样存在。2008

年金融危机以前，美国货币市场共同基金也存在严重的隐性担保现象。刚性兑付的存在，从一定程度上可以说是资产管理行业发展初期的必然表现。在资产管理行业发展初期，出于消除投资者的顾虑、推动新业务、维护金融稳定等多种原因，刚性兑付往往被视而不见，成为资产管理行业的潜规则。

在银行层面，刚性兑付是维护自身声誉和应对竞争压力的现实选择。商业银行作为以管理信用风险为主的金融中介，对声誉的维护相比其他金融机构有过之而无不及。因此，在银行理财产品可能出现违约的情况时，为了维护自身声誉，商业银行往往会通过动用表内资产、募新还旧等各种手段来保证理财产品本金和收益的兑付。

在理财产品层面，现有银行理财产品的类型和运营模式没有实现风险隔离和风险可计量，不支持打破刚性兑付。首先，在产品投向的基础资产上有大量非标资产存在，基础资产可交易性、可估值性差。其次，银行理财产品以预期收益型为主，银行资产管理业务与资产负债业务存在界定不清、分割不严的情况。特别是保本型理财产品由于商业银行承担了兑付本金甚至收益的确定性义务，同时纳入到银行表内核算，实质上成为了商业银行对客户的负债，实际上就是给予投资者刚性兑付的暗示。最后，产品的运营多采用“资金池 - 资产池”模式，并没有实现每个产品的单独管理、单独建账和单独核算，收益、风险和运作过程中的透明度也不高。往往是在产品成立时公布少之又少的基本信息，产品到期后按照预期收益率进行兑付。在产品存续期内，没有任何信息的披露，产品实际的收益情况也不得而知。

在投资者层面，尚未建立买者风险自担的风险意识。国内银行资产管理的投资者远远没有形成成熟的投资观念和方式。银行理财产品的客户首先关心的还是是否“保本”，没有建立起“卖者尽责、买者自负”的风险意识，银行为了挽留客户，就不得不继续隐形背书，继而无法顺利打破刚性兑付。

刚性兑付有违资产管理的本质，一味地纵容会使得银行资产管理陷入“名资管，实债权”的怪圈，大量风险积累在银行体系中，商业银行兑付压力增加，不利于银行资产管理的长远、健康发展。此外，刚性兑付也会提高市场的无风险收益率，提升商业银行负债成本，间接抬高实体企业的融资成本。刚性兑付犹如高悬银行资产管理之上的“达摩克利斯之剑”，可谓“刚兑不破，资管不兴”，破解刚性兑付困局势在必然。

快速增长的支撑因素正悄然生变

商业银行理财产品诞生于利率管制、资产证券化发展不足、企业直接融资市场欠发达和投资者投资渠道匮乏的背景下，是商业银行应对金融抑制的创新产品。回顾银行理财10年来的发展，从宏观环境来看，利率管制是银行理财产品快速发展的根本原因。从微观现实来看，商业银行的管制套利、企业旺盛的融资需求、居民追求财富稳定增值的强烈诉求是支撑其快速增长的直接因素。然而，2014年以来，过往支撑银行资产管理快速增长的因素正悄然生变（见图6-8）。

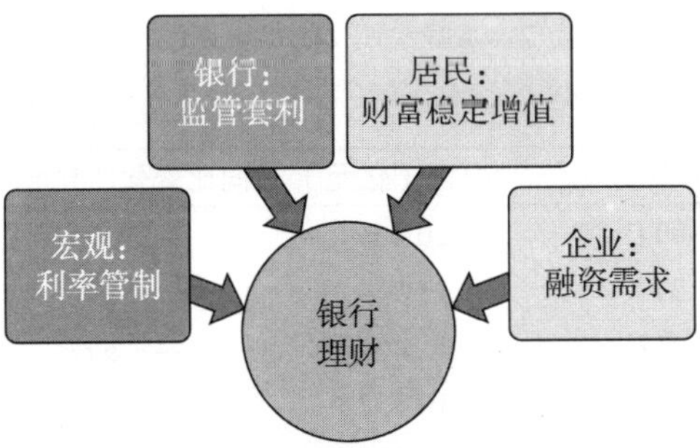

图6-8　2015年以前银行理财增长的支撑因素

从宏观金融环境角度来看，利率市场化只差临门一脚，“挤水”银行理财空间。一方面，利率市场化改革持续深化，进程不断加快。2013年7月，贷款利率下限取消；2015年3月，存款利率允许上浮30%；2015年5月，存款保险制度正式实施，存款利率上限放开在即。另一方面，银行理财产品的存款替代效应渐弱，其利率市场化推动器的使命逐渐完成，制度红利日渐消失，理财产品余额规模增速面临着放缓的压力。

从商业银行角度来看，负债压力缓解，“表外信贷”模式风险凸显。一方面，存贷比取消，银行负债端紧箍咒解除，揽存压力得以有效缓解，银行理财产品调节存款的功能进一步减弱，过往利用理财发售和赎回结点“冲时段”的需求不再。并且存贷比取消也使得商业银行贷款规模一定程度上得以松绑，银行借助理财业务规避规模限制的动机减弱。

另一方面，经济增速处于调整期，信用违约风险增加，商业银行借助银行理财提供表外融资的风险陡增。商业银行经营痛点的转移，倒逼银行理财向银行资管转型。

从企业角度来看，通过银行理财进行高成本融资的需求减弱。2009—2013年，社会融资需求大于信贷额度供给，企业融资渠道另辟蹊径，房地产、地方融资平台等企业强烈的融资需求从资产端支撑了银行理财飞速扩张。然而2015年以来，社会融资规模同比持续下降，实体经济整体融资需求不足（见表6-2）。

表 6-2　　2014 年与 2015 年上半年社会融资规模

	2014（亿元）	2015（亿元）	同比变化（亿元）	同比增速（%）
1月	26 004	20 469	—5 535	—21
2月	9 370	13 564	4 194	45
3月	20 934	12 407	—8 527	—41
4月	15 259	10 557	—4 702	—31
5月	14 013	12 196	—1 817	—13
6月	19 700	18 600	—1 100	—6

从居民角度来看，替代产品增多，投资渠道日益多元化。在银行理财产品出现前，普通居民可投资的金融资产主要是存款、基金和股票，金融市场投资谱系存在风险收益配比的断点。银行理财产品的出现，使得居民能够以较低的风险获得按市场利率定价的收益，平滑了风险收益曲线，理财产品一时间受到了广大居民的热捧，成为居民投资的重要方向。然而利率市场化之后，按照市场价格定价的存款、大额存单与现存预期收益型银行理财产品具有极大的同质性，竞争必将加剧（见表6-3）。

表 6-3　存款、大额存单、预期收益型银行理财产品对比

	安全性	收益性	流动性
存款	安全性高：纳入存款保险的保障范围，单一银行 50 万元以内赔付。	目前低于市场利率，实现利率市场化后，将由银行自行定价。	活期存款，流动性高。定期存款，流动性一般。
大额存单	安全性高：纳入存款保险的保障范围，单一银行 50 万元以内赔付。	以市场化方式确定。“固定利率存单”采用票面年化收益率的形式计息；“浮动利率存单”以上海银行间同业拆借利率（Shibor）为浮动利率基准计息，即在 Shibor 的基础上加、减点。	可通过第三方平台转让（转让范围限于非金融机构投资人）。对于通过发行人营业网点、电子银行等自有渠道发行的大额存单，可以提前支取和赎回。流动性高于定期存款，低于活期存款。
预期收益型银行理财产品	有一定风险：不纳入存款保险的保障范围，风险由投资者自负。	由投资收益情况确定，一般高于同期 Shibor。	封闭型产品一般需要到期兑付，无法转让，流动性差。开放型产品流动性高。

通过对存款、大额存单、预期收益型银行理财产品从收益性、安全性、流动性上的比较可以发现，利率市场化后，预期收益型理财产品吸引力下降，一定程度上的“理财存款化”将不可避免，预期收益型理财产品的规模必将缩水。在收益上，预期收益型理财产品，特别是收益较低的保本型理财产品收益优势缩小。在安全性上，《存款保险条例》的颁布使得过去的银行存款全额隐性担保转变为显性保险。存款、大额存单（作为一般性存款）均纳入存款保险范围之内，而银行理财产品则不在其中，理财产品相比存款的安全短板显露。在流动性上，封闭型理财产品由于无法提前赎回和交易，流动性低于大额存单和存款，也不具备优势。

监管力促回归资管本质

银行理财作为一种金融创新产品，监管机构对其的规范经历了从无到有、从粗到细、从被动到主动的过程。目前，监管机构已经对银行理财的管理模式、投资方向、运作模式等出台了一系列管理办法。如图 6-9 所示，银行理财

监管历程大致可以分为 4 个阶段。近年来，监管机构的监管思路日渐清晰，监管力度也日渐升级，对银行理财进行了顶层设计，大力推动银行理财回归资管本质。

图 6-9　银行理财监管历程

一方面，银行业监督管理委员会推出了一系列措施推动理财产品的透明化，为打破刚性兑付打下基础。如 2013 年 3 月 25 日，银监会《关于规范商业银行理财业务投资运作有关问题的通知》（简称“8 号文”）要求商业银行应实现每个理财产品与所投资资产（标的物）的对应，做到每个产品单独管理、建账和核算。

2014 年 7 月，《关于完善银行理财业务组织管理体系有关事项的通知》（简称“35 号文”）也对打破理财产品刚性兑付赋以浓墨重彩（见表 6-4）。2014 年 12 月 1 日，《商业银行理财业务监督管理办法（征求意见稿）》再次明确推进理财产品向净值化转型，要求商业银行必须将预期收益型产品管理费收入的 50% 计提风险准备金，而其他类型产品只需计提 10%；同时允许净值型产品资金的 30% 投资非标准化债权资产。

表 6-4　“35 号文”对理财产品刚性兑付的相关条文

关键点	条款
银行理财产品单独建账，单独核算	“本行理财产品之间不得相互交易，不得相互调节收益。”

续前表

关键点	条款
规范销售，禁止承诺刚性兑付	“销售行为规范是指银行必须严格落实监管要求，不得提供含有刚性兑付内容的理财产品介绍。”
规范销售，风险匹配	“银行开展理财业务销售活动应按照风险匹配的原则，严格区分一般个人客户、高资产净值客户和私人银行客户，进行理财产品销售的分类管理，提供适应不同类型客户投资需求和风险承受能力的产品，严格实施风险自担。”
产品独立性	“商业银行开展理财业务活动，应当实现每只理财产品与所投资资产的对应，做到每只理财产品单独管理、单独建账和单独核算。对每只理财产品都有资产负债表、利润表、现金流动等财务报表。”
成本可算、风险可控、信息充分披露	“商业银行开展理财业务活动，应当遵守成本可算、风险可控、信息充分披露的原则。”
“卖者有责，买者自负”	“商业银行开展理财业务活动，应当遵循‘卖者有责，买者自负’的原则，实现风险与收益向投资者的充分传递。”

另一方面，为保护投资者利益，防止利益输送和利益侵占，监管部门多次发文，从多个角度促进银行资产管理与其他业务实现风险隔离（见表 6-5）。其中，2014 年 7 月 11 日由银监会发布的《中国银监会关于完善商业银行理财组织管理体系有关事项的通知》最为严格，强调理财与信贷、自营、理财产品间资金账户和交易等隔离。要求进行理财业务事业部制改革，以明确责任和归口管理，责任和风险落实到部门、个人，并最终落实到银行，防范风险。

核心竞争力不足

资产管理产业链从上游到下游涉及投资咨询顾问、产品销售商、产品管理者、产品设计者、资产管理者等多个角色，目前，银行能够承担产业链上的全部角色，是资产管理产业链上覆盖长度最长的机构之一（见图 6-10）。

表 6-5　　监管部门促进银行理财风险隔离的文件

发布时间	文件名	关键点
2013 年 3 月 25 日	《关于规范商业银行理财业务投资运作有关问题的通知》	银行不得为非标提供担保和回购承诺。
2014 年 2 月 13 日	《关于商业银行理财产品进入银行间债券市场的有关事项的通知》	理财管理人的自营债券账户和理财产品债券账户之间不得进行交易。
2014 年 5 月 16 日	《关于规范金融机构同业业务的通知》 《关于规范商业银行同业业务治理的通知》	自营同业与理财不得利益输送。
2014 年 7 月 11 日	《关于完善商业银行理财组织管理体系有关事项的通知》	"信贷资金不得为本行理财提供融资和担保"，强调表内信贷融资和理财融资风险分离。 自营和理财分离，明确要求理财资金不得用于自营。 应按照单独核算、风险隔离、行为规范、归口管理等要求开展理财业务事业部制改革，设立专门的理财业务经营部门，负责集中统一经营管理全行理财业务。

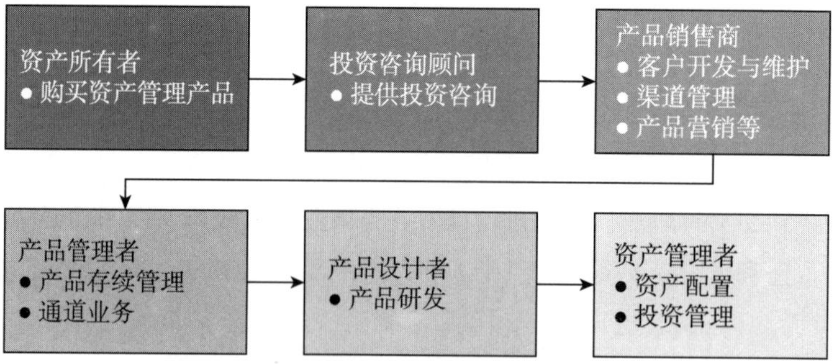

图 6-10　资产管理产业链

根据发达国家的经验，资产管理行业附加值最高的业务集中在"微笑曲线"的两端。随着中国资产管理行业的逐步发展和规范，上游技术环节和下游营销环节的附加值也会逐步升高。在大资管时代，银行资产管理若要在资产管理行业占据一席之地，必须要增强在高附加值环节的竞争力（见表 6-6）。与基金、券商、保险、信托等其他机构相比，银行资产管理的优势主要集中在资产管理下游的产品销售环节，拥有最丰富的客户资料和强大的渠道优势。但在位于产业链上游的资产管理、产品设计环节，银行业的竞争力相对较弱，研究分析、投资和交易等资产管理行业核心竞争力欠缺，这势必影响银行理财向真正的资产管理转型和布局资管全产业链（见图 6-12）。

表 6-6　　银行资产管理价值链

产业链位置	环节	附加值	能力要求
上游	资产配置 投资管理 产品研发	高	资产管理能力 投资研究能力 产品研发及创新能力
中游	产品存续管理 通道业务	低	产品管理
下游	客户开发与维护 渠道管理 产品营销等	高	客户资源 渠道资源 销售能力

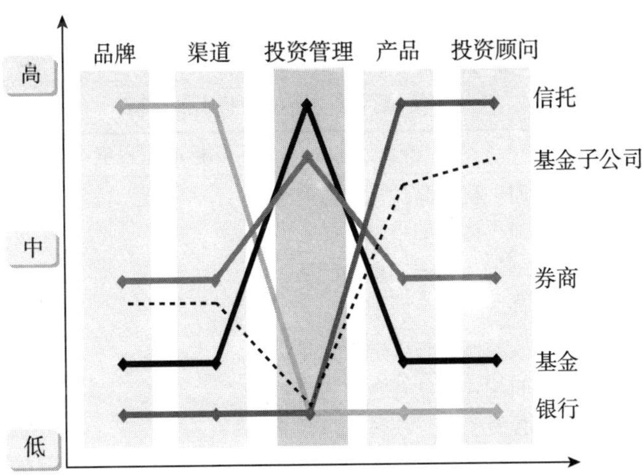

图 6-12　各资产管理机构核心竞争力比较

银行资产管理未来视图

过去10年，银行理财作为银行资产管理的1.0版基本处于卖产品的阶段，完成了从存款到理财的转化。然而，由于分业经营的金融环境限制、银行资产管理的思路和能力相对不成熟等多方面的原因，银行理财产品从诞生开始，血液中就带着浓浓的存贷款特色，从产品设计思路、运作模式、风险管控等各方面均与商业银行传统的信贷产品有极大的相像之处。在转型压力日益增大的情况下，未来银行资产管理会如何发展，我们试图从战略定位、产品、组织架构、运作管理方式等多个维度进行思考，描绘银行资产管理的未来视图。

产品格局或将再分配

近年来，银行资产管理陆续推出了净值型产品、银行资产管理计划等创新产品。2014年发布的《商业银行理财业务监督管理办法（征求意见稿）》将理财产品分为预期收益型产品、净值型产品、结构型产品、项目融资类产品、股权投资类产品、另类投资产品和创新投资产品。其中预期收益型产品、净值型产品和结构型产品针对普通大众，项目融资类产品、股权投资类产品、另类投资产品和创新投资产品只向高资产净值客户、私人银行客户和机构客户等专业投资人销售（见表6-7）。

表6-7　各类银行理财产品的特点及比较

产品类型	特点	标准化程度	客户
预期收益型产品	发行时明确披露预期收益率或预期收益率区间的理财产品。	低	所有客户，起点：5万元
净值型产品	非保本浮动，定期申购赎回，流动性高。	高	
结构型产品	固定收益产品与金融衍生品结合。	高	
项目融资类产品	应为封闭式产品募集的理财资金全部投资于单一项目或组合类的多个项目的理财产品，可根据项目收益情况提供预期收益率。	低	只向高资产净值客户、私人银行客户和机构客户等专业投资人销售

续前表

产品类型	特点	标准化程度	客户
股权投资类产品	投资于股权项目或股权基金的理财产品。	高	
另类投资产品	投资于红酒、艺术品、影视文化等小众投资品的理财产品。	低	

在当前的银行理财产品格局中，预期收益型产品可谓一枝独秀，净值型产品和结构型产品占比一直不高。随着利率市场化进程的逐步加快，银行资产管理业务的转型也日益紧迫。在利率市场化完成后，存款替代特点明显的预期收益型产品是否还有存在的必要？是否还有存在的空间？哪些银行资产管理产品会成为主流？这些问题都值得深入探讨。从国际经验来看，银行资产管理产品的转型与外部环境息息相关，受到经济形势、监管导向、客户需求等多重因素的影响。**从国际经验来看，以净值型产品为代表的标准化资产管理产品是主流。**在利率市场化完成后，国外银行普遍提供的是标准化资产管理产品，产品信息具有极高的透明性。以净值型产品为主流，同时也提供风险较低的结构型理财（结构型存款）等（见表 6-8）。

表 6-8　　国外银行资产管理产品主要类型

		特点	举例	投资对象	产品价格估算方法	收益率公布
开放式	区间收益型	一般不公布净值，面值 1 元，投资者盈亏表现为持有的份额数量增减	货币市场基金、短期债券基金	货币市场、期限较短的债权	市价法、摊余成本法	一段时间（如 7 日内）一定份额产品的收益和收益率
	净值型	价格选取为收盘价或平均交易价格	股票型基金、债券型基金等	股票、债券等金融市场产品	市价法	每个交易日对外披露上一个交易日产品的单位净值和累计净值

续前表

		特点	举例	投资对象	产品价格估算方法	收益率公布
封闭式	投资于公开市场交易的封闭型产品	产品建仓完毕之后便能公布投资的预期收益率	封闭型债券基金	公开市场交易的证券	市价法、模型估值法	每月或每季度公布产品净值
	投资于非流动性资产的封闭型产品	投向一个或者少数几个项目，投资品的到期日与产品的到期日基本一致	私募股权项目投资	非流动性资产，如私募股权、风险投资	不易准确估算	产品到期时公布

从打破刚性兑付来看，透明化、标准化是银行理财产品转型的现实要求和必要前提。相比较银行理财产品的刚性兑付难题，股票、基金等投资产品的风险自担理念已经被投资人普遍接受。通过对比可以发现，股票、基金等投资产品的显著特点是标准化、信息充分透明化。要实现投资者风险自担，首先要保证投资者能够准确了解投资品的风险和收益，保证投资人能够及时、准确了解到投资标的、投资收益及风险变化情况等信息，这也就要求银行资产管理产品要实现包括产品投向、收益、风险披露等各方面的透明化。

如果在信息不透明的情况下强行打破刚性兑付，不但无法让投资者信服，更会使银行面临声誉风险。可以说，银行资产管理产品实现透明化是打破刚性兑付的前提。从目前对银行资产管理的顶层设计来看，监管机构也在推动银行理财产品向透明化、标准化进行转型。

从长远趋势来看，商业银行资产管理产品必将进一步打破预期收益型产品一统天下的格局，建立丰富的产品线。具体可能表现为预期收益型产品比重的逐渐下降，净值型产品渐渐成为主流，结构型产品占据一席之地，等等。

预期收益型产品比重将会逐渐下降。预期收益型产品在利率市场化完成后，其存款替代功能将会退出历史舞台，所占比重也不可避免会逐渐下降。并且，未来预期收益产品会改造成真正的预期收益型，会根据投资标的市值法预先计算收益的参考基准或参考范围。产品的实际收益围绕预期收益（业绩基准）波动，每天进行产品收益的估值、计算，并公布年化收益。

净值型产品有望成为主流。净值型产品有利于提高理财资金投资的透明度，有利于投资者正确理解理财产品的风险。从监管要求和国际经验来看，净值型产品将会在未来银行资产管理中占据主要地位。

目前银行资产管理因投向受限，只能投资于货币市场和固定收益类资产、协议存款和非标债权等资产。其中协议存款和非标债权由于缺乏良好的流通市场，风险定价不够成熟，存在估值困难的问题，不利于理财产品向净值化转型。2013 年出台的银行资产管理计划通过“理财直接融资工具”实现了非标债权向标准化金融产品的转化，对银行理财产品的净值化转型进行了有益的探索（见表 6-9）。

表 6-9　　理财产品净值披露流程及面临的困难

	工作内容	困难
第一步	管理人进行估值，计算产品净值。	非标投向缺乏统一估值标准，面临估值公允性的难题。
第二步	独立的第三方托管人进行复核。	出于成本收益考虑，目前银行理财产品托管基本都在自家银行内，而不是独立第三方。
第三步	会计事务所的审计师对产品进行审计，出季度、年度报告。	第三方审计缺失致使净值易被控制。

从长期来看，银行理财净值化趋势不可逆转。随着银行理财产品非标准化债券的标准化、投向的进一步放开以及商业银行内外部净值型产品相关体系的完善，净值型产品必将逐渐成为银行资产管理产品的主力军。

结构型产品会占据一席之地。结构型产品本质上是把高风险和低风险的金融产品组合在一起，在保证本金或部分本金安全的基础上，博得较高收益。结构型产品一般提供的是预期收益率区间，在投资结构型产品时，投资者需要根据结构型产品所挂钩标的资产的走势判断最终收益的实现水平。因此，结构型产品不同于固定收益类产品，可以促使银行理财产品的购买者实现从“储户”向“投资者”的转变。并且，结构型产品挂钩部分的基础资产主要是利率、汇率、信用、股票、基金、商品等标准化资产，已有很多成熟的模型和技术可以进行准确定价，符合银行资产管理发展的整体方向。此外，结构型产品风险特征符合银行客户占相对多数的中等风险偏好投资者的需求。因此，未来基于风险定价、投资方向更加多元化、市场化程度更高的结构型产品会越来越受到银行的重视。

组织架构独立化基本成定局

组织架构是企业流程运转、部门设置及职能规划等最基本的结构依据，部门在组织架构中的位置反映了其在企业中的地位和作用。根据美国著名企业史学家阿尔弗雷德·钱德勒（Alfred Chandler）的观点，公司战略的变化先行于且会导致公司组织结构的变化。商业银行资产管理业务的战略地位从其在组织架构中的位置也可见一斑。

在资产管理业务已相对成熟的发达国家领先银行中，资产管理业务通常都采用事业部或子公司的形式。在表现形式上可以分为两大类，如表6-10所示，一类是基于业务条线型的事业部制或子公司制，以摩根大通、美国银行、花旗银行、巴克莱银行、法国巴黎银行为代表。在这种模式下，资产管理业务与银行其他业务之间无隶属关系，相互独立，相互平行。资产管理业务以条线专业垂直管理为主，区域管理为辅。由于历史和法律原因，美国的大银行多形成了金融控股公司，以子公司来开展各项业务。另一类是矩阵式管理模式，以汇丰银行、渣打银行、德意志银行为典型代表。这类银行组织架构的特点是，充分体现以客户为中心，按照客户群体的不同特点，由不同的客户部门提供产品和服务。在这种模式下，银行将业务条线管理和区域管理相结合，进行矩阵式双向管理，通常业务条线管理占主导地位。资产管理业务作为综合金融服务的一部分，分散在不同的部门或子公司。

事业部制或子公司制架构设计的出发点主要有两点，一是资产管理业务在其业务版图上均占据举足轻重的战略地位，在组织结构上就要求银行资产管理部门的升级；二是以事业部或子公司的形式进行独立经营管理，可以与商业银行业务的经营管理实现必要的隔离，保护投资者利益，防止出现利益输送和利益侵占等问题。

表 6-10　　发达国家领先银行资产管理业务的组织架构

	典型代表	特点
条线和区域相结合的矩阵式管理模式	汇丰银行、渣打银行、德意志银行	资产管理业务都不是集中在一个部门或子公司，而是作为综合金融服务的一部分，针对不同的客户对象，由不同的客户部门分别提供。
基于业务条线型的事业部制或子公司制	摩根大通、美国银行、花旗银行、巴克莱银行、法国巴黎银行	资产管理部门与零售部门完全独立，资产管理子公司独立运营，拥有独立品牌。

在中国，随着银行资产管理业务重要性的不断提高，对资产管理业务的认识不断清晰。随着风险管控的不断严格，商业银行也对银行资产管理组织架构不断进行探索和调整，正按照“二级部——一级部——事业部——子公司”的路径进行逐步调整。2013 年年底，交通银行资产管理部宣布探索事业部制改革。2014 年 7 月，银监会下发《关于完善银行理财业务组织管理体系有关事项的通知》，银行理财事业部制改革开始全面推动。目前，已经有 450 多家银行完成理财业务事业部改制。进入 2015 年以来，多家银行又开始尝试探索子公司制度。2015 年 3 月 28 日，光大银行发布公告称董事会同意公司全资设立理财业务子公司。2015 年 5 月 26 日，浦发银行公告称董事会同意以全资子公司的方式设立浦银资产管理有限公司。此后，兴业银行、招商银行、民生银行等多家银行亦纷纷对成立资管子公司有所表态。

事业部制与子公司制两种组织架构各有优缺点，如表 6-11 所示，事业部一般在业务发展到一定规模，并且根据战略规划，业务需要快速发展，需要给予特殊激励的情况下成立。作为独立的利润中心，事业部本身的利润要能够覆盖其自身产生的成本。目前，国有商业银行的组织架构普遍采用的还是总分支结构，一般仅信用卡部采用准事业部制。事业部制模式的基本理念、激励约束机制、内部转移定价机制、风险管控模式以及配套的人力、财务、信息系统等尚不够成熟。银行资产管理业务对银行母体，特别是分支行渠道依赖程度高，采用事业部制更易发挥不同部门之间的协同效应。并且按照现行《商业银行法》的规定，"商业银行不得向非银行金融机构和企业投资，国家另有规定的除外。"银行成立资产管理子公司目前尚存在法律层面的障碍。

表 6-11　银行资产管理事业部与子公司的优缺点对比

	优点	缺点
事业部	1. 有利于实行战略一体化经营，协同效应好； 2. 有利于母公司简化和加强管理控制； 3. 有利于节约信息披露成本，保护投资者的利益。	1. 作为非法人实体，事业部可能会单纯追求利润而忽略风险，进而可能加大母公司的经营风险； 2. 事业部与其他部门的合作，对成本利润核算、业绩考核体系要求高。
子公司	1. 风险隔离，也有利于分业监管； 2. 有利于商业银行对资产管理业务进行统一的品牌宣传等； 3. 便于建立更加有效的激励约束机制； 4. 有利于商业银行引入外部资金，利用杠杆效应； 5. 有利于资管业务功能申请，有利于实现资管业务专业化和产品多样化。	1. 协同效应不足，可能不利于业务发展； 2. 增加整个企业的管理成本； 3. 对母公司在协调与控制上处于两难境地； 4. 控股子公司和参股子公司形式制会产生重复纳税的现象。

因此，对于中国银行业来说，资产管理业务未来应该采用事业部制还是子公司制，需要基于各家银行自身资管业务发展战略，综合考察两种模式各自的优劣势、自身管理能力等多重因素后，灵活选择最有利于促进公司整体价值最大化的组织架构。

资产配置多样化需求强烈

经过 10 年的探索和创新，目前银行资产管理的资产配置相对比较丰富，形成了以债券及货币市场工具、现金及银行存款、非标准化债权类资产为主，辅以金融衍生产品、权益类资产、QDII、理财直接融资工具、信贷资产流转项目、商品类及另类投资、公募基金等资产的格局。

但目前，监管机构对银行理财投资股票、基金等高风险权益类资产仍持保守态度。2014 年公布的《商业银行理财业务监督管理办法（征求意见稿）》规定理财资金投资不得有以下行为："第一，投资于境内二级市场公开交易的股票或与其相关的证券投资基金；第二，投资于未上市企业股权和上市公司非公开发行或交易的股份；第三，对于具有相关投资经验、风险承受能力较强的高资产净值客户、私人银行客户及机构客户的产品，不受本条控制。"并且规定，理财资金运用应以直接投资为主，确实需要利用通道投资的，原则上仅可嵌套一级通道业务，杜绝多重嵌套的投资模式。

然而，纵观银行资产管理的发展历程可以发现，银行资产管理一直在试图寻求资产配置的多样化，近几年的需求更是与日俱增。2007 年，银行打新理财一度风靡，2 000 亿元银行理财资金进入打新大军，但之后随着 A 股市场由牛转熊，打新理财产品随之退潮，销声匿迹。2007 — 2010 年之间，银信合作理财产品行情火爆。2010 年和 2011 年银信合作模式受到监管政策限制后，银行资产管理普遍开始采用资产池类运作模式，组合类投资成为主流，大量资金投向非标债权类资产。2014 年以来，银行理财的资产配置也顺风而动，非标债权配置比例下降，权益类资产配置有抬头迹象，规模约 10 000 亿元的银行理财资金以各种形式进入股市，银行资管意欲重回资本市场掘金。

对比美国银行资产管理业务的发展路径可以看出，其银行资产管理的资产配置也经历了一个逐步多元化的过程。促进美国银行资产管理 20 世纪 90 年代后高速发展的重要动因是 1999 年混业经营放开后，银行资产管理产品投向限制取消，银行资产管理产品得到了极大的丰富（见表 6-12）。

因此，可以说在一定程度上，银行资产管理配置多样化是必要的，也是可行的，银行资产管理业务投资方向的进一步放开是银行资产管理成功转型的重要前提条件之一，银行资产管理资产配置的多样化必将促进其进一步快速发展。

表 6-12 美国银行资产管理业务发展阶段

阶段	时间	外部经济、金融环境变化	主要银行资产管理产品
起步阶段	20 世纪 30 年代至 60 年代	经济复苏，金融服务需求旺盛，银行存贷款等传统业务竞争加剧。	简单的资金委托代理、咨询顾问服务
发展阶段	20 世纪 60 年代至 80 年代	● 利率市场化进行中。 ● 居民财富增加。 ● 金融创新加快。	理财产品、全权委托资产管理、咨询顾问
高速发展阶段	20 世纪 90 年代后	● 1986 年，利率市场化完成。 ● 1999 年，《金融服务现代化法案》颁布，金融实现混业经营。 ● 信息技术的广泛应用和金融创新工具的进一步发展。	各类基金、股票、保险、债券、咨询顾问等

业务管理模式探索进行时

当前银行理财的业务管理模式主要是类表外信贷模式，具有极强的“债性”，产品端与存款形态类似，投资端与贷款功能类似。其中，最为典型的就是“资金池 - 资产池”模式：资金端通过发行多个理财产品从居民和企业募集资金，形成虚拟的“资金池”；资产端集合债券、货币市场工具、存款和非标准债券、信托计划等多种类型、不同风险的金融资产，形成虚拟的“资产池”。通过期限错配等手段实现资金与资产之间的匹配，实现资产和负债的双重表外化。在这种模式下，银行理财的管理运作过程犹如一个黑匣子，每个理财产品并不单独核算收益，信息不透明、权责不明确，不符合资产管理的本质要求，存在较大的风险隐患（见图 6-13）。

介于此，银行业也在对银行资产管理业务运作管理模式进行积极的探索。例如，交通银行资产管理部作为银行资产管理界的翘楚，已经在投研、风控等多个方面作出了改变。采用基金化的管理运作模式，将投资、交易和研究相结合，完善了产品投资管理流程；建立了涵盖宏观经济研究、债券市场研究、专题研究和市场资讯的研究体系，打造了覆盖宏观研究、策略研究、信用研究、创新研究的强大研究团队。在风险控制方面，针对流动性风险、信用风险、市场风险分别制定了相应的风控方案，采用前台与中台分离、投资与交易分离、自有理财与理财顾问分离的“三分离”风险管控机制，严控投资人员的道德风险，保证资金和资产隔离，充分保证委托人利益（见图 6-14）。

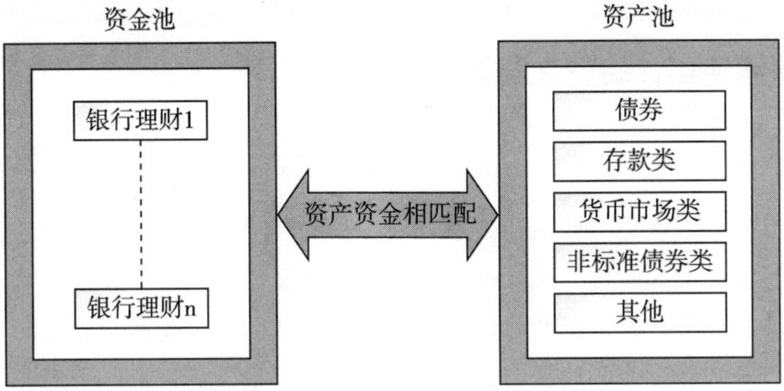

图 6-13　银行理财资金池运作模式

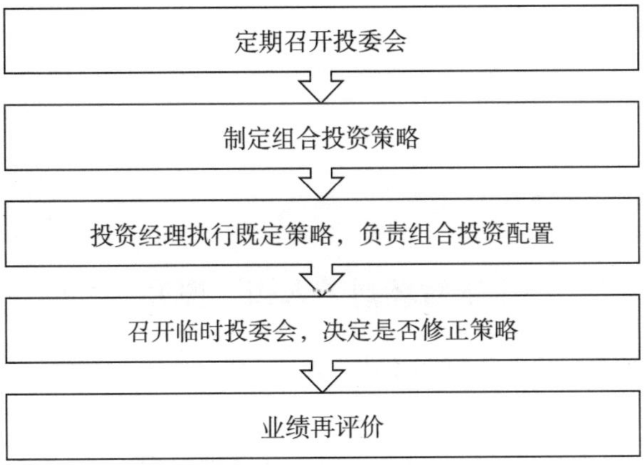

图 6-14　交通银行银行理财投资管理过程

随着银行资产管理在产品、投向等方面转型步伐的不断迈进，银行资产管理业务管理模式的转型也势必要逐步展开。银行资产管理业务要进一步发挥银行作为专业资产管理机构的职责，通过市场化投资和配置，为客户提供与表内业务不同的专业化资管服务。这就要求银行资产管理业务管理运作模式要更加符合资产管理的本质，在重视资产配置、加强研究、完善风险控制体系、转变盈利模式等多个方面进行不懈的努力。

理想遭遇现实，转型之路漫漫

与信托、基金、证券、保险等机构的资产管理业务一样，商业银行资产管理业务本质上应该是一种信托关系，银行接受客户的资产管理委托，按照委托协议，行使“受人所托，代人理财”的职责和义务，风险和收益应该由委托人即客户承担，银行收取资产管理的费用。虽然从国际经验和监管导向上可以看到，银行资产管理业务的转型方向非常清晰，但是，银行资产管理业务的转型仍然面临来自外部和内部的种种困难和障碍，转型之路尚在探索之中，银行资产管理业务转型之路漫漫。

专题

银行理财“入市”探究

2014 年 7 月底，沪指自 2 050 点附近开始起步，开启牛市模式。沪指一路高歌猛进，2015 年 6 月 12 日站上 7 年未见的高点——5 178 点。本轮牛市吸引了各路资金涌入，银行理财资金在沉寂多年后，也再次通过各种渠道入市。

然而，就在各方的欢呼声中，从 2015 年 5 月 28 日起，沪指掉头，一路下跌至 8 月 26 日的 2 927 点。期间，沪指出现了多次单日跌幅超过 5% 的暴跌（见表 6-13）。银行理财在享受了本轮牛市带来的高收益的同时，也难逃股市暴跌的影响。股指震荡的加剧使得银行理财入市资金的安全性大为降低，银行理财资金参与权益类资本市场热度也随之逐渐消退。

表 6-13　　2015 年股市暴跌情况

发生次数	日期	沪指当日跌幅（%）
第 1 次	2015.05.28	6.5
第 2 次	2015.06.19	6.42
第 3 次	2015.06.26	7.4
第 4 次	2015.07.01	5.23
第 5 次	2015.07.03	5.77
第 6 次	2015.07.08	5.9

根据现有监管要求，银行理财资金不能投资于权益类资产，那么，银行理财究竟是如何入市的？此次暴跌对银行理财造成了什么影响？未来银行理财是否仍旧要在资本市场上掘金？我们下面将对这些问题一一进行探究。

银行理财入市途径

银行理财资金主要通过与券商、基金、信托等机构曲线入市。2014 年以来，银行理财资金投资参与权益市场的主要途径有 5 种：公募打新基金、券商两融收益权质押、伞形信托配资、委托贷款（主要是券商资管计划或基金专户结构产品优先级）以及私人银行理财产品直接入市。

公募打新基金方式

中金公司研究报告显示，2014 年理财投资于公募基金的比例为 1.27%，相当于 2 000 亿元左右。

运作模式：银行与基金公司签订专户计划，购买其打新基金。

特点：博取新股溢价价差，收益相对稳定。

券商两融收益权质押方式

目前两融余额已经突破两万亿元，其中银行理财投资的两融收益权占比在 10% 以上。

运作模式：券商将两融收益权质押给银行取得银行授信，再以融券业务通过投资者进入股市。

特点：本质上是银行对券商授信的信用贷款。

委托贷款方式

主要是券商资管计划或基金专户结构产品优先级，委托贷款进入股市主要通过直接委托贷款、借道资管计划等方式。

运作模式：直接委托贷款的操作模式是发行理财产品向高净值客户销售，由资金提供方委托银行发放贷款，融资方将股票质押给银行，触发一定条件后，银行可对银行强制平仓。借道资管计划的委托贷款运作模式是：银行通过理财产品认购资管计划，资管公司委托银行将资金提供给投资顾问，由其进行投资管理，投资顾问需以自由资金作为劣后受益人。

特点：这种方式操作相对复杂，且风险较大，银行通过理财资金池直接配资入市的渠道畅通，并不需要绕道委托贷款，因此委托贷款被包装成入市的增量资金基本没有。

伞形信托配资

银行理财资金作为优先级直接为私募或伞形信托配资而进入股市是理财入市的主要途径。伞形信托指同一个信托产品之中包含两种或两种以上不同类别的子信托，投资者可根据投资偏好自由选择其中一种或几种进行组合投资，满足不同的投资需要。在伞形信托总账户下的各个子账户分为优先级和劣后级，并按照 1∶1~1∶5 的比例配置资金，一般控制在 1∶3 以下，认购门槛一般为 300 万元。

为了保证理财资金的安全，银行针对所认购的伞形信托业务根据杠杆率的大小设置了相应的预警线和平仓止损线。如果信托计划单位净值超出了预警线，商业银行就会要求投资者补充资金，否则就会同信托公司进行强行平仓（见表 6-14）。除此之外，商业银行可能会对投资者投资股票的类型和持仓比例作出额外限制。

表 6-14　　商业银行伞形信托业务预警线与止损线示例

杠杆比率	信托计划单位净值预警线（%）	止损线（%）
1 倍杠杆	70	65
2 倍杠杆	90	85
2.5 倍杠杆	95	90

资料来源：民生证券研究院。

运作模式：银行发行理财产品，募集资金认购信托计划优先级收益权，获取有限固定收益，而其他客户认购劣后收益权，获取证券投资信托投资剔除相关费用后的剩余部分收益。信托计划分割为若干子账户，融资申请通过后，资金进入子账户，股市投资者在子账户中操作，各个子账户由总账户控制（见图 6-15）。

特点：理财资金绕道信托为投资者提供融资，放大杠杆后进入股市，运作模式成熟、无合规风险、规模大、增速快、资金到位效率高，有利于次级捕捉市场时机。

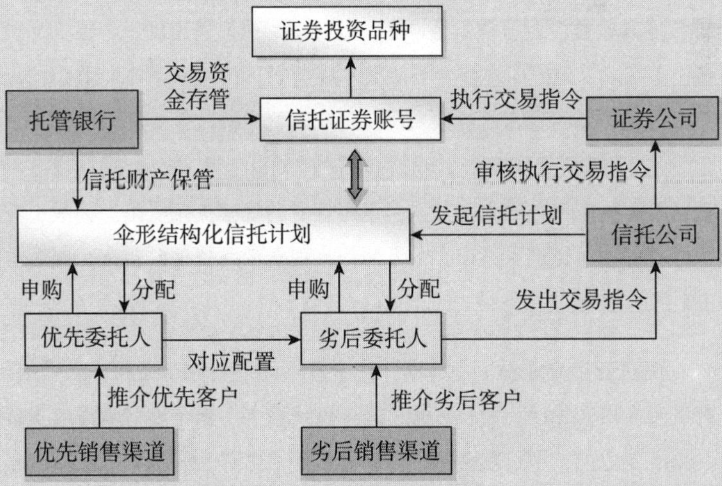

图 6-15　伞形信托结构

资料来源：民生证券研究院。

私人银行理财产品

运作模式：银行针对高净值客户发行结构性产品，筹集的资金按照合同要求直接入市。

特点：简单、直接；提供符合高净值客户风险承受能力的服务，以相对较高的收益吸引客户。

我们可以看到，银行资管整体风险偏好还是比较稳健的，理财资金一般都处于优先级别，并且入市的资金占整体理财产品募集资金的规模还很小，2014 年银行理财投资权益类资产的比例仅有 6.24%。

银行理财入市原因分析

非标债权类企业融资需求降低、监管对银行理财投资非标债权控制、国家发展直接融资政策导向明确、股市行情火爆等多重因素都是银行理财入市的推手，而银行理财资金端和资产端压力是促使银行理财入市的直接动因。

资金端：提高收益应对股市吸金冲击。银行理财作为居民的一个投资品种，以较高的收益替代了存款，但同时也需要与股债一决高下。2014 年后半年股市的火爆使得股票重新获得广大居民的青睐，股票在居民资产配置中的比例不断升高，大量资金流入股市。股市交易结算资金规模由 2014 年 9 月的 8 000 亿元增长至 2015 年 5 月的 2.37 万亿元。受到股市分流资金的强大冲击，银行理财的规模扩张受阻。为吸引资金，银行理财试图通过各种途径进入股市，一方面提高理财产品预期收益率，同时也迎合投资者对股市上涨的预期。

资产端：追求资产高收益。一方面，由于资本的逐利性，在股市火爆的行情下，银行资金有天然入市的冲动；另一方面，非标资产缩水，银行理财亟需寻找替代的高收益资产。2014 年以前，银行理财的高收益率主要受益于非标资产；但 2014 年以后实体经济持续低迷，地产和基建的回报率和融资需求不断萎缩，监管层对非标严加控制，加之地方融资平台债务规范，非标供给也出现下降。在供需双降的情况下，理财对接实体经济的非标配置比例大幅下降，2013 年银行理财配置非标的比例为 25%，而 2014

年非标债权配置比例仅有 20.91%，银行理财资产配置端高收益资产减少。随着股市的火爆，权益类资产成为银行理财抬高资产端收益的重要来源。银行理财中投向权益类资产的部分，通过投资伞形信托以及券商资管、基金专户、阳光私募中各种收益率相对稳定，具有类固收特点的结构化产品等形式入市。如表 6-14 所示，上述类固收产品能够为理财资金带来平均 7%~8% 的固定收益回报，在当前非标受限、资产利率下行的背景下，对于银行理财资金有较大的吸引力。

表 6-14　类固收产品概览

	发行机构	收益率范围（%）	预计规模（亿元）
伞形信托 / 一般结构化集合信托	信托公司	7~8	5 000~10 000
两融收益权	券商	6	2 000
打新基金	基金公司	10	2 000
券商资管 / 基金专户	券商 / 基金	7~8	4 000
分级基金 A 类	基金公司	6~7	2 700
		平均 7~8	总计 1.5~2 万亿元

资料来源：海通证券。

银行理财入市的影响和教训

2014 年以来股指的大涨，促使资金纷纷弃理财奔股市。这提醒我们银行资产管理业务要保持在市场上的竞争力，就必须不断地创新和发展，进一步实现资产配置的多元化。丰富投资方向一方面能够获得投资组合的综合收益，另一方面也能够分散风险，实现“鸡蛋不放在一个篮子里”。然而，2015 年第二季度末的多次暴跌又警醒我们，银行理财资金不能贸然入市，不仅要合理、合规、合法，更重要的是要从自身入手，做好各项准备工作。

首先，银行须加强风险隔离，提高风险控制能力。银行资管的本质是代客理财，这就要求必须将客户资金与银行自身资金隔离。特别是在涉及股票等高风险资产时，为保护投资者利益和银行自身利益，更是要严守资产管理业务与银行自营业务进行风险隔离的“栅栏原则”。通过建立理财事业部或资产管理子公司来设置防火墙实现风险隔离，真正做到监管要求的银行代客理财资金与自有资金分开使用，实现风险防控。交通银行资产管理中心总裁马续田提出，未来银行资产管理业务应该通过建立独立的子公司来实现银行资产管理与商业银行的风险隔离，通过资管子公司设立发行股权产品，通过子公司设计分级股权基金产品，由银行自己出劣后级资金，投资未上市公司股权等。

其次，银行须加强投研能力和对市场风险的防控能力。与基金、券商相比，银行在权益类、衍生类、风险对冲类等产品的投资管理能力上还有很大的欠缺，相关人员和系统都很难跟上。而研究分析、投资和交易能力是银行理财业务转型资管业务不可或缺的能力，较强的研究能力和风控能力能够为投资和交易提供基础保障。因此，银行资管在进行多元化投资，特别是增加权益资产配置时，必须在投研方面提前布局，不断提升代客理财的能力。

最后，要做好风险揭示和投资者教育。目前，国内银行资管（银行理财）的投资者远远没有形成成熟的投资观念和方式。银行理财至今仍未打破“刚性兑付”，权益类资产作为高风险高收益资产，在满足投资者高收益的同时，也要求投资者承担相应的高风险。因此，银行理财投资权益类资产时必须要加强风险揭示和投资者教育，在投资者中树立“卖者尽责、买者自负”的理念，促进投资者形成正确的风险意识。

虽然银行资产管理在此次资本盛宴中积极试水，已经在现有法律框架下找到了合理合法的途径参与资本市场，但目前监管机构对银行理财投资股票、基金等高风险权益类资产仍持保守态度。但不可否认的是，在混业经营趋势日益明显的大资管时代，商业银行的成功转型需要商业银行重回资本市场，资产管理业务是目前最理想的试水工具。未来银行资产管理能否以及以何种方式涉足权益类投资，是需要各方关注和探索的一个重要课题。

07
保险资管，政策红利推动下向全面资管机构转型

2015

本章导读

- 2014 年以来的一系列监管新政为保险资管行业的发展打开了新空间。截至 2015 年 6 月，保险资金运用余额为 10.37 万亿元，占保险业总资产的 90.7%。2014 年实现收益 5 358.8 亿元，同比增长 46.5%，创历史新高。保险资金投资收益率为 6.3%，综合收益率为 9.2%，比 2014 年分别提高了 1.3 和 5.1 个百分点，是近 5 年来的最好水平。
- 在监管新政的指引下，保险资产管理开始从单纯的账户管理转向账户管理与产品管理并举，从单纯的管理内部资金转向管理内部资金与第三方资金并举，从被动的负债驱动转向资产负债管理，从行业内竞争转向金融业跨界竞争。保险资管在不断加速自身转型的同时，与其他资管机构的融合也不断加深。
- 随着保监会大幅度放开保险资金投资领域及其投资比例的限制，投资监管方式也由过去的审批制调整为注册制，险资的大类资产配置将更趋多元化，各种高中低风险和收益的投资工具应有尽有，将带来投资收益率的进一步提升。同时，激烈竞争的外部市场环境和更高投资收益率的内部需求，需要保险资管在资管产品、投资方式等方面不断创新，不断改善其资产管理机制及专业管理能力。“放开前端，管住后端”的保险监管改革思路也将一直延续下去。

2014 年以来，监管部门以简政放权为切入点，持续推进保险资金运用的市场化改革，颁布了一系列资金运用新政，为保险资金运用松绑，给保险公司更多的投资自主权。保险投资新政的出台，大大拓宽了保险资金的运用渠道，对于转变保险公司盈利模式、提升保险资金运用收益具有非常重要的意义。伴随着政策红利的进一步释放，2014 年保险行业保费收入、资金运用、投资收益、净资产和总资产的增长情况等数据均显示，保险业从低谷状态开始走上正常发展的轨道。然而，每一枚硬币都有两面，新政给保险公司带来的不仅是机遇，同时还有巨大的挑战。在群雄逐鹿的大资管时代，保险资管将和证券公司、公募基金、信托公司等资管同业机构同台竞技，而保险资管的投资能力、风险管控能力、专业销售能力等同业内领先机构相比仍存在一定差距。在此情形之下，保险资管如何发挥自身优势，实现从保险资金运用受托管理为主到全面财富管理的战略转型？保险资管走出沙漠面临的是绿洲还是红海？

保险资金整体运用情况

增长势头迅猛，总资产突破 10 万亿元大关

2014 年对于保险行业应该是一个转折点，在历经了三四年的低谷徘徊后，保监会数据显示，2014 年保险行业总资产达 101 591.47 亿元，同比增长 22.57%，首次突破 10 万亿元大关。2015 年以来，保险行业增长势头不减，截至 2015 年 6 月，保险行业总资产达 11.43 万亿元，较年初增长 12.51%（见图 7-1）。

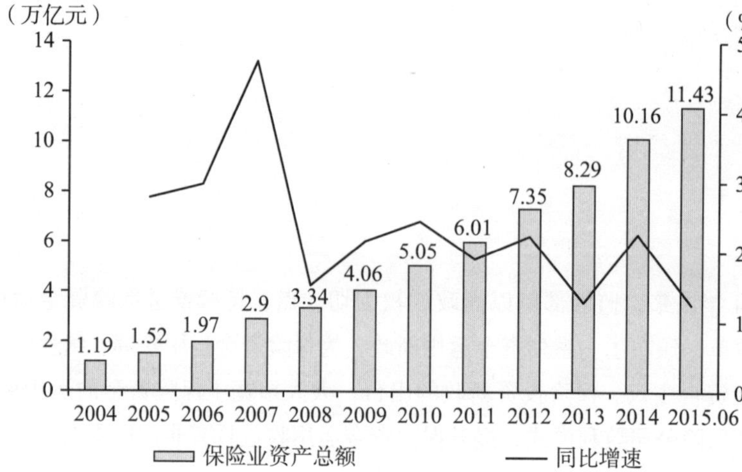

图 7-1　保险行业总资产变化情况

资料来源：保监会。

险资投资结构渐入佳境，投资收益持续攀升

伴随着总资产规模不断增长，保险资金运用余额（保险公司自身的资产管理规模）也不断增加。截至 2015 年 6 月，保险资金运用余额为 10.37 万亿元，占保险业总资产的 90.7%（见图 7-2）。由于资金来源的自身特点以及投资渠道的监管限制，银行存款和固定收益类的产品仍是保险资金最主要的配置资产。从资金的具体投向来看，银行存款 26 790.88 亿元，占比 25.84%；债券 35 531.95 亿元，占比 34.27%；股票和证券投资基金 15 386.11 亿元，占比 14.84%；其他投资 25 975.55 亿元，占比 25.05%。

随着 2015 年初股市行情的启动，保险资金入市比例不断攀升，保险机构频频认购保险资管产品间接投资二级市场股票，或者专款打新等方式参与本轮牛市。2014 年年底，保险资金运用中，股票和证券投资基金的占比为 11.06%，而 2015 年 1~6 月这一数字为 14.84%，较年初上升 3.78 个百分点（见图 7-3）。

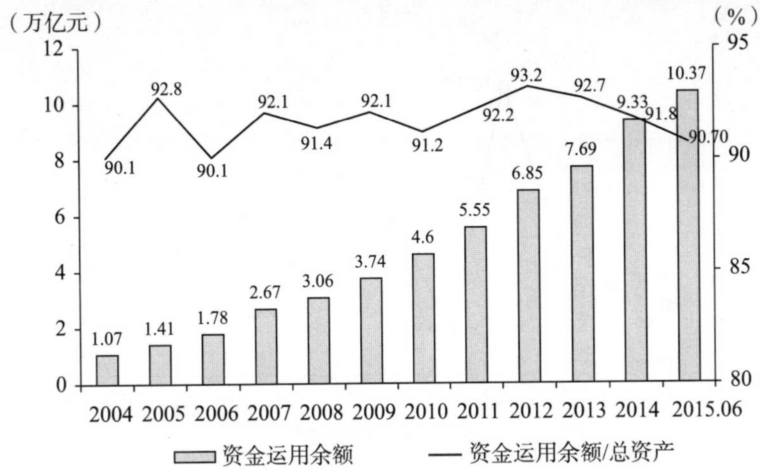

图 7-2　保险行业资金运用余额

资料来源：保监会。

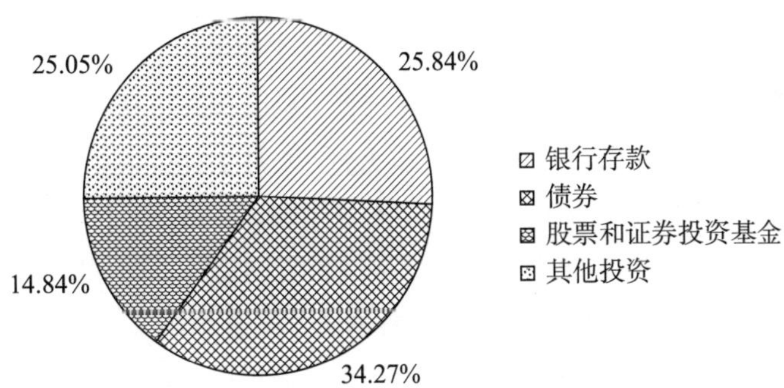

图 7-3　2015 年 1~6 月保险资金运用情况

资料来源：保监会。

随着保险资金投资渠道的不断拓宽、投资范围的不断扩大以及投资比例上限的不断提高，保险资金在高收益率资产的配置比例得以明显提高，保险投资收益率获得显著提升。保险资金运用在 2014 年实现收益 5 358.8 亿元，同比增长 46.5%，创历史新高。保险资金投资收益率 6.3%，综合收益率 9.2%，比 2013 年分别提高了 1.3 和 5.1 个百分点，是近 5 年来的最好水平（见图 7-4）。

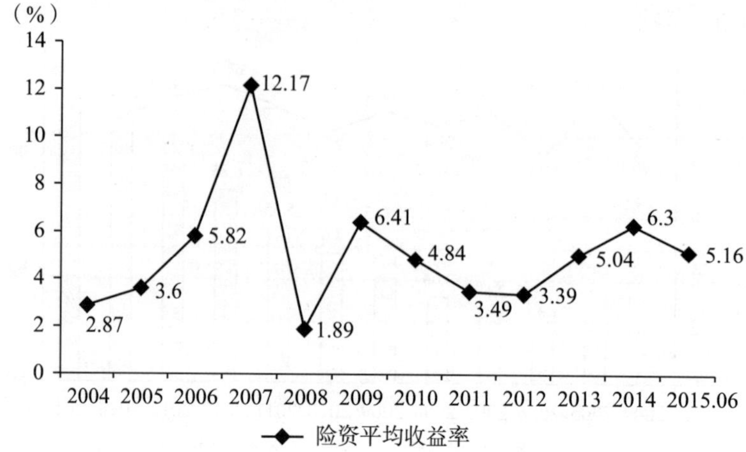

图 7-4 保险资金平均收益率情况

资料来源：保监会。

市场波动中的重要稳定力量

在 2015 年 6 月 A 股市场大幅下跌以后，多部委密集出台政策联合救市，维护资本市场稳定。面对市场出现的非理性下跌，保险机构充分践行了自己的社会责任，成为市场波动中重要的稳定力量。7 月 2 日，华夏人寿保险股份有限公司作为首个发声的险企，表示坚定看好中国证券市场，已在近期大举逢低建仓并将持续加仓入市。7 月 3 日，国务院批复同意《中国保险投资基金设立方案》。国务院表示，设立中国保险投资基金，基金总规模预计为 3 000 亿元，首期 1 000 亿元，保险机构出资不低于基金总规模的 80%。7 月 8 日，保监会发布新规，放宽了保险资金投资蓝筹股票的监管比例，投资蓝筹股的余额上限由第二季度末总资产的 30% 提高到 40%，单一蓝筹股的比例上限由第二季度末总资产的 5% 提高到 10%。7 月 9 日，保监会发布公告称，保险资产管理产品参与融资融券债券收益权业务的，可以协商合理确定还款期限，不得单方面强制要求证券公司提前还款。据 7 月中旬保监会公开的险企救市数据，自股市大幅波动开始至 7 月 8 日，保险机构持续净买入股票和股票型基金，股票累计净买入 574.2 亿元，股票型基金累计净买入 548.42 亿元，合计净买入 1 122.62 亿元。由于险资与其他机构投资者相比没有赎回的压力，我们预计险资将会选择增持蓝筹股来调整持仓机构，以在这一动荡的市场行情中寻求结构性机会，未来险资入市仍有较大的空间。

保险新政对保险资管行业的影响分析

新政前保险资金运用束缚较多且收益不高

（1）资产配置单一，固定收益产品仍然是规模、收益相对稳定的主渠道；权益类产品波动较大；另类投资基数较小，但增长潜力大

虽然保险资金运用政策在不断放开，但总体而言，投资品种受限导致保险资产配置比较单一，保险公司主要配置资产为银行存款和债券（主要是国债、金融债和企业债）等固定收益类产品。剔除 2007 年的市场牛市数据，银行存款和债券占比在 80% 左右，其中银行存款占比约在 30%。在国外主要的保险市场上，保险公司的资产最多只有 10% 被配置在银行存款上，其目的在于确保一定的流动性。

而在中国，由于资本市场尚不能为保险资金的运用提供稳定、合理的投资回报，以协议存款为代表的银行存款就成为现阶段保险公司不可或缺的一种替代性投资选择。保险资金以银行存款的方式配置给银行体系，不仅未能明显缓解保险公司资产负债不匹配的问题，而且未能有效对接实体经济，分享投资收益。权益类资产（主要是股票和基金）配置比例保持在 10%~15% 左右，在 2007 年牛市行情中，权益资产配置比例上升至 27% 的历史最高值。发达国家，如美国的保险公司股票配置比例在 30% 左右。其他投资主要包括基础设施债权计划投资、不动产投资、股权投资、理财产品投资等另类投资。这部分资产配置在保险新政出台前，由于受到严格的限制，投资比例比较低。2012 年以来一系列保险新政的出台，为保险资金的运用松绑，这部分资产比例不断攀升。首先是简化了基础设施投资的审批流程，基础设施债权发行由过去的审核制改为注册备案制，放宽了对偿债主体和投资项目的资质要求及担保要求，担保方

式多元化。二是扩大了股权投资范围，保险公司投资于非上市公司股权由原来的三个行业扩大至几乎所有行业。三是放开了银行理财产品、信贷资产支持证券、集合资金信托计划、券商专项资产管理计划、不动产投资计划等金融产品的投资。截至 2015 年 6 月，其他投资占比已达 25.05%，由于该部分资产基数较小，预计未来还会有一定的增长潜力（见图 7-5）。

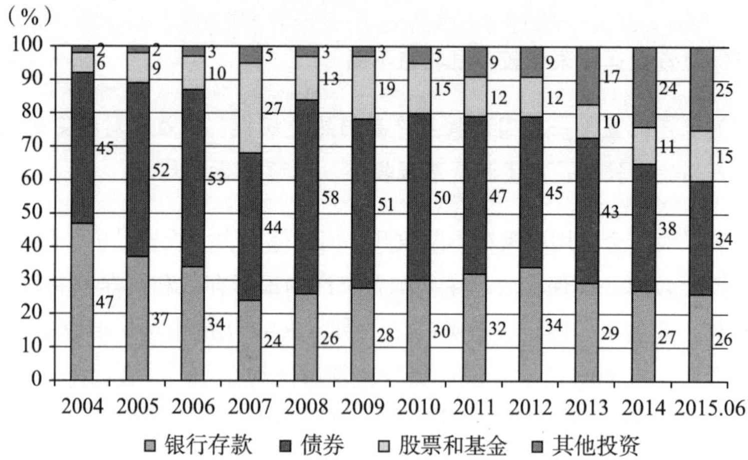

图 7-5　保险资产配置情况

资料来源：保监会。

（2）剔除 2007 年业绩数据后，平均投资收益率较低

2004—2015 年，中国保险资金运用平均收益率大致在 2%~5% 之间波动，而美国寿险公司近 20 年来平均投资收益率在 7%~13% 之间，保险资金的长期价值没有得到应有的体现。并且中国保险资金的收益波动较大，在 2007 年达到最高的 12.17%，而最低的 2008 年只有 1.89%。2009 年随着股市的回暖，收益率又上升至 6.41% 的历史第二高点。因此，尽管中国保险资金以持有银行存款、债券等固定收益类资产为主，持有股票和基金等产品的比例不超过 20%，但收益率仍呈现出与资本市场走势颇为相关的大幅波动现象。而美国、日本保险公司投资收益率的稳定性较好。

行业偿付能力较低：偿付能力充足率呈整体下降趋势

偿付能力充足率是衡量保险公司偿还能力的核心指标，是指保险公司的实际资本与最低资本的比率，保监会要求正常经营的保险公司偿付能力充足率不得低于150%。2014年以前，保险行业偿付能力充足率整体偏低，且受资本市场波动影响很大。2003—2013年，除太平洋保险和新华保险IPO补充资本金以及中国人民人寿保险补充资本金导致偿付能力充足率上升外，主要寿险公司偿付能力充足率呈整体下降趋势。2010—2011年，股票市场大幅下跌导致保险公司偿付能力下降，接近监管下限。2013年年末，除中国人寿以外，主要寿险公司的偿付能力充足率保持在160%~200%之间，平均为178%。2014年以来，保险公司通过发行次级债补充资本，使得行业偿付能力充足率有所回升，但从长远看，还有赖于通过放宽保险资金运用渠道，放开多种融资工具等配套措施来满足保险公司的可持续发展。

负债成本持续上升

当保险产品以投资产品为主时，其他金融产品的替代效应也开始显现，主要是银行短期理财产品（3个月以内）和“宝宝”类互联网理财产品。从表7-1中可以看出，以余额宝为代表的互联网理财产品收益率大部分都维持在4%~5%之间，分流理财需求高于保障需求的投保资金。此外，随着利率市场化的进一步推进，银行负债端成本仍将持续上行，必然继续推升以银行理财产品和“宝宝”类产品为代表的其他金融产品的收益水平，短期内会进一步造成保险产品的分流。

表7-1　　2015年3月23日主要互联网理财产品收益情况

产品	对接基金	万份收益（元）	七日年化收益率（%）
余额宝	天弘增利宝	12 358	4.52
微信理财通	华夏财富宝货币	10 772	4.19

续前表

产品	对接基金	万份收益（元）	七日年化收益率（%）
和讯活盈	海富通货币 A	11 181	4.77
壹钱包活钱宝	平安大华日增利货币	17 813	4.78
百度百赚	华夏现金增利货币 A	12 521	4.24
联通话费宝	安信现金管理货币 A	10 940	4.95
电信添益宝	汇添富现金宝货币	12 441	4.63
零钱宝	广发天天红货币	11 667	4.82
小金库	嘉实活钱包货币	11 566	4.33
佣金宝	国金通用金腾通货币	9 481	3.81

资料来源：和讯网。

其次，寿险定价利率的放开，推动了负债端成本的上升。1999 年 6 月前，寿险保单的定价利率普遍高达 6%~8%，高于寿险公司投资收益率，因而产生了大量亏损的“利差损”保单。1999 年 6 月后，定价利率被保监会限制为最高不得超过 2.5%，从而低于寿险公司的投资收益率，逐步化解高利率保单的“利差损”。但是，2.5% 的定价利率一方面不利于保障消费者的利益，另一方面隐形锁定了险企的主要盈利来源，妨碍了产品创新。2013 年 8 月，保监会下发《关于普通型人身保险费率政策改革有关事项的通知》，放开传统寿险定价利率，后续将逐步放开万能险和分红险的定价利率，定价利率市场化会导致寿险公司展开价格竞争，寿险公司的成本将会有一定程度的提高。

此外，保险同业竞争日趋激烈，随着中国保险市场的不断发展，保险业的垄断格局的逐渐被打破，保险业同业之间的竞争加剧，尤其表现为寿险产品同质化严重，面对激烈的市场竞争，部分险企以万能险的形式用利润换规模，由此导致负债成本上升。

保险新政为保险资管行业发展打开新空间

表 7-2 为保险新政汇总。

表 7-2　　2014 年以来保险新政一览

时间	政策	内容和影响
2014.01	《中国保监会关于保险资金投资创业板上市公司股票等有关问题的通知》	允许保险资金投资创业板上市公司股票。
2014.01	经国务院同意，保监会将启动历史存量保单投资蓝筹股政策	允许符合条件的部分持有历史存量保单的保险公司申请试点：一是设定独立账户封闭运行；二是根据自身资产负债匹配情况确定蓝筹股投资比例；三是对蓝筹股试行逆周期资产认可标准；四是明确蓝筹股标准。
2014.01	《中国保监会关于加强和改进保险资金运用比例监管的通知》	根据资产风险收益特征，将保险资金各种运用形式整合为流动性资产、固定收益类资产、权益类资产、不动产类资产和其他金融资产等五大类资产。
2014.05	《关于保险资金投资集合资金信托计划有关事项的通知》	加强保险机构投资集合资金信托计划业务管理，规范投资行为，防范资金运用风险。
2014.08	《国务院关于加快发展现代保险服务业的若干意见》（国发［2014］29 号，简称新“国十条”）	明确了保险业未来发展的总体要求、重点任务和政策措施，提出到 2020 年，基本建成保障全面、功能完善、安全稳健、诚信规范，具有较强服务能力、创新能力和国际竞争力，与中国经济社会发展需求相适应的现代保险服务业，努力由保险大国向保险强国转变。同时提出了 9 方面 29 条政策措施。
2014.09	《保险公司所属非保险子公司管理暂行办法》	采取间接监管模式，对保险公司所属非保险子公司的风险进行全面监测，切实防范风险传递，保护保险消费者利益，促进保险业健康发展。
2014.10	《中国保监会关于规范投资连结保险投资账户有关事项的通知》	它是开展投连险业务制定的最全面的监管规则。投资范围区分非标与标准化资产，全部非标准化债权资产的投资余额不得超过账户价值的 50%，严禁通过投资连结保险产品开展通道业务，首次明确设立投连险账户的保险公司资质要求。
2014.10	《中国保监会关于保险资金投资优先股有关事项的通知》	允许保险资金可以直接投资优先股，并规范投资细则。

续前表

时间	政策	内容和影响
2014.10	《保险资产风险五级分类指引》	评估保险机构资产质量，应以风险为基础，将资产分为正常、关注、次级、可疑和损失5类，后三类合称为不良资产。
2014.10	《中国保监会 中国银监会关于规范保险资产托管业务的通知》	明确禁止保险资产托管机构将保险资产托管业务与保险产品销售业务挂钩等8种行为，加强了对保险机构资产管理的风险防控力度。
2014.11	《中国保监会关于严格规范非保险金融产品销售的通知》	保险公司、保险专业中介机构不得销售未经相关金融监管部门批准的非保险金融产品，同时应对分支机构销售非保险金融产品进行统一授权和集中管理，禁止分支机构擅自销售非保险金融产品。
2014.11	保监会就"偿二代"偿付能力报告监管规则征求意见	第一，建立以季度报告为核心的报告体系，报告频率更加贴近监管工作的现实需要；第二，报告内容充分体现"风险导向"和"偿付能力风险自评估"原则；第三，建立了由季度报告、季度快报和临时报告共同组成的偿付能力报告体系，报告体系更加合理、完整。
2014.12	《中国保监会办公厅关于保险资金运用属地监管试点工作有关事项的通知》	保监会已授权北京、上海、江苏、湖北、广东、深圳保监局代行部分保险资金运用监管职权。
2014.12	《中国保监会关于保险资金投资创业投资基金有关事项的通知》	允许保险资金投资创业投资基金行为，支持创业企业和小微企业健康发展，防范投资风险。
2014.12	保监会批准保险资金设立私募基金，专项支持中小微企业发展	此前，险资已获准进入公募基金领域，也可参与私募股权基金的投资，但并不可以直接设立私募基金。从保险业资产规模来看，险资进入私募基金将有很大的空间。
2014.12	《保险集团并表监管指引》	以控制为基础，兼顾风险相关性，确定并表监管范围。同时明确了包括集团结构、公司治理、风险管理、内部交易、偿付能力、资产负债管理、流动性风险等7个方面的并表监管内容。
2015.02	保监会审议通过"偿二代"主干技术标准共17项监管规则	中国第二代偿付能力监管制度体系主干技术标准共17项监管规则经保监会主席办公会审议通过，将于近期正式发布，保险行业自2015年起进入"偿二代"的实施准备期。

续前表

时间	政策	内容和影响
2015.03	《2015 年政府工作报告》推出巨灾保险	巨灾保险制度能够有效减轻政府和财政负担，充分发挥保险在促进防灾减灾、有效分散灾害风险、有力提供灾后损失补偿等方面的功能和作用。
2015.03	《2015 年政府工作报告》推出个人税收递延型商业养老保险	有助于建立基本养老保险＋职业年金＋社会养老保险制度，促进中国形成政府、企业、个人共同承担的多层次养老体系，以应对未来养老金不足、通胀、老龄化等潜在风险。
2015.07	《中国保监会关于提高保险资金投资蓝筹股票监管比例有关事项的通知》	放宽了保险资金投资蓝筹股票监管比例，将投资单一蓝筹股票的比例上限由占第二季度末总资产的 5% 调整为 10%；投资权益类资产达到 30% 比例上限的，可进一步增持蓝筹股票，增持后权益类资产余额不高于第二季度末总资产的 40%。

资料来源：课题组整理。

2014 年，监管部门继续推出各项保险新政，遵循“放开前端、管住后端”的改革思路，为保险业的发展进一步松绑。从表 7-2 中可以看出，新政主要集中在保险资金运用和保险行业监管等方面。在保险资金运用方面，保监会进一步丰富和细化了保险资金投资范围，在创业板股票、蓝筹股、优先股、创业投资基金、私募基金等保险资金投资领域放开限制，取消一些不适应市场发展要求的比例限制，提高保险资金运用的市场化程度，为保险资金开展资产配置提供了更多的基础投资工具，从传统公开市场投资拓展到基础设施、股权、不动产等另类投资，使得保险公司开展真正意义上的资产配置成为可能，也为创业企业、小微企业、战略性新兴产业等领域发展提供资金支持，促进经济转型升级。

在保险业监管方面，保监会先后发布《关于加强和改进保险资金运用比例监管的通知》《保险资金投资集合资金信托计划有关事项的通知》《保险资产风险五级分类指引》《关于规范投资连结保险投资账户有关事项的通知》《保险集团并表监管指引》等监管举措，对保险投资管理的监管比例和监管方式进行重大改革、重新定义和划分五大类资产，形成多层次比例监管框架；通过对保险机构投资资产进行风险分类和评估，引导保险机构加强全面资产风险管理工作，提高保险资金运用效率。

（1）“偿二代”以风险为导向，充分提升行业风险管理能力

保监会于2012年4月开始启动中国第二代偿付能力监管制度体系（简称“偿二代”）的建设工作，计划用3~5年的时间建设一套既与国际接轨，又符合国情的中国第二代偿付能力监管制度体系。2015年1月，“偿二代”的主干技术标准共17项监管规则经保监会主席办公会审议通过，“偿二代”进入过渡期试运行。

与“偿一代”相比，“偿二代”从过去以规模为导向升级到以风险为导向的模式，充分体现了保监会“放开前端、管住后端”的监管思路。“偿二代”整体框架由制度特征、监管要素和监管基础三大部分构成。其中，制度特征包括统一监管、新兴市场、风险导向兼顾价值三大特征；监管要素包括定量资本要求、定性监管要求、市场约束机制三个支柱；监管基础是指公司内部偿付能力管理。这三大部分密切联系、相互配合，构成了一个有机统一的完整体系。

“偿二代”将有效提高保险业的资本使用效率。新制度下，对于风险高的业务和资产，将提出较高的资本要求；对于风险低的业务和资产，其资本要求相应较低。保险公司可以通过掌握不同业务和投资组合的资本占用情况，科学评估自身各类经营、投资行为的风险与收益，将资本配置放到产出高、效益好的业务和投资上去，有效提高资本的使用效率。同时，“偿二代”将有效识别公司的风险差异，区别公司优劣，推进建立公平的市场竞争环境。现行监管标准按照保费规模、赔款或准备金的一定比例确定资本要求，没有区别好公司和差公司。只要规模相同，不论业务结构是否相同，承保质量是否相同，理赔水平是否相同，风险管理水平是否相同，其资本要求都是一样的。也就是说，公司好坏都一样，从而导致“劣币驱逐良币”的问题。

从行业最新的几轮测试情况来看，在“偿二代”体系下，全行业的整体充足率与“偿一代”基本一致，总体平稳。各家保险公司因为风险状况不同出现了分化，充足率有升有降，大约1/3的公司的充足率上升，2/3的公司的充足

率下降，这说明“偿二代”比“偿一代”能更准确地识别公司风险的差异。

（2）新“国十条”落地，保险业的顶层设计

2014 年 8 月，国务院发布了《关于加快发展现代保险服务业的若干意见》（即新“国十条”）。新“国十条”是纲领性文件，从顶层设计的角度全面规划了保险业未来的发展，具有里程碑式的重大意义，主要体现在三个方面，即新定位、新思维和新动力。

〈1〉新定位

新“国十条”首次在国务院文件中提出了“保险是现代经济的重要产业”和“保险成为政府、企业、居民风险管理和财富管理的基本手段”，其中的“现代经济的重要产业”和“财富管理的基本手段”是全新的提法。“现代经济的重要产业”明确了保险业的产业属性和金融属性。过去的提法是“保险业是金融行业的重要组成”，现在单独说“保险业是重要产业”，即保险本身也是实体经济的一部分，不单纯是金融业的组成部分。保险业可以提供养老、健康、医疗的上下游管理和服务。保险业本身是一个产业，需要社会的扶持，具有自身发展的内在要求。新“国十条”还创造性地提出保险是“财富管理的基本手段”，这个说法是一个重要突破。不仅“理财”需要财富管理，“保障”也需要财富管理。

〈2〉新思维

“现代保险”的新思维贯穿于新“国十条”的始终，是新“国十条”的灵魂和理念。现代保险需运用新技术、新业态和新服务等形式，以满足市场经济需求。从领域上看，现代保险不仅包括商业保险保障，还包括社会保障、社会治理、灾害救灾等服务。现代保险的立足点更高，要服务于国家治理体系和治理能力现代化，由行业意愿上升为国家意志。

目前的保险业还很落后，研究显示“一行三业”中包括信息产业在内的基础设施投资，保险业的投资不足银行的 1/100、不足证券行业的 1/20。保险对信息对称要求很高，但保险业的信息化程度非常低，靠人工卖保单。因此，建

设保险业要用新思维，以产业的角度看待保险业，会有极大的投资空间。落后的保险业正是投资的未来，整个行业有巨大的投资需求。

〈3〉新动力

保险业发展的新动力主要来自于改革的红利，保险行业进一步深化改革、开放、创新等新要求，必然会释放改革红利。市场化机会也是保险业发展的新动力之一，保险业要顺应中国市场化改革需求，获得加快发展的机遇。此外，政策的活水也将助推保险业的发展，一是个人税收递延型商业养老保险试点，将改变居民储蓄模式，为养老保险带来了巨大的发展空间；二是投资渠道的放开及资金运用方式的创新，打通了保险资金直接对接实体经济的经脉。

新政从负债资产两端重塑保险资管行业

（1）负债端

保险产品的负债特性与其他金融产品不同，负债的久期远远长于资产，特别是养老险的负债非常长。新“国十条”中提及要积极探索推进具有资质的商业保险机构开展各类养老、医疗保险经办服务，提升社会管理效率。新“国十条”从战略层面规划了未来养老险发展的蓝图，随着中国人口老龄化程度和生活水平的进一步提高，未来将开发各种各样的养老险种，养老险将迎来大踏步发展。由于养老险针对的是个人，而个人有不同的偏好，因此不同的选择带来的负债特性十分复杂。这就要求保险机构充分了解保险产品的负债变化，具备强大的资产负债管理和风控能力,能够基于精算评估假设。在制定投资策略时，视不同产品负债为不同的各类“负”资产，整合战略性资产配置以促进风险调整后的收益，降低净资产波动。同时，保险的流动性管理越来越重要，因为产生困难的公司可能表面上的偿付能力非常充足。

具体而言，不同产品负债特性要求不同的资产管理能力。投资型产品主要发展“品种投资”。银保、投连等类投资产品由投资驱动负债，主要比拼收益率。因此，好的资产可以包装成银保、投连类产品后卖出。储蓄型产品发展“大类配置”。分红险、万能险等储蓄型的产品，投资与负债相关度低，多为负债驱动投资，大类资产配置可满足其资产负债匹配要求。保障型产品发展“解决方案”。保障型产品有传统养老保障险、养老险、健康险等，负债特性最为复杂，需要全面资产解决方案匹配。

（2）资产端

“长钱短用”是保险公司资产负债错配的主要表现。保险新政放宽了债权投资计划、长期股权投资、不动产投资等投资渠道，使保险公司拥有更多长期投资标的，从而使资产久期变长，达到与负债久期相匹配的效果。与其他金融行业相比，保险公司的竞争优势主要体现在保险资金的长期性上。因此，保险资金在基础设施、不动产、股权等投资领域具有很强的竞争力，这些领域投资期限长，资金需求量大，收益比较稳定。

基础设施等很多投资领域的资产是长期资产，比如交通运输、能源、市政环保等基础设施的建设周期和运营周期都很长，需要长期资金与之相匹配。非保险金融机构如果用大量资金投资基础设施等资产，资金沉淀时间长、回报低，无法满足短期、快速回报的要求。另一方面，由于基础设施投资受国家宏观政策、发展规划、产业政策以及财政税收等方面的影响较大，预期现金流回报受到较多干扰而有较大的不确定性。考虑到不确定性带来的风险成本，投资基础设施的回报并不高，寻求较高回报的投资者不会投资基础设施等领域。

目前，市场上 99% 的信托产品和银行理财产品都是短期产品，没有真正长期限的信托产品和银行理财产品，这些产品的投资模式本质上是“以短搏长”通过资金错配进行投资，这种投资模式在流动性紧张的时候可能出现较大的风险，是不可持续的。银行贷款实际成本远高于保险资金成本，而且各项限制条件很多（如必须保有一定量的存款等），而保险资金可以通过产品创新满足客户需求，灵活设计产品结构、强化增信等措施，能够满足企业多样化的融资需求。保险资产管理公司通过发起设立基础设施及不动产投资计划产品参与基础设施领域及不动产领域的投资，支持国家重大项目的建设和社会经济的可持续发展。保险新政出台以来，基础设施及不动产投资计划作为非标资产的代表，在保险资产配置比例中持续提升。

保险资管行业发展趋势分析

保险资管业务主要分为投行和资产管理两大板块

梳理当前市场主流保险资产管理公司业务种类，目前保险资管主要包括两大业务板块：投行板块和资产管理板块。它涉及的业务主要有 8 大方面：公募基金与投连险管理业务、保险资产管理计划、企业年金业务、项目资产支持计划、私募股权基金、基础设施及不动产债权计划、增值平台业务以及第三方保险资产管理业务（见图 7-6）。

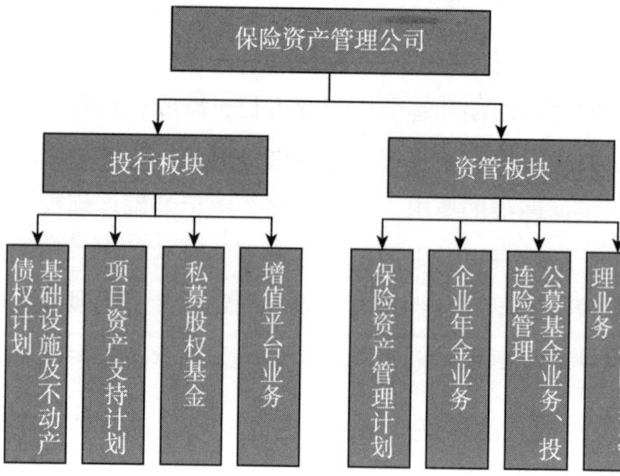

图 7-6　保险资管公司业务的两大板块

（1）投行板块

保险资管开展投行业务主要包括设立基础设施及不动产债权计划、项目资产支持计划、私募股权基金以及增值平台业务等。其中，债权计划和项目资产支持计划是保险资管投行业务的主要抓手。

首先，基础设施债权项目具有投资期限长、收益率较高、筹资额大等特点，符合保险资金的特性，且多由保险机构自主发行，是保险行业投行化牌照下的新型业务载体，近年来其作为非标资产的代表，保险资金配置比例持续提升。目前，债权投资计划期限以 5~10 年为主，投资收益率相对稳定，一般在 6%~8% 之间（目前平均收益率约 6.5% 左右），比较适合长久期的保险资产配置，但对担保和增信也有较高的要求（见图 7-7）。大型保险机构一般多要求项目资产的评级达到 AAA 级，且有大型金融机构或大型央企国企、政府机关提供担保，以此保证到期能够收回债权资金，项目的供给存在制约性。截至目前，保险机构通过发起设立债权投资计划投资各类基础设施项目超过万亿元，主要投资项目有中石油西气东输项目、南水北调工程、京沪高铁等国家重大工程及城市轨道交通、保障性安居工程、棚户区改造项目等重大民生工程。债权投资计划已经发展成为企业年金、银行理财资金等保险业外资金争相配置的重要金融产品，成为部分保险资产管理公司的核心业务和重要收入及利润来源。

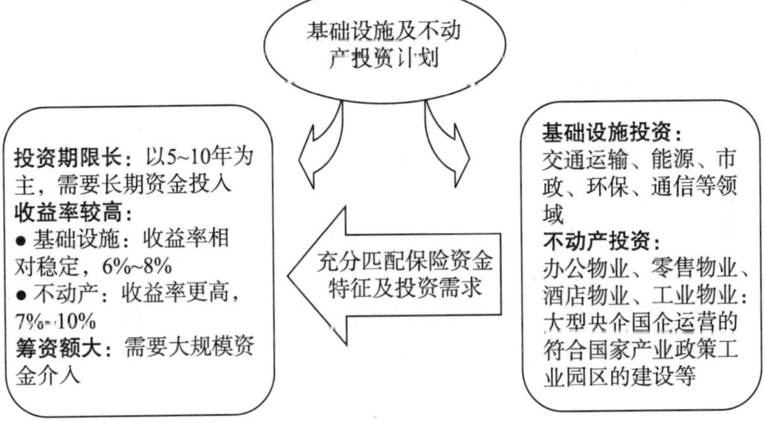

图 7-7　基础设施及不动产投资计划

资料来源：华宝证券。

其次，项目资产支持计划作为保险资管新政出台后推出的金融创新产品之一，承担了保险资管公司开展资产证券化业务的重要手段，是保险资管领域业务创新的主力军。目前比较典型的案例是民生通惠资产管理公司与阿里巴巴合作的三款产品，分别为：民生通惠－阿里巴巴 1 号项目资产支持计划、民生通惠－阿里巴巴 2 号项目资产支持计划以及民生通惠－阿里金融 1 号项目资产支持计划。此三款项目资产支持计划还款来源主要为基础资产产生的偿债现金流，是信贷类资产证券化业务的典型代表。但该产品还不是严格意义上的资产证券化，原因在于其尚未能实现公开上市发行，预计随着政策和监管的不断放开，将真正实现保险资管平台向专业资管平台的转型。

最后，保险资管开展私募股权业务始于新“国十条”的发布，其中提到了“鼓励设立不动产、基础设施、养老等专业保险资产管理机构，允许专业保险资产管理机构设立夹层基金、并购基金、不动产基金等私募基金”。通过对私募股权基金业务的试点，不仅有助于险资获得优于传统资产类别的投资收益，也能够缓解保险机构资产负债久期错配的问题，险资在资产配置上的自由度将更高。不同于以往只是投资私募股权基金，险企在私募股权基金中还将扮演发起人与管理人的“角色”。近期批准成立的私募基金都是由较小规模的险企合伙成立，资金的投向也主要是中小微企业，成为险资在私募基金领域的另一种新常态。

（2）资产管理板块

除投行业务以外，随着新政的逐步实施，保险资管在资产管理业务方面也取得了较大的进展。目前主要包括发行保险资产管理产品、企业年金业务、公募基金业务、第三方保险资产管理业务以及投连险管理业务等方面。

保险资产管理产品是保险机构推出的主动管理型资产管理产品，类公募基金业务是保险资产管理机构发挥主动资产管理业务的重要突破，也是其迈入大资管平台的重要里程碑。2014 年以来，保险资产管理公司抓住政策机遇，开始密集发行资管产品，产品结构更加多元化，资管产品线日趋完善。相比于以前主要是固定收益投向，2015 年以来，随着二级市场行情火爆，险企频频认购保险资管产品间接投资二级市场股票，或者专款打新等方式参与本轮牛市。例如，太平人寿在 2015 年 4 月以 6.5 亿元认购了两款资管产品，产品的投资范围均涉及二级市场。此外，券商的融资业务债权收益权也被险资盯上，中华联合就以 8 亿元受让了东兴证券转出的融资业务债权收益权，预期年化收益率将达 6.6%。

在企业年金业务方面，随着税收递延政策的实施，企业发起企业年金的积极性将大幅增加，个人参缴的热情将大大增强，企业年金的规模有望迎来高速发展期，从而成为养老保险体系中的真正支柱。目前拿到企业年金投资管理人牌照的保险资产管理公司有3家，分别为华泰资产管理公司、泰康资产管理有限责任公司、中国人保资产管理股份有限公司；另有4家养老保险公司，分别为太平养老保险股份有限公司、平安养老保险股份有限公司、长江养老保险股份有限公司、中国人寿养老保险股份有限公司。从规模上看，7家保险机构管理规模从大到小依次是平安养老、国寿养老、泰康资产、长江养老、太平养老、人保资产和华泰资产管理公司。平安养老获得2014年度金贝奖“最佳企业年金投资管理人”。

在公募基金业务方面，借助保险公司的雄厚资源和丰富的资产管理经验，保险系基金公司具有天然优势，而公募基金业务的开展也为保险机构自身带来了新的增长点。2013年11月6日，首家保险系基金公司——国寿安保基金管理有限公司正式挂牌成立，由中国人寿资产管理股份有限公司联合澳人利亚安保资本发起设立。目前，国寿安保基金已经成立一年多，基本完成了货币、指数、债券等基金产品布局。截至2014年年底，国寿安保旗下共计8只基金，资产净值总计达187.6亿元。国寿安保基金目前主要在固定收益领域布局产品，主动管理型权益类基金产品尚未涉足，这也从侧面反映出保险系基金公司谨慎的一面。随着保险机构加入公募资产管理行业，未来将会出现更多保险系公募基金公司，公募产品数量及规模将会得到快速增长。保险资产管理机构将借助公募业务平台，充分发挥其主动资产管理业务的能动性，与券商、基金等金融机构竞享财富管理盛宴。

最后，保险资管机构借助新政在第三方资管业务也开启了新的征程。传统保险资管公司的第三方保险资产管理业务主要是打理集团内部资产、受托管理的中小险企的投资资产等。受托业务常见形式为：替中小险企买股、买基金，或发行产品、债权计划供中小险企认购，但后两者占比较低。随着新政出台，第三方保险资产管理业务的业务范畴从传统走向创新，即由原来的被动式受托管理转向主动资产管理，包括开展公募资产管理业务、发行保险资产管理产品等。新主动管理的第三方保险资产管理业务将真正把保险资产管理公司推向大资管的平台。

保险资管在大资管产业链演化趋势

保险新政为保险资管行业的发展打开了新的空间，转型发展成为行业主题。在监管新政的指引下，保险资产管理开始从单纯的账户管理转向账户管理与产品管理并举，从单纯的管理内部资金转向管理内部资金与第三方资金并举，从被动的负债驱动转向资产负债管理，从行业内竞争转向金融业跨界竞争和合作。在大资管背景下，保险资管与其他资管机构的融合不断加深。

（1）项目通道类业务

项目通道类业务是以保险（资管）公司发行设立的资管计划为载体，由银行/信托担任投资顾问对产品的资金募集、资产推荐、风险审批、投后监控等各环节进行全程管理的业务。募集资金专项用于投资标准化及非标资产（见图7-8）。

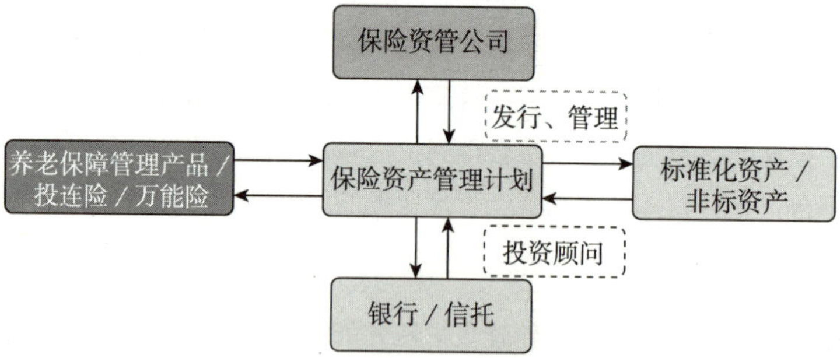

图7-8　项目通道类业务

保险资管产品具有起点低、客户吸引力高的特点，比如养老保障产品投资起点为1 000元，相比银行、信托的理财产品的高门槛极大地提高了资金募集的效率。另一方面，银行和信托在资产的筛选、管理、风控等方面具有丰富的经验。以保险资管作为项目通道，可以将保险资管产品在资金端的优势与银行信托在项目端的优势有机结合，合作共赢。

（2）资产管理类业务

资产管理类业务是由保险（资管）公司发行设立开放式、可随时申赎的资管计划，银行、信托、保险合作多渠道募集资金，共同管理，投资于银行或信托的非标资产（见图 7-9）。

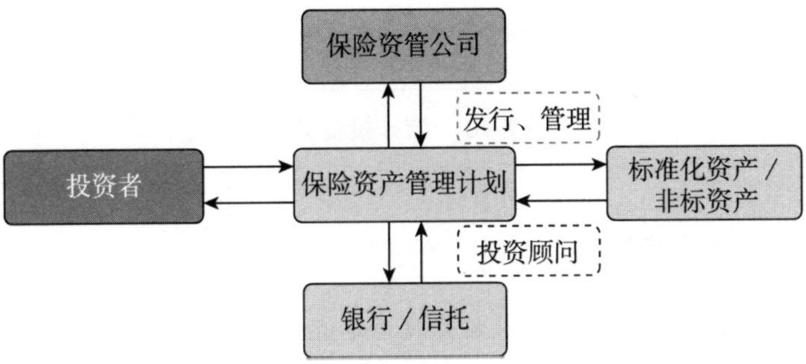

图 7-9　资产管理类业务

银监会"99 号文"即《中国银监会办公厅关于信托公司风险监管的指导意见》（银监办发［2014］99 号）中明确禁止信托公司开展资金池业务，对信托公司的业务发展产生了较强制约。同时，中国人民银行、银监会等 5 个部门《关于规范金融机构同业业务的通知》（银发［2014］127 号）对银行内部资金池业务也进行了更严格的监管。成立保险资管为载体的资产管理类资管计划可以有效规避监管，信托 / 银行可以转向保险资管机构，以体外资金池的模式灵活开展资产管理业务。

（3）合作投资类业务

合作投资类业务是由保险（资管）公司受托管理的保险资金和其他资管机构资金共同投资，标的包括各类非标资产以及非上市公司股权、债权及其他财产权利（见图 7-10）。这一模式可以充分整合各类资管机构资源，优势互补，协同发展。

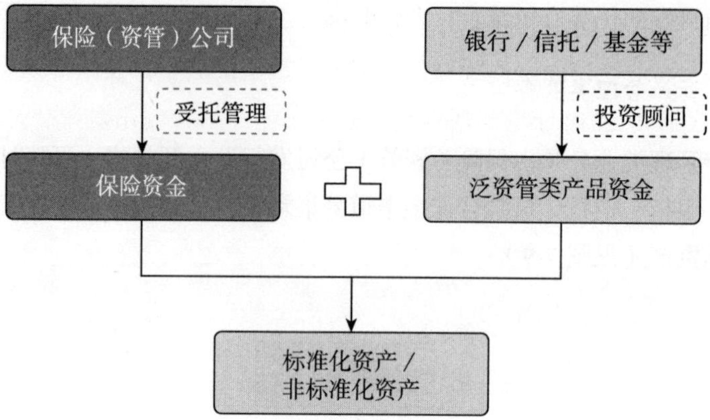

图 7-10　合作投资类业务

保险资管行业发展趋势

（1）多样化资产配置将带来投资收益率显著提升

近两年来，保监会大幅度放开保险资金投资领域及其投资比例的限制，投资监管方式也由过去的审批制调整为注册制，险资的大类资产配置更趋多元化。目前，保险资金正逐步拓宽基础设施投资计划涉及的行业范围，且股权、不动产投资政策和境外投资政策也在进一步完善。

同时，保监会允许保险资金投资创业板、优先股；鼓励保险公司发挥专业化投资及风险管控的优势，投资符合条件的小微企业专项债券及相关金融产品；鼓励保险资产管理机构探索设立夹层基金、并购基金、不动产基金等私募基金，支持小微企业、科技型企业等新兴产业、新兴业态发展；支持保险资金投资创业投资基金。力求真正发挥保险资金特有的长期投资优势，促进保险市场与货币市场、资本市场协调发展，支持新型城镇化、重大基础设施和民生工程建设，以缓解社会融资紧张的现状。

（2）市场化委托机制的引入加快了保险资管市场化进程

保险资管目前面临着竞争激烈的外部市场环境和更高投资收益率的内部需求，需要其在资管产品、投资方式等方面不断创新，不断改善其资产管理机制及专业管理能力来面对竞争压力。目前，引入体系外专业机构投资者管理保险资金正成为保险公司的主流选择。中国平安、中国太平洋保险等均有所行动。其中，中国人寿 2014 年已实质性地推进了境内外的市场化委托投资，境内首批选定了 15 家专业投资管理机构分别管理 19 个组合、总额度 200 亿元人民币，8 月份已进入实质性运营。同时在全球的外币投资市场化委托方面，中国人寿的选聘已经完成。

对于保险机构而言，市场化委托机制的引入将意味着更为市场化的投资管理体系的建立，倒逼保险资产管理公司有效提升其投资管理水平，加速产品化进程，加快保险资管市场化转型步伐。在即将到来的新的一年里，保险资管行业要加快业务创新，创新产品、创新服务，完善专业化管理体制，提升管理能力和服务能力，探索保险投资管理产品化、投资者机构多元化等新模式和新途径，提升行业竞争力。

（3）保险资产配置全球化趋势初显

2012 年 10 月，保监会发布《保险资金境外投资管理暂行办法实施细则》（简称《细则》）以来，保险资金开始正式走出海外，布局境外投资战略，持续增加投资规模，积极进行保险资产全球化配置，使得投资风险得到了有效的分散，提高了保险业的投资收益率。截至 2014 年 12 月末，保险资金境外投资余额为 239.55 亿美元（折合人民币 1 465.8 亿元），占保险业总资产的 1.44%，比 2012 年年末增加 142.55 亿美元，增幅为 146.96%，但离《细则》中规定的保险机构境外投资余额不超过去年末总资产的 15% 的上限，还有巨大的提升空间。

2015 年 3 月，保监会出台了《关于调整保险资金境外投资有关政策通知》，进一步放宽了保险业海外投资限制，给予保险机构更多的自主配置空间，加快了海外投资的步伐。随着国家对保险机构境外投资范围逐步松绑，保险机构在国际金融市场上日渐活跃，海淘之旅日趋活跃。其中，尤以安邦保险集团的一系列大手笔收购最有代表性。2014 年 10 月 6 日，安邦保险集团从希尔顿酒店集团（HLT）手中以 19.5 亿美元价格购得极具盛名的纽约华尔道夫酒店（Waldorf Astoria Hotel）。此后，安邦保险集团还全资收购了比利时保险公司

FIDEA、比利时德尔塔·劳埃德银行、荷兰 VIVAT 保险公司等海外资产，最近的收购则是出价 7.5 亿英镑竞购伦敦金融城最高建筑 Heron 大厦。险资资产配置全球化既择优配置了国际资产，又有效分散了资产配置风险，对进一步提高投资回报率大有帮助。相信在人民币国际化大背景下，随着我国保险业的大力发展和国家对险资投资领域的放开，海外投资的快速发展将成为我国保险业的“新常态”（见表 7-3）。

表 7-3　历年保险公司重大投资事项

时间	保险公司	投资项目
2007 年	中国平安	惠理集团（港股上市）
2008 年	中国平安	美国富通集团股份
2008 年	中国人寿	VISA 公司（美股上市）
2013 年 7 月	中国平安	购买伦敦劳合社大楼
2014 年 6 月	中国人寿	收购 Upper Bank Street 大楼 70% 股权
2014 年 10 月	安邦保险	购买纽约华尔道酒店大楼
2014 年 10 月	安邦保险	收购比利时 FIDEA 保险公司 100% 股权
2014 年 11 月	阳光保险	收购澳大利亚悉尼喜来登公园酒店
2014 年 12 月	安邦保险	全资收购比利时德尔塔劳埃德银行
2015 年 1 月	中国平安	收购伦敦地标建筑 Tower Place
2015 年 2 月	安邦保险	收购荷兰 VIVAT 保险公司 100% 股权
2015 年 2 月	安邦保险	收购韩国东洋人寿 57% 股权
2015 年 5 月	太平保险	设立海外股权投资基金，投资纽约曼哈顿核心区域商业地产“瑞贝卡 111 项目”

（4）2015 年风险监管依旧贯穿全年

2015 年，“放开前端，管住后端”的保险监管改革思路将会一直延续下去，工作重心将放在细节的实施上，即把监管工作重点由开放渠道转变为风险监管，切实把防风险放在监管工作更为突出的位置。“放开前端”就是要减少行政审批等事前监管方式，把风险责任和投资权交给市场主体；“管住后端”就是指事后的偿付能力监管，运用资本手段，实现对资金运用的约束。保监会还将加快推进新的监管政策制度的建立，包括对股权投资、不动产投资、境外投资等明确监管要求，同时做好资产证券化、项目资产支持计划、股权投资计划等前瞻性政策储备。

同时，2015 年，“偿二代”体系将进入实施准备期，推动保险机构提升内部风险管理水平和自控力，更加理性地参与市场化竞争；有效识别市场化改革中出现的各类风险，防范和抑制市场主体非理性竞争和盲目投资的行为；在守住风险底线的前提下，为保险行业在产品、价格、投资、服务等方面打开了新的发展空间。

08

权益大行情背景下的公募基金行业观察

2015

本章导读

- 从行业视角来看，公募基金行业整体受益于权益类牛市良多，总体规模呈加速上涨趋势。从行业结构来看，公募基金经过数年发展，产品结构变得更为多元化。从行业规模排名的视角来看，本轮权益类牛市对基金公司排名还是有所影响，表明牛市“跑马圈地”的策略依旧奏效。
- 大行情下激励机制问题集中爆发，“奔私潮”涌现。总体来看，绝大部分公募基金现存的问题在于激励，而绝大部分私募基金现存的问题是组织品牌渠道等。
- 本轮杠杆牛市中，机构散户化行为依旧严重，难以成为市场稳定器。在本轮存在较为明显的泡沫化权益类行情过程中，多数公募基金公司尽管可能已经看到了市场的泡沫化，但是并没有根据自身的价值判断在市场上起到稳定器的作用。相反，多数公募基金公司偏散户化的操作风格现象在权益类牛市中依旧较为严重，成为市场上剧烈涨跌的助推器。

前几年，公募基金行业的处境往往需要用“困境”和“突围”等词汇来形容和描述：以往靠天吃饭和享受牌照红利的商业模式恰逢股票行情不高涨甚至低迷、资产管理行业的“大资管化”，使得公募基金行业这个以往的资产管理行业中的“明珠”在行业大变革的过程中甚至有被边缘化的危险。然而，自2014年11月开始的股票市场大行情，对公募基金的意义不言而喻：一方面，公募基金行业受益于此轮权益大行情，行业规模得到快速增长；另一方面，在此轮权益大行情之下，公募基金行业的一些新特点也值得关注。

开疆拓土机遇期，行业规模迅速增长

从公募基金行业的发展历程来看，每一轮权益牛市对于整个行业而言都是非常大的机遇；尤其在2007年那一轮权益类大牛市中，各家公募基金公司在一年左右的时间内“跑马圈地”，最终奠定了公募基金公司此后数年的行业地位以及规模排名的基础。这一轮权益类牛市的来临，唤起了大家对上一轮权益牛市的记忆；对于不少公募基金公司而言，均将此轮权益类牛市当作难得的机遇。

从2014年下半年至2015年上半年的数据来看，本轮牛市对整个行业格局的影响还是非常巨大的。**首先，从行业视角来看，公募基金行业整体受益于权益类牛市良多，总体规模呈现加速上涨的趋势。**可以看出，自2013年6月之后，中国公募基金行业又开始了新一轮持续上涨时期，这其中主要分为两个阶段：2013年6月余额宝诞生之后至2014年年中，货币市场基金成为行业规模上涨的主要动力。此后，随着权益牛市逐渐抬头，股票型基金又逐步回归成为公募基金公司规模增长的主要引擎；尤其是进入 2015 年之后，中国公募基金行业规模呈现爆发式增长，其主要原因还是在权益类大牛市影响下，资金大幅净流入股票市场（见图 8-1 和图 8-2）。

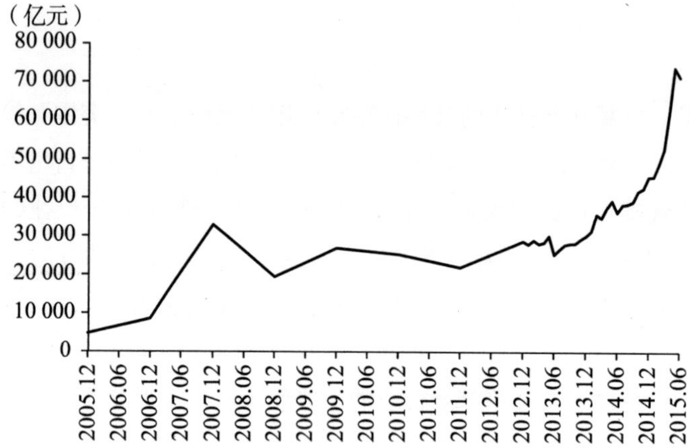

图 8-1　公募基金规模变化

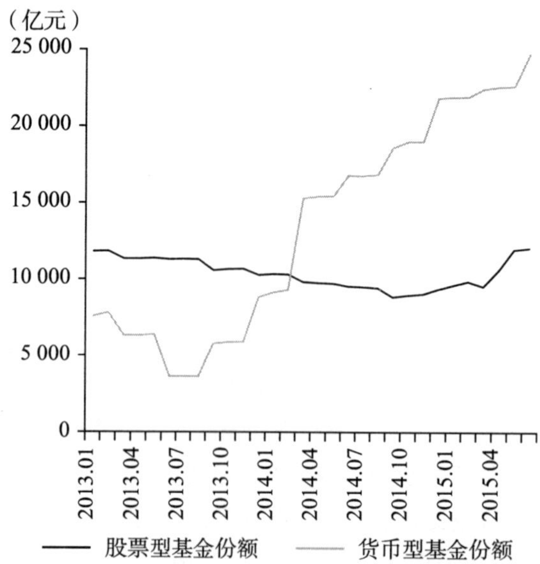

图 8-2　股票型基金和货币型基金份额变化

其次，从行业结构来看，公募基金经过数年发展，产品结构变得更为多元化。在轮权益类大牛市的影响下，货币市场基金和债券型基金产品占比均有所萎缩，而股票型基金加混合型基金规模占比均有所提升。但是从图 8-3 中我们可以看出，虽说股票型基金加混合型基金规模占比有所提升，但却没有如此前一轮牛市般占比提高至接近 90% 的水平，而是停留在 50% 左右的水平。这充分表明了，公募基金行业在多年发展的过程之中，“靠天吃饭”的盈利模式也在悄然发生改变；叠加专户业务、社保业务、子公司业务等诸多业务在近几年陆续有所发展，从而表明随着业务种类的增长，中国公募基金行业“一条腿”走路的局面有所改变，种类更为丰富的资产管理能力助力公募基金行业逐渐成长为更加成熟和多元化的资产管理机构。

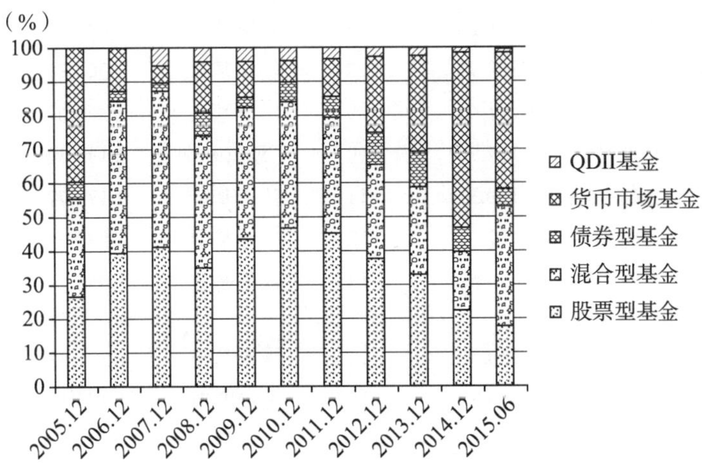

图 8-3　各类基金份额占比

再次，从行业规模排名的视角来看，本轮权益类牛市对基金公司排名还是有所影响，表明牛市“跑马圈地”的策略依旧奏效。对比 2104 年年末和 2015 年第二季度的排名数据我们可以发现，虽说本轮权益类牛市中，排名上、中、下游的基金公司的梯队归属总体而言变化不大，但是在整个行业所有公司规模都有所增长的情况下，增长速度的快慢还是影响了不少单个公司的排名（见表 8-1）。“跑马圈地”策略在一定范围内，还是有效的。

表 8-1 2014 年年末及 2015 年第二季度公募基金管理资产规模名前 15 位基金公司一览

2014 年排名	公司简称	2014 年年底净资产规模（亿元）	2015 年第二季度排名	公司简称	2015 年第二季度净资产规模（亿元）	资产规模变化（亿元）
1	天弘基金	5 897.97	1	天弘基金	6 684.63	786.66
2	华夏基金	3 110.89	2	华夏基金	4 320.58	1 209.69
3	嘉实基金	2 540.65	3	易方达基金	3 928.84	1 388.19
4	工银瑞信基金	2 422.07	4	工银瑞信基金	3 503.69	1 081.62
5	易方达基金	2 088.03	5	嘉实基金	3 013.28	925.25
6	南方基金	1 948.98	6	南方基金	2 650.58	701.6
7	中银基金	1 609.28	7	富国基金	2 634.12	1 024.84
8	广发基金	1 309.78	8	鹏华基金	2 304.31	994.53
9	建信基金	1 211.45	9	广发基金	2 250.61	1 039.16
10	招商基金	1 157.79	10	汇添富基金	2 193.30	1 035.51
11	汇添富基金	1 150.32	11	招商基金	2 176.77	1 026.45
12	博时基金	1 127.68	12	中银基金	1 832.56	704.88
13	上投摩根基金	1 036.51	13	建信基金	1 658.84	622.33
14	银华基金	950.30	14	国泰基金	1 501.83	551.53
15	富国基金	949.82	15	上投摩根基金	1 325.3	375.48

因此，总的来看，在固定收益类产品面临银行理财等诸多固定收益类产品竞争的同时，权益类牛市的确是公募基金行业这种在股票投资领域依旧占有相对比较明显优势的资产管理板块的大机遇。同时，不仅公募基金公司的公募部分得益于行业的高速发展，专户规模和子公司资产管理规模也在这轮行情中得到了很大的发展。除了直接的二级市场投资外，专户和子公司渠道还充分参与到了定增、股权质押融资等业务之中。从中国证券投资基金业协会公布的数据中可以看出，截至 2015 年 6 月，公募基金公司专户资产管理规模达到 29 326

亿元，子公司规模更是超过了6万亿元；而专户规模在2014年11月权益大行情开始之前，是18 526亿元。

大行情下激励机制问题集中爆发，奔私潮涌现

公募基金行业的激励机制问题已经在行业内讨论多年，但是解决手段有限。总体而言，这几年内，新生的、规模偏小的或者股东不强势的公募基金公司可能会采取事业部制或者股权激励的改革，但是，在平台较大或者股东较为强势的公募基金内推行该项改革便显得较为困难。受困于此，公募基金行业内很多从业多年的资深投资经理想更多地实现自身价值的唯一办法，便是“奔私”。在2015年权益市场大行情的刺激下，对很多身在公募基金行业的投资经理人而言，在公募工作的账面回报和“奔私”的账面回报差距更为悬殊。这种现象刺激了2015年内公募基金行业激励机制问题集中爆发，从而涌现出“奔私潮”。

根据Wind资讯的数据统计，2014年96家基金公司的基金经理离职人数达到211人，超过2012年和2013年的离职人数，占公募基金经理总人数（1 016人）的20.77%，这其中还包括一些非常知名的明星经理。而进入2015年以来，截至6月末，已经有194名基金经理离职。

公募基金行业在“奔私”大潮影响下，基金经理年轻化不可避免。从数据统计上看，如今公募基金中的基金经理担任投资经理4年以上的仅为31.07%，多数公募基金的基金经理担任投资经理的年限不足4年（见表8-2）。

表8-2　截至2015年6月基金经理年限分布统计

任职年限	1年以内	1~2年	2-3年	3~4年	4年以上
人数（人）	232	189	158	122	316
占比（%）	22.81	18.58	15.54	12.00	31.07

关于公募基金经理“奔私”以及投资团队年轻化对公募基金行业的影响，

也存在不少争论。一方面，不少观点认为公募基金因为激励问题不能留住富有经验的投资人或者投资团队，对行业整体的长远发展不利；另一方面，也有观点认为这种影响其实有限：一个公募基金从业人员成长为投资经理，一般而言需要在行业内具备 5 年以上甚至更长时间的培养期限，4 年左右任职年限的投资经理从业时间往往超过了 10 年。因此加上培养年限，公募基金投资经理在投资经理任上的时间虽然可能不够长，但他在行业中的从业时间却完全可能不算短，此前也经历了完整的“交易 / 研究 - 基助”的成长路径。因此，基金经理从业年限对于公募基金业绩影响而言或较为有限。

对公募基金激励问题进行深入探讨，必须要思考的问题就是公募基金牌照价值几何，在利润分配的过程中股东因为牌照的因素所分享的比例是否合理。事实上，对于不少“奔私”的投资经理而言，“奔私”的现实相对比较“骨感”。这比较充分地表明了在私募基金牌照较为容易获取、投资业务开展获得许可门槛不高的情况下，公募基金牌照的价值远远不仅限于投资业务的开展许可，还同时包含了其他更多的平台价值在其中。

这些平台价值包括但不限于：其一，组织价值。经过多年的发展，公募基金公司已经形成了一套较为完备的制度规范和部门系统体系，这套制度规范和系统，可以让投研人员专心于投研工作中，而不需要将过多的时间和精力花费在类似于渠道、客户、中后台等问题上。很多投资经理往往缺乏市场、中后台以及企业管理经验，在公募平台上也很少具体接触过这一系列工作，在准备“奔私”之时对这一块工作的重要性和认识往往不足。其二，品牌价值和渠道价值。公募基金因起步较早，待到私募基金行业开始大规模起步之时，已经在市场上积累了多年的声誉和渠道，在市场上已经具备了一定的品牌价值。对于投资机构而言，客户群体是生存之本，相较于一个刚起步尚无太多积累、只有个人品牌背书的私募基金而言，公募基金的品牌和渠道的价值不言而喻。其三，错误包容价值。虽说公募基金中也有较为残酷的淘汰机制，但总体而言，公募基金给予一个投资经理人犯错的机会还是要多于私募基金。在资本市场上，常胜将军难觅，公募基金可以给予个人的犯错包容和风险保护就显得相当重要。

总结而言，绝大部分公募基金现存的问题在于激励；而绝大部分私募基金现存的问题是组织品牌渠道等。如今行业中比较难的一件事情是，如何在牌照价值与个人投资能力对比中给出一个较为合理的分配原则。但是，部分公募基金，如中欧基金，率先采取事业部制度，在依旧提供公募平台的基础上给予高于行业的回报激励。自此之后，效果在前两年不是特别明显，但是进入 2015 年之后，中欧基金不仅成功吸纳了众多投资团队前来投奔，其规模也有了非常显著的增长，一举由行业排名中下的小基金跃升为偏大型基金公司的行列之中（见图 8-4）。

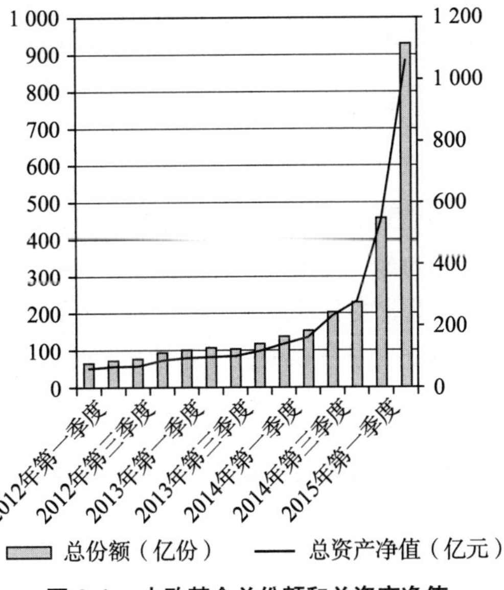

图 8-4　中欧基金总份额和总资产净值

分级基金颇受瞩目

分级基金的概念与发展

本轮权益市场大行情下，分级基金是公募基金产品行列中备受瞩目的一个品种，其在本轮权益类大行情下的光环甚至超过了普通股票型基金。分级基金是公募基金中的杠杆化品种，又称“结构型基金”，通过对基金收益进行分解，形成了两种或多种不同风险、不同收益特征的基金子份额的基金品种（见图 8-5）。

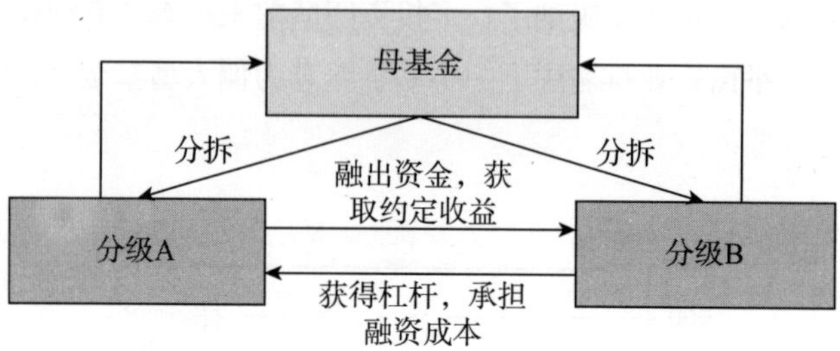

图 8-5　分级基金结构

分级基金 A 档是由普通开放式基金（母基金）以风险、收益不对称的方式拆分而成的稳健型子份额。A 档实际上是在向 B 档融出资金，并获取合同中的约定收益，因而体现出类债券属性，总体上属于低风险资产。而 B 档是分拆后的杠杆份额，享受 A 档提供的杠杆和母基金剩余收益。A 档净值、B 档净值和母基金净值之间存在如下关系：

母基金净值＝ A 档净值 ×A 档份额占比＋ B 档净值 ×B 档份额占比

配对转换机制的存在使得等式左右两边不会有太大的偏离，分级基金的价格和净值的偏离是相对的。配对转换机制是指两类份额可以按比例合并成母基金份额，同时母基金份额也可按比例拆分成为两类份额分别上市交易。我们可以关注整体折溢价率来进行套利操作：

整体折溢价率＝（A 价格 ×A 占比＋ B 价格 ×B 占比）/ 母基金－ 1

目前，主流的股票型分级基金的母基金可以通过场外、场内两种方式募集。基金成立后，投资者在场内认购的母基金分离成 A 份额和 B 份额，并上市交易（深交所模式）。通常母基金只能通过场外、场内按净值被申购和赎回，不可交易（上交所模式可交易），而 A 份额和 B 份额只可上市交易，就像买卖股票一样，以撮合成交价交易，不能单独申赎、赎回。目前，主流的分级基金的母基金为被动型指数基金，大部分母基金不能交易、没有价格，而分级A和分级B的价格是二级市场交易的结果。分级A的净值按照约定收益率增长：

分级A的隐含收益率(到期收益率)＝约定收益率/(A价格－A净值＋1)。

如果A：B配比为1：1，那么，

分级B的净值＝母基金净值 ×2 －分级A的净值。

第一只分级基金国投瑞银瑞福分级基金于2007年成立，此后增长较为平稳，一直到2014年下半年牛市来临，分级基金的规模呈现爆发式增长，从2014年10月牛市启动前的约500亿元增长到2014年年末的1 271亿元。截至2015年7月12日，分级基金的规模达到3 107亿元，不到一年的时间增长了6倍多（见图8-6）。

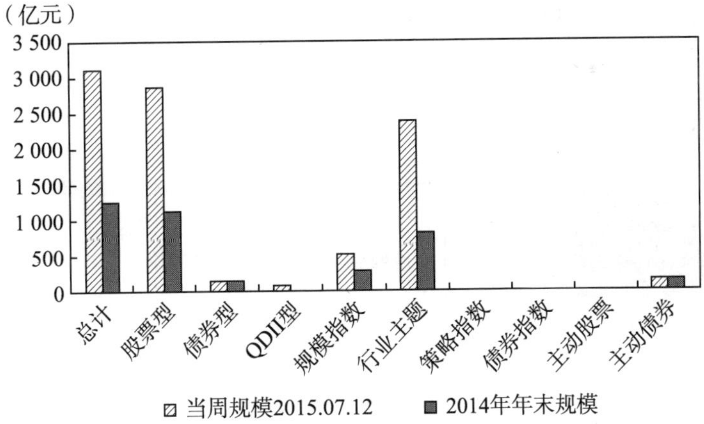

图8-6　分级基金规模

资料来源：课题组整理。

分级基金之所以能得到如此快速的发展，有以下几个原因。一是分级基金在牛市中为中小型投资者提供了一个低门槛的杠杆投资工具。牛市中投资者对分级B的需求强烈，基金公司有动力发行分级基金扩大产品规模。二是牛市中分级基金整体溢价，激发溢价套利，在申购母基金分拆卖出的过程中，分级A和分级B的规模将大幅增长。三是分级基金提供了行业和主题的不同选择，但是不用散户投资者自己进行选股操作，对于散户投资者而言，只要做好偏宏观的牛熊判断和行业选择，就可以获得杠杆化之后的高额收益，是一个比较理想的操作选择。

分级基金套利

分级基金的大发展，也激发了许多机构从中发现套利机会的动力。正如前文所述，在配对转换机制的作用下，分级基金的价格和净值的偏离是相对的，分级基金的套利可以据此分为溢价套利和折价套利。

当母基金净值<分级A价格 ×A份额占比+分级B价格 ×B份额占比时，则为溢价套利，申购母基金卖子份额进行套利。具体而言，在T日申购母基金份额，在T＋2日申请将母基金拆分成A份额和B份额，在T＋3日在二级市场将A份额和B份额卖出，套利结束（见图8-7）。

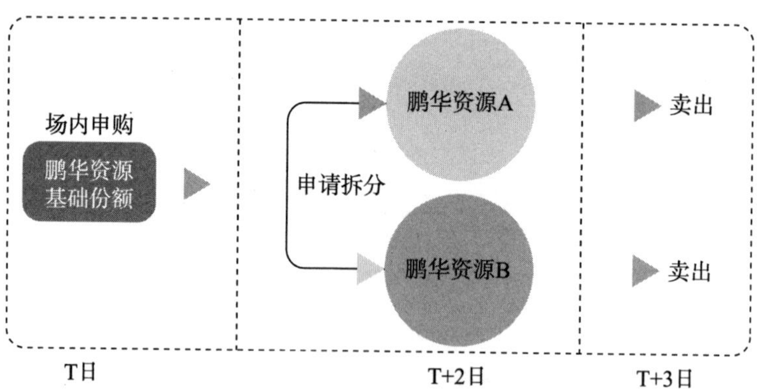

图8-7　分级基金溢价套利（以鹏华基础资源为例）

资料来源：中国证券投资基金业协会。

当母基金净值>分级A价格 ×A份额占比+分级B价格 ×B份额占比时，则为折价套利。具体而言，在T日在二级市场按比例买入A份额和B份额，在T＋1日申请将二者合并为母基金份额（部分券商已经可以支持在买入子份额确认之前提交合并指令，即盲合，则可缩短至T日，提升套利效率），在T＋2日（或T＋1日）申请赎回母基金份额，套利结束（见图8-8）。

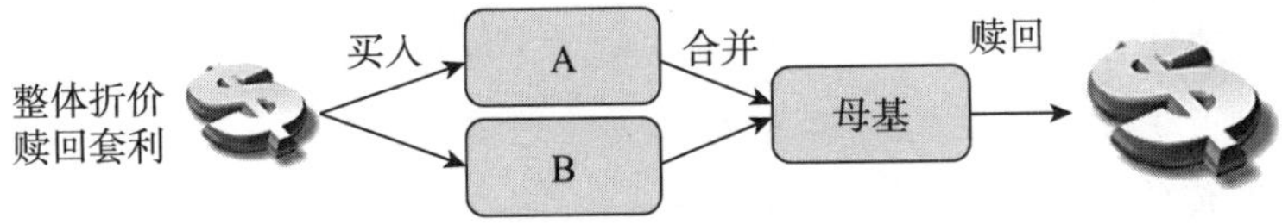

图 8-8　分级基金折价套利

除了套利机制外，分级基金还存在着上下折的条款，即改变杠杆比率的条款。分级B是T日触发折算，T＋1日继续交易，T＋2日停牌，T＋3日复牌恢复交易。T日触发下折的分级B在T＋1日可以正常交易。但无论涨跌都会按照T日净值进行向下折算。近期行情跌宕起伏，很多投资者都踩了分级B下折的雷，遭受巨额亏损。如果在T＋1日买入已经确定下折的分级B，一般都将遭受40%~50%的亏损，最高亏损达到82.31%。

B份额下折导致分级B亏损的原因有以下三个。第一，分级A一般是折价交易，当分级B下折发生时，分级A大约75%的份额可以以净值1赎回，享受了折价收窄的好处，这部分分级A的超额收益由分级B承担。第二，分级B的溢价率非常高，价格远远超过价值，触发下折之前杠杆比率也非常大，放大了指数下跌带来的损失。第三，部分基金下折前整体溢价率很高，下折时整体溢价率收窄带来的损失也由分级B承担（见表8-3的例子）。

表 8-3　已确定下折分级B亏损比例

名称	亏损比例（%）	拆分折算日	折算日收盘价
招商可转债B	－82.31	7月8日	0.574
华宝兴业中证100B	－73.66	7月6日	0.47
信诚中证TMT产业B	－70.25	7月6日	0.466
易方达并购重组B	－65.96	7月7日	0.474

续前表

名称	亏损比例（%）	拆分折算日	折算日收盘价
华宝兴业中证医疗B	－61.85	7月8日	0.376
鹏华中证新能源B	－60.06	7月8日	0.444
鹏华中证高铁B	－56.64	7月3日	0.427
富国移动互联网B	－52.68	7月8日	0.459
申万菱信传媒B	－51.98	7月9日	0.441
长盛一带一路B	－49.63	7月8日	0.43

资料来源：课题组计算。

因此，对于散户而言，分级基金犹如一把双刃剑。一方面，分级基金给众多散户以一个场内配资加杠杆的机会；另一方面，由于分级基金存在的上下折条款对于一些散户而言过于复杂，也存在下折之后一些散户才醒悟遭受损失的情况。杠杆类品种在市场上行和下行的过程中，带给投资者放大了的收益和放大了的风险。但是，总体而言，在金融创新产品设计日新月异的今日，分级基金作为一个较为透明、合规可控的杠杆类品种，在未来的行业发展中必然有更大的发展空间。

机构散户化行为依旧严重，难以成为市场稳定器

公募基金作为机构投资者，在专业性上应远优于散户投资者。在市场出现泡沫化的过程中，公募基金应当能够更先于散户发现一个企业股票的价格是否已经远远超过其内在价值而走向泡沫化，从而通过卖出的操作对过热的市场进行降温。但是，在本轮存在较为明显的泡沫化的权益类行情过程中，我们可以看到，多数公募基金公司尽管可能已经看到了市场的泡沫化，但是并没有根据自身的价值判断在市场上起到稳定器的作用，相反，多数公募基金公司偏散户化的操作风格现象在权益类牛市中依旧较为严重，成为市场上剧烈涨跌的助推器。

一个较为显著的特征就是，公募基金在本轮权益市场大行情之下的持仓比例一直处于高企位置，除非市场行情出现显著逆转：Wind 资讯所统计的普通股票型基金加上增强指数型基金在 2014 年年末共计 337 只，持仓占比在 80% 以上的基金有 281 只，占总数比 83%；在 2015 年第一季度末共计 353 只，持仓占比在 80% 以上的基金有 312 只，占总数比 88.3%；在 2015 年第二季度末共计 390 只，持仓占比在 80% 以上的基金有 273 只，占总数比 69.74%。由以上数据可以看出，公募基金在行情持续走好的情况下，并不会主动进行降低仓位的行为；而在 6 月中下旬开始的股市大幅波动，才是公募基金进行减仓的动力。对于多数公募基金投资而言，择时要优先于对股票真实价值的评估。

一个侧面反应公募基金股票仓位和持股意愿的指标是交易所一年期可质押利率债的到期收益率。依据规定，公募基金产品一般都必须持有 5% 比例的现金，但是这 5% 的现金可以用一年期的利率债品种替代。这个规定就表明，一般股票型基金如果只配置股票，那么理论上不考虑别的手段的前提下仓位最高只能达到 95%。一般行情下而言，股票型基金仓位很难达到 95% 之高，且并不在乎 5% 的利率债券带给他们的收益，所以 5% 的利率债一直处于可配可不配的范畴。但是随着股市行情的进一步走牛，仓位上限成为不少股票基金面临的问题。为了换取一些仓位优势，股票型基金购买交易所可质押的一年期利率债替代现金比例，同时将其放杠杆融资，进而再买入股票的手法也开始出现。所以，在权益类牛市之下，交易所的国开债走出的并不是债券大逻辑下的行情走势，而是受权益市场影响异常明显。以交易所国开债“国开 1301”为例，其收益率水平走势几乎完全复制了股票行情的走势。更值得关注的是，不仅其收益率水平一路走低接近 0，甚至在 5 月底 6 月初股市最为疯狂期间，收益率水平在盘中或者收盘时达到了负利率的水平。

机构散户化行为较为严重，某种程度上受到了公募基金行业现行的商业模式的影响。当下，公募基金公司的公募部分依旧主要采用收取管理费的盈利模式，致使对于公募基金公司而言，最为有利的经营策略便是“顺周期”的经营策略：在权益类牛市愈加剧烈的时段，越倾向于大肆发行产品，因为此时散户认购基金的意愿最为高涨；而相对排名的公募基金考核办法，也迫使本来较为冷静、能将泡沫看明白的基金经理被动加仓，否则将被远远甩在后面。

“股市大幅波动”背景下风险新考验：集中停牌带来的流动性危机

本轮权益市场大波动行情之下，尤其是在股市大幅波动期间，许多“非常规”的救市手段对于公募基金行业风险的影响较为明显。其中对于公募基金而言，一个较新的风险是集中停牌风险。

2015 年，进入 7 月之后，随着股票市场的持续缩量下跌，不少上市公司的股票价格已经开始危及它们的股权质押融资业务。一些上市公司为了自救，在 7 月 6 日开始集中申请停牌（见图 8-10）。

集中停牌对公募基金的危害和风险在于，在整个市场负向反馈的链条中，只切断了其中一个环节，但是公募基金申赎的环节并没有被真正切断：在公募基金遭遇继续赎回的压力的同时，集中停牌的压力使得公募基金被迫对其他未停牌的股票进行抛盘，一些持仓内停牌股票数量较多、机构客户占比较大的公募基金甚至可能面临流动性危机。虽然幸运的是在股市集中停牌之后不久整个市场的危机会得到缓解，然而，集中停牌对公募基金群体造成的新型风险也需要得到整个群体的关注和重视。

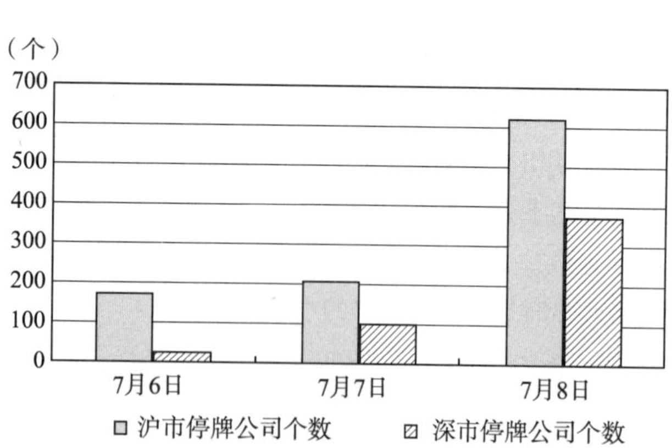

图 8-10　2015 年 7 月 6~8 日集中停牌数量

资料来源：Wind 资讯。

访谈手记

【访谈手记一】

基金公司资管的共赢创新趋势

在中国经济从工业型向服务型转型，金融体系从增量融资向存量交易转型的背景下，资产管理行业迎来了市场化转型，进入了大资管时代的新纪元。为此，课题组通过巴曙松研究员搭建的“传薪讲坛”平台专访了平安大华基金管理有限公司总经理罗春风博士。罗春风博士向我们讲解了大资管时代基金子公司资管的创新趋势。

海外资管公司经验借鉴

黑石作为全球另类投资的领航者，资管规模从1995年的31亿美元，发展到2013年2 600亿美元的规模，年复合增长率高达28%。

黑石的竞争优势体现在以下几方面。第一，业务布局比较全面且均衡，其5大业务板块（包括房地产、私募股权、对冲基金、信贷以及金融咨询）的规模已经均超过500亿美元。第二，创新和谨慎的投资风格。第三，跨周期。第四，收购兼并。

基金公司的发展创新路径

基金子公司的业务突破

2012年年底，第一批基金子公司的牌照颁发，现在75家基金子公司建立、2家待批，累计管理资产规模达6万亿元。目前，公募基金是基金行业的顶梁柱，但部分基金公司依靠子公司业务发展起来，27家基金公司子公司的业务规模占比50%以上。截至2015年6月底，全国基金子公司管理规模达到6.07万亿元。

基金公司创新业务趋势

一是产品创新。基金公司业务灵活，在产品创新方面探索较为丰富。比如，2007年国投瑞银发行了行业内第一只创新分级基金。2015年6月8日，国内第一只符合国际化惯例的公募基金的REITS发行。

二是业务创新。通过私募业务为高净值客户提供服务，可能是未来财富管理行业发展的必然趋势。基金子公司以非标业务为突破点，同时对资产证券化、新三板等新业务进行积极探索，挖掘股东资源，发挥主动管理能力，拓展新型业务范围，在资产管理规模上取得了突破性进展。

三是组织创新。部分公募基金和基金子公司实行股权激励，部分开展了事业部制和工作室等新的组织创新制度。例如，金信基金成为全国首家实际控制人为自然人的基金公司。创金合信基金设立时通过员工持股平台安排员工持股计划，也是行业首例。

四是跨界创新。红土创新基金是全国首家由私募机构发起设立的公募基金公司，它依靠的是股东深圳市创新投资集团有限公司的口碑和优势，在专户投资方面充分发挥特色，实现了差异化发展。平安大华基金依靠平安集团的综合金融服务平台，在跨金融子行业、跨界创新方面进行了探索。

【访谈手记二】

指数分级基金之探讨

此次股灾从结构化产品开始，在清理场外配资之后有可能会转向场内配资。同时从国际经验来看，指数基金是公募基金中最大的一块，现在探讨指数分级基金正当其时。为此，课题组通过巴曙松研究员搭建的“传薪讲坛”平台专访了红塔红土基金管理有限公司董事副总经理刘辉博士。刘辉博士系统探讨了指数分级基金。

分级基金的结构

分级基金一般可分为A级和B级，A级一般为固定收益类产品，B级为杠杆融资方（见图8-5）。目前，分级基金大部分股票类杠杆约为1∶1（即一倍类杠杆），债券类的杠杆约为7∶3（即两倍类杠杆）。分级基金申购时每两份母基金会拆成1份分级A和1份分级B，A和B均可上市交易，母基金不可上市交易，大部分分级基金用的是深交所的LOF平台，上交所也在开发可以上市交易的母基金。

交易和申赎方式

深交所和上交所的分级基金交易有所不同，需要特别注意分级基金T日、T＋1日、T＋2日等申赎的设计（见图8-11）。很多投资者购买的分级基金B会在第二天突然出现暴跌70%~80%的情形的原因，就在于没有看清交易规则。

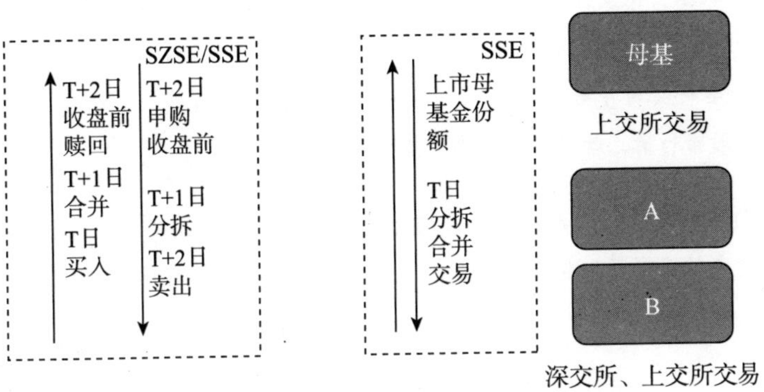

图8-11　深交所和上交所分级基金的交易规则

分级基金既是交易型的金融工具，也是投资型的金融工具，其申赎时间和价格的设计都会影响投资收益。比如在市场火爆时，通过申购母基金进行分拆时，盲拆和不盲拆之间有一天的时间差异，投资者要多承担一天的价格波动；而通过在市场上买入A级基金和B级基金，合并成母基金再赎回的逆向套利，也要看赎回的条件，考察资金需要多长时间才会到账。按照一般基金的设计，T日赎回时，T＋7期资金才会到账，在做第二轮反向套利时，实际上资金的使用效率就会被大大压缩。很多分级基金在设计赎回时，一般都能做到T＋4日到账。在做套利轮动时，申赎所需的时间也要相应算清楚。

分级基金的好处

第一，门槛低，1 000元就可以投分级B，分级基金的标的划分行业主题能够给投资者提供更灵活的投资标的。第二，投资分级基金可以简化投资者的投资逻辑，不需要自己去选股。第三，A类固定收益类份额也能享受牛市的盛筵。A类一般是基准利率加上3%~3.5%的收益，很多A类隐含的收益率达到了7%~7.5%左右的水平。在牛市氛围下，会砸出一些黄金坑，投A类的收益会更高，部分机构在研究投资分级基金

A类份额的产品，年化收益率大概为20%~30%。对很多机构而言，A类的收益分配固定折算时分母基金，不需要上交利息税，即使在慢牛行情下，A类投资也是非常好的产品。第四，它能提供套利机会。

定期折算和上折、下折

选择分级基金需要关注以下指标：（1）整体折溢价率；（2）隐含收益率（A类投资）；（3）杠杆率（杠杆现在主要为1∶1，但在波动的过程中，如果下折点为0.25，那么最大杠杆率将会是4倍）；（4）上折点；（5）下折点。清楚其上折空间和下折空间之后，参考股市行情，就可以自己决定使用多少倍的杠杆。

定期折算的设置，使A类真正成为一个固定收益类产品，每年可分红、结息；上折点和下折点的设置可以将杠杆控制在一定范围内，如下折点设置为0.25时，最大杠杆就被控制为4倍。

定期折算是在每年12月31日折算一次。分级A按约定的收益率每天提取，到年底统一分配一次，但分配的是母基金，而不是现金。分配的母基金可以马上赎回，也可以分拆后在市场上卖出，是免税的。

分级基金的上折和下折。A类隐含一个类似看跌期权的收益率，在大跌时有溢价。市场在任何时候都存在情绪的扰动，在股市暴涨时，大家对A类的收益不敏感，行情火爆时投资者会在申购之后直接进行分拆，使A类实际上形成一个折价，不管上折还是下折，折价之后其净值归1，下折时相当于份额减少，上折时相当于份额扩张。股市暴涨过程中A类会被砸出黄金坑，此时是投资A类的一个很好的时点，但如果突然碰到上折点，由于其净值会迅速归1，会把收益填平，此时会引致A类的损失；在下跌过程中，触及下折点时会对B类造成损失。

跟踪指数及指数投资

伴随着2015年的牛市，指数分级基金几乎呈现出爆炸式增长：2014年10月，其规模大约为500亿份，到2015年6月30日，其市场规模已达4 500亿份。最近由于股市大跌，分级基金的规模萎缩了近1/3。

分级基金的潜力还未被充分挖掘，原因有：对分级基金的挖掘不够，策略指数分级基金刚起步，很多分级基金并未引入做市商，这是由T＋1和涨跌停板限制的制度设计所致。

截至2015年7月12日，分级基金特别是股票型基金大概为114只，当前上交所和深交所发布的大部分指数都已被指数分级基金覆盖（见表8-4、表8-5和表8-6）。

表8-4　指数分级基金的数量分布情况

数量统计	当周（2015.07.12，只）	上周（只）	周变化（%）	2014年年末（只）	相对变化YT（%）
总计	140	134	4	89	57
股票型	114	108	6	60	90
债券型	24	24	0	27	－11
QDII型	2	2	0	2	0
规模指数	30	29	3	25	20
行业主题	72	67	7	24	200
策略指数	10	10	0	8	25
债券指数	3	3	0	3	0
主动股票	4	4	0	4	0
主动债券	21	21	0	25	－16

表8-5　指数分级基金的规模分布情况

规模统计	当周（2015.07.12，亿元）	上周（亿元）	周变化（%）	2014年年末	相对变化YTD（%）
总计	3 106.99	3 386.34	－8.25	1 271.49	144.36
股票型	2 880.22	3 080.63	－6.51	1 128.04	155.33
债券型	148.35	175.97	－15.70	141.61	4.75
QDII型	78.43	129.73	－39.54	1.84	4 168.73
规模指数	521.12	512.17	1.75	286.35	81.99
行业主题	2 380.33	2 614.66	－8.96	817.90	191.03
策略指数	16.81	16.21	3.64	23.73	－29.19
债券指数	6.69	7.44	－10.13	1.21	452.04
主动股票	2.44	2.62	－6.87	1.89	28.74
主动债券	141.66	168.53	－15.95	140.40	0.89

表 8-6　指数分级基金的行业分布情况

行业名称	产品数量（只）	总规模（亿元）	已申报数量（只）
金融	16	976.77	24
工业	6	385.13	11
公用事业	4	75.46	8
材料	3	84.54	10
日常消费	5	49.10	9
可选消费	3	51.16	2
医疗保健	6	118.73	12
能源	7	39.31	4
TMT	7	38.25	10
主题	26	602.89	84

指数基金能规避道德风险。指数投资在国际上是公募基金的最大类别，是避免风格漂移最重要的手段。被动投资没有道德风险，不会出现风格漂移，调仓换股需要由计算机进行操作，不容易触碰监管红线，从而带来了投资效率的提升。大多数指数在编制时，会在行业中利用策略进行精选。

规避投资者的恐惧

关于此次为何要救市，刘辉博士认为当时已经形成了“囚徒困境”，即在一致预期和恐惧的驱动下，每个个体都卖出是最好的策略，但对整体而言却是一个灾难。如果未来被动投资和量化投资成为主流，这一问题在很大程度上就可以被规避。成熟市场如美国和中国香港地区，没有跌停板限制，在指数突然跌到极限的情况下，会触发许多量化基金和投机资金马上杀入，有时股灾一天就能结束。

指数基金在国外整个公募基金中的占比为70%左右。在策略指数方面，美国有100多万条策略指数。但有较大影响力的还是综合指数和行业指数，策略指数的规模相对较小。从发展情况来看，策略指数能够累积到100多万条，已经显示了其旺盛的生命力。

指数可以分为综合指数、行业指数和策略指数，国内的策略指数刚刚起步，目前只有两个。发布指数的标准在慢慢放宽，只需披露一些选股的主要因子，不需要披露模型的细节和具体的参数设置，使策略指数的有效性得到了提升。策略指数基金由于其主动和被动相结合，规避了风格漂移和道德风险，同时又能通过分级在场内提供杠杆，未来应该会有较大的发展。

09

券商资管，去通道下的创新谋求转型

2015

本章导读

- 牛市行情演绎，券商资管 2015 年上半年迎来大丰收：得益于上半年的牛市行情，证券公司发行资产管理产品的热情高涨，资产管理规模大幅上升。截至 2015 年 6 月 30 日，证券公司资产管理总规模已经达到 102 466 亿元，累计增长 28.93%。其中，主动管理业务规模为 21 928.9 亿元，占证券公司资管总规模的比例为 21.4%，较 2014 年年底小幅上升。
- 市场宽幅震荡，券商资管风险与机遇并存：2015 年上半年以来，中国股市经历了大起大落，主动管理类产品受到冲击，给券商资管带来了不小的挑战。然而，鉴于股市下跌，监管维稳的需求，上市公司推行股权长期激励机制迎来了难得的政策和市场窗口期。高管增持、员工持股助力券商资管创新。
- 券商资管创新布局大资管：在竞争加剧和通道业务即将关闭的双重压力下，虽然券商资管在去通道、创新谋求转型的道路上取得了一些成果，但关于创新的探索仍未结束。券商创新布局资管可以结合以下 4 个层面：在战略定位上，根据自身特色，差异化定位；在产品战略上，回归主动管理，开展产品创新；在渠道战略上，线上线下融合，全渠道资源整合；在组织战略上，人才价值重估，注重公司治理。

牛市行情演绎，券商资管 2015 年上半年迎来大丰收

2015 年上半年由于 A 股市场的牛市行情演绎，证券公司发行资产管理产品的热情高涨，资产管理规模大幅上升。截至 2015 年 6 月 30 日，证券公司资产管理总规模已经达到 102 466 亿元，累计增长 28.93%。据中国证券投资基金业协会统计，2014 年年底证券公司资产管理业务规模为 79 463.29 亿元，而到了 2015 年第一季度末，这一规模升至 87 940 亿元，相比 2014 年年末增加了 10.67%。随着牛市行情的进一步推进，第二季度的增长趋势继续升温，相较于第一季度，管理资产总规模增长了 16.52%，增速进一步扩大（见图 9-1）。其中，主动管理业务规模为 21 928.9 亿元，占证券公司资管总规模的比例为 21.4%。而在 2014 年年底，这一数据为 13 492 亿元，占比为 17%。由这一比例的上升可见，证券公司的主动管理能力有所提升，但上升幅度不高。

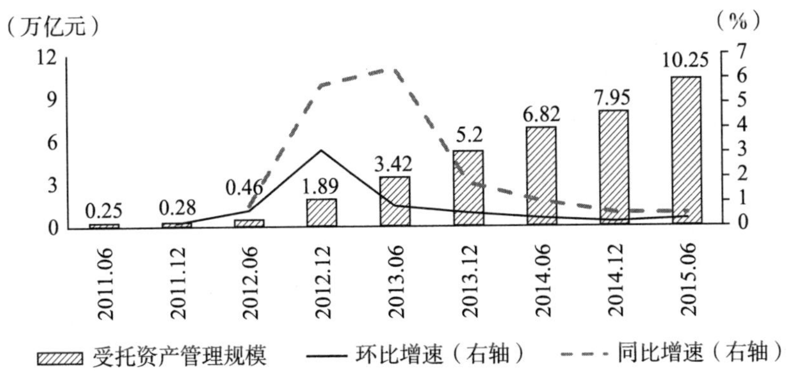

图 9-1　券商受托资产管理规模及环比、同比增速

资料来源：中国证券投资基金业协会，课题组。

产品类型：定向放缓，集合和专项产品增长强劲

从产品类型来看，集合、定向、专项三大产品均保持增长态势，但增速差异明显。具体而言，集合和专项计划增长强劲，定向资管增速放缓：截至2015年上半年，集合计划资产管理规模为12 203亿元，较2014年增加5 648亿元，环比增长率达86.16%；专项资管资产管理规模738亿元，较2014年增加357亿元，增长幅度达357.2%；定向资产管理资产规模89 541亿元，较2014年增加17 041亿元，增长幅度达23.5%。

然而，从总规模占比来看，定向资管计划占比虽然较2014年年底有所降低，但仍一家独大，管理资产规模占总量的87%；专项资管计划虽然增长迅猛，但因基数小，资产规模仅占总量的1%左右（见图9-2）。

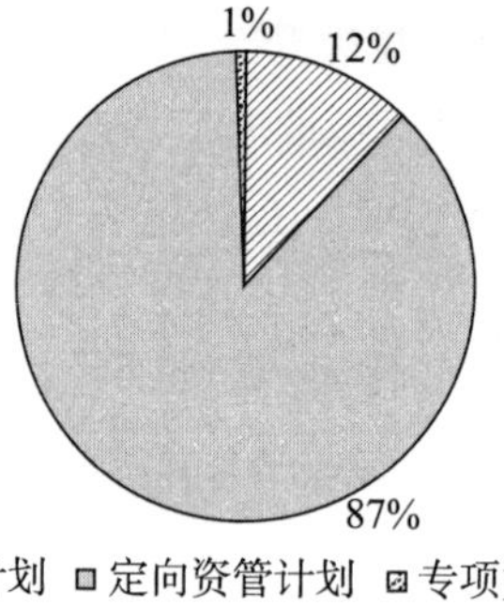

图9-2　三大产品类型规模占比

资料来源：中国证券投资基金业协会，课题组。

发行节奏：紧跟行情，冲高回落

从发行节奏来看，与A股行情一致，2015年上半年以来，券商资管产品发行经历了“冲高回落”。除了处于新年假期的2月，2015年上半年，证券公司资产管理计划发行数量一路上升，总共成立新产品2 583只，月均发行量达430只，较上半年月均发行量上升121只；总发行规模为2 438亿份。然而受大盘震荡影响，2015年7月发行数量锐减至162只，发行份额为547.83亿份，较5月的发行数量和发行份额分别减少415只、398.4亿份（见图9-3）。

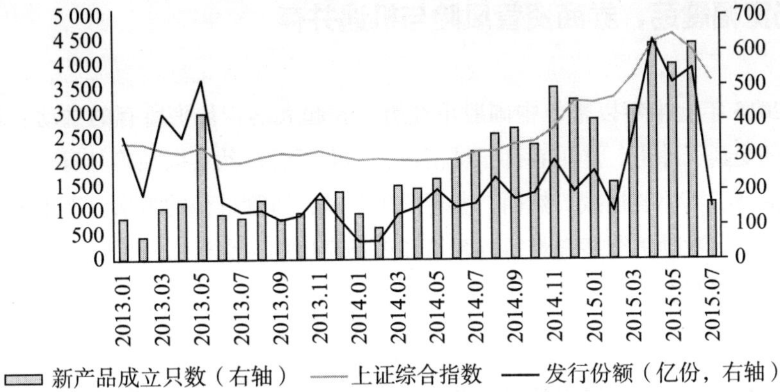

图 9-3　券商资产管理产品发行节奏

资料来源：Choice 数据库，课题组。

产品投向：权益类产品占比上升

受 A 股行情和宽松货币政策影响，证券公司资产管理业务的投向发生了较大变化。总体来看，权益类产品上升，债券型产品下降，货币型产品锐减。截至 2015 年上半年，证券公司资产管理资金投向股票型、债券型、混合型、货币型产品的比例分别为 13.06%、16.89%、48.95% 和 1.97%。其中股票型产品占比较 2013 年的 5.5% 上涨了 7.56%，2013 年占据半壁江山的债券型产品占比下降了 29%（见图 9-4）。

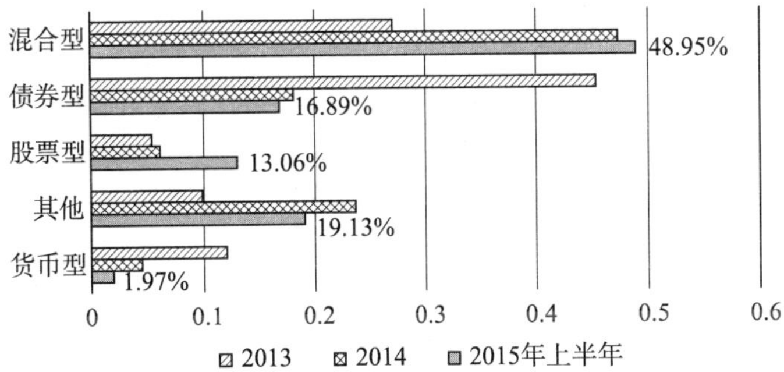

图 9-4　券商资管产品投向占比

资料来源：Choice 数据库，课题组。

市场宽幅震荡，券商资管风险与机遇并存

2015年上半年以来，中国股市经历了大起大落，几乎所有的主动管理类产品都受到了冲击，严重者甚至被清盘，券商资管自然难以独善其身，给券商资管带来了不小的挑战。然而，鉴于股市下跌，监管维稳的需求，上市公司推行股权长期激励机制迎来难得的政策和市场窗口期。高管增持、员工持股助力券商资管创新。

股市大起大落，券商资管难以独善其身

根据Choice数据库统计，截至2015年6月30日，共有463只券商集合理财产品的赎回率超过50%，其中44只的赎回率高达99%，面临被清盘的危险。表9-1为券商集合资产管理计划份额统计数据。

表 9-1　　券商集合资产管理计划份额统计

代码	名称	截至日期	发行份额（万份）	最新份额（万份）	成立以来份额变动率（%）	所属概念
71006794	财通双季赢2号	2015.06.30	31 887.03	0.21	－100.00	债券型计划
71000406	创金安享收益	2015.06.30	31 088.79	1.52	－100.00	债券型计划
71001457	东海飞龙2号	2015.06.30	72 033.70	4.53	－99.99	债券型计划
71001465	东海双月盈第1期	2015.06.30	70 844.60	5.07	－99.99	债券型计划
71001670	东海全债双利2号	2015.06.30	71 888.53	6.00	－99.99	债券型计划
71001578	东海全债双利	2015.06.30	95 776.20	12.00	－99.99	债券型计划
71003751	中信建投悠享财富3号	2015.03.31	11 502.52	2.03	－99.98	债券型计划
71001895	东海期期盈	2015.06.30	51 827.90	10.00	－99.98	债券型计划
71001857	太平洋14天现金增益	2015.03.31	21 967.88	6.67	－99.97	货币型计划
71001904	中信理财优选	2015.06.30	16 481.37	6.60	－99.96	债券型计划
71001583	大通星海半月鑫	2015.06.30	11 071.39	5.23	－99.95	货币型计划

续前表

代码	名称	截至日期	发行份额（万份）	最新份额（万份）	成立以来份额变动率（%）	所属概念
71001889	中信理财优选 1 号	2015.06.30	10 688.00	10.37	－99.90	混合型计划
71003158	广发恒定 10 号	2015.06.12	3 000.00	3.00	－99.90	股票型计划
71011561	五矿证券 - 祥龙二号定向增发	2015.03.31	18 000.00	18.00	－99.90	其他
71002928	国联定增精选 1 号	2015.06.30	10 000.09	11.82	－99.88	混合型计划
71005451	财通财聚 3 号	2015.06.30	20 001.79	40.00	－99.80	混合型计划
71000369	海通海蓝宝银	2015.03.31	70 228.42	154.22	－99.78	股票型计划
71001380	中信信衍财富 1 号	2015.03.31	5 411.17	12.00	－99.78	债券型计划
71001860	太平洋红珊瑚稳盈债券分级进取级	2015.03.31	1 657.92	5.39	－99.67	债券型计划
71000367	中信证券贵宾 8 号	2015.06.30	30 999.43	100.87	－99.67	混合型计划
71010358	长江超越理财东湖 1 号	2015.06.30	3 000.14	10.09	－99.66	混合型计划
71000418	中信月月增益	2015.06.30	110 588.22	448.32	－99.59	货币型计划
71000341	天泽 1 号	2015.03.31	30 328.05	129.80	－99.57	混合型计划
71001412	华鑫鑫财富乐享 2 号	2015.03.31	54 073.24	248.89	－99.54	债券型计划
71001892	华创银杏低风险套利	2015.06.30	12 778.30	61.42	－99.52	混合型计划
71001993	广发恒定 3 号张化机定增	2015.03.31	5 945.00	30.63	－99.48	混合型计划
71001398	中信货币理财	2015.06.30	44 361.96	230.78	－99.48	货币型计划
71003835	东兴金选精质 1 号	2015.03.31	10 000.00	54.00	－99.46	股票型计划
71001151	金中投结构优势 A	2015.03.31	55 027.97	352.23	－99.36	货币型计划
71013471	国联定增精选 9 号	2015.06.30	3 060.12	20.00	－99.35	混合型计划
71004570	国联定增精选 5 号	2015.06.30	3 000.09	20.00	－99.33	混合型计划
71003986	国联定增精选 3 号	2015.06.30	3 000.03	20.00	－99.33	混合型计划
71008444	中信快易融 1 号	2015.06.30	3 000.00	20.00	－99.33	债券型计划
71008500	中信快易融 2 号	2015.06.30	3 000.00	20.00	－99.33	债券型计划

续前表

代码	名称	截至日期	发行份额（万份）	最新份额（万份）	成立以来份额变动率（%）	所属概念
71000358	东北证券6号	2015.06.30	32 434.72	227.98	－99.30	股票型计划
71000361	宏源6号A类	2015.06.30	109 000.58	812.17	－99.25	债券型计划
71000416	德邦心连心2号债券精选	2015.03.31	73 464.88	549.71	－99.25	混合型计划
71000362	宏源6号C类	2015.06.30	109 000.58	872.82	－99.20	债券型计划
71010854	中原星火一号	2015.03.31	20 100.00	162.20	－99.19	混合型计划
71000872	银河安心收益1号	2015.03.31	40 272.43	328.18	－99.19	债券型计划
71003613	华泰紫金新富1号	2015.03.31	11 510.02	100.04	－99.13	混合型计划
71001593	国海金贝壳9号	2015.03.31	16 048.90	141.41	－99.12	债券型计划
71001896	华创筑金一号	2015.06.30	12 868.75	116.00	－99.10	货币型计划

资料来源：Choice数据库，课题组。

高管增持、员工持股助力券商资管创新

自2015年6月15日沪深指数大幅下挫起，中国A股市场出现罕见的下跌。一方面，监管局为了稳定市场，鼓励上市公司高管增持。另一方面，此次股价大跌使得许多上市公司的估值处于十分合理的空间，推行员工持股等股权激励机制阻力较小。因此，对于上市公司而言，推行股权长期激励机制迎来难得的政策和市场窗口期。自2015年7月8日证监会发布《关于上市公司大股东及董事、监事、高级管理人员增持本公司股票相关事项的通知》两天内，就有291笔增持完成。而根据证监会2014年6月20日公布的《关于上市公司实施员工持股计划试点的指导意见》的规定，市公司实施员工持股计划可交由专业机构投资者进行管理，如信托公司、保险资管、券商资管、基金公司等符合条件的资产管理机构。国泰君安、国信、招商、兴业、浙商、平安等众多券商和证券公司迅速响应，推出相关的资产管理计划产品（见表9-2）。相比其他机构，券商资管背靠投行，拥有大量的上市公司客户资源，因此在开展此业务方面具有较大的优势。

表 9-2　　券商股东增持资产管理计划产品

证券公司	产品内容
国泰君安资管公司	为上市公司大股东量身定制了增持计划，并开设超级 VIP“绿色通道”，目前有两款产品，即“无敌剑”和“罗汉拳”提供给上市公司。其中，“无敌剑”针对一人股东增持，在二级市场买入股票并按照监管要求锁定；“罗汉拳”是针对二人以上股东，客户以申购集合资产管理计划的形式参与。
财富证券	推出了股东增持系列定向资产管理计划，标准合同、落地迅速、账户齐全、提供配资。这类产品的目标客户是上市公司大股东及董事、监事、高管，产品以定向方式设立，起点为 100 万元，投资范围是指定的二级市场股票，投资期限为 6 + N 个月。
平安证券	为上市公司控股股东、持股 5% 以上股东及董事、监事、高级管理人员提供一对一的定向资管计划，或一对多的集合资管计划，期限为 6 个月。其中，定向资管计划将不收取管理费。

资料来源：互联网资料，课题组整理。

目前，券商资管主要通过定向资产管理计划和集合资产管理计划两种方式为上市公司提供大股东增持和员工持股计划。其中，通过集合资产管理计划实施增持具有通过结构化设计引进优先级资金，并加大杠杆的优点。图 9-5 为上市公司三安光电借助兴证证券资产管理有限公司设立的鑫众 1 号集合计划开展员工持股计划的流程。

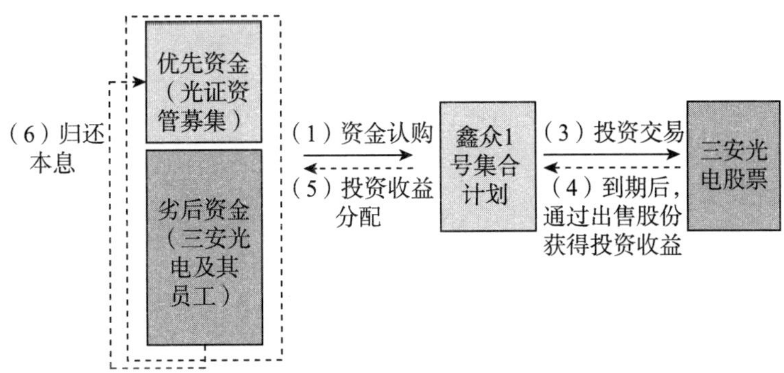

图 9-5　兴证证券资产管理有限公司设立的鑫众 1 号集合计划

资料来源：Wind 资讯，课题组。

券商创新布局大资管

在面临着大资管统一监管趋势下竞争加剧和以定向资产管理计划为主的通道业务即将关闭的双重压力下，虽然券商资管在去通道，创新谋求转型的道路上取得了一些成果。但是在资产管理行业持续发展和变革的大趋势下，券商资管的创新探索仍未结束。券商创新布局资管可以结合以下 4 个层面：在战略定位上，根据自身特色，差异化定位；在产品战略上，回归主动管理，开展产品创新；在渠道战略上，线上线下融合，全渠道资源整合；在组织战略上，人才价值重估，注重公司治理。

券商资管比较优势分析

资产管理行业归根到底比拼的是三方面的能力，分别是投资管理能力、产品销售能力以及产品创设能力（见图 9-6）。无论从哪项能力指标来看，券商资管没有一项排在第一位，但从综合得分来看，券商资管却排在第一位。这主要得益于券商资管“全市场、全资产、全产品”的资产配置体系。券商资管在未来发展上要持续提高其核心优势投资管理能力，在产品销售能力上除了与银行实现资源优势互补，形成合作联盟外，要加强对营业部的自我销售能力的培育。

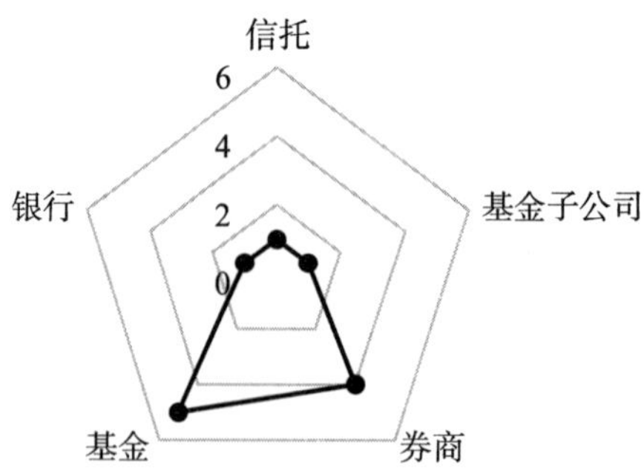

（a）投资管理能力比较

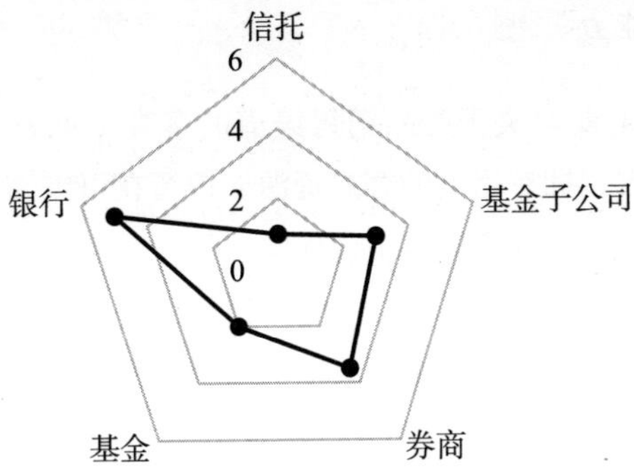

（b）产品销售能力比较

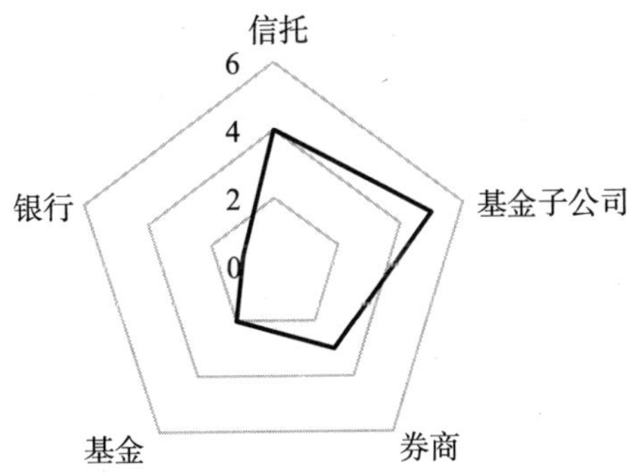

（c）产品创设能力比较

图 9-6　券商资管能力比较

（1）投资管理能力

投资管理能力的关键在于人才的积累以及对市场信息的获取能力。从研究人才积累的角度来看，券商的优势最大，长久以来积累了一批精通各行业研究的人才，建立了具备丰富投资经验和出色投资能力的团队。但从综合投资管理能力来看，公募基金公司处于占优位置。从全市场来看，公募基金公司获取信息的能力最强：一方面，基金公司可以获得券商提供的信息；另一方面，公募基金公司也通过各种渠道购买各类信息收集机构的信息。公募基金公司的信息获取能力再加上自己精通二级市场投资的研究平台，因此，其投资管理能力要比券商略胜一筹。

（2）产品销售能力

产品销售能力主要取决于产品销售渠道的多寡（见表 9-3）。在中国，由于银行机构体量庞大，拥有巨大的客户资源，银行在以渠道为主的行业竞争中占据了绝对的优势地位，券商、基金、保险、信托等其他金融机构开展业务均需要借助银行的渠道。截至 2014 年年底，银行拥有 21.71 万家营业网点。但相较于分支机构很少，高度依赖银行渠道的基金公司和信托公司而言，券商资管可通过自身营业部进行销售，更贴近终端客户。截至 2013 年年底，证券公司有 5 785 家营业部。

表 9-3　　各资产管理机构产品销售渠道的对比

机构	渠道
银行理财	银行、券商、互联网
信托	银行、第三方销售、信托公司直销、保险公司
券商资管	银行、券商、互联网
公募基金	银行、券商、基金直销、互联网

资料来源：课题组。

（3）产品创设能力

投资工具的数量约束了资产管理机构的产品创设能力。从投资范围来看，基金子公司的投资范围最为灵活，信托稍逊于基金子公司，但优于券商资管，相较而言，基金公司和银行理财受限颇多（见表 9-4）。因此，相比银行理财产品与公募基金产品的标准化设计，信托、基金子公司与券商管产品的设计更为灵活、创新能力更强。但受限于投资范围，券商资管产品的产品创设能力仍逊于基金子公司与信托公司。然而在大资管时代，统一监管是未来大趋势，随着监管当局逐渐放宽券商资管的投资范围，券商资管的产品创设能力有望向信托和基金子公司看齐。2014 年 9 月证监会发布的《证券期货经营机构私募资产管理业务管理办法（征求意见稿）》显示，未来证券公司、基金公司及子公司和期货公司的资产管理业务将有望被纳入该征求意见稿统一监管，而这将改变资产管理机构业务分属不同规则的“割裂”现状。此外，随着证券行业交易、托管计算和支付三项金融基础功能的回归，券商资管的产品创新能力有望进一步提高。

表 9-4 各资产管理机构投资范围的对比

项目	信托	基金子公司	券商资管	基金公司	银行理财
投资范围	限制较小，比如，银行合作中无法投资票据	非常灵活，在投资标的上几乎没有限制。基金子公司可以说是不受银监会监管，不受《信托法》约束的信托	集合资管计划受限较多，仅被限定为交易所、银行间以及金融监管部门批准或备案发行的集合类金融产品，而单一资管计划、信托受益权、委托贷款等场外业务则不被允许。定向和专项计划较为灵活	货币市场、债券市场、股票市场为主	存款、项目融资、存款、债券市场
客户数量	300 万元以下的自然人投资者不得超过 50 人	300 万元以下的自然人投资者不得超过 200 人	小集合至少 2 人，上限 200 人，单笔 300 万元以上不受客户数量限制；专项客户数量不限	不限	不限

资料来源：课题组。

券商资管 4 大方面创新布局大资管

（1）根据自身特色，差异化定位

2012 年以来，券商资产管理业务规模爆发式增长的主要驱动因素在于监管的放松和投资范围的放宽，使得券商资管能更好地结合券商一级市场产品提供商和二级市场交易经纪商的角色，拓展资产管理业务。然而，各个券商的实力不同决定了他们在产品创新能力、业务协同能力的不同，也决定了他们应该采取不同的战略定位。只有根据自身的发展水平，制定清晰的发展战略，才能有效配置现有资源，实现真正的转型和突破。

从海外经验来看，综合券商主要形成了以产品为核心的投行资管模式和以服务为核心的资产管理模式。高盛利用交易平台、研究体系和业务协同效应三个方面的优势，以产品开发为核心，为机构客户提供个性化、差异化和专业化的组合配置方案及策略。瑞银则强调业务线协同服务，客户可享用公司所有业务资源，主要服务高净值个人。在特色券商中，嘉信理财采取的线上线下双轨经营方式尤为突出。嘉信理财主要通过低廉佣金率和强大的信息咨询能力吸引大量网上交易投资者，而实体营业网点则为客户提供交易和金融产品等服务。

在中国，一些优秀的券商已经开始转型。大型综合券商中的中信证券学习高盛模式，以产品创新为核心定位高净值和机构客户；小型券商中的东方证券资管主打财富管理牌；浙商证券则强调以主动管理为核心。2013 年 9 月，东方资产管理有限公司获得公募基金牌照，成为首家获批开展公募业务的券商，自获牌照以来陆续发行了 3 只混合型基金。而浙商资产管理有限公司坚持以主动管理为核心，以成长股权益投资和精品非标投行为特色发展，重点发展权益投资。根据朝阳永续对 2015 年以来券商资管产品的统计，权益类产品前 10 榜单中，浙商资管产品占 5 席。其中，浙商金惠 3 号以 65.83% 的收益率拿下第一；浙商金惠 2 号、浙商金惠引航、浙商金惠海宁、浙商金惠的转型成长收益率分别为 54.05%、49.4%、47.79%、47.51%。

（2）回归主动管理，开展产品创新

资产管理行业改革创新不断，PPP、新三板、资产证券化等新业务模式蓬勃发展。总体来看，大资管时代呈现 4 个明显的趋势：第一，服务于经济转型的资产管理是大势所趋；第二，非标转标、资产证券化是大势所趋；第三，与资本市场相结合是大势所趋；第四，回归主动管理是大势所趋，包括主动投资管理和主动融资管理。未来新三板、资产证券化等业务将有助于券商资管进行主动管理转型。

2015 年，随着中国经济改革的不断深入，新三板作为中国构建多层次资本市场体系中的重要组成部分，是中国经济转型与创新中小企业蓬勃发展的重要推动力。日后的竞价交易、转板机制、降低投资者投资门槛等政策也值得期待。2014 年 12 月 26 日证监会发布《关于证券经营机构参与全国中小企业股份转让系统相关业务有关问题的通知》，为券商资管正式投资新三板铺平了道路，券商资管进场掘金新三板的速度有望加速（见图 9-7 和图 9-8 的对比）。券商集合资管计划投资新三板有其独特优势，能够发挥券商各业务线的合力，同时也丰富了新三板市场投资者的结构。券商投行部推荐企业在新三板挂牌，提供优质的投资标的，资管部门负责产品设计；财富管理部加大投资者教育，多个部门协同做好该项产品的工作，保证投资者的回报，识别投资风险。券商在新三板发挥着重要作用，投行推动企业挂牌，研究增加新三板信息透明度、加强风险揭示，资管有助于提升市场活跃度。

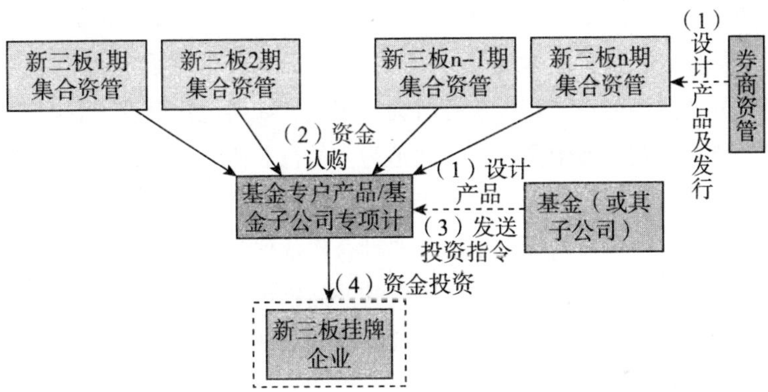

图 9-7　2015 年 2 月 16 日前券商资管参与新三板投资

资料来源：Wind 资讯，课题组。

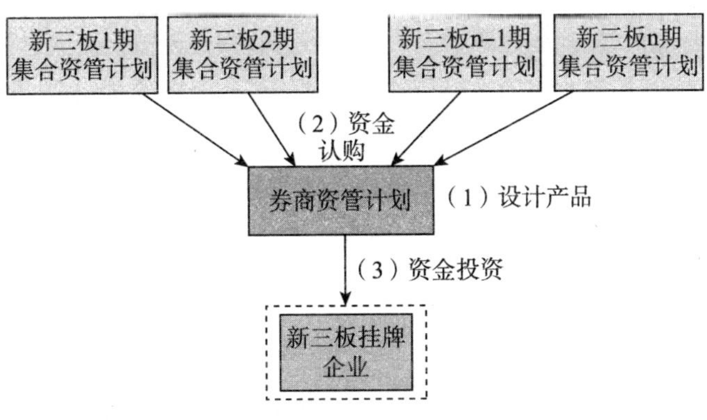

图 9-8　2015 年 2 月 16 日后券商资管参与新三板投资

资料来源：Wind 资讯，课题组。

2014年11月19日，证监会发布了《证券公司及基金管理公司子公司资产证券化业务管理规定》及配套工作指引，取消事前行政审批，实行基金业协会事后备案和基础资产负面清单管理，也从政策上为资产证券化业务的大发展奠定了基础。券商在资产证券化市场中拥有独特地位，相比信托而言，券商资管的产品设计能力更强，而资产证券化对产品设计能力要求较高；而与基金子公司相比，券商在基础资产获取端和产品销售端的能力也有显著优势。

（3）线上线下融合，全渠道资源整合

开展资产管理业务需要充分了解个人客户、企业、金融机构的需求，与信托公司、基金公司等资产管理机构相比，证券公司分布广泛的分支机构可以使券商更充分地接触客户，发掘业务机会。因此，如何优化渠道资源配置显得非常重要。首先，在目前中国以银行渠道为主的行业格局面前，券商仍需要加强与银行的合作，可以通过从销售流程、效率、创新产品销售能力等几个维度，对银行渠道进行筛选，与银行发展战略性合作伙伴关系。其次，对于证券公司的营业部渠道，可以通过将本公司的资管产品销售收入计入各地营业部绩效考核、与营业部签订销售合作条款等方式推动营业部与券商资管的协同合作，培育券商资管的自我销售平台。最后，券商资管产品还有望通过互联网实现渠道下沉。

（4）人才价值重估，注重公司治理

随着行业准入门槛的逐渐放开，金融牌照在慢慢贬值，而人才的价值在慢慢提升。随着投资者加大对金融资产的配置，资管业务的非标转标、资产证券化都要求管理人要以出色的主动管理能力胜出。而且，资产管理是一个充分竞争和高度市场化的行业，同时也是典型的知识和人力资本密集型行业，高度依赖于具有专业知识和专业能力的人力资本，依赖于人力资本的专业胜任能力和敬业精神。

目前在监管的许可下，公募基金行业在股权激励方已经有所突破。但对于券商资管而言，由于券商股权激励涉及国资和相关法律法规的修改而进展缓慢。证监会2013年3月发布《证券公司股权激励约束机制管理规定（征求意见稿）》，对可实施股权激励的证券公司、受激励对象、持有形式、信息披露等作出了明确要求。但意见征求后并未发出该管理规定的正式稿，阻碍了券商实施股权激励的进程。目前，券商资管的三种主要架构（证券公司的一级部门、分公司以及子公司）中能够实行股权激励的只有资管子公司。越来越多的券商借道子公司，曲线实行股权激励。据统计，截至 2015 年 1 月，已有国泰君安、光大证券、海通证券、浙商证券、银河证券等 14 家券商设立资管子公司或者申请获得批复。此外，联讯证券借助新三板的制度红利，启动股权激励计划委托中信信诚资产管理有限公司管理，全额认购启航 1 号资管计划的次级份额，开启了券商股权激励的先河。

牌照价值向下、人力价值向上是资管行业的大趋势，如何吸引人才、留住人才是券商资管在“大资管”时代必须要考虑的问题。

10

转型中的信托业，行业重塑与未来发展

2015

本章导读

- 2014 年，整体经济环境的持续下行与激烈的市场竞争促使信托行业全面开启了转型之路。融资类、投资类和事务管理类信托已呈现三分天下之势，投资类信托呈现走强之势。然而，信托业绩的增长很大程度上受益于往年的积累，探索真正具有成长空间的业务领域并寻找新的利润增长点，依然是信托行业面临的重大问题。
- 信托行业转型的动力和压力离不开传统业务模式和刚性兑付压力下信托项目的风险隐患。总体来看，信托不良仍处于较低水平，项目风险整体可控，并且风险项目的处置方式日益多样化、市场化和法治化。
- 2014 年以来，监管部门也出台了一系列文件，包括被誉为“史上最严监管文件”的“99 号文”、对政信合作类项目产生影响的“43 号文”等；监管部门更是在“八项机制”的基础上了提出了信托公司的“八项责任”，意在为信托行业的转型提供方向性的指引。
- 严格的监管致使信托行业在泛资管市场竞争中处于不利地位，但在经济下行时期，也有利于防范和控制风险，促使信托行业摆脱对融资类业务的依赖，从根本上进行转型。

透过数据看信托

信托资产规模和经营业绩稳步增长

截至2014年年末，信托资产规模创历史新高，达到13.98万亿元，较2013年年末的10.91万亿元增加了3.07万亿元，增速为28%，为2010年以来的增速最低值（见图10-1）。截至2015年1月末，信托资产规模达到14.41万亿元，同比增长22.85%，增速下降11.48个百分点。

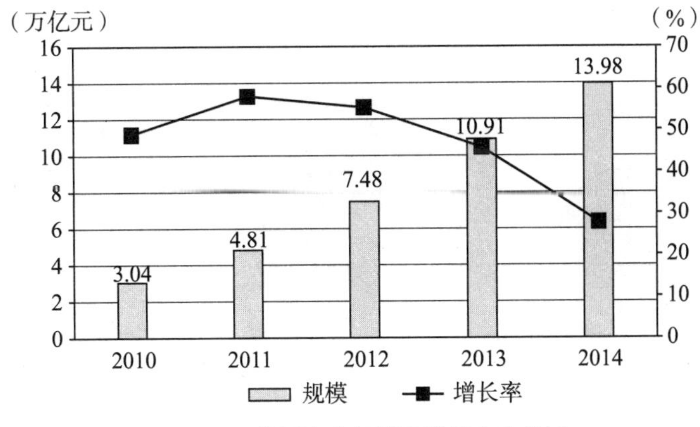

图10-1　信托资产规模及增长率走势图

2014年，信托行业实现经营收入954.95亿元，其中信托业务收入647.4亿元，占比为67.8%，全年实现利润642.3亿元，依然保持了增长的态势，但增速持续放缓（见图10-2）。

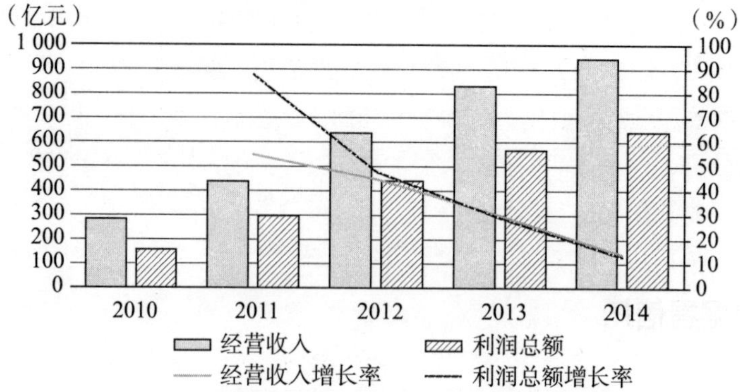

图 10-2　信托行业经营收入和利润总额走势图

信托资产结构日趋合理

从信托资产来源看，2013 年以来，单一资金类信托占比持续下降，集合资金类信托和财产管理类信托占比持续上升（见图 10-3），表明在行业结构调整时期，信托公司的业务结构开始调整，信托公司在信托业务中的主动管理能力逐步增强。

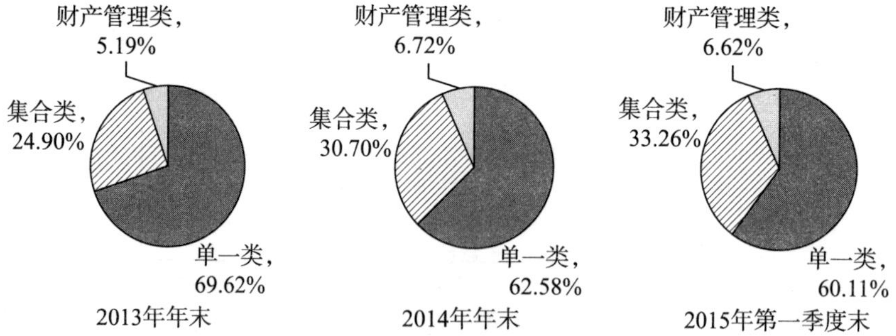

图 10-3　信托资产规模结构变化

从信托功能来看，2014 年事务管理类信托规模达到 4.56 万亿元，较 2013 年增长了 112%，占比近 33%；投资类信托规模达到 4.71 万亿元，占比 33.7%，无论是规模和占比均首次超过融资类信托。与之形成鲜明对比的是，融资类信托占比下降到33.65%，较2013年下降了14个百分点，较历史上占比最高的59%下降了25.36个百分点。可见，在内外部因素的综合推动下，信托业务转型已显成效，融资类信托遥遥领先的局面已经扭转，融资类、投资类和事务管理类三分天下、三足鼎立的局面已经形成。到2015年第一季度末，投资类和事务管理类信托规模和占比已经超过融资类，信托业务模式的变化逐渐显现。2010年以来信托功能下的信托资产分布和走势可见表10-1和图10-4。

表10-1　　信托功能下的各类信托资产分布情况表

信托功能	2010年		2011年		2012年		2013年		2014年		2015年第一季度	
	金额（万亿元）	占比（%）	金额（万亿元）	占比（%）	金额（万亿元）	占比（%）	金额（万亿元）	占比（%）	金额（万亿元）	占比（%）	金额（万亿元）	占比（%）
融资类	1.79	59.01	2.48	51.44	3.65	48.87	5.21	47.76	4.70	33.65	4.51	31.32
投资类	0.73	23.87	1.72	35.81	2.68	35.84	3.55	32.54	4.71	33.70	5.12	35.52
事务管理类	0.52	17.11	0.62	12.75	1.14	15.28	2.15	19.70	4.56	32.65	4.78	33.16
总计	3.04	100	4.81	100	7.47	100	10.91	100	13.97	100	14.41	100

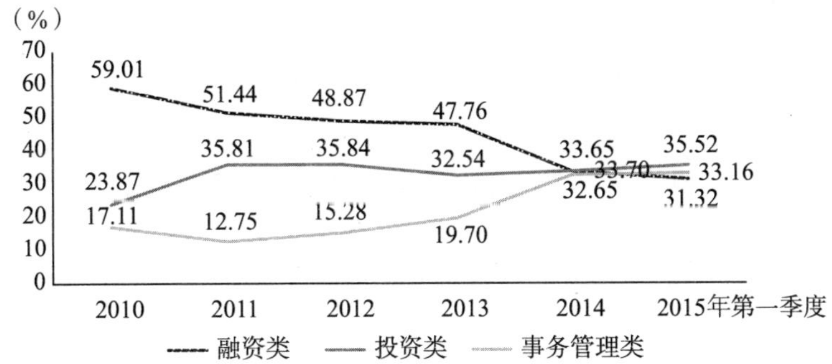

图10-4　信托功能下的各类信托资产占比走势图

信托资金投向更加平衡

受整体经济下行的影响，资金信托的投向有较大变化。总体来看，截至2014年年末，投向金融机构和证券市场的资金信托占比较2013年年末有所提升，房地产占比与2013年年末基本持平，基础产业和工商企业占比有所下降

（见图 10-5 和图 10-6）。到 2015 年第一季度末，证券市场占比为 16.64%，超过了金融机构 15.75% 的占比，成为信托资金的第三大运用领域（见图 10-7）。从证券市场的具体分布来看，仍以债券投资为主，但股票占比上升明显。

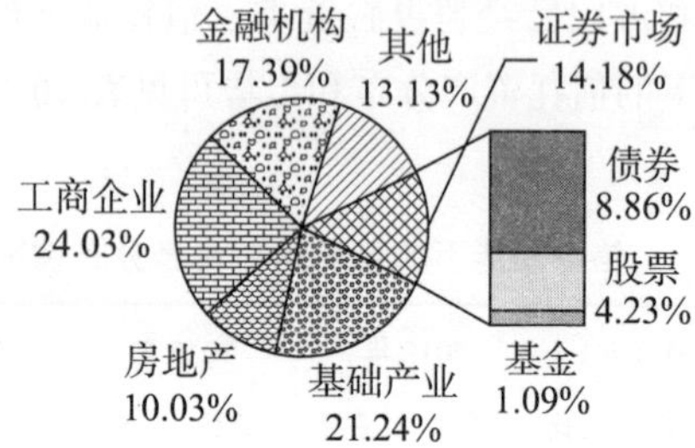

图 10-5　201 年年末资金信托投向分布图

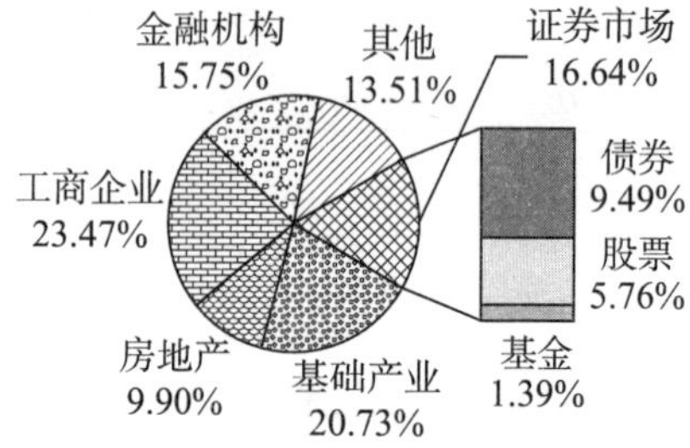

图 10-6　2015 年第一季度末资金信托投向分布图

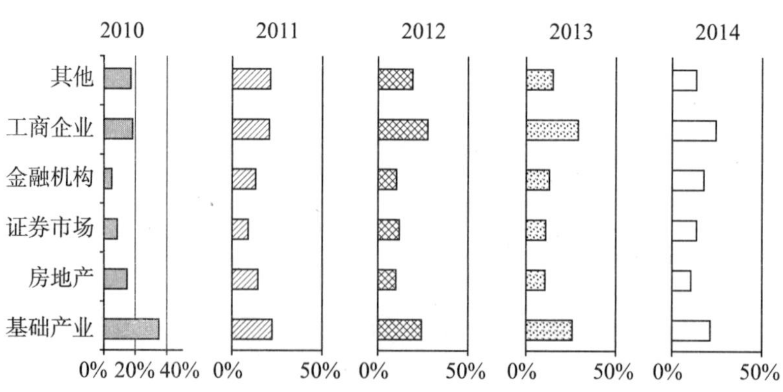

图 10-7　资金信托投向分布走势图

银信合作业务趋稳

2013年至2015年第一季度末，银信合作基本维持在20%左右（见图10-8）。随着银信合作业务监管的日益完善，通道业务竞争进入常态化。可以预见，银信合作业务占比将进入一个较为稳定的阶段，新的银信合作模式亟待探索。

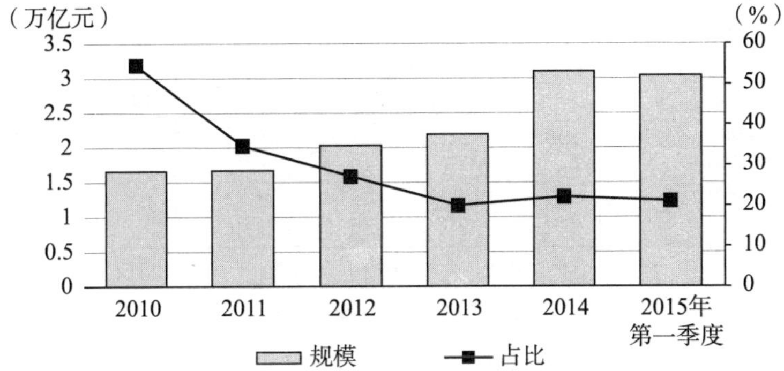

图10-8 银信合作业务规模和占比走势图

证券投资类信托实现较大增长

2014年资本市场回暖，证券投资类信托规模达到1.79万亿元，较2013年年末的1.09万亿元增长64%（见图10-9）。从具体投向来看，投向一级市场和二级市场的规模和占比有较大提升，投向一级市场的占比达到4%以上，较2011—2013年均为1%左右的占比有较大提高；投向二级市场的规模达到了6 205亿元，占比为34.6%，较2013年年末提高了10个百分点（见图10-10）。

总体来看，在经济周期下行、市场竞争加剧和业务结构调整的多重因素影响下，信托行业仍然保持了增长的态势。虽然增长速度有所下降，但无论从信托业务结构还是从信托资金投向来看，信托行业都在朝向更为均衡、更为良性的方向发展。首先，信托经营业绩的增长可能部分得益于往年的积累，但也显示了信托行业发展的持续性。其次，信托业务结构的调整表明信托行业的转型已经悄然显现出效果，尽管这种转型可能更多是在外部压力的推动下进行的，但压力亦是动力，外源性的变革也会带来良好的效果。最后，信托的主动管理能力得到一定的提升，作为信托本源和信托公司转型方向的财富管理业务对信托公司的主动管理能力有较高要求，主动管理能力的提升表明信托开始了实质上的转型之路。

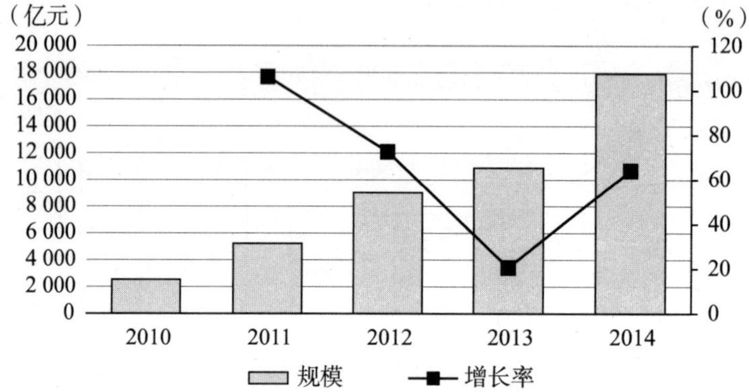

图 10-9　证券投资类信托规模和增长率

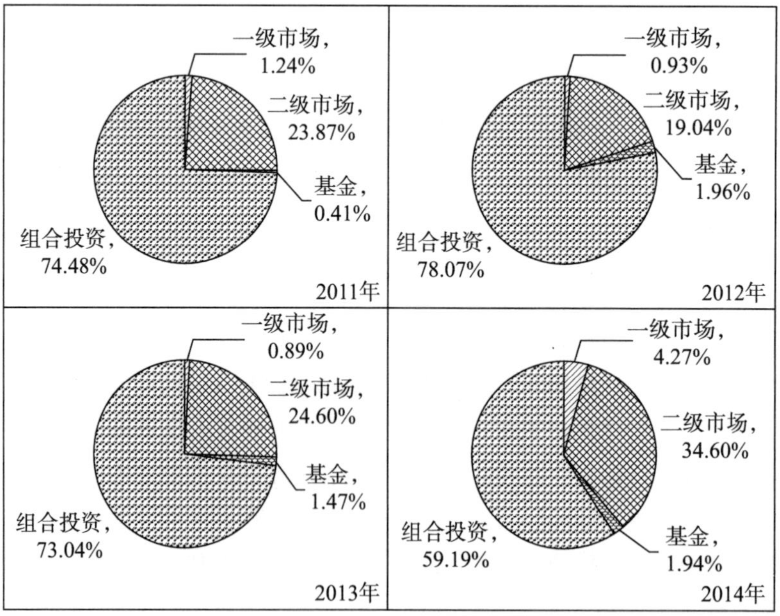

图 10-10　证券投资信托分布图

风险管理下的信托项目

信托行业风险隐患项目概况

（1）存在风险隐患的项目规模和占比低

根据中国信托业协会发布的数据，截至2014年年末，信托行业有369个项目存在风险隐患，涉及金额781亿元，占管理信托资产规模的0.56%；截至2015年第一季度末，风险项目规模为974亿元，占信托资产规模的0.66%，其中集合类占比66%，单一类占比31%（见图10-11）。总体来看，信托行业整体风险可控，不会发生系统性风险，并且信托行业存在风险隐患项目占比低于银行业不良率水平。根据银监会公布的数据，中国银行业金融机构2014年年末不良贷款率为1.64%、商业银行不良贷款率为1.29%；而2013年年末时，银行业金融机构和商业银行的不良贷款率分别为1.49%和1%。

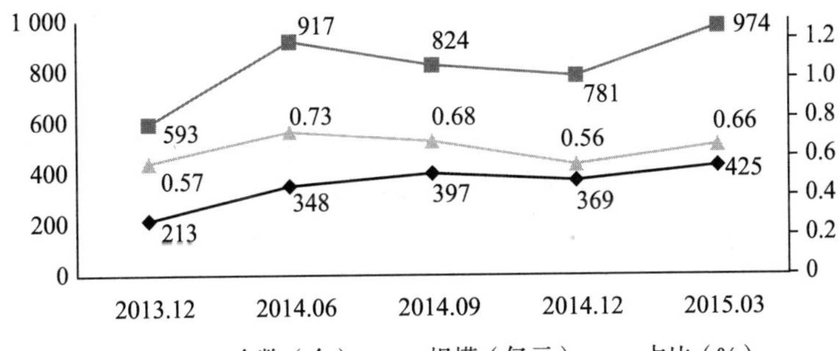

图10-11 信托行业风险项目情况

资料来源：信托业协会公布数据，《2014年信托行业监管工作报告》。

（2）多笔风险项目成功化解

根据银监会非银部发布的《2014年信托行业监管工作报告》，2014年共化解了包括诚至金开1号、超日太阳等多笔重点项目在内的142笔风险项目（含

2013 年年底的 126 笔和 2014 年新增的 16 笔），涉及金额 374 亿元。

监管部门先后开展全国范围信托公司的风险排查，通过现场检查、窗口指导等督促风险项目的化解，成立了信托风险处置工作组，建立了全国信托风险处置联系网，着重从风险识别化解、风险预案、风险处置、舆情监测等方面指导风险处置工作。可见，风险项目处置和化解已经引起监管部门的高度重视。

存在风险隐患项目解析

（1）存在风险隐患项目的类型

受宏观经济下行、房地产行业持续低迷、国际能源局势的变化等多重因素影响，2014 年信托行业存在风险隐患项目集中在房地产、能源类、艺术品等领域，而且尤以房地产项目为主。

从“光耀地产资金链断裂”到“邯郸房企老板跑路”，一些城市房产项目停工，房地产信托兑付危机不时曝出。从 2014 年到 2015 年第一季度末，被曝出兑付危机的房地产类信托项目高达近 15 个，涉事金额至少达 50 亿元。其中涉及十多家信托公司，而且个别信托公司多款房地产项目存在风险隐患。但是，多数项目出现的仅仅是流动性风险，因为有较为充分的担保措施，如抵押物、保证人等。鉴于房地产行业的风险，多数信托公司对房地产信托项目采取更为谨慎的态度，并开始探索房地产基金等运作模式。根据信托业协会公布的数据，2014 年的新增项目中，投向房地产的信托规模为 5 471 万元，占比为 9%。

能源类信托受到煤炭市场低迷影响，2010 年以后开始兴起的矿产能源类信托风险突出。再加上能源类信托具有专业性强、估值困难等特点，以致于对此类信托项目的风险管理有一定难度。作为曾经具有高收益的信托类别之一，多款矿产能源类信托在 2013 年、2014 年被曝出现风险，而且经常出现同一家融资主体向多家信托公司融资的现象，一旦该融资方陷入债务纠纷或履约能力下降，就会出现多家信托公司的产品存在风险隐患的现象。

艺术品信托也是出现风险较多的一种信托类型，主要原因在于，艺术品的价格不仅取决于其内在价值，而且与投资者的主观评价相关，并且与整体经济形势有很大关系，当经济进入下行周期，艺术品的投资风险就会加大。此外，某些艺术品真伪的辨别需要一定的专业性，虽然艺术品信托中经常会设置投资顾问，但仍然可能出现购入赝品的情况，风险较难控制。基于此，多数信托公司较少涉及艺术品信托，市场上发行艺术品信托产品的仅限于少数几家有特殊资源和禀赋的信托公司。

（2）风险形成的原因

通过对市场上存在风险隐患的项目进行分析，可以概括出以下几点风险成因：

整体经济或行业进入下行周期。行业发展情况是影响信托项目运行情况最为直接的因素，近年来房地产信托、能源矿产类信托项目的风险与行业的发展情况以及政策导向密切相关。如何进行投资项目的合理配置，包括逆周期配置，实时跟踪把握政策方向是对信托公司能力的考验。

融资方本身存在问题，前期尽职调查失职。融资方在融资过程中，可能存在提供虚假信息、隐蔽债务等情况，特别是在融资难的大环境下，许多企业都涉及民间借贷等问题而不易被察觉，一旦暴露出来都规模巨大且情况复杂，从而对项目的运转造成威胁。已经暴露出来的许多存在风险的房地产项目都涉及民间借贷，再加上其他因素的影响，最终导致资金链断裂。

融资方经营不善。融资方的经营管理能力直接影响企业的运营情况，进而影响到信托项目的安全性，在市场环境和金融环境瞬息万变的背景下更是如此。信托公司进行的许多债权或明股实债的投资几乎完全依赖于融资方自身的经营管理。因此，选择经营能力和综合实力强的融资方至关重要。

融资方实际控制人或关联方陷入危机，引发项目风险。融资方的董事、高管、项目的担保人、回购义务人等出现重大违法违规事件、刑事案件，或者因资金问题跑路等，可能会给信托项目的正常兑付带来不确定性，在目前已经暴露出风险隐患的一些项目中，都不同程度地存在此类问题。因此，风险管理过程中不仅需要关注企业自身的风险，还需要注意相关人员的风险。

（3）风险的处置方式

对于存在风险隐患的项目有不同的风险处置方式，但概括来看，有以下几类：

第一，提前终止信托计划。通常，信托合同中都设置了提前终止条款，信托公司发现风险隐患，并且预见到可能出现违约风险时，经过权衡且条件允许时,可以选择提前终止信托计划,以避免造成、扩大损失或增加处置风险的难度。

第二，延长信托计划期限。延长信托计划需要按照信托合同的约定进行，有时需要召开受益人大会。延长信托计划期限可能是为了等待融资方恢复偿还能力，但更多情况下是为了争取更多时间，以寻求更为妥善的处置方案。

第三，发行新的信托计划或转让信托受益权。许多融资方到期无法偿还借款时，会通过向其他信托公司或机构进行新一轮融资的方式，实现资金补充，以清偿之前的项目；也有的项目到期无法正常兑付时,信托公司会寻找接盘者，受让原受益人的信托受益权，实现项目的正常兑付，接盘者是资产管理公司或其他机构。还有一些暴露出风险的项目最终因神秘接盘者出现，而实现正常兑付投资者的收益。这种方式的问题在于，融资方要负担更高的成本，类似于滚雪球一样，资金成本越来越高。

第四，信托公司自有资金垫付。一些项目到期后，信托公司会以自有资金兑付投资者的本金和收益，实现所谓的刚性兑付。然后再处置项目的担保物，或者向担保人追偿等，实施通常意义上的对风险项目的处置。这种方式并不意味着完全亏损，只是要耗费一定的物力和人力。在极端情况下，也可能出现担保物价值贬损或无法处置、担保人无力清偿的情形，该损失则由信托公司自己承担。

第五，以信托财产为限向委托人分配收益，要求融资方承担违约责任。包括采取担保措施、处置抵 / 质押物，提起诉讼或仲裁等。这实际上属于正常的风险处置方式，但在刚性兑付的信托文化下，这种方式很少出现。然而，随着信托风险项目的增多，越来越多的信托公司开始采取诉讼、仲裁的方式处置风险，从某种意义上来说，这也是进步的一种体现。

总体来看，信托风险处置的能力日益增强，风险处置方式也日趋多元化，并且在许多情况下，风险项目的处置综合运用了以上方式，或者在不同的阶段采用不同的方式，而非拘泥于单一方式，一成不变。随着信托行业资本实力的扩充、保障基金的实施，信托行业抵御风险的能力将进一步增强，信托行业不会发生系统性风险。

监管重手推动信托行业重塑

信托行业结束快速增长期，进入结构调整期以后，监管机构也开始着力对信托业基础设施予以完善和规范，并相继提出“八项机制”和“八项责任”；在银监会机构调整过程中，从非银部分离出信托监管部，专司信托行业的监管职责（见图 10-12）。这些措施足以体现监管层重塑信托行业的决心和信心。

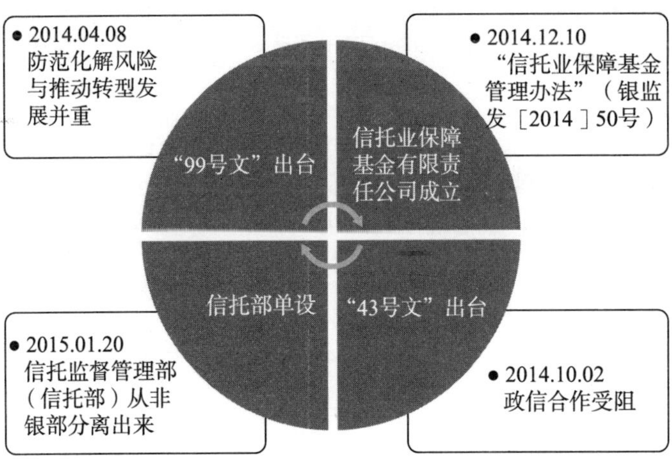

图 10-12　2014 年监管重塑信托行业的事件

“99 号文”被誉为史上最严的监管文件，其核心内容是风险的防范化解与行业的转型发展。其提出的设立专业子公司、并购业务、信贷资产证券化、家族财富管理等已经逐渐成为信托公司的重点布局方向；其提出的完善监管机制的几项措施，也表明了监管的重点和导向，例如信托产品登记机制、分类经营机制已经在紧锣密鼓的推进过程中。2014 年以来推出的主要监管文件及内容详见表 10-2。

表 10-2　　2014 年以来主要的监管文件及内容

文件名称	发布时间与文号	主要内容
《关于信托公司风险监管的指导意见》	2014.04.08 银监办发［2014］99 号	从做好风险控制、明确转型方向、完善监管机制三个方面进行规定，提出了防范化解风险与推动转型发展并重的原则。
《关于调整信托公司净资本计算标准有关事项的通知（征求意见稿）》	2014.04.09 银监会	信托业务划分为事务管理类（通道类）和非事务管理类（非通道类）。
《关于 99 号文的执行细则》	2014.05.13 银监会	明确信托产品营销、异地推介信托产品以及资金池清理的具体要求。
《关于规范金融机构同业业务的通知》	2014.04.24 银发［2014］127 号 （“127 号文”）	对同业拆借、同业存款、同业借款、同业代付、买入返售（卖出回购）等同业融资业务和同业投资业务进行了规范。
《关于规范商业银行同业业务治理的通知》	2014.05.16 银监办发［2014］140 号	规范同业业务机构设置，要求同业业务实行专营部门制，规范同业业务授权、授信管理体系。
《关于加强地方政府性债务管理的意见》	2014.10.02 国发［2014］43 号	一方面赋予地方政府适度举债的权限，但也对城投公司等“平台式”融资模式实施进一步约束。
《关于信贷资产证券化备案登记工作流程的通知》	2014.11.20 银监办便函［2014］1092 号	明确了信贷资产证券化业务由审批制改为备案制。
《信托业保障基金管理办法》	2014.12.10 银监发［2014］50 号	规定了信托业保障基金的筹集、管理、使用、分配和清算，以防范信托业风险。
《杨家才在 2014 年中国信托业年会上的讲话》	2014.12.19	强调练好内功、勤勉尽责，打造新型信托业，提出信托公司应履行的八项责任。

续前表

文件名称	发布时间与文号	主要内容
《关于做好信托业保障基金筹集和管理等有关具体事项的通知》	2015.02.25 银监办发［2015］32 号	明确了保障基金的认购时间、具体标准、认购主体和账户管理等。
《中国人民银行公告 [2015] 第 7 号》	2015.03.26 人民银行公告［2015］第 7 号	信贷资产支持证券发行改为注册制，明确了信贷资产证券化产品可以采用簿记建档方式发行。

“43 号文”出台后，政信合作业务的发展方向

2014 年 10 月 2 日，国务院颁布《关于加强地方政府性债务管理的意见》（国发［2014］43 号，即“43 号文”），该文件明确规定“剥离融资平台公司政府融资职能”、“地方政府对其举借的债务负有偿还责任”。

利用地方政府的隐性担保，以融资平台公司为主体通过信托计划为城市建设融资是基础产业类信托的主要业务模式。根据信托业协会公布的数据，2010 年以来投向基础产业的信托资金占比维持在 20% 以上，截至 2015 年第一季度末，基础产业类信托占比 20.75%，较 2014 年第一季度末下降 4 个百分点（见图 10-13）。从长远来看，“43 号文”后，政信合作类业务应如何发展，需要探讨。

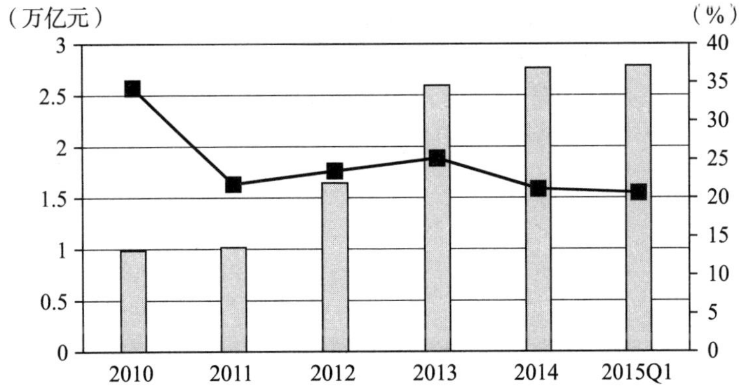

图 10-13 基础产业类信托规模和占比走势图

（1）PPP 模式

“43 号文”出台后，政信合作类项目的发展趋势成为业界热议的话题。根据“43 号文”，财政部于 2014 年 10 月 23 日颁布了《地方政府存量债务纳入预算管理清理甄别办法》（财预［2014］351 号，简称“351 号文”），规定地方各级政府要结合清理甄别工作，认真甄别筛选融资平台公司存量项目，对适宜开展政府与社会资本合作（PPP）模式的项目，要大力推广 PPP 模式。

PPP 模式是 Public-Private Partnership 的简称，指政府与社会资本为提高公共产品或服务所建立的“全过程”合作关系，又称为“公私合作”，是一种公共基础设施项目融资模式。2014 年以来，国家发展改革委、财政部和许多地方政府都出台了政府和社会资本合作的相关文件（见表 10-3）。

表 10-3　　2014 年以来关于 PPP 模式的政府文件

发布机关和时间	文件名称	主要内容
国家发展改革委 2014.12.04	《关于开展政府和社会资本合作的指导意见》（发改投资［2014］2724 号）（附件 1:《PPP 项目进展情况按月报送制度》；附件 2:《政府和社会资本合作项目通用合同指南》）	从项目适用范围、部门联审机制、合作伙伴选择、规范价格管理、开展绩效评价、做好示范推进等方面，对开展政府和社会资本合作提出具体要求。
财政部 2014.09.23	《关于推广运用政府和社会资本合作模式有关问题的通知》（财金［2014］76 号）	强调项目的全流程管理，为 PPP 项目的开展提供指导。
财政部 2014.11.29	《政府和社会资本合作模式操作指南（试行）》（财金［2014］113 号）	从项目识别、项目准备、项目采购、项目执行、项目移交 5 个方面对相关实务操作给出了具体的指导意见。同时公布了天津新能源汽车公共充电设施网络等 30 个 PPP 示范项目，总投资规模约 1 800 亿元，涉及供水供暖、污水处理、垃圾处理等多个领域。
财政部 2015.04.07	《政府和社会资本合作项目财政承受能力论证指引》（财金［2015］21 号）	明确了 PPP 项目的风险判断和政府承担责任的“范围”。

对政府而言，社会资本的引入能够有效减轻政府的负担，可以腾出更多的资金额度用于重点民生项目建设；对投资者而言，PPP 模式提供了全新的投资渠道，可使其获得长期稳定的收益，共享经济成果；而对于正处于转型时期的信托公司而言，PPP 不失为信托转型和创新的契机，信托公司可以充分发挥自身在资金端的社会资源积聚能力，在 PPP 项目中凭借丰富的项目管理经验帮助地方政府进行项目管理，降低政府可能面临的投融资风险。

目前来看，信托公司参与 PPP 主要有以下几种模式：

第一，真实投资于项目公司，通过项目分红收回投资。例如，2014 年 6 月，五矿信托与抚顺沈抚新城管委会、中建一局签订《沈抚新城政府购买服务合作框架协议》，开展沈抚新城基础设施建设，三方共同注资成立项目公司。其中，五矿信托以股权投资形式成为项目公司的绝对大股东。成立的项目公司属于“43 号文”中提到的特殊目的公司。这种模式要求信托公司具备较高的全面识别风险的能力和项目操控能力以及就风险分担机制与政府谈判的能力。

第二，向项目公司提供融资。信托可通过向项目公司直接融资方式，并要求项目公司就已获取的上述资源进行抵（质）押担保，并将信托层面设计为开放式，允许投资者申购、赎回，以弥补信托期限较短的缺陷，与项目公司项目建设的长期性相匹配。这种方式简单易行，但是存在融资成本较低、期限较长、还款来源不足、抵质押物处置困难等问题。

“后 43 号文时代”，信托业需要从原始的简单粗暴的政府融资平台贷款模式中脱胎换骨，以混合所有制为契机参与到政信合作的新蓝海。但是顶层制度的欠缺、地方政府“资产负债表”不透明、政府履约义务的非强制性、特定税收制度尚未建立，使得 PPP 模式在短期内推广并成为政府中长期财政规划仍然有一定的难度。

（2）城镇化基金

在城镇化进程中，除了目前的融资类政信合作业务和备受瞩目的 PPP 模式、地方政府债券外，2014 年以来，城镇化基金有一定程度的发展，其出现是严格的债务融资限制和强烈的融资需求共同作用的结果，也是在PPP模式和地方政府债券上不成熟的背景下出现的一种可行路径。

城镇化基金，又称城镇化产业基金、城市发展基金等，是产业投资基金的一种。产业投资基金最早需要由发改委核准，2006年成立的渤海产业基金是中国产业投资资金，事前核准制一定程度上限制了产业基金的发展。2014年1月17日，中国证券投资基金业协会发布《私募投资基金管理人登记和备案办法（试行）》；2014年8月，证监会正式颁布《私募投资基金监督管理暂行办法》，规定设立私募基金管理机构和发行私募基金采取事后备案制，产业基金发展进入快车道。

信托公司可以利用在前期的基础设施类项目中积累的经验，积极利用城镇化产业基金，为地方政府的建设提供资金支持和智力支持。

具体而言，信托公司与政府、其他社会资本成立基金管理公司，由该基金管理公司作为普通合伙人（GP），与其他社会资本或信托计划募集资金（LP）成立产业基金（合伙企业），由该基金向项目公司进行投资。期限届满，基金向项目公司其他股东转让股权，获得退出。该基金也可以作为母基金，发起设立不同的子基金，参与到不同的项目建设中。对信托公司而言，这种方式可以更好地掌握项目建设和政府补贴等信息，基金管理公司股东可以获得股权投资收益，而且可以发行信托计划作为LP加入到项目中。此种模式对于项目运营管理能力有较高的要求，并且对于项目的选择、退出方式等需要进行合理的设计。

从目前的运作情况来看，主要有有限合伙型产业基金和契约型产业基金两种方式。有限合伙型产业基金需要设立基金后,成立项目公司进行具体的运作；契约型基金通常由基金认购先前已经成立的项目公司的股份，同时约定回购业务，实现基金的退出。

“后127号文时代”，银信合作业务转型

2014年4月24日，中国人民银行、银监会、证监会、保监会和外汇局联

合发布《关于规范金融机构同业业务的通知》（银发［2014］127号，即“127号文”）；5月16日，中国银监会办公厅发布《关于规范商业银行同业业务治理的通知》（银监办发［2014］140号），意在对金融机构同业业务进行规范和治理。

“127号文”的重点内容是：一是同业拆借、同业存款、同业存款、同业代付、买入返售等同业业务回归临时性、短期性资金头寸调度的本性；二是明确信托及其他受益权不能作为买入返售业务的标的资产，列入同业投资资产，但需要为持有这些资产计提相应的风险资本。计提投资相应的风险资本后，这类业务的规模可能会大幅降低。

银监会为配合“127号文”发布的同业业务治理的通知，重点是规范同业业务机构设置，要求同业业务实行专营部门制，分支机构不再经营同业业务。业务组织机构的调整有助于银行总部进行统一管理，有助于同业业务纳入银行全面风险管理体系，并制约分支机构使用银行理财资金通过同业业务规避有关监管规定。

（1）同业业务治理对信托公司的挑战

以银行同业业务为主的同业业务治理对信托公司业务也会产生重要影响。信托公司部分与银行同业业务合作的业务将萎缩。

2012年前，银行买入返售业务中以信托及其他受益权为标的的资产大部分都是银行与信托公司合作创设的产品；2012年下半年后，证券公司和基金子公司专项资产管理计划的大部分业务都围绕与银行合作，通过创设受益权等多种复杂的交易结构实现银行理财资金受让银行信贷资产或直接为企业提供融资，资金来源一般是银行的理财资金。

银行与信托公司、证券公司、基金子公司等机构通过银行同业业务（主要是买入返售信托受益权或票据），设计复杂的交易结构，规避了银行理财资金不能投资本行信贷资产，或为本行授信企业提供融资的限制。同业业务治理的重点就是该类型业务。在证券公司和基金子公司专项资产管理计划的竞争下，该类型业务的“通道费”已经大大降低，甚至已经降低至万分之一或以下。从某种程度上说，同业业务治理对信托公司业务虽有影响但影响已经不显著。

（2）“127号文”后的银信合作机遇

银行同业业务治理也会给信托公司创造一些市场机会，并促进信托公司设计新的产品，从而吸引银行理财资金认购。

首先，投资于低风险资产的银行理财产品收益率将下降，信托公司融资对象可扩大。信托受益权将不能成为买入返售业务的投资标的，银行自有资金或银行理财资金投资信托受益权将列入同业投资。如果银行理财资金不再配置信托受益权，主要投资于债券等金融资产，银行理财产品的收益率将下降。银行理财资金收益率下降后，将拉低人们对社会资金的回报率的期望。

社会资金回报率期望的下降对信托公司的好处体现在：一方面，委托人认购信托公司集合资金信托计划时的期望收益将下降；另一方面，信托公司也可以向资产质量优质但融资成本并不高的企业提供融资，拓宽信托公司的业务领域。

其次，信托公司项目来源将扩大。据银行业务人员反馈的信息，通过同业业务以买入返售信托收益权等形式为提供融资的标的企业或标的资产一般不能满足银行信贷要求，或者银行基于信贷额度约束不能满足企业的融资要求。在银行同业业务治理后，银行不能满足融资的企业将增加，这些企业或项目很多都可能成为信托公司的项目来源。

再次，信托公司集合资金信托计划将可能成为同业投资的重点。信托公司可以加大结构化产品的开发设计力度，吸收银行自有资产或理财资金投资于信托公司开发的集合资金信托计划的优先级信托，次级资金来源可以是信托公司自有资金、项目企业自有资金、第三方投资企业资金。

只要信托公司能够开发出风险可控、收益可期的信托计划，将会吸引规模庞大的银行理财资金配置一定比例的信托计划，信托公司的资金来源将得以扩大。

访谈手记

【访谈手记一】

互联网金融访谈手记：基于信托业发展视角

《2015 年政府工作报告》提出“互联网＋”行动计划，“互联网＋”概念开始在各个行业点燃创新之火，互联网金融业时代全面开启。作为走在金融改革和创新前沿的信托业也正处于转型和调整的关键时期。如何与互联网结合进行模式上的创新，如何探索转型之路？为此我们对四川信托有限公司（简称四川信托）的陈文研究员和陕西省国际信托股份有限公司（简称陕国投信托）的王春艳研究员进行了专访。

信托行业互联网金融现状

信托产品营销推广

就当前的情况来看，相对于银行、保险以及证券在移动端的产品，信托对互联网的利用非常滞后，仅少数机构推出了相应的 APP，提供了现金类信托的申购和赎回，多数机构仅将互联网作为简单的信息发布平台。虽然信托产品属于私募产品，起点较高，交易并不十分频繁，并且有面签等一些监管限制，但积极利用互联网平台可以有效解决信托产品营销过程中的高成本和信息不对称等问题，还可以提升客户体验，加强客户黏性。王春艳研究员认为，信托与互联网的结合可以打造客户的极致体验。从经营逻辑层面出发，融入互联网开放型生态系统，为客户提供一站式可定制的全方位财富管理解决方案，并对既有的产品设计理念、客户服务理念、品牌价值理念等进行全方位的革新。通过互联网金融平台，搭建安全、稳健、高效、透明的线上线下资金配置平台，更好地管理高净值人士和资金富裕机构的财富，更快捷地对接金融同业机构，服务优质项目资源方。

互联网消费信托产品

通过与互联网的结合，信托业在消费信托领域实现了创新。

（1）中信信托——互联网消费信托

作为全国第一单互联网消费信托，百度消费权益信托属于财产权信托和资金信托的结合。消费者通过参与“百发有戏”平台的预售或团购获得电影票、影院卡等实物、服务或媒体内容形式的消费权益。消费者获得相关消费权益后，将消费权益注入百度消费权益信托项目，由中信信托对消费权益进行集中管理。中信信托作为独立第三方，将发挥信托财产的独立性和破产隔离方面的独特功能，为消费众筹项目增信，同时进行监督管理，确保资金专项运用，间接实现了对消费权益的保障性监控（见图10-14）。

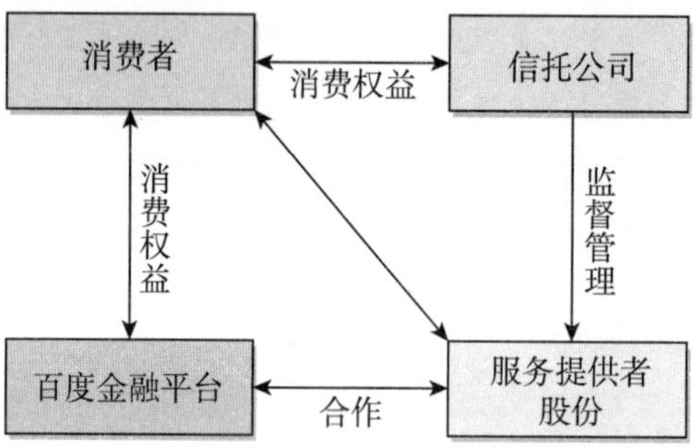

图10-14 “百发有戏”消费信托产品交易结构主要框架

（2）万向信托——足球众筹

2015年4月23日，PPTV、万向信托、金杜律师事务联合在苏宁众筹平台推出了体育足球类互联网消费金融产品——“PPTV欧冠足球宝”。该产品募集期为15天，募集期内所募金额如达到500万元的目标，则项目发行成功。投资者可在获得PPTV会员无广告直播等观球权益的同时，再获得预期年化收益率8%的收益增值，更有机会获得巴萨主场诺坎普球赛门票、欧冠转播赛事特别鸣谢等会员专享权益（见图10-15）。

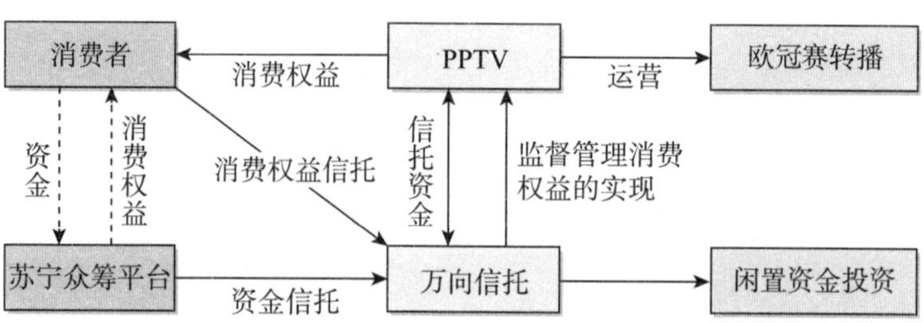

图10-15 “PPTV欧冠足球宝”基本交易结构

信托参与互联网金融需要注意的问题

1. 搭建综合互联网信托平台

信托行业与互联网结合最直接有效的途径，就是利用互联网信息传播的高效便捷和交易简单快捷的优势，在信托产品的营销端提升客户体验、扩大客户群体，进而形成公司的品牌效应。对此，四川信托研究员陈文和陕国投信托研究员王春艳都表示认同，并表示，搭建综合互联网信托平台是很好的选择。

从资金端而言，陈文认为通过搭建互联网综合金融平台，可以打造新的信托产品营销渠道，节约产品发行成本，进而让利于客户；可以通过互联网平台的闭环运作、引入其他货币基金类产品，解决客户资金闲置空档期收益问题，同时锁定客户；可以通过互联网平台为客户提供各类标准化产品、定制化产品、增值服务，以便利的方式增强客户的黏性，最后在缺乏统一的信托流转平台背景下，借道互联网平台可以增强信托产品的流动性。

从资产端而言，信托公司可以通过互联网技术和大数据优势开展类似于商业银行交易银行模式的“交易信托公司模式”，推进交易数据化、提供全流程全方位的服务，将信托打造成“综合金融服务提供商”。对于如何打造高端整合性金融服务提供商，王春艳认为需要从三个方面下手。第一，通过整体布局和多样化渠道运用，拓展业务领域、延伸业务抓手，为财富管理储备客户资源及项目资源，打造顶级金融产品供应商品牌和高端财富客户专业理财顾问形象。第二，大力推行以电子化手段为支持的标准化服务和以高素质客户经理为支持的个性化金融服务。第三，借助互联网平台，利用跨市场经营和多工具组合的优势，为信托业务的开展打开资本通道，通过产业链的集成、价值链的延伸以及优化完善的风险管理控制体系，为信托公司与实体经济的协同发展开辟路径。

2. 汲取互联网思维进行业务创新

信托拥抱互联网的另一个层次是利用互联网思维进行创新。陈文认为，学习互联网思维是信托公司拥抱互联网最简单的方式。互联网思维中用户思维、极致思维、跨界思维、平台思维等都对信托公司有着指导意义，利用互联网思维有利于信托公司首先从思维上改变过去粗放式的经营和业务拓展模式。

【访谈手记二】

资产证券化浪潮下信托业的机遇与选择

2012年，国家开发银行在国际金融危机以后首单成功试点发行了101.7亿元信贷资产支持证券，标志着中国信贷资产证券化从2005年试点启动以来，进入了有序稳步发展的新时期。总结这段新时期的发展特点就是：基础资产类型逐步增多；发起机构日益丰富；与此同时，政府和监管部门也通过陆续推出一些新机制（备案制、注册制）以及在国务院常务会议上给出大力支持政策，表明了推动信贷资产证券化业务发展的决心。

目前对于信贷资产证券化的不同声音认为，本轮“资产证券化热”是监管推动下的逆市场行为，市场供需乏力、流动性不足、投资者群体有限等都制约了其发展。在这样的背景下，信托业的发展究竟会受何影响？对此我们专访了中诚信托有限责任公司（简称中诚信托）王玉国博士和陕国投信托王瑞君博士。

目前信托公司信贷资产证券化业务面临的主要问题

目前，绝大多数信托公司在信贷资产证券化业务中被定义为通道，虽然在整个项目的开展中要承担很多的职责，但收取的报酬却一再被挤压。因此，信托公司在信贷资产证券化中面临的问题不容忽视。

中诚信托王玉国博士认为，信托公司如果只担当受托人角色，将会面临更大的挑战。首先，仅仅靠担当受托人不会提高报酬。其次，交易所将成为资产证券化的另一个重要交易场所，交易所发行的资产证券化采取了专项资产管理计划模式，并没有引入信托公司做受托人，这势必会分流出不少业务机会。再者，其他类型的金融机构也有可能在国家政策支持下成为受托人，信托公司在资产证券化业务中的地位将进一步遭遇惨烈挤压。因此，信托公司必须在资产证券化的服务链条上发挥更大的作用。

陕国投信托王瑞君博士认为，当下资产证券化业务的开展主要是凭借券商的专业能力和承销能力来保证资产证券化产品的成功发行，而信托公司的费率大都是按照通道费收取，甚至部分信托公司把资产证券化业务视作通道业务。因此，要想抓住资产证券化机遇，信托公司应采用主动管理的态度对待资产证券化业务。

信托公司的努力方向

面对日益繁荣的资产证券化市场，信托公司应当多维度开展资产证券化业务，提高自身在资产证券化业务全流程中的综合能力。

陕国投信托王瑞君博士认为，信托公司应当多视角接入信贷资产证券化业务。中诚信托王玉国博士认为，信托公司要以受托人角色为依托，主动与资产证券化的发起人联系，拓宽服务范围。一是信托公司在资产证券化业务中，除担任受托人外，还可以延长服务链条，为资产证券化发起人金融机构提供更多服务，以期提高受托报酬。二是除银行间市场的资产证券化业务外，还可以探索非公开发行交易的资产证券化业务，以提高资产证券化业务收费水平。三是主动与资产证券化的发起金融机构联系，合作拓宽基础资产的来源和范围。

总结来说，信托公司开展资产证券化业务应从以下几方面努力。第一，在产品端，在基础资产筛选、现金流测算、模型构建和产品分层等方面下足功夫，增强这方面的能力。总体来看，信托公司在此方面的能力较弱，目前还主要依赖于券商或发起机构。第二，增强债券的发行能力，信托公司在信托产品的营销方面积累了一定的经验，但是对资产支持证券这种利率较低的债券的发行能力有限。第三，除了参与公募的信贷资产证券化外，信托公司可以开展私募的资产证券化业务，并且基础资产的选择不局限于银行业金融机构的信贷资产，可以扩展到企业的债权、应收款等，其核心是从主体信用向资产信用过渡。对信托公司而言，当前的主要任务是结合在之前信贷资产证券化业务中积累的经验，提升自身的主动管理能力，更积极地发挥主动性，使信托公司可以成为名符其实的受托人和发行人，并借此有利时机，使信贷资产证券化业务成为信托公司新的业务增长点和利润来源。

【访谈手记三】

如何迈入家族信托新蓝海

2012 年 9 月，平安信托在国内发行第一单家族信托，由此拉开了家族信托在中国本土化发展的序幕。截至目前，北京信托、外贸信托、中信信托、长安信托等已经推出了家族财富管理信托产品。如何看待家族信托未来的发展空间？投资者参与家族信托需要注意哪些问题？为此，我们对中诚信托王玉国博士和中信信托杨安琪研究员进行了专访。

国内开展家族财富管理信托的现状

从目前信托公司开展的家族信托来看，多采取与私人银行、律师事务所等机构合作的方式。中国信托公司目前的家族信托业务受托资产几乎全部是资金信托，与家族信托最核心的功能——财富传承，还有很大的距离。中信信托杨安琪研究员认为，这与制度环境约束有关，例如目前国内信托财产的登记、转移配套制度不完善；税收筹划等功能无法充分发挥，可能存在重复征税问题；难以实现跨境资产配置等。

家族信托可能成为信托业务的新蓝海

根据2015年4月2日民生银行与胡润百富联合发布的《2014—2015年中国超高净值人群需求调研报告》，中国超高净值人群约17 000人，总计资产规模约31万亿元人民币，平均资产规模18.2亿元人民币。这些客户的需求也从财富增值保值目的下的投融资过渡到分散资金风险、跨境资产配置、财富传承。

通过开展家族信托，为高净值客户提供财富传承和资产配置服务，可以成为信托业务方向之一。中诚信托王玉国博士认为，家族信托也可以在中国民营企业家和富裕家族的财富传承中发挥重要作用。随着中国民营企业家面临二代接班问题的日益逼近，以及中国富裕家庭的进一步增多，希望借助于家族信托方面全面管理家族财富和资产配置的需求潜力巨大。

中信信托杨安琪也认为，“家族信托业务目前确实是蓝海”。数据显示，在未来5~10年内，全国约有300多万家民营企业将面临企业传承问题。麦肯锡发布的报告更指出，全球范围内家族企业的平均寿命只有24年，其中仅有约30%的企业可以传承到第二代，不到13%的传承到第三代，而第三代后只剩下5%的企业还能为股东继续创造价值。

目前，多家信托公司开始尝试把家族信托发展为常态化业务。根据中信信托杨安琪的介绍，中信信托2014年开始设立家族信托办公室，分为定制化信托和标准化信托。定制化家族信托设立起点3 000万元，期限10年以上，应客户需求量身定制，例如受益人不限、分配方式不限、投资方案不限等。定制化家族信信托包含财产安全隔离、严格信息保密、婚前财产保护、避免复杂集成程序及纠纷、税务合理规划、避免财富消失等；标准化信托设立起点600万元以上，无固定信托期限，适用于标准信托合同模板，包括财富传世、子女教育信托、养老家族信托和其他方案等。

开展家族信托需要完善的配套机制

从目前阶段来看，开展真正意义上的家族信托既需要信托公司自身的努力，也需要相关制度的完善。

1. 法律机制的完善

中国目前尚未建立信托登记制度，所以家族信托如果以股权或不动产为对象就无法受到法律的保护，这也是目前实施家族信托的主要法律障碍。信托财产登记制度的建立，是不动产和股权等非资金财产纳入家族信托的前提条件。此外，信托税收优惠制度的欠缺，也是家族信托发展的重要障碍，不利于调动开展家族财富管理信托的积极性。信托登记制度的完善和信托税收优惠机制的建立，将有助于家族信托在中国的建立和发展，实现财产保护和财产传承。

2. 信托公司应提升自己的资产配置与主动管理能力

在“泛资管”竞争格局下，信托公司应重新定位、探索业务转型，作为财富管理类信托的家族信托被寄予厚望。目前，信托公司开展的融资类业务更多类似于向客户销售理财产品，投资者希望有一个相对高的回报；家族信托最大的功能不应局限于帮客户赚钱，而是为客户提供专业化和定制化的综合财富管理服务。因此，信托公司应不断提高自己的资产配置能力和主动管理能力，为将来大规模开展家族信托业务做好充分准备。

3. 创建社会信用机制与培育信用文化

信托，即“因信而托”，其本身就是以“信任”为基础的法律机制。因此，大力发展家族信托还需要完善信用机制，培育信用文化，通过信托知识宣传以及合理引导，让更多的人了解信托的制度安排和架构。同时，通过制度上的设计和对受托人权利的限制，弥补信用的不足，进而引导更多的高净值人群选择家族信托作为财富管理与传承的方式。

4. 加强家族信托的宣传和投资者教育

中诚信托王玉国博士提到，目前，中国社会对信托的认知度仍不高，富裕家族对家族信托的理解还不深，家族信托业务还处于起步阶段，需要加强对家族信托的概念和功能的宣传。

投资者需要注意的问题

家族信托属于典型的财富管理类信托，从法律范畴上看，属于民事信托的范畴。中信信托杨安琪特别提到，关于家族信托，投资者需要特别注意以下几个问题。

与一般投资人的理解不同，家族信托以资产的隔离保护和传承为首要目的，以资产的保值增值为次要目的，因此当两者发生冲突时，应优先实现前者功能，这才是真正的家族信托。也就是说，家族信托有助于财富最大程度上免于未知风险的侵蚀。

一个单纯做投资的人可能不需要家族信托，因为资产比较单一。但如果其资产多元化，且很多不是外部市场可以进行直接评估的，比如公司股权，那么这些资产在未来进行某些交易时就会面临法律和税收上不可知的成本。

对于应对国内信托登记制度的缺失，即国内司法体系下家族信托不能纳入不动产，家族信托完全可以依托国内现有的信托制度“曲线救国”，比如设立个人信托，通过特殊的交易安排实现对房产、对股权的控制，也可以自由设定受益权的分配。

II

期货资管，新生力量的抉择与机遇

2015

本章导读

- 国务院发布的《关于进一步促进资本市场健康发展的若干意见》全面勾画了今后一个时期中国衍生品市场的发展蓝图。其后证监会更是明确提出要将期货公司资管业务放到与证券、基金相同的平台上竞技。同时，期货业期盼已久的期货资管“一对多”正式启航。作为期货公司最重要的创新业务，期货资管有望改变期货业的经营生态。
- 中国期货业正处在迅速变革时期。2014 年期货资管规模达 124.82 亿元，较 2013 年规模增长了 660%。相比国外，中国期货资管业务还停留在美国 20 年前的水平，未来期货资管行业增长空间巨大。预计 2015 年期货资管业务增速仍将高达 300%，将成为期货公司创新业务中最重要的盈利来源。
- 期货资管产品迅猛增长也为资产管理行业带来了全新的对冲收益模式。2015 年以来，期货资管类产品业绩均较为稳定，夏普值与最大回撤表现较好，尤其是年中股市出现极端性行情时，期货资管产品的风险控制能力显著强于权益类产品。这一特点与期货资管风险对冲手段丰富，且投资组合趋于多元化等直接相关。

期货资管行业面临的政策背景及现状

衍生品市场与期货资管业的发展蓝图

2014 年 5 月，国务院发布的《关于进一步促进资本市场健康发展的若干意见》（简称“新国九条”）全面勾画了今后一个时期中国衍生品市场的发展蓝图，明确提出推进期货市场建设。“新国九条”对中国期货资管业发展的里程碑式的意义主要体现在以下两方面：一是促进期货市场资管产品线趋于完善。“新国九条”提出要继续推出大宗资源类期货、期权以及其他金融衍生品，允许符合条件的机构投资者以对冲风险为目的使用期货衍生品工具，逐步清理取消对企业运用风险管理工具的不必要限制。二是强调期货资管业务的多元化发展。“新国九条”允许期货行业放宽业务准入，允许交叉持牌混业经营，支持证券期货经营机构拓宽融资渠道，扩大业务范围，鼓励围绕风险管理、资本中介、投融资及自主创设产品，使原来束缚期货行业发展的限制全面松绑，期货行业迎来了更大的发展空间。

期货资管业务管理规则放行，拓宽资管业务空间

2014 年 8 月，证监会发布《证券期货经营机构私募资产管理业务管理办法（征求意见稿）》（简称《管理办法》），提到要将证券、期货和基金等统一监管，这意味着未来在资产管理领域，期货业的资产管理将和证券业享有同等竞争条件，证券业可以做的期货业也可以做，如交叉持牌、混业经营等。自此，期货公司资管业务被放到了与证券、基金相同的平台上进行竞技。资管业务进

入“大资管”时代。

2014 年 12 月 15 日，中国期货业协会发布的《期货公司资产管理业务管理规则（试行）》（简称《管理规则》）正式实施，明确规定“期货公司及子公司从事资产管理业务包括为单一客户办理资产管理业务和为特定多个客户办理资产管理业务”，这表明期货业期盼已久的期货资管“一对多”正式启航。《管理规则》对期货公司开展资产管理业务采取了自律规范原则，并降低了准入门槛，扩大试行范围。《管理规则》规定，申请登记的期货公司净资本不低于 1 亿元人民币，最近一次期货公司分类监管评级不低于 C 类 C 级，较《期货公司资产管理业务试点办法》的要求大为降低；同时，放开了“一对多”业务，期货公司可以开发更加丰富的资产管理产品，加快拓展业务规模，从而进一步满足投资者的多元化需求。《管理规则》相对于前述监管规则的具体差异见表 11-1。

表 11-1　　期货资管监管规则比较

	净资本	未违法违规	风险监管指标合规	分类监管评级	业务模式
《试点办法》	5 亿元	近 3 年	6 个月	近两次不低于 B 级	一对一
《管理规则》	1 亿元	近 1 年	6 个月	近一次不低于 C 级	一对多

根据《中国人民银行关于金融机构加入全国银行间债券市场有关事宜公告》（中国人民银行公告［2002］第 5 号，简称“第 5 号公告”），期货公司及其资产管理产品按规定向中国人民银行上海总部完成备案后，可进入银行间债券市场。此次期货公司获准入市后，银行间债市的市场成员已基本上实现了对金融机构的全覆盖。

2015 年 4 月 16 日，中国期货业协会发布《关于做好期货公司及其资管产品进入银行间债券市场备案工作的通知》（简称《备案通知》），期货公司及其资产管理产品目前可以进入银行间债券市场。进一步拓宽了期货公司自有资金和资产管理产品的投资渠道，支持期货公司做优做强，从而更好地服务实体经济（见表 11-2）。

表 11-2　　期货资管监管与自律规则的时间进程

时间	监管与自律规则	资管业务进展
2012 年 9 月 1 日	《试点办法》	一对一及期货资管试点
2014 年 5 月 9 日	“新国九条”	衍生品市场的发展蓝图
2014 年 8 月 11 日	《管理办法》	证券、期货和基金统一监管
2014 年 12 月 15 日	《管理规则》	期货资管“一对多”正式启航
2015 年 4 月 16 日	“第 5 号公告”	期货资管进入银行间债券市场

期货及期货资管行业经历极速扩张期

中国期货业正处在变革时期。一方面，整个期货行业呈现小、散、弱的格局，自从国务院下发资本市场“国九条”后，期货市场创新步伐明显加快。2014 年，期货资管规模达 124.82 亿元，较 2013 年规模增长了近 6 倍（见图 11-1）。期货资管行业增长空间巨大，目前仅占资产管理全行业比例的不到 0.1%。从全球范围来看，目前仅商品交易顾问（CTA）基金一项的总市场规模就达到了 3 300 亿美元，排名第一的 CTA 资产管理公司元盛（Winton Capital）规模高达 290 亿美元。相比之下，中国期货资管业务还停留在美国 20 年前的水平。

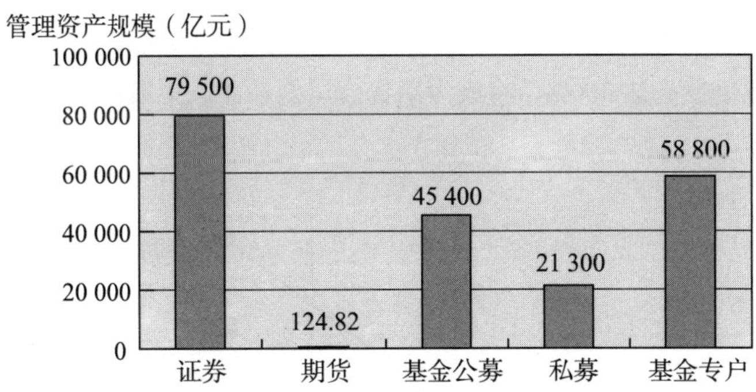

图 11-1　各类资产管理行业的规模对比

资料来源：中国期货业协会。

《管理规则》降低了期货公司开展资管业务的准入门槛以及评级要求。根据 2013 年期货公司经营数据，已经有 110 家期货公司达到新的准入门槛。而截至2015年5月5日，这110家期货公司中仅剩下1家期货公司尚未通过资管业务资格登记。期货资管作为创新业务发展模式与改善营收结构的重要契机，受到了各家期货公司的广泛重视（见表11-3）。

表11-3　　期货资管行业概况

	2013年	2014年
资管牌照（个）	29	45
产品账户（个）	260	1 126
资产规模（亿元）	18.8	124.8
收入规模（千万元）	1 770	8 674

资料来源：中国期货业协会。

（1）资管规模与盈利均有提升，期货资管产品增长迅速

从2014年的年报来看，期货公司资产管理业务实现总收入8 674万元，较2013大幅增长389%，管理资产规模也增长660%。期货公司境外分支机构业务累计盈利1.04亿港元。相对而言，同为创新业务的投资咨询业务发展缓慢，收入总计5 847万元。如果按2014年全年资管业务规模同比增速600%推算，2014年全年资管业务收入接近1亿元（见图11-2）。2015年期货资管业务预计增速仍然高达300%，将成为期货公司创新业务中最重要的盈利来源。

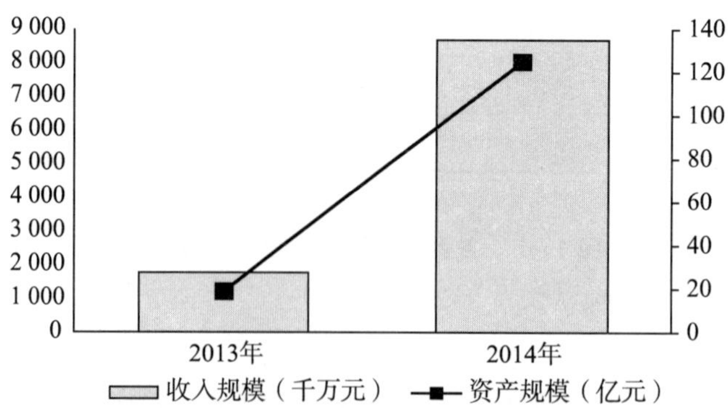

图11-2　期货资管收入资产规模的对比

资料来源：中国期货业协会。

期货资管网上公布的信息显示，截至 2015 年 7 月，中国全市场公布业绩信息的期货类资管产品共有 146 只。其中，政策放开后，期货资管产品增长速度较快。目前，期货公司资管产品共有 46 只，数目上略少于基金专户形式的 65 只期货资管产品。从公布的业绩也可以明显看出，基金专户与期货资管产品的业绩均较为稳定，夏普值与最大回撤表现较好，显示风险控制能力强于其他产品类型（见表 11-4）。这一特点或与基金及期货公司风险制度比较健全，且投资组合趋于多元化直接相关。

表 11-4　　截至 2015 年 7 月期货资管产品的业绩

产品类型	月收益（%）	2015 年以来（%）	总收益（%）	最大回撤（%）	夏普值
备案基金	1.1	15.7	23.2	13.2	1.5
基金专户	— 2.5	17.3	31.3	12.8	1.3
期货资管	1.5	27.6	32.4	19.4	1.0
信托产品	5.1	11.2	32.1	3.8	1.2
有限合伙	— 11.8	45.5	80.1	34.7	0.8
平均水平	— 0.7	18.9	30.2	14.8	1.3

资料来源：期货资管网。

难能可贵的是，期货资管产品普遍在股票、商品等大类资产发生极端性波动的行情下表现出非常稳定的收益水平。全市场期货资管产品平均实现收益达 18.9%，最大回撤不超过 14.8%，平均夏普值为 1.3。尤其难得的是在 2015 年 6 月股指回撤 30% 的背景下，期货类资管平均收益水平接近持平（达— 0.7%）。这说明在系统性风险发生的极端情况下，期货类资管产品仍然保持稳健的收益以及较好的流动性。

（2）“一对多”与交叉持牌政策有助于期货资管业实现跨越式发展

由于“一对多”监管政策，2014 年可被视为期货资管业务实现跨越式发展的第一年。这有助于实现期货公司从经纪运营商到财富管理机构的转变，从整体上可视之为提升期货公司竞争力的引擎。从 2015 年 2 月中国期货业协会公布的数据来看，期货业务实际募集金额 117.4 亿元，单月增加实募金额 10.4

亿元。期货资管总客户数量254户，其中一般法人户数目为34户，仅2月该数目就翻了一番有余。目前，内地期货公司资管业务规模还不到基金公司期货基金专户规模的1/3。但2014年资管业务“一对一”限制放松后，期货公司的资管业务增长迅速，增长空间巨大。

早在2012年11月，首批18家期货公司就已经获得了资管业务试点资格，但一年以来业务进展缓慢。其中一个重要原因就是，“一对一”的监管要求对于资管业务的限制。在“一对一”监管要求下，数百万元资金规模必须实施专户理财，占用了过多的人力资源与风控成本，使得期货公司的资管业务扩张受限。而“一对多”业务放开之后，一方面，集合资管有助于降低资金门槛，期货公司能有效扩大资产管理的规模；另一方面，期货公司利用集合资金的优势进行风险对冲，既定人员能有效管理资金的规模迅速扩大，风险控制效率也随之上升。综合来看，放松资管业务“一对一”监管限制实际上带来了期货公司与客户的双赢。

依据“新国九条”相关规定，实施公开透明、进退有序的证券期货业务牌照管理制度，研究证券公司、基金管理公司、期货公司、证券投资咨询公司等交叉持牌，支持符合条件的其他金融机构在风险隔离基础上申请证券期货业务牌照。事实上，这一政策的放开，尤其在大资管的背景下，使得那些能够在自身擅长领域深入发展的公司可以提供更贴近客户需求的产品。同时，各期货公司的资管业务进入混业经营模式。另一方面，交叉持牌政策放宽后，商业银行参与期货资管的热情大增，银行加大期货市场业务的创新，对支持期货资管业务发展具有重要意义。例如，某大型国有银行以“单项目”模式涉足期货资管，而诸多股份制银行则以“资金池”模式拓展期货资管业务。商业银行拓展期货资管业务的优势在于，各级风险承受能力的客户资源丰富。它可以将结构化理财产品中的优先资金对接期货资管业务，也可以向高净值客户发行劣后级产品对接期货资管业务。对于后者来说，银行将作为投资顾问，针对劣后客户进行策略筛选，并为高净值客户设计高风险高回报产品。同时，商业银行可以发行结构性专项理财计划对接期货资管业务。我们预计，未来期货公司资管业务与商业银行理财业务合作模式多样，合作空间巨大。

（3）资管产品运作模式与资金运用能力还有待提升

从目前期货资管业务的实际资金投向来看，期货、现货商品、金融三者持仓总额 23.4 亿元，占比仅为 19%，整体上期货资管产品总体仓位保持在低位，并没有呈现明显的过度投机特征。

其余资金占用形式主要是现金（54%），其他依次是备付金（14%）与逆回购（13%）。由此来看，目前资管业务的现金运用渠道还有待提升（见图 11-3）。

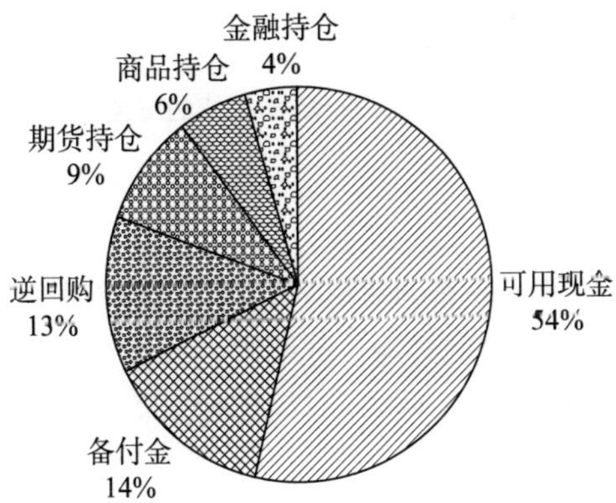

图 11-3　期货公司资管账户持仓情况

资料来源：中国期货业协会。

相比美国资产管理行业的资产配置情况，中国的期货公司对于衍生工具与大宗商品的投资仍显得非常不成熟（见图 11-4）。在美国有明确归类的 1.38 万亿美元资管规模中，其中明确划定为主要运用金融衍生工具投资的共计 8 654 亿美元，占整个基金行业总值的 62.7%。

这一比例说明，目前中国期货资产管理行业发展空间巨大，而期货公司对于运用各种金融衍生品的熟练程度还有待加强。

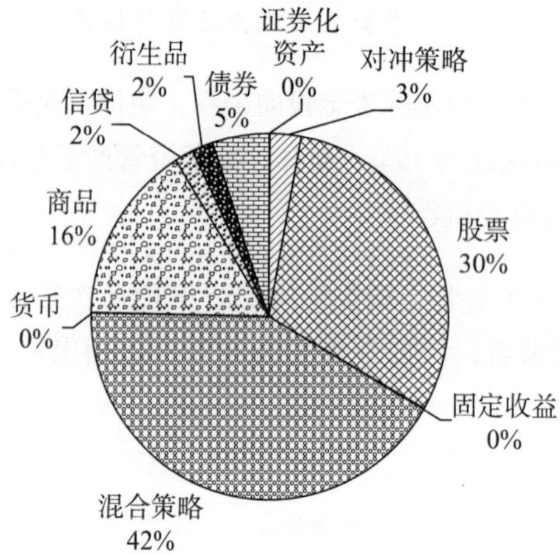

图 11-4　美国资产管理机构的资金投向

资料来源：中国期货业协会。

按期货业协会 2014 年公布的数据来看，目前国内期货资管产品运用最多的交易策略是趋势跟踪与套利对冲，分别占 24% 与 21%，其次是日内短线交易与波段交易，分别占 17% 与 13%；日内高频交易占比最少，仅为 5%。

从目前国内期货资管业务的策略构成可以看到，大部分国内期货资管业务模式还十分单一，基本停留在初级的提供流动性交易策略上，而与现货产业紧密联系的套利对冲策略仅占 21%，与量化对冲基金相对应的日内高频交易仅占 5%（见图 11-5）。

从期货资管业务的人员构成来看，策略及产品研发人员占 27%，交易人员占 20%，投资经理与风控各占 14%，投资顾问与技术支持人员占 19%（见图 11-6）。由于期货资管业务刚刚步，期货公司内部的投研一体化机制尚不足以支撑整个期货资管业务，初期的期货资管业务普遍存在与外部成熟投顾的合作模式，因而期货公司的后台业务人员的构成比重相对较大，这也与目前期货公司较为注重通道业务的盈利模式密切相关。

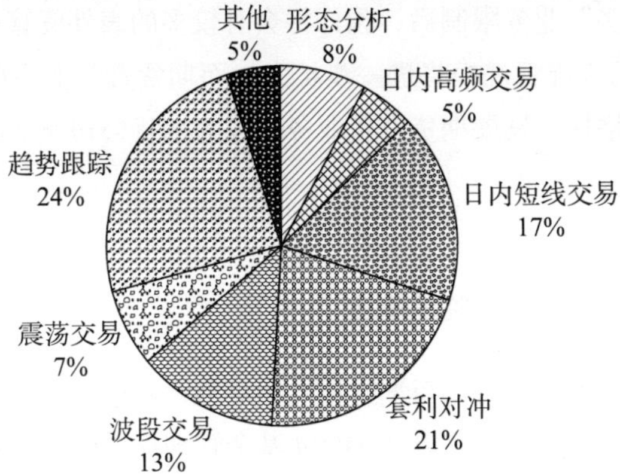

图 11-5　期货资管产品主要运用策略

资料来源：中国期货业协会。

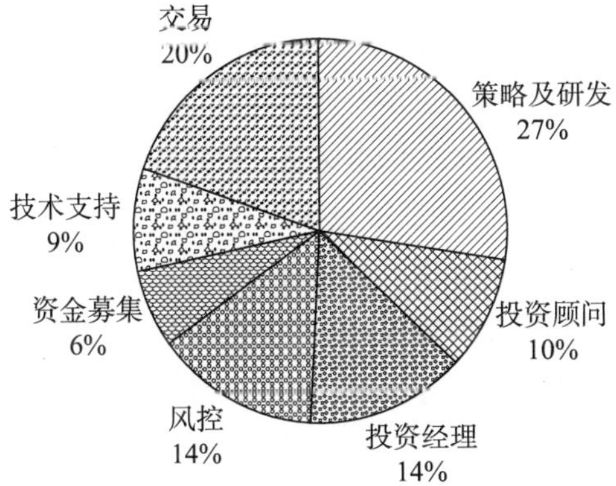

图 11-6　期货公司资管部门的人员构成及安排

资料来源：中国期货业协会。

期货资管业务的定位与战略

目前期货资管业务刚刚起步，2014 年期货资管规模仅超过 124 亿元，而同期证券公司的资管规模已经超过 6 万亿元，还停留在美国 20 年前的发展水平。放松“一对多”业务限制后，预计将会有较多的表外资管业务回流期货公司，而2015年期货资管规模将进一步扩大，而期货资管业务的扩大也将重塑期货资管行业的格局。发展期货资管业务也成为期货公司所面临的重要转型与挑战。

目前期货资管业务模式所面临的挑战

首先，资管业务的结构化与平台化发展对资管业务风控能力提出了更严格的要求。平台化期货资产管理以及MOM基金管理模式将导致期货公司面临大量的账户与操作风险，尤其是对于非线性的期权及结构化产品，如何对冲波动性风险，保持总账户风险可控可以说是期货公司面临的一项重大挑战。长期来看，我们认为交易能力仍然是期货公司资管的核心能力，但多元化的复杂期货资管业务将令期货公司未来偏向风险对冲机构逐渐转型。

其次，虽然期货公司资管业务的可投资范围已较为广泛，但是业界仍然期待能够进一步放开限制，增加更多投资品种。目前，期货资管业务面临的主要问题是风险控制手段不足，无法保本保息，导致部分配置型机构对投资者来说缺乏吸引力。2015年期货公司获准进入银行间债市，将进一步拓宽期货公司自有资金与资管产品的投资渠道。预计未来期货资管投资产品中能包括诸如中期票据、利率远期、利率互换等银行间市场的投资品种以及证券、银行、基金公司（子公司）专项资管计划等金融产品。此外，资产的证券化和融资渠道的多元化也拓宽了资管业务的投资空间。如果期货公司资管能够与基金子公司、券商、信托一样为客户提供专项资产管理服务，投资于股权、债权和其他各类收益权，业务线将会极大丰富。

立足于大资管战略发展期货资管业务

2014年全年，新品种层出不穷的推出使产业链投资日趋完善，给现货企业利用期货进行保值带来了诸多便利条件，也使对冲基金行业进入了迅速扩张的历史机遇期。自2013年以来，中国期货新品种就基本呈现出“注册制”的上市节奏，仅2013年的上市品种共有9个。2014年与2015年新增的交易品种共有11个，超过了2008—2012年5年的总和。近一年以来，快速上市品种都注重产业链上下游的完整性，如黑色产业链的商品期货（如硅铁、锰硅、热卷轧钢），有色产业链的镍、锡，农产品产业链的玉米淀粉等，以及宏观金融层面的期货（如五年期、十年期国债、上证50、中证500期货等），便于期货资管资金及期货投资基金搭建对冲投资体系，期现结合业务与期货保套策略将层出不穷；除了品种增加以外，各交易所纷纷开设夜盘业务。目前期货市场有夜盘的品种已经有13个，另外还有10个品种也在排队加入夜盘队伍。夜盘的推出有助于解决期货价格跳空缺口、隔夜风险等问题，改善其价格的连续性，也为需要充分量化基金与高频交易策略的做大做强提供了流动性支持。为了加强期货资管业务的针对性与有效性，期货公司的资产管理应当着手从稳定收益类产品创新、对冲基金类产品创新以及场外衍生品业务创新三大块内容推进业务创新。

（1）大资管模式下期货公司发展稳定收益类产品创新

在大资管模式下，期货公司资产管理业务的投资范围限定在资本市场以及金融衍生品市场上的金融工具投资，包括期货、期权、股票、债券、央票、短融券、资产支持证券、基金以及集合资产管理计划等。2015年1月发布的《证券期货经营机构资产管理业务登记备案和自律管理办法（征求意见稿）（试行）》更进一步从制度层面消除了证券、基金、期货三类公司在资产管理业务载体与投资范围方面的差异。这实质上表明，期货业资产管理业务的投资领域与券商、基金等其他金融机构不再有区别。事实上，期货不仅可以做债券等固定收益类的投资，更重要的是可以利用自身对杠杆工具的熟悉，设计出既能有固定收益类保本的性质，同时又具有金融衍生品高收益属性的资管产品。这类保本型金融产品的推出，为金融市场引入了绝对收益的投资理念，有助于实现期货公司与资管客户的双赢。未来期货资管业务的产品创新空间巨大，绝对收益属性的投资产品将受市场青睐。随着市场深度与流动性的好转，期货资管机构利用金融衍生品设计的保本型产品与指数增强型产品以及程序化套利产品将大行其道。诸如券商系期货公司、商品现货背景的期货公司将进一步整合资源，有侧重地开发具有自身特色的期货资管创新产品。

量化交易则主要集中投资于流动性好的品种，利用杠杆工具将充满确定性的交易机会放大，收益也较为稳定，并在一定程度上具备固定收益的投资属性。发展程序化交易模式，编制商品指数基金，不但可以带来低风险、小回撤、高夏普值的新型资管产品，另一个优势还在于有效控制运营成本。通常而言，采取主动交易模式的资管产品受到品种的市场深度与投研能力的限制，单位规模资产管理的所需人力成本较高；而程序化交易与指数基金设计的资管模式则可以迅速、有效地扩充规模。初步估计，若采用程序化交易模式，平均每配备一位资管人员能增加资金管理规模 5 000 万元左右。

（2）大资管模式下期货公司发展对冲基金业务

期货公司开展资产管理业务与证券与基金最大的不同是，发挥自身对大宗商品与金融衍生品的专长，注入对冲交易的理念，为具有风险承受能力的高净值客户提供多元化资产配置的服务。基于对冲策略的期货资管业务主要还集中在 CTA 基金与宏观对冲策略两部分。CTA 主要集中投资大宗商品领域，与股票及债券等资产相关性几乎为负，可以作为银行、共同基金以及保险机构分散风险、扩展投资组合有效边际的工具。而宏观对冲策略则基于对经济金融基本面与产业链上下游传导关系的理解，注重大类资产配置、货币金融形势及产业结构变动带来的投资机会。

从国内期货行业发展的趋势来看，CTA 及对冲基金模式将是未来期货资管发展的重中之重。对冲基金运用高杠杆工具投资的特点本身依赖于期货市场的深化发展，而期货 CTA 是期货公司与证券、基金公司在定位上的最大差别，也是期货公司自身长期积累的优势。在目前国内新品种以快节奏轮番上市的背景下，现货企业与个人投资者一时难以跟上市场。这时发展期货资管就有行业发展的必然性。市场上迅速扩容与期货衍生品产业链的立体化带来了巨大的投研需求，而期货资管业务能有效抑制投资者对期货市场高风险与专业性的恐惧，从而为整个期货市场引入场外增量资金。

期货公司发展资产管理业务，向大资管背景下的对冲基金资管业务转型是大势所趋。期货资管业务给期货行业带来了“主动服务”的创新模式，能让期货投资工具更充分地融入金融市场与现货市场。在“大资管”背景下，期货与期权将逐渐成为各类理财产品中最为重要的对冲资产配置。未来随着中国股指期货、国债期货品种的进一步完善，原油期货以及外汇期货的推出，期货资产管理的需求以及跨品种、跨产业的投资机会将成倍增长。期货公司也更有可能成为专注于大类资产配置的财富管理机构。一方面，期货公司在发展资管通道业务的基础上，利用自身在合规、运营、风控、交易方面的优势，为对冲基金等专业机构提供经纪商服务，从而间接提升财富管理能力。另一方面，期货公司在实现投研一体化的基础上，深入产业链发掘各品种基本面与大类资产对冲机构的关系，从而为财富管理提供决策依据。

（3）大资管模式下期货公司发展场外业务创新

在大资管模式下，期货公司能利用资管业务积极开展场外衍生品业务。其中，权益互换、利率互换类业务成为重要的场外资管业务模式。权益类互换业务发展迅速，模式非常灵活，既可设计为投资组合的高效管理工具，也能作为指数增强型资产配置工具，加大现货资产的投资杠杆等。权益互换类业务作为场外衍生品业务的主要方向，能使期货公司作为互换交易对手方角色参与到场外交易中，短期内能迅速扩充资管规模，对推动资管业务多元化有显著效果。

在大资管时代中，未来期货公司在投资标的、工具组合和市场地域覆盖上的选择范围显著扩大。在实现规模发展目标的过程中，通过有效的风险管理增加业务增长的稳健性，期货公司有望摆脱依赖通道型资管业务产品增长的单一模式。最终，资管业务与风险管理业务应紧密结合。无论是资产管理业务还是风险管理业务都要围绕“新国九条”中提及的“紧紧围绕促进实体经济发展”这一核心展开，综合发挥期货公司在识别风险、把握风险、控制风险方面的人才、经验优势。把期货公司定位于“衍生品中介服务、风险管理、财富管理”，打通资产管理、风险管理子公司等创新业务链条，才能实现机构与客户间的资源共享与协同发展。

12

新股权时代的私募股权发展格局

2015

本章导读

- 截至2014年年底，中国股权投资市场活跃的VC/PE机构超过8 000家，管理资本量超过4万亿元人民币，市场规模较20年前实现了质的飞跃。
- 在行业趋势上，随着竞争加剧，投资机构加速向早期前移，天使投资愈发活跃；而互联网思维成就了企业创新，TMT领域投资正持续加码。随着股权投资机构业务跨度调整迅速，综合型资管机构也逐渐浮出水面。在政策上，各地政府引导基金设立并走向市场化运作机制，新三板转板制度有望落实，国企混改相继落地等都为私募股权投资的发展创造了良好的条件。
- 新兴领域创业和投资出现泡沫现象，投资者在追逐新兴行业投资机会时，仍需警惕行业狂热所带来的估值过高和商业信息不真实等乱象。
- 私募股权投资行业未来将发生两大变局。变局之一是，在创业投资热潮汹涌下，政府引导基金将出现井喷。变局之二是，在资本市场发展新格局下，私募股权机构将面临专业化或者综合化发展的方向选择。

2014年私募股权投资行业呈现飞速发展的局面。募资情况出现好转，募集资金较去年大幅增长100.9%；而新一轮国企混改、境内外并购市场的火爆、上市公司资本运作的活跃及生物医疗、移动互联网等新兴投资领域热潮的到来等推动了2014年投资市场的火爆，投资金额较上年同期激增129%。2014年境内IPO开闸，推动股权投资市场的退出交易较2013年近乎翻番。

政府大力鼓励“大众创业，万众创新”政策，进一步激发了创业者的投资热潮，为私募股权投资的发展准备了肥沃的土壤；而“互联网+”加速改造传统行业，吹起了当下最为时髦的“风口”，可谓气候适宜；政府引导基金正逐渐得到中央和地方各级政府的大力支持。在此背景下，预计政府引导基金将出现井喷的现象。

随着新的资本市场格局下PE估值的逐步提高，私募股权投资机构的竞争陷入白热化，因此业内机构也面临对未来发展方向的选择，是进行专业化的精耕细作还是打通投资链条实现协同效应，或许各有优劣。

总体而言，2014—2015年对于中国私募股权投资市场而言具有重要意义，不仅私募股权投资行业的地位在监管层面受到肯定，行业对于支持实体经济创新发展，促进产业整合，活跃投资市场，构筑多层次资本市场结构的意义也受到了中央政府政策的支持。与此同时，PE机构设立公募基金、挂牌新三板等新举措也不断推高着PE投资市场的热情。不论是在专业化方面深耕细作还是向大资管平台转化，在目前市场化的大环境下，股权投资机构将获取更多发展空间，这是新兴市场的经济发展和中国企业数量多、发展快所带来的投资机遇，中国市场已经进入股权投资的大时代。

中国私募股权投资行业市场现状分析

中国私募股权投资市场发展基本概况

在中国经济转型升级的大背景下，2014 年中国股权投资市场迎来了一次大爆发。截至 2014 年年底，中国股权投资市场活跃的 VC/PE 机构超过 8 000 家，管理资本量超过 4 万亿元人民币，市场规模较 20 年前实现了质的飞跃，其中典型的代表机构为九鼎投资、国信弘盛、中信产业基金等，中国股权投资市场由于参与者和资金的进入和累积，市场竞争程度不断提升，投资压力和项目估值水平均节节攀升，股权投资机构从小作坊到大资管，其业务内涵和外延，投资范围和类别均有大变化。

此外，近年来老牌 VC/PE 机构的一批合伙人离职创业，诞生了一批新基金，如高榕资本、源码资本、启赋资本等。随着目前行业政策的相继落定、监管法规的日渐完善，中国市场正逐步进入股权投资时代。

（1）2014 年中国股权投资市场发展募资情况分析

2014 年中国股权投资市场募资情况出现好转，特别在规模方面表现尤为突出。据清科集团旗下私募通统计，2014 年 VC/PE 机构共新募集 745 只可投资于中国大陆的基金，同比上升 35.9%；已知募资规模的 715 只基金新增可投资于中国大陆的资本量为 832.19 亿美元，较上年的 414.25 亿美元大幅增长 100.9%，这是继 2011 年以后基金募资规模方面出现的首次正增长，全年已披露金额的基金平均募集规模为 1.16 亿美元，同比增长 49.5%（见图 12-1）。

（2）2014 年中国股权投资市场发展投资情况分析

2014 年中国股权投资市场共计完成 3 626 起投资案例，较 2014 年同期增长 100.6%；投资交易共计涉及金额 711.66 亿美元，较上年同期的 310.84 亿美元激增 129.0%，双项数据均创历史新高（见图 12-2）。2006—2014 年，中国股权投资市场整体攀升，投资案例数与投资金额年复合增长率分别为 28.1% 和 21.7%。新一轮国企混改、境内外并购市场的火爆、上市公司资本运作的活跃及生物医疗、移动互联网等新兴投资领域热潮的到来等均成为推动2014年投资市场火爆的主要原因。

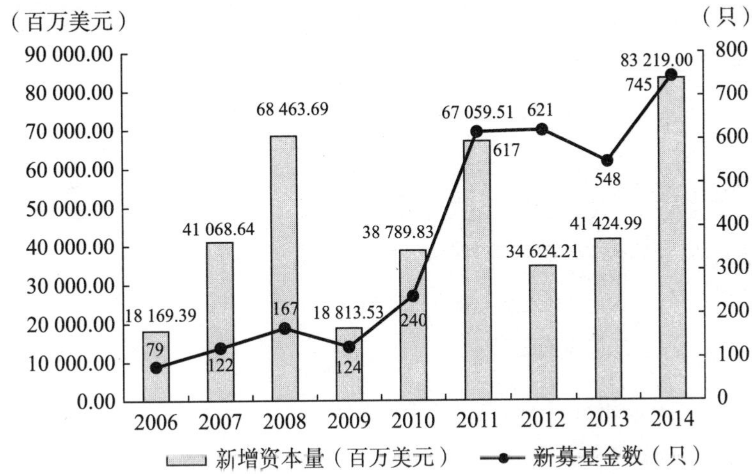

图12-1　中国股权投资市场募资情况分析

资料来源：私募通。

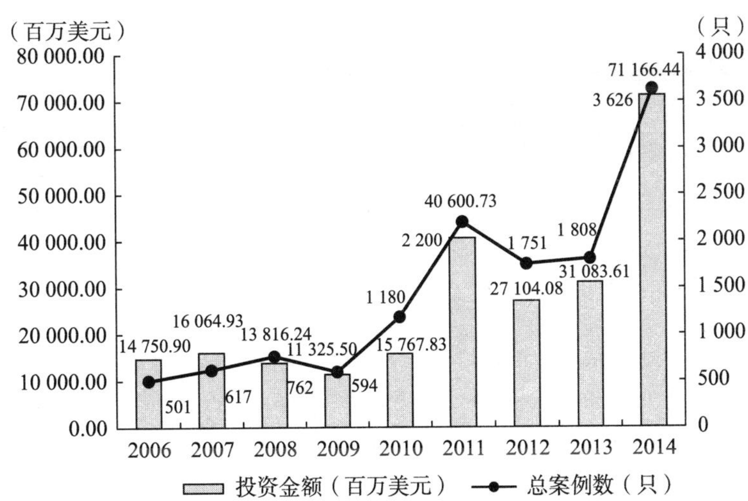

图12-2　中国股权投资市场投资情况分析

资料来源：私募通。

2014 年股权投资市场发生的 3 626 起投资分布于 24 个一级行业中。从投资案例数量看，互联网行业以 959 起交易位列第一；电信及增值业务在此期间共发生 617 起交易，排名第二；第三名为 IT 行业，全年共发生投资 298 起（见图 12-3）。

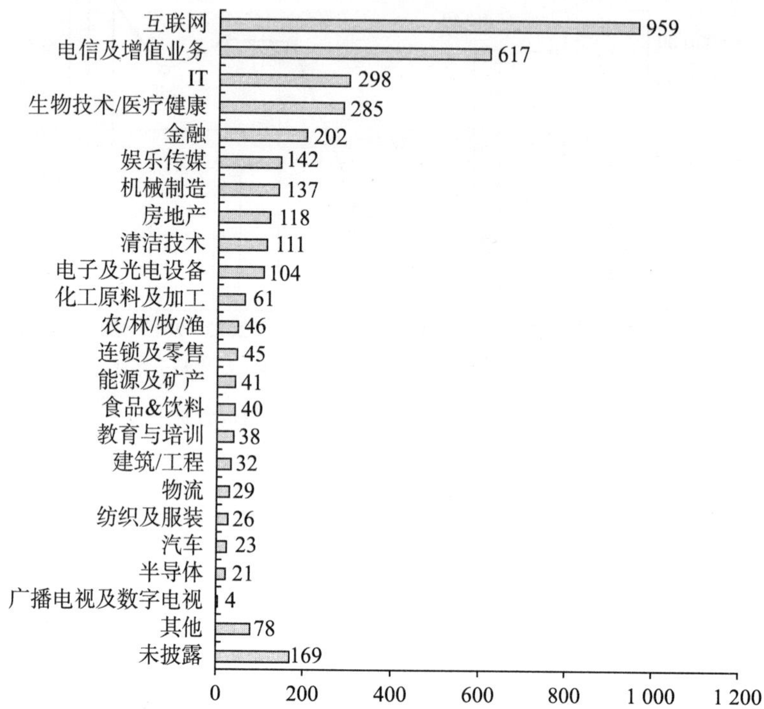

图 12-3 2014 年中国股权投资市场一级行业投资分布（按案例数，起）

资料来源：私募通。

从投资金额来看，房地产以 96.56 亿美元的成绩稳居首位；紧随其后的是能源及矿产行业，2014 年共涉及投资金额 79.16 亿美元；其次是互联网行业，共产生 79.02 亿美元的投资金额。总体来看，新兴产业的投资活跃度较高，而传统产业的平均投资额较大（见图 12-4）。

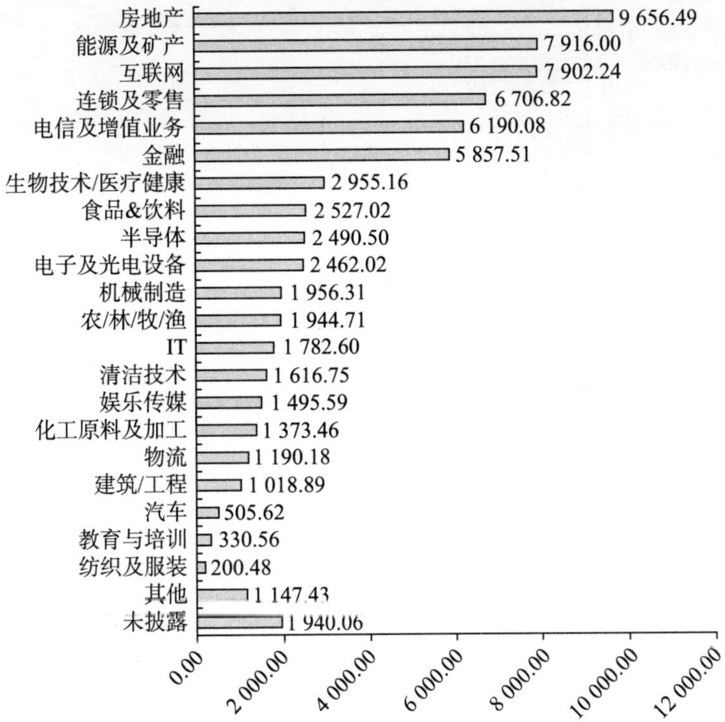

图 12-4　2014 年中国股权投资市场一级行业投资分布（按投资金额，百万美元）

资料来源：私募通。

2014 年股权投资市场所发生的 3 626 起投资案例分布在全国 35 个省市地区，从投资案例数上看，北京、上海、广东（除深圳）三地分别占据前三甲位置，投资案例数分别达到 1 562、642 和 339 起（见图 12-5）。

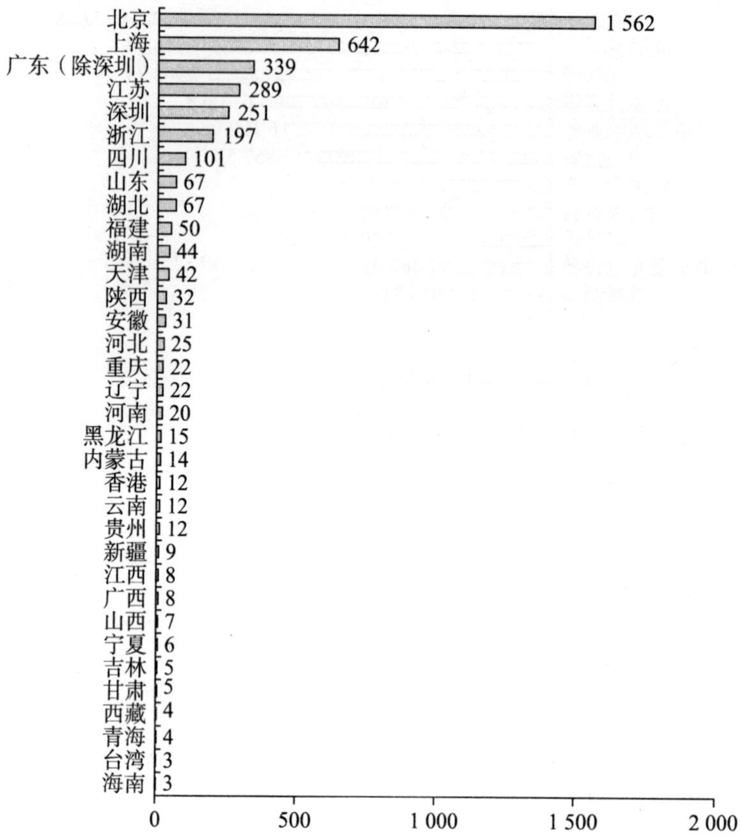

图 12-5　2014 年中国股权投资市场投资地域分布（按案例数，起）

资料来源：私募通。

从投资金额来看，北京高居榜首，投资总额 3 288.30 亿美元；其次是上海地区，全年投资金额 1 073.30 亿美元；排名第三的是广东（除深圳）地区，投资金额 646.70 亿美元。2014 年中国股权投资主要集中于上述地区（见图 12-6）。

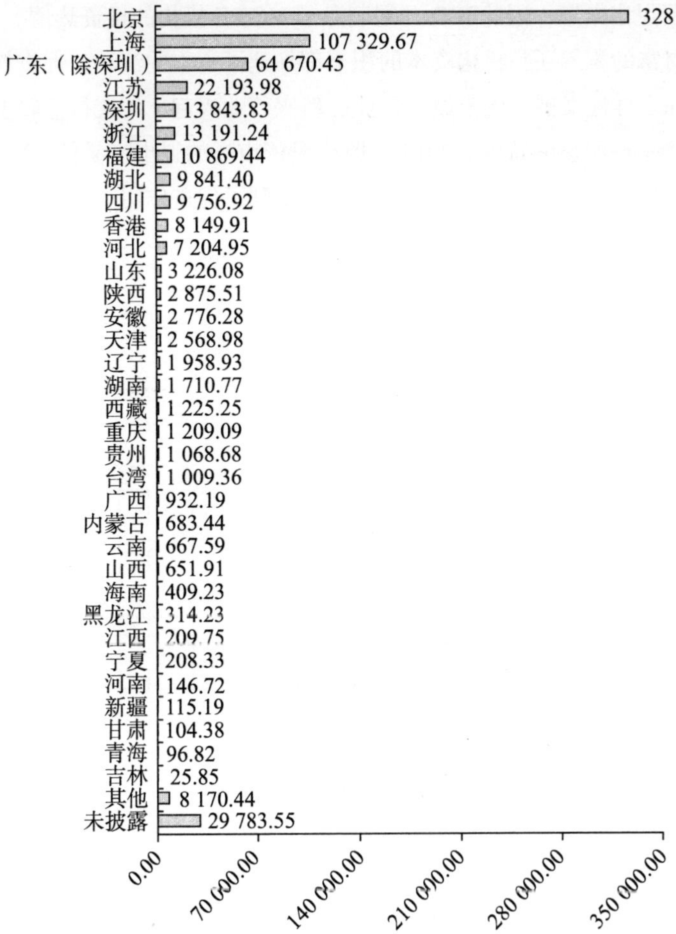

图 12-6　2014 年中国股权投资市场投资地域分布（按投资金额，百万美元）

资料来源：私募通。

（3）2014 年中国股权投资市场发展退出情况分析

2014 年，中国股权投资市场共发生退出案例 830 起，达到历史最高水平，较 2013 年大涨 81.2%。从退出方式上看，2014 年共发生 337 起 IPO 退出，占比 38.7%，为近三年新高（见图 12-7）。2014 年境内 IPO 开闸，打破了 2013 年 A 股市场的沉寂，给投资者带来了一丝暖意。总体来看，IPO 退出依然是

VC/PE 的主要退出渠道，因此 IPO 开闸刺激了 VC/PE 机构的投资热情。另外，无论是个人财富的积累还是机构资本的积累都加速了资本的流动，促进投资方式向多元化和多样性发展。国家鼓励创业、新兴行业兴起、传统行业转型与互联网行业接轨是最明显的特征。2014 年股权投资市场的退出交易较 2013 年近乎翻番，为中国创业投资市场进一步走向成熟起到了促进作用。

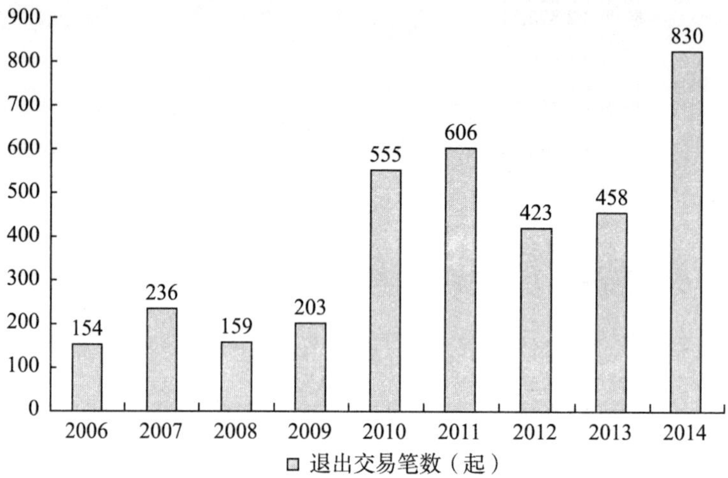

图 12-7　中国股权投资市场退出情况比较

资料来源：私募通。

中国私募股权投资市场行业动态分析

（1）市场环境更加有利，股权投资领域范围逐步扩大

● 投资机构加速向早期前移，天使投资愈发活跃

目前，国内创业投资市场中后期项目投资竞争依然激烈，且投资回报水平下降，迫使投资机构将更多资金转投早期项目。同时，新兴行业发展态势及创业公司不断涌现，也在推动投资机构加大早期投资力度，介入天使及种子阶段的投资，以期挖掘和培养潜在优秀公司。此外，随着《股权众筹管理办法》的

出台，股权众筹迎来了规范化的监管，《股权众筹管理办法》界定了包括股权众筹非公开发行的性质、股权众筹平台的定位、投资者的界定和保护、融资者的义务等，企业融资渠道有了更多元化的选择。2015 年，个人以及机构化的天使投资数量在逐步增多，投资活跃度将持续火热。

● 互联网思维成就企业创新，TMT 领域投资持续加码

互联网给全市场带来了全新的概念与发展模式，打破了固有的市场格局。2014 年中国创业投资机构投资数量与金额已经双双破历史最高点，2014 年中国创投市场共发生投资 1 917 起，同比增长 67.0%。其中，披露金额的 1 712 起投资交易共计涉及金额 168.83 亿美元，较上年同期的 66.01 亿美元激增 155.8%；披露金额的投资案例的平均投资金额为 986.17 万美元。此外，互联网行业的比例约占六成。2015 年，在互联网大时代的影响下，TMT 领域的投资依然火热。

● 并购市场持续热潮，并购基金迎来更多机会

在国内并购市场持续热潮的背景下，并购基金逐渐成为并购市场不可替代的重要金融产品，是参与并购交易和推动并购市场发展的重要力量，企业需要拓展并购基金的资金来源，提高并购基金的杠杆率，畅通并购基金的退出渠道。中国经济的高速成长阶段已经过去，接下来的任务是产业整合。并购基金能够为企业储备更多的并购标的，使其在扩张模式下有能力通过产业资本的助力提速，缓解并购带来的资金压力，未来一些产业型基金、并购型基金将获得巨大释放空间。

● 股权投资机构业务跨度调整迅速，综合型资管机构浮出水面

私募系公募基金的正式面世，将扩充 PE 机构未来的业务发展路径，即转型为业务更多元的资产管理机构，这很有可能改变现有的资产管理市场格局。总体来看，随着中国资本市场的逐渐开放，投资机构也在迅速调整业务范畴以适应市场，大资管时代已悄然而至。

● 中国资本输出时代来临，海外成并购、投资新天地

2015 年，三大引擎继续支持着中国企业“走出去”。第一，对外直接投资（OFDI）的“备案为主，核准为辅”的负面清单管理制度确立，企业战略成为对外投资的真正动力。第二，“国际化战略”重要性凸显，“一带一路、亚投行、丝路基金、金砖国家开发银行”等多种自上而下的制度设计助力企业“走出去”。第三，中国金融深化快速推进。美国经验表明，利率市场化中后期直接融资的扩大引燃了企业并购高潮，成为行业升级与转型的重要依托。预计未来有更多的中国企业将在全球的并购舞台上崭露头角，并从全球的并购中受益。

（2）政策制度愈发鼓励，市场化改革打开机构发展空间

● 险资获准投资创投基金，股权投资真正迎来险资“金主”

2014 年 12 月 15 日，保监会印发《中国保监会关于保险资金投资创业投资基金有关事项的通知》（简称《通知》），保险资金投资创业投资基金开闸。保险资金获准投资创业投资基金，这有利于发挥保险资金长期投资的独特优势，拓宽创业投资基金和创业企业资本来源，有利于进一步深化保险资金运用的市场化改革。《通知》进一步完善了股权投资政策布局，将保险资金可投资的股权由成长期、成熟期企业拓展至涵盖创业期企业在内的各发展阶段，增强了保险资金的灵活运用性，有利于保险机构积极融入创业企业引领的经济转型和科技创新，适应经济新常态，把握发展新机遇，分享新一轮经济增长成果。

● 政府引导基金设立成潮，运作走向市场化机制

2015 年，引导基金的规模进一步扩大，这对于提高创投引导基金对当地新兴产业的引导带动作用将有十分重要的意义。此外，常务会议提出要加强引导基金的市场化运作机制，完善竞争机制，让市场决定创新资源配置，未来引导基金将会在政策与市场竞争的引导下逐步走向市场化。

● 中企 IPO 全球市场热度持续升温，注册制推进可期

2014 年，中国企业成为全球 IPO 市场的主导因素。2014 年 9 月，阿里巴巴赴美上市，以逾 250 亿美元的总额问鼎全球最大规模 IPO。同年，万达商业

地产以集资额超过280亿港元，创下港股2014年内最大IPO。此外，中国内地企业在境内市场的上市渠道也随IPO重启而再度打通。2015年，随着内地市场新股发行制度改革的持续推进，中国企业IPO将会更加引人关注。未来伴随融资渠道的畅通，境内市场将迎来大规模扩容，中企海外上市的热度将持续升温。而另一方面，受国内资本市场改革刺激，计划海外上市的本土企业也有望重投A股“怀抱”。

● 新三板转板制度有望落实，真正成为退出和投资的重要渠道

2014年8月，证监会首次在会议中具体提出完善创业板制度，支持尚未盈利的互联网、高新企业在新三板挂牌一年后到创业板上市。两个多月后，证监会出台《关于支持深圳资本市场改革创新的若干意见》，强调积极研究制订方案，推动转板制度建设。之前有不少新三板的企业成功登陆主板，这在严格意义上并不能称之为“转板”。2015年有望落实新三板转板至创业板的相关制度，转板制度的推出有望为机构提供除IPO以外更多元化的退出方式，并有望成为机构的重要投资渠道。

● 国企混改相继落地，私募巨头积极入场

2014年，PE机构参与国企混改的进程正式开启。2014年2月，以擅长运作国企改革项目而出名的弘毅投资出资17.93亿元人民币入股上海城投，占股10%。2014年三季度，中国石化销售有限公司、中国华融资产管理股份有限公司的混改也开始落实，前者的投资者包括中金公司、渤海产投、国开金融、复星、RRJ Management等多家国内外PE巨头，投资总额达到62.37亿美元；而华融混改过程中引入了美国华平投资集团（Warburg Pincus）、中金公司、高盛及复星等国内外PE巨头，投资总额达到20亿美元。新一轮国企的改革，为非公有制资本参与国企改革提供了政策上的保障。而作为多层次资本市场建设的重要部分，私募基金的发展也受到了支持。双重机遇的出现，使得私募机构对参与国企改革的关注度在2014年上半年出现了高涨。2014年国企混改的进程方兴未艾，2015年中央层面关于以6大央企为代表的央企改革框架及细则出台之时，势必将会掀起另一轮国企混改的大潮。

中国私募股权投资行业的未来变局

变局一：创业投资热潮汹涌，政府引导基金将井喷

2014 年，中外创投机构加大在市场上的投资力度。一方面是基于当前宏观经济形势，市场资源配置的优化问题越来越受到重视。在“新国九条”的大力支持下，作为私募行业重要组成部分的股权投资行业必将迎来更加广阔的发展空间。另一方面，新一代信息技术革命正在逐渐融合传统行业，创业机会增多也给予 VC 更多投资标的的选择。

政府引导基金除了能为市场提供一个资金来源渠道外，还能通过政府信用放大杠杆吸引民间资本、国外资本进入创业投资领域，同时也能通过设计相应的“让利机制”，吸引机构投资者的资金进入投资领域，降低其资本风险。整体来说，从私募股权投资机构的角度来看，其迎来了与政府合作设立引导基金、投资创业企业的最好时代。

（1）土壤肥沃：“大众创业，万众创新”进一步激发创业投资热潮

自 2014 年以来，随着国家的政策支持，创业环境的培育，新一波创业浪潮逐渐涌现，这其中不乏将成为未来经济发展方向的行业、企业。整体来看，2014 年全国已经开始出现新的创业热潮，创业公司的融资需求愈发高涨，也为众多创投机构提供了丰富的投资标的。在创新创业的大背景下，中国私募股权投资机构将加速投资步伐，以抢占市场蛋糕。

（2）气候适宜：“互联网 +”加速改造传统行业成为当下的风口

“互联网 +”已成为产业风口。2015 年的政府工作报告将“互联网 +”提升至国家战略层面，希望通过“互联网 +”推动全产业的改造与升级。企业是产业的基本元素，尤其是中小微企业，中国拥有数量庞大的中小微企业，只有这些企业实现了互联网模式下的产品创新、商业模式变革、管理升级，产业的全面互联网化才能得以实现，“互联网 +”才能有效落地。“互联网 +”概念

的迅速普及，让中国迎来传统产业升级的重大历史机遇。毫无疑问，中国已经进入一个创业创新的黄金时期。2014 年，中国广义互联网行业共发生投资 1 572 起，同比增长 32.3%，涉及投资金额 198.88 亿美元，较 2014 年同期暴涨 599.2%，达到近年来的峰值。而 2015 年第一季度，广义互联网投资案例达 307 起，涉及金额 21.53 亿美元。

目前国家已设立 400 亿元新兴产业创业投资引导基金，要整合筹措更多资金，为产业创新加油助力。随着移动互联网的加速发展，云计算、大数据、物联网等新技术将更快地与传统产业相融相生。政府的互联网思维转型，对推动产业互联网转型升级非常重要，未来互联网技术与传统产业的结合必将迎来更大的发展空间。在这场借着东风航行的比赛中，唯有那些本身在传统行业既有较好的优势，又能最敏锐地把握互联网与本身行业的结合点，趁势进行转型的企业，才能脱颖而出，而这将是未来创投机构识别投资价值的重要考虑点。

（3）养料充足：政府引导基金将得到中央、地方政府的大力支持

在经历了 2002—2006 年的探索起步、2007—2008 年的快速发展、2009 年至今的规范化设立与运作三个阶段后，中国创业投资引导基金的政府引导作用日益增强、运作模式日趋完善，其发展已步入繁荣期。2014 年，各个地方政府陆续出台相关政策并成立了专项基金，掀起了发展政府引导基金的新浪潮。

根据清科集团旗下私募通数据显示，2014 年新设立的政府引导基金为 41 只，管理资本量共计 1 290.82 亿元，分别是 2013 年引导基金数量和管理资本量的 2.2 倍和 4.5 倍（见图 12-8）。

近年来，政府参与创业风险投资的角色正在逐渐从直接投资者转变为间接投资者，不再设立创投公司，而是设立创业投资引导基金，引导更多的民间资本进入创业投资领域，充分发挥政府财政资金的杠杆放大作用。政府产业引导基金作为“政府引导”与“市场运作”相结合的新型运作方式被社会各界寄予厚望。

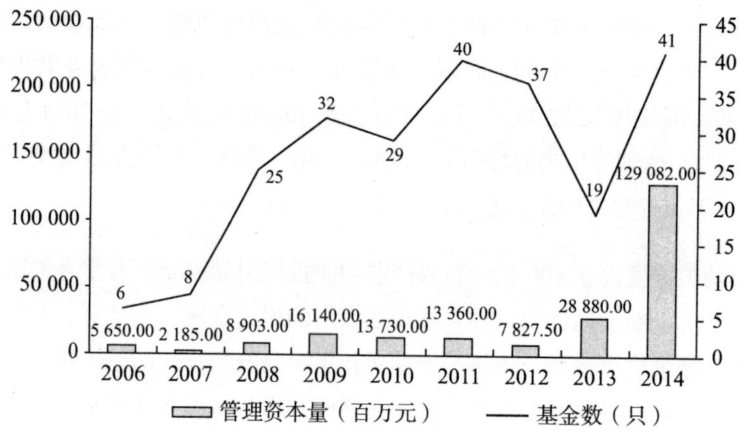

图 12-8　政府引导基金设立情况比较

资料来源：私募通。

相对于 VC/PE 的市场规模，目前政府引导基金规模普遍偏小。根据清科集团旗下私募通统计，截至 2014 年 12 月 31 日，中国股权投资市场 LP 可投资本量约为 8 850 亿美元，而政府引导基金的可投资本量为 175.32 亿美元，仅占总投资规模的 2%。由此可见，中国政府设立的引导基金规模普遍偏小，特别是在一些经济欠发达地区，引导基金的规模相对更小，无法起到应有的引导作用。除此之外，目前国内引导基金的主要来源为政府财政出资，仅有一小部分有国家开发银行等政策性银行参与，募资渠道狭窄，未来有待扩充。创业投资引导基金向市场化转型，将为引导基金自身提供长久发展的源动力。未来政府引导基金将得到中央、地方政府的大力支持，结合创投机构本身的专业投资经验，将培育一大批支持创业发展且有投资眼光的投资基金。

变局二：资本市场新格局下，私募专业化 VS 综合化发展

（1）在新的资本市场格局下，PE 的估值将逐步推高

截至 2015 年 5 月，上交所和深交所上市企业总计 2 735 家，总市值约 60 万亿元，接近 2014 年国内生产总值（GDP）63.60 万亿元。其中，VC / PE 支持的上市企业（即上市前股东存在 VC / PE 机构）共计 901 家，总市值约 23.6

万亿元，上市企业总数占资本市场上市企业总数的 32.9%，而总市值占比接近四成。此外，若加上定增投资策略，VC / PE 机构已参股或控股 A 股半壁江山（见表 12-1 和表 12-2）。

表 12-1　　国内 VC/PE 支持的企业上市总市值

上市地	企业数	总市值（亿元）
上海主板	217	160 823.40
中小板	346	41 729.88
创业板	327	30 029.05
深圳主板	11	3 193.37
总计	901	235 775.70

资料来源：私募通。

表 12-2　　国内资本市场上市企业总市值

上市地	企业数	总市值（亿元）
上海证券交易所	1 048	346 362.60
深圳证券交易所	1 687	249 576.14
总计	2 735	595 938.74

资料来源：私募通。

2014 年以来，关于国内 PE 市场泡沫论的声音在业界不绝于耳，从 VC / PE 支持的中国上市企业总市值可见一斑，40 万亿元的总规模在资本市场的分量占比不容小觑，尤其在国内资本市场，通过 Pre-IPO 投资和上市后定增，VC / PE 机构参股或控股的总市值已然超过 A 股半壁江山。在“大众创业，万众创新”的政策背景下，国内的“股权投资时代”势必推高 PE 的估值，对项目的争夺会越来越激烈，促使项目估值持续走高。但从全球各经济体对比情况来看，在股权投资对 GDP 贡献度指标上，美国仍处于全球领先地位，PE 投资对 GDP 贡献度为 1.4%；而在中国市场上，PE 股权投资总额仅占 GDP 的 0.7%，低于美国和英国市场，同时也低于印度市场。因此，从市场体量上来看，国内 VC / PE 已达到较高水平；但从市场发展成熟度来看，股权投资对国内经济的贡献率仍存在较大提升空间。

基于多元化的资本市场格局，传统 VC / PE 机构正面临前所未有的转型挑战和自我革命的窗口机会。面对市场的变化，股权投资机构可利用其专业化优势，专注于投资某个领域，从而能够长期积累自身的核心优势，成为该领域的专家。同时努力实践一、二级市场融合大资管发展，打通投资各个链条，实现不同业务间的协同效应

（2）专业化的优势：深耕细作，PE 专业垂直化加剧

在新的行业环境下，“全民 PE”的粗放模式已然不符合时代要求，现在 PE 机构已然进化得越来越专业、垂直与细分。而随着更多实业型企业加入设立私募股权基金的行列，其产业优势也将推动更多专注于特定产业的基金出现。

目前，专业化基金主要有三种。第一种是以政府为主导成立的产业投资基金，针对的是区域经济发展或地方优势产业，比如上海物联网创业投资基金等。第二种是由市场化投资机构主导成立的行业性投资基金，比如红杉资本在无锡成立红杉兴业及红杉恒业两只基金，主要投资方向为无锡的物联网产业。第三种则是更宽泛的“专业化”概念，市场化投资机构的专业化体现在某一具体的点上，比如有些机构长期深耕某些领域，如农业、消费、清洁技术等。例如，青云创投一直专注于清洁能源领域，包括赛维光电、中电光伏等都是其代表作；维梧创投则一直投资健康医疗行业，此前曾投资过康辉医疗。有些基金专注在某个投资阶段上，比如擅长早期投资的真格基金；而有些基金擅长某些特定投资策略，比如 PIPE、夹层基金或并购等；还有部分大 PE 美元基金专门盯着“中概股”私有化的机会。

PE 机构专注于投资某个领域，能够长期积累自身的核心优势，成为该领域的专家。PE 机构通过设立专项“垂直基金”，投资于熟悉的产业，集中于熟悉的环节，使用熟悉的策略，可以大幅降低投资失败的概率，围绕投资过的领域开拓新业务，在原有模式上进行优化和创新。有的基金还通过与产业内领头企业家的长期合作，加大投资把握，同时借助产业资源，获得更稳定的收益。

（3）大资管综合发展的优势：打通投资链条，实现协同效应

在不断变化的行业环境中，PE 机构正在快速修正、优化发展战略。目前，大多数 PE 正在前移投资阶段，往天使、VC 阶段扩展；同时运用多种投资策略，包括并购、PIPE、夹层基金等。除了在一级市场深耕细作之外，还谋求与二级市场的联动，参股、控股 A 股公司，深度介入新三板。成立公募基金，涉入互联网金融等，无不说明 PE 机构正在向着大资管平台进军。

在新三板挂牌的其他 4 家 PE 机构，也都将打造资管大平台作为重要发展战略。中科招商的业务范围覆盖专利技术基金、种子基金、天使基金、VC 基金、PE 基金、证券基金和并购基金。硅谷天堂的业务也全面覆盖并购业务、创业投资业务、资本管理业务（对冲基金、量化基金、资产证券化）、持牌业务以及互联网金融等。

迈入“股权投资时代”

2004 年中小板启幕，2009 年创业板推出，2014 年新三板全面扩容，10 年的时间，中国私募股权投资行业受益资本市场放开，正逐渐走向成熟。目前，随着国内资本市场的日益成熟、行业监管政策的落定和逐渐完善，中国市场已逐步迈入“股权投资时代”。整体来看，2004—2014 年的 10 年里，股权投资在中国发展迅速，新募集基金数、募集资金额和投资案例与金额等表明，投资发展的基本数据将会长时间保持增长状态。同时，在新的资本市场格局下，股权投资机构将面临不同的选择。总而言之，不论是在专业化方面深耕细作还是向大资管平台的转化，在目前市场化的大环境下，股权投资机构将获取更多发展空间，这是新兴市场的经济发展和中国企业数量多、发展快所带来的投资机遇，中国市场已经进入股权投资的大时代。

13

移动互联时代私募证券基金的商业模式创新

2015

本章导读

- 长期以来，私募基金行业因其向高净值人群非公开募集、封闭期保护、追求绝对收益、运作隐蔽等特征获得相对高额的投资收益。但互联网金融，尤其是移动互联网的出现从各个角度对其行业本质提出了挑战。
- 近一年多来，随着牛市行情启动，私募基金公司管理规模迅速扩张。截至 2015 年 6 月末，基金业协会数据显示，私募证券基金的管理规模已突破万亿元大关，达到 12 577.39 亿元。在这万亿元私募大军中，诞生了 28 家百亿元级私募。
- 自 2015 年 6 月中旬 A 股市场调整以来，当月股票型私募基金净值平均下跌 9.8%。实现正收益的基金只数占比仅为 18%，收益落在 – 20%~0 的产品占比 62%。私募证券基金行业的荣枯与二级市场密切相关。
- 移动互联网碎片化和高度移动的特征使得“+ 互联网”模式更适合私募基金行业。借由互联网产生的海量数据，任何机构都可以做即时性研究，应用于投资实践。角色再定位的过程将影响研究员、基金经理、客户的选择和交易判断。同时移动互联网平台存在同边效应和跨边效应，会使私募基金行业的盈利水平持续下降。

私募证券基金在资产管理行业的定位

国内从事金融资产管理的行业大致有 7 类，分别是银行、证券、保险、基金、信托、期货和金融租赁。跟私募证券基金有直接竞争关系的是具有真实管理能力的券商资管专户和公募基金专户。

长期以来，私募基金靠资产管理服务赚取绝对收益，替高净值客户打理个人资产或替保险公司和养老金公司管理资金。由于是向少数特定对象募集资金，因此，投资目标更有针对性，更能满足客户对投资的特殊要求。同时，私募不必定期公开披露详细的投资组合，使得投资更具隐蔽性，受市场追踪的可能性更小，投资收益可能会更高。

随着互联网时代信息披露越来越充分，大众富裕阶层不断增长，客户区隔越来越不明显，私募基金和主要竞争对手的同质性也越来越强，这就需要私募基金调整自己的定位，明确自身特色，才能在资产管理行业保留一席之地。

私募基金的本质特征

1. 非公开募集。根据《中华人民共和国证券投资基金法（2013 版）》第 10 章第 92 条，非公开募集基金不得向合格投资者之外的单位和个人募集资金，不得通过报刊、电台、电视台、互联网等公众传播媒体或者讲座、报告会、分析会等方式向不特定对象宣传推介。

2. 追求绝对正收益。私募基金的管理费很少，通常只有管理规模的 1%~2%，通过第三方渠道发行的基本收不到或只能收很少的管理费，而其规模又远小于公募基金。因此，私募基金的收益主要依靠超额业绩提成，私募基金只有取得绝对正收益，私募基金管理公司才能有收益。

3. 募集对象面向特定的高净值投资者。《中华人民共和国证券投资基金法（2013 版）》第 10 章第 88 条规定，公开募集基金应当向合格投资者募集，合格投资者累计不得超过 200 人。前款所称合格投资者，是指达到规定资产规模或者收入水平，并且具备相应的风险识别能力和风险承担能力，其基金认购金额不低于规定限额的单位和个人。而基金业协会建议私募基金合格投资者认定的三点标准具体为：一是个人投资者的金融资产不低于 500 万元人民币，机构投资者的净资产不低于 1 000 万元人民币；二是具备相应的风险识别能力和风险承担能力；三是投资于单只私募基金的金额不低于 100 万元人民币。

4. 运作机制灵活。私募基金投资范围比较宽泛，可投资于股票、基金、债券、期货、期权、融资融券、权证、存款、利率远期和互换、商业银行理财计划、证券公司资产管理计划、信托公司信托计划、基金资产管理计划、私募投资基金、有限合伙企业、未上市公司股权、新三板、证券回购等品种。可以说，只要客户接受，基本无投资范围限制。另外，私募基金并无仓位的强行约束和期指对冲的套利限制，在运作上也比公募基金灵活很多。

5. 流通性限制。为了保证私募基金经理按照既定的投资思路运作资金，防止因资产规模波动而引起投资风险的增加，私募基金成立后会有三个月到半年的封闭期，封闭期内委托人不能办理赎回。

移动互联时代挑战行业本质

1. 非公开募集。2013 年 7 月 10 日，美国证监会正式修改了《1933 年证券法之 D 条例》下的 506 规则，摒弃了美国奉行了数十年的私募不得向不特定公众以兜售或广告（“公开兜售”）的方式发行这一圭臬。这一私募监管新规的推出，不仅对美国证券监管格局的影响深远，在国际上也受到了各国证监机构的普遍关注。美国本次对私募发行规则的修订，体现了金融立法与时俱进的要求。以高风险高收益著称、一向只针对机构投资人和高净值客户低调潜行的私募基金，有可能因此进入大众化的移动互联网销售时代。

2. 追求绝对正收益。由于大数据及搜索技术的进步，对样本空间的股票在按照财务因子、市场驱动因子评价的基础上增加了搜索因子，因此可以比财务季报反应更迅速，更容易捕获有价值的投资信息，创造更稳定的正收益。

3. 募集对象面向特定的高净值投资者。目前在夹缝中野蛮生长的 P2P 理财平台在事实上已经突破了这个限制。很多 P2P 平台先把小资金量的客户资金收集起来，再以各种变通方式购买私募基金产品。

4. 运作机制灵活。在投资范围内调整品种和仓位把握的时效性上，也有一些金融工程方面的技术在不断演进，但客观地说，到目前为止，笔者尚未看到有颠覆性的技术出现。

5. 流通性限制。现代 IT 技术的发展和市场竞争的需要，提供 PB 业务服务的证券公司在实践中可以做到每天或每周的估值清算，这也就意味着私募基金在事实上已经可以做到 T+1 日的申购或赎回。即使是老的走信托通道的阳光私募产品，也可以通过转让信托收益权质押的方式释放出部分流动性。

市场波动对私募证券基金的影响

2014 年 2 月 7 日起，《私募投资基金管理人登记和基金备案办法》正式实施，私募基金迎来了快速发展的时代。截至 2015 年 6 月末，基金业协会数据显示，已完成登记的私募基金管理机构 13 918 家，管理私募基金 15 612 只，管理规模 3.78 万亿元，私募基金行业从业人员 221 092 人。

其中，私募证券基金的管理规模已突破万亿元大关，达到 12 577.39 亿元（见表 13-1）。在这万亿元私募大军中，诞生了 28 家百亿元级私募，而这个数量等级的私募在 2014 年年底仅有 7 家。一年多来，私募证券基金规模的迅速增长得益于牛市的启动、自身管理能力和产品策略的丰富。

表 13-1　　私募基金管理机构资产管理规模（截至 2015 年 6 月 30 日）

基金类型	基金数量（只）	认缴规模（亿元）	实缴规模（亿元）
私募证券投资基金	9 429	12 756.09	12 577.39
私募股权投资基金	4 701	20 166.34	12 918.09
私募创业投资基金	1 164	2 309.36	1 841.6
其他	1 107	3 691.76	3 105.4
合计	16 401	38 923.55	30 442.48

资料来源：中国基金业协会。

晨星（中国）统计数据显示，最近一年获得正收益的股票型私募基金为 972 只，占比 98%；跑赢沪深 300 指数的比例为 23.9%，跑赢晨星股票型基金指数的比例为 36.2%。

但自 2015 年 6 月中旬以来，A 股市场经历了连续的单边调整。究其原因，是支撑本轮行情的核心因素——资金面因供求不匹配而导致了拐点的出现。

在供给端，股票市场赚钱效应的持续显现使得居民资产过快转移向股市，因而在后期出现了透支的迹象，特别是监管层对两融和场外配资的清理，更是直接加速了资金供给端的收缩。

在需求端，市场的持续上涨使得进一步推升 A 股指数所需的成交量也随之增加，同时新股发行速度和规模的加快，也对资金面需求端提出了更高的要求。资金供求的不匹配，再加上杠杆资金的多米诺效应，使得市场出现了持续的下跌。

2015 年 6 月，当月股票型私募基金净值平均下跌 9.8%。实现正收益的基金只数占比仅为 18%，收益落在－20%~0 的产品占比 62%（见图 13-1）。行业收益率及规模受 A 股市场影响较大。

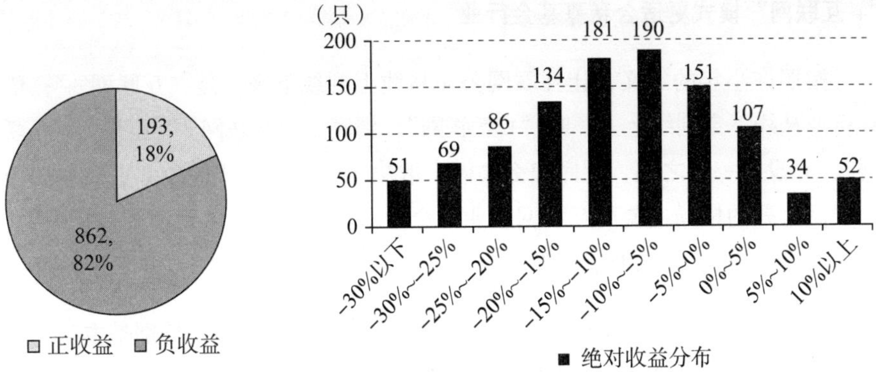

图 13-1　2015 年 6 月私募基金绝对收益、相对收益统计

资料来源：晨星（中国）。

私募证券基金的商业模式创新

移动互联网具有碎片化和高度移动的特征。碎片化包含两方面含义：一是时间的碎片化，即每次上网的时间较短；二是信息的碎片化，即在海量信息包围下，个体感兴趣的信息仅仅是一小部分。基于此，移动互联网时代的商业模式出现了两个新变化：一是“微”模式，如碎片化需求下的微阅读、微博、微应用、微视频等；二是“圈”模式，信息碎片化后，人们面对海量信息，会建立以自我为中心的信息圈、交际圈。移动化是指相比电脑的固定特性，手机具有随身携带的移动特征，而手机与用户之间一一对应的关系，为基于身份识别技术上的位置服务和移动支付等新商业模式提供了可能。

移动互联网对私募基金行业的影响主要体现在对现有商业模式的冲击上。在传统的私募行业中，互联网只是一个技术手段，帮助银行建立更快速的支付体系，帮助基金经理更快速地下单完成交易，是“+互联网”模式；而现在移动互联网技术的高速发展，互联网从渠道变成了改造的主体，从而去中心，去个性化。

“+互联网”模式更适合私募基金行业

按照许小年的定义，让互联网公司从线上到线下来，是“互联网+”；传统行业从线下走到线上去，叫“+互联网”。到底是“互联网+”还是“+互联网”，并没有一定之规，到底怎么去做，取决于哪一种方式的效率更高。如今互联网金融的格局主要由互联网企业与金融机构相结合，主要模式包括众筹、P2P、三方支付、大数据金融等。

同追求排名的公募基金相比，追求绝对收益的私募基金，特别是主动管理型基金，要进行适时的止盈或止损，而这些决策更依赖于人脑的系统性判断和逆向思维。目前的互联网企业仍无法撼动私募的核心价值，未来的几年甚至十几年内，私募行业的主导者仍然是传统的私募机构。

但是，随着移动互联和大数据的不断创新和完善，一定会给整个行业带来不一样的生命力。无法否认的是，在特定的环境下，互联网会为私募行业带来颠覆性变革，而在这场变革中脱颖而出的将很有可能会是那些具有互联网创新精神的私募机构，而互联网企业将有可能是私募投资重要的参与者。

互联网技术对私募基金盈利模式的各个环节都会产生重大影响

互联网金融让传统金融机构不寒而栗，这种冲击甚至直接触及到了私募基金最核心的投研领域。借由互联网产生的海量数据，任何机构都可以做即时性研究，进而应用于投资实践。数据源的多样性、分析方法的革新性无不冲击着传统券商、基金的传统投资方式。

（1）私募买方研究员的角色需要转化

互联网时代的好处是，消费者取得信息的成本为零，坏处是选择成本太高。随着互联网和大数据的应用，我们可以想象，也许一个研究员不再局限于一个领域，也可能独立完成对一个产业链的研究。互联网可以抓取每个行业之间的细微联系，从而更准确地判断各个行业的周期之间的关系。

但是，一个研究员能扩大研究领域并不意味着他的地位会有所提升，而是研究员的研究工作将可以更多地通过数据分析和建模交给计算机独立完成。这样的好处是，不但研究速度会不断加快，而且排除了研究员的主观臆断因素，因此分析的结果也将更加客观。在一些相对规模不是很大的私募机构，研究员的工作也就可以被计算机和基金经理完全取代。研究员将会成为分析过程的建立者和分析方向的决策者。但这并不意味着研究员对于私募的价值就完全消失了，而是研究员的作用可能会发生很大的变化。分析员很有可能不再是分析过程的实施者，而是新的分析逻辑的缔造者。

（2）私募基金经理的价值在上升

面对同样的信息，每个人的理解总是有差异的。哪怕这种差异只有 1%，带来的投资差距也是巨大的。前面提到过，互联网时代的好处是，消费者取得信息的成本为零，它的坏处则是选择成本太高，因此判断和选择能力体现出来的价值在上升。互联网给人们带来的是个人可控智慧的几十倍增长，以前只能处理某一领域或者某一类数据的公司，通过网络和大数据分析手段，能够处理更多、更大量的数据。一些机构甚至利用互联网的处理能力，在几小时甚至几分钟内就能产出一份报告。

移动互联网时代带来的去中介化以及大数据处理方式，将让不少靠天吃饭的公募基金经理们头顶上的“光环”逐渐褪去。在不远的将来，一大批靠天吃饭的共同基金经理和公司将被超越和淘汰，留下的基金公司将是那些能够根据大数据分析提供交易策略，占领独特优势的对冲基金和自营基金。

（3）移动互联网带来的信息透明化，会使私募基金客户越来越集中

随着信息传递速度越来越快，信息分享平台越来越多，将会有越来越多的信息涌入市场。私募平台是一个相对公募更加封闭的平台，定向募集导致信息集中在少数人手里。而对于大多数投资人来说，互联网时代出现的第三方平台向用户提供了更多的信息，将市场上的所有信息集中，使投资人能更方便地选择适合的产品。然而，移动互联时代改变了信息交付的方式，由原本的投资人主动寻找信息转变为被动接收信息。信息流转方式的变化改变了信息传递的及时性，在提高传输效率的同时也能更加有效地为用户筛选出更有针对性的信息。

而业绩更好的产品可能会获得更多的资源和投资者的追捧，也就使得投资越来越集中于这些机构。

（4）对交易时点的判断会有更多的移动互联网技术手段辅助

在中国，股市的表现往往和经济发展的速度不一致，这导致了投资风险更难以捉摸，投资机会也更难判断。尽管很多人都愿意承担市场变化带来的系统风险，但是往往很难捕捉到可靠的投资机会。由于在市场有效的前提下，证券的价值和价格往往会有一些偏差。而在交易的过程中，人们对价值偏差会达成一定的“共识”,这种“共识”就可以理解为一种噪声,与信息的正确与否无关。“噪声”是对个股的影响，但是很难长期或者大范围地影响证券市场。如果能通过互联网和大数据处理，提前捕捉到市场的动向，也就能更清晰地找到交易的机会。

证券市场的噪声交易理论很久以前就已经出现并且被一些投资者应用，但它却是一把双刃剑。一方面，噪声确实能影响某些特定情况下的价格，放大投资者的利益；同时，噪声还有可能加大市场的流动性。另一方面，噪声交易者过度依赖噪声进行交易也有可能出现过分盲从的现象而带来更大的损失。一些人将噪声当作投资信号，反而导致了更严重的损失。而在移动互联时代，这种现象将更加明显，网络的传输速度已经接近同步。当结束一天交易的同时，互联网媒体会在极短的时间内作出反应和发布相关信息，因此就能很轻易地捕捉到投资者的情绪，并作出判断。

互联网带来的充分竞争会使私募基金行业的盈利水平持续下降

移动互联网平台存在同边效应和跨边效应。同边效应是指，在平台的某一边中，如果使用的用户增多，会有利于同一边的用户越来越多。比方说，一个用户使用了某款浏览器，那么就会影响到周围更多的人使用这个浏览器，这就是同边效应。跨边效应是指，在平台的某一边中，如果一边使用的用户增多，会有助于另外一边的用户越来越多。例如，淘宝上的买家增多，就会吸引更多的卖家进入。理想的平台，应该同时具备同边效应和跨边效应。

从理论上来讲，处于规模不经济的私募基金管理公司会有一段时间内同时存在同边效应和跨边效应。比如一个业绩突出，管理能力在 100 亿元的公司目前的管理规模是 50 亿元，如果新增 50 亿元资金就会出现一段时间的同边效应和跨边效应，对于这部分新增资金，如果采用互联网思维进行定价，可能会持续降低行业的平均盈利水平。

14

财富配置新趋势中的高端财富管理

2015

本章导读

- 据国家统计局统计，中国 2014 年人均 GDP 已达到 7 575 美元，福布斯发布的《2015 中国大众富裕阶层财富白皮书》显示，2014 年年末，中国大众富裕阶层的人数达到 1 388 万人，人们的财富管理意识也逐渐“升温”。
- 中国经济发展正经历着人口结构逐步老龄化、经济结构转型、城镇化进程推进、全球化金融创新升温 4 大浪潮，使得居民手里的财富迅速增加，理财变成一种刚性需求。然而当前国内的财富管理市场尚处于“以产品为中心”阶段，缺少为客户量身定做的“定制化”服务，理财机构的主动投资管理业务也都比较单一。
- 财富管理机构未来的创新点可能在以下三个方面：可以融合多只基金投资优势的 FOF 基金、提供全权委托的家族财务管理服务以及跨区域、跨币种、跨周期的全球资产配置。
- PE / VC 产品普遍投资门槛高、市场风险大且投资期限较长，需要投资者有较多资产和较好的风险承受力，高净值人群是配置此类资产的主力军。在可以预见的未来，越来越多的高净值人群会选择配置 PE / VC 类资产。

新晋高净值人群大多以从事互联网等信息产业以及生物医药、节能环保、高端制造等创新型产业，在几年内实现了个人财富的快速增长。这类高净值人群对复杂、精细的专业理财服务的需求与日俱增，而此前这些通常是机构客户的需求。

中国正在进入高端财富人群理财的时代，越来越多的高净值群体正在打算将手里的房产变成各类金融投资资产。然而当前的国内财富管理市场尚处于"以产品为中心"阶段，缺少为客户量身定做的"定制化"服务；从"以渠道销售为主导"到真正的"以客户利益为主导"是未来的变化方向。理财机构的主动投资管理业务也都比较单一。

为了规避风险，高净值人士希望一只基金融合多家基金优势的需求为国内的 FOF（fund of fund）基金提供了发展机会。全权委托能帮助家族实现财富保有，通过资产配置和主动管理来降低系统性风险与非系统性风险，提升组合投资的收益，为家族财富提供一体化的保护性结构。中国经济增速放缓，美国经济复苏态势强劲，利好资产价格持续上升，欧洲资产也充满抄底的机会。从大类资产配置策略的角度来看，投资海外资产已成为分散国内投资风险的良好工具，通过跨区域、跨币种、跨周期的方式实现分散风险的一揽子计划。

在资本市场顶层设计方案的引导下，中国居民资产配置将发生历史性转变：以房产为代表的实物投资及非标产品投资正逐渐部分地被权益类投资替代。权益类投资将在居民资产配置中，尤其是高净值人群资产配置中占据越来越重要的地位。新三板投资热潮引导高端投资者改变了投资习惯：具有专业财务知识、法律知识、行业知识并且能够对发行企业作出投资价值判断、风险判断的机构将在市场上受到追捧。

当前财富管理行业的市场情况

根据国际经验，当人均 GDP 超过 3 000 美元时，消费会由于收入水平的提高而进入快速发展阶段，与此同时，人们理财的意识也会大大提高。根据国家统计局《2014 年国民经济和社会发展统计公报》统计，中国人均 GDP 已达到 7 575 美元，人们的财富管理意识也逐渐“升温”。而《福布斯》发布的《2015 中国大众富裕阶层财富白皮书》显示，2014 年年末，中国大众富裕阶层的人数达到 1 388 万人，同比增长 15.9%，中国私人可投资资产总额约 106.2 万亿元，年增长率为 12.8%，主要由股票、基金、债券等金融性资产增长带动。预计到 2015 年年底，中国大众富裕阶层人数将达到 1 528 万人，私人可投资资产总额将达到 114.5 万亿元。

过去 5 年中，财富创造正从美国向亚洲转移，中国正成为全球增长最快的财富市场之一。据瑞银和普华永道的《2015 亿万富豪：超级财富和持久传承的缔造者》及贝恩公司《2015 年中国私人财富报告》中的分析可以看出，2013—2014 年，中国私人财富市场的可投资资产总量和高净值人群数量继续保持两位数的增长速度，私人财富市场持续释放着客观的增长潜力与巨大的市场价值。近年来，中国政府出台了一系列鼓励创新创业的政策，激发大众创业，催生了许多基于互联网平台的新型致富模式与新富人群。这部分新晋高净值人群大多从事互联网等信息产业以及生物医药、节能环保、高端制造等创新型产业，在几年内实现了个人财富的快速增长。这类高净值个人对复杂、精细的专业理财服务的需求与日俱增，而此前这些通常是机构客户的需求。中国财富市场按财富总值排名世界第 3，按财富人口（>10 万美元）数量则排名第 7。得益于中国巨大的人口基数，中国市场财富总量已居于全球第 3。但从财富人口结构的角度来衡量，中国财富市场的结构与全球水平相比，财富人口比重依然过小。中国人均占有财富仅为世界平均水平的 40%；拥有 10 万美元以上的财富人口数为 1 731 万人，占成人的比重为 1.80%，该世界指标为 9.85%；80.5 万的高净值成人人口（拥有 100 万美元以上）仅占成人总数的 0.08%，该世界指标为 0.55%。

财富管理需求的方式包括现金、贵金属、不动产金融资产等。虽然房地产和股票仍居高净值人群投资方向的第一、二位，达到 76% 和 65%，但另类投资已经上升到高净值人群投资方向的第三位，投资比例达到 56%。其中，艺术品、珠宝玉石、酒和钟表都是颇受青睐的另类投资方向。据统计，高净值人群目前进行艺术品投资的占到 64%，而未来有意向投资艺术品的达到 78%。中国书画，包括现当代书画和古代书画是主流投资品类，投资比例达到 40%。与成熟市场的财富管理行业已经进入多元投资时代相比，中国基金行业才刚刚开始转型，差距比较明显，无论是产品结构还是投资方向，无论是资产管理方式还是涉及的市场，转型发展还有很大的空间。因此，监管层提出，基金公司要加快创新发展的步伐，而创新首先体现在产品方面。目前，中国私人银行客户市场的需求非常大，客户主要包括民营企业家、高工资报酬阶层、财产继承人以及炒房、炒股、理财阶层，需求特征表现为："富二代"投资能力较强且偏好海外投资、投资渠道单一、个人财富私密性较强、代际传承需求强烈等。

市场发展趋势及客户需求变化

中国经济发展正经历着 4 大浪潮：一是人口结构逐步老龄化，也就是人口红利正在缩水；二是经济结构正在转型，基建、房地产等投资占比正在减少，消费与技术创新对 GDP 增长的拉动作用正在提高；三是城镇化进程推进，越来越多的人会居住在城市里，形成巨人的消费群体；四是全球化的金融创新正在升温。4 大浪潮形成的一个共同结果就是，居民手里的财富效应迅速增加，理财变成一种刚性需求。中国正在进入高端财富人群理财的时代，越来越多的高净值群体正在打算将手里的房产变成各类金融投资资产。

而当前国内的财富管理市场尚处于"以产品为中心"的阶段，以向客户推销产品为主，还没有实现"以客户为中心"的服务宗旨，缺少为客户量身定做的"定制化"服务。同时，财富管理仍旧停留在以渠道销售为主的层面上，没有实现"客户利益最大化"，因为其盈利主要来自利差收入或销售提成，而非客户端收费，从"以渠道销售为主导"到真正的"以客户利益为主导"是未来的变化方向。 从理财机构的角度来看，从事主动投资管理业务的财富管理机构大都业务单一，或以权益类投资为主、或以固定收益投资为主，为客户独立提供大类资产配置服务的能力欠缺，尚不能满足客户高中低不同层次的收益风险偏好。随着中国的财富效应扩大，未来的市场需求剧增，进入全民理财时代的客户偏好也更加多元化。高净值客户与中产客户相比，有比较高的风险偏好。在 2014 年的调查中发现，40.8% 的高净值人士选择了至少三种以上投资工具，倾向于采取多样化的资产配置策略，其中房地产、股票、基金最受欢迎（不包括现金储蓄）。在高净值人士中，选择房地产及股票投资的比例遥遥领先，基金投资和另类投资紧随其后，而债券市场则影响力微弱，并未受到投资者的关注（见图 14-1）。

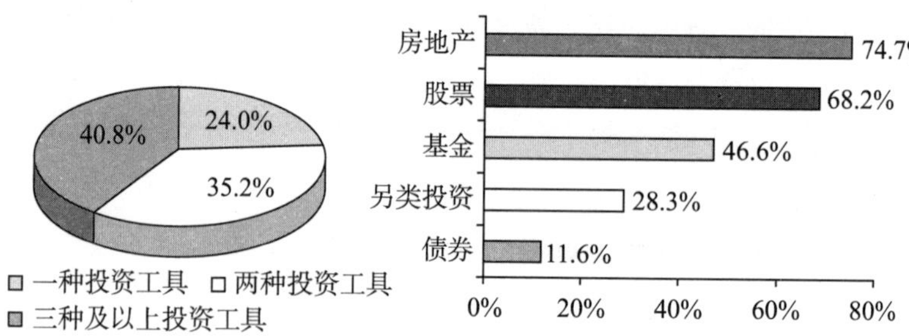

图 14-1　高净值客户资产配置种类

资料来源：《福布斯》（中文版）数据库。

财富管理机构的创新机会

随着市场和需求的变化，财富管理机构只有依托敏捷的市场反应与业务创新来提高自身的竞争力，以客户为中心，以恪守能力圈为宗旨，为高净值客户提供更符合投资需求的产品。

私募基金组合

在牛市背景下，国内私募证券投资基金行业在 2014 年迎来了迅猛发展。全行业管理资产规模从 2013 年年底的 3 000 亿元左右增长到 2014 年年底的

6 000 多亿元。随着 2015 年前 4 个月牛市的加速，截至 2015 年 4 月 25 日，新成立 2 850 只私募证券投资基金，相当于 2014 年全年总数的 43.7%。全行业管理资产规模也增至 8 000 亿元以上（见图 14-2）。

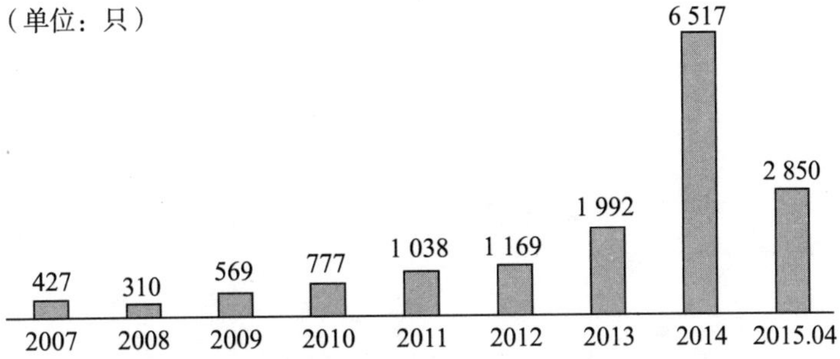

图 14-2 私募证券投资基金每年新发行产品数量

资料来源：Wind 资讯，诺亚研究。

私募证券基金发展如此之快主要得益于监管政策的支持，市场在监管、发行、政策和配套服务等方面不断创新。此外，私募证券投资基金可以运用金融工具的丰富与资本市场管制的放松，同样刺激着这个行业的发展（见图 14-3）。根据基金业协会披露的数据，截至 2014 年年底，共有 1 438 家私募证券投资基金在基金业协会登记备案。

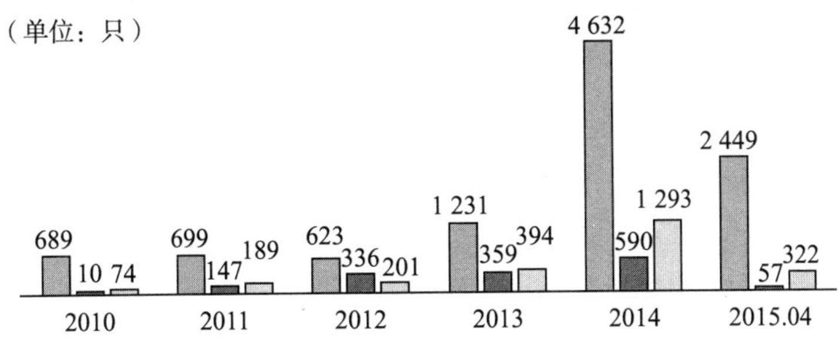

图 14-3 各类私募基金发行数量

资料来源：Wind 资讯，诺亚研究。

在私募股权基金方面，过去两年偏审慎的资金也重现市场，投资案例数目与金额反弹均远超预期，增幅分别达到 62.6% 和 77.6%（见图 14-4）。对投资者而言，两年多的盘整与洗牌让市场参与者实现了非凡的成长，无论是投资能力还是投资理念均进一步接轨国际水平。

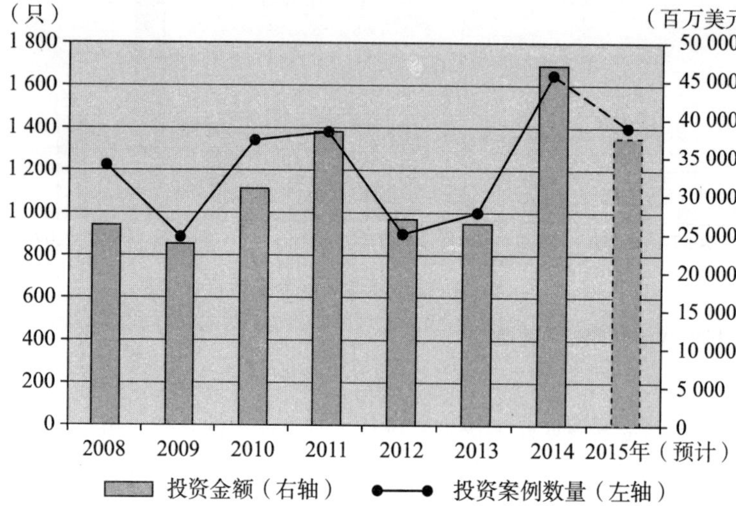

图 14-4　私募股权基金投资情况

资料来源：CV-Source，诺亚研究。

在进入成本方面，2012 年以来，PE 基金投资环节的持续萧条使得进入价格一跌再跌，2015 年平均进入价格已经达到 25 倍（P/E），仅次于 2011 年所谓的“全面 PE”时期（见图 14-5）。

对于私募基金来说，风险是每一个投资者最关心的问题。对于高净值投资者来说，面对市场上几百种差别不小的基金，个人挑选的难度和风险都不小，而为了规避风险，总想什么类型的基金都买一点。如何在一只基金中融合多家优秀私募的投资优势就成为投资者最强大的需求。这一需求为国内的 FOF 基金提供了发展机会。FOF 基金实际上就是帮助投资者一次购买“一篮子基金”的基金，通过专家二次精选基金，从而有效降低非系统风险。

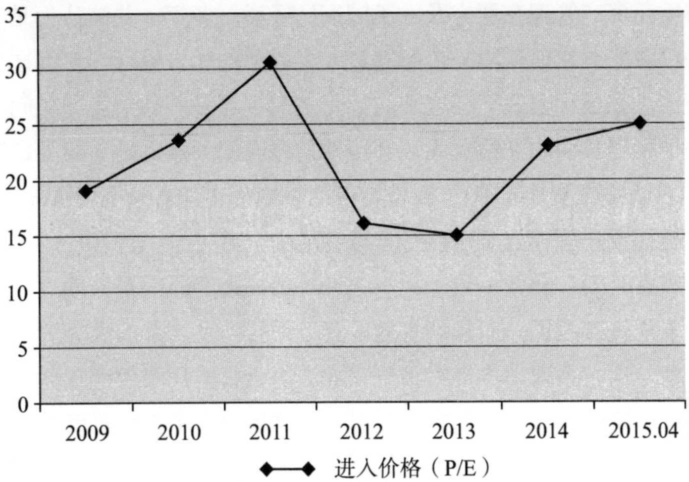

图 14-5　基金投资成本

资料来源：CV-Source，诺亚研究。

全权委托——家族财富管理新趋势

中国内地可投资规模达千万元以上的高净值人群已经达到了 84 万人，相对应的财富规模有 27 万亿元。近两年，家族财富管理在中国逐渐兴起。根据胡润研究院最近发布的一份《中国高净值人群消费需求白皮书》的数据，到 2013 年年底为止，全国个人资产达 600 万元以上的人群达到 290 万人，1 亿元资产以上的高净值人群达到了 6.7 万人。中国的财富家族只用了 30 年时间便走完了海外 100 年的财富积累过程。随着财富规模的增长，家族面临的不确定性与风险也随之增加，如何建立整体投资思维、中长期保值增值模式、保护性结构有效调控风险，在中国经济“新常态”的大背景下就显得尤为重要。全权委托模式解决了高净值个人和家族的这一痛点，即传统分散理财的不足：购买产品缺乏整体规划、决策随机且没有投资逻辑和规律、缺乏完善的风控方法等。全权委托的核心目的是帮助家族实现财富保有，通过资产配置和主动管理降低系统性风险与非系统性风险，提升组合投资的收益，为家族财富提供一体化的保护性结构。

全权委托资产管理在西方及欧美国家已经盛行多年，并被认为是最具投资价值的一项业务。目前，境外市场超过一半以上的私人银行客户都选择全权委托服务模式。在这种模式下，客户与银行之间不再是产品销售和顾问服务的关系，而是更稳健长期的互信关系，甚至他们之间的利益也是一致的。选择全权委托的客户就是把资产委托并授权给机构，由后者全权委托团队进行专业打理。全权委托资产管理之所以盛行全球，成为全球过半私行客户的选择，除了私密性、节省时间、利益一致等优点之外，最核心的原因是长期财富管理成败的关键要素是资产配置，而长期有效的资产配置涉及复杂的大类资产选择、调仓、再平衡。这一系列动作个人很难完成，而全权委托服务模式凭借专业团队的力量，可以实现科学的长期资产配置，全面解决了个人投资者的局限性。

与过去的“家族办公室”模式相比，全权委托除了可以从更整体的角度进行研发、整合资产规划之外，还能够真正让家族继承人省力省心，同时减少每次交易前的繁琐沟通，避免在筛选产品、认购产品的流程中错失投资良机。从单笔管理到专户管理，之后又经历了提供平台一揽子的解决方案，国际先进的家族管理如今已经进入比较高级且个性化的阶段。在海外，家族财富管理服务也不再仅限于资产的配置，他们还关心财富的传承、合理避税、家族成员之间的治理以及慈善公益行为。家族共性的需求是现阶段中国家族管理模式与海外的最大不同，也是国内高端财富管理行业发展的方向。

对比国内与国外在财富传承上的传统，国外财富人群很多都是第二、三代继承人，而中国的发展阶段决定了大多是第一代财富创造者。在这个阶段的主要目标是为子孙后代提供坚实的财富基础。但是，一旦进入第二代之后，关注点就会在财富的延续和家族成员人力资本的培养上。在中国这种大环境下，中国客户缺乏财富传承的意识，同时对收益过于偏执，对风险认识不足，让国内财富管理机构处于尴尬的境地。中国理财者正在经历教育学习时期，当财富从这一代传承到下一代时，他们自然就能意识到财富管理不仅仅是财富增值，家族财富管理的核心价值在于延续和传承。另一方面,不同机构也有不同的模式，包括适用的理财产品多样性也不一样。美国是比较成熟的金融市场，有各种各样的理财产品，包括理财债券、基金、对冲基金、实物资产等；而中国受到市场的约束，理财产品的种类相对比较缺乏，这也对国内的财富管理机构提出了更高的要求。做好家族财富管理需要具备三个基础条件：一是拥有国内外先进的资产配置技术能力和工具；二是要对客户有深度的理解，与客户建立起深厚的信任关系；三是要有足够的资源和制度保障。

全权委托服务模式在海外盛行多年，而在国内，由于法律环境等多方面的原因，才刚刚起步。家族财富管理业务集合了整个集团的全部资源支持，包括以全权委托为核心的资产配置服务和家族信托、境内外保险服务、家族成员教育等内容的增值服务。具备全市场、全球化的资产配置能力是全权委托业务区别于其他同类机构的核心优势之一。很多财富管理公司秉承“唯有梳理过的财富才能保全，唯有保全了的财富才能传承”这一理念，提出了“全权委托＋保护性结构“的财富解决方案。当然，这要依托于不断开拓的境内外全市场资产配置能力。家族财富的创新服务主要表现为三个方面。第一，采用全权委托模式，与家族客户保持利益上的高度一致，致力于跨周期的中长期配置并减少空窗期，提供私人订制服务。第二，通过增值服务，从法务、税务等方面为家族财富提供低调的保护结构。这依托于企业自身走向综合金融集团的业务布局，各业务模块之间有互相支持的作用。第三，家族财富管理团队通过整体的顶层设计规划，为家族治理设计未来的方向与框架，为客户免除家族治理的后顾之忧。

海外资产配置

中国经济增速放缓，国内地产进入“白银时代”，而与此同时，美国经济复苏的态势强劲，利好资产价格持续上升，欧洲资产也充满抄底的机会。从大类资产配置策略的角度来看，投资海外资产已成为分散国内投资风险的良好工具，通过跨区域、跨币种、跨周期的方式实现分散风险的一揽子计划。这其中以安全性和流动性都最有优势的美元投资为代表，美国经济正走在复苏的上坡路上，并且在国际经济领域仍占有重要统治地位，美元作为主要的储备货币仍具有相当高的稳定性。可投资的境外资产包括两大类，一类是非中国资产，通过配置不同国家的资产可以对冲系统性风险；另一类是优质的境外中国资产，用美元投资境外中国资产，对冲汇率风险的同时，也实现了继续分享中国经济发展和企业成长的红利。数据显示，除了现金储蓄、债券等传统稳健类投资外，在中国高净值人群最感兴趣并且已经参与尝试的投资中，跨境资产配置已经占到了排名的前三位。麦肯锡对中国高净值人群的调研显示，当前高净值人群普遍认同把 10% 左右的资产用于海外投资，并且有 57% 的受访者希望在未来 5 年内增加海外资产配置的比重，高净值投资者对海外市场的需求将把国内的财富管理行业带入这一新方向。

相对美国资本市场的巨大涨幅，住宅市场仍未恢复经济危机时的失地，截至 2014 年年底，美国家庭所有者权益中房屋价值部分上涨至 112 528 亿美元，距离金融危机前的高点仍然有 15.5% 的距离，家庭房地产资产规模距离危机前的高点还有 5.4% 的距离，而美国家庭及非盈利机构金融资产规模已经上涨超过 27%（见图 14-6、14-7 和 14-8）。

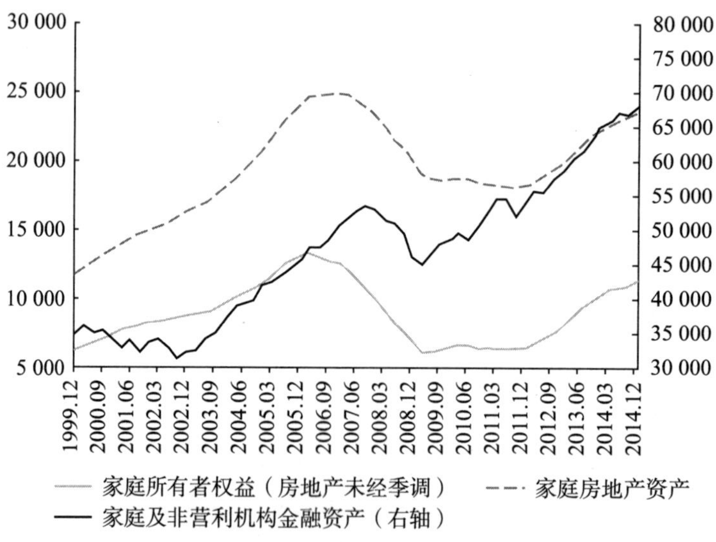

图 14-6　美国家庭房地产资产规模仍未恢复到金融危机前的水平

资料来源：美联储，彭博资讯，诺亚研究。

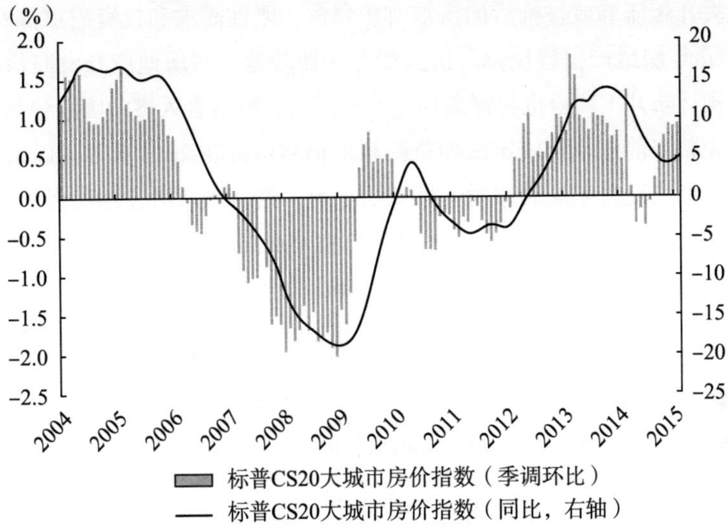

图 14-7　标普 CS20 大城市房价指数

资料来源：彭博资讯，诺亚研究。

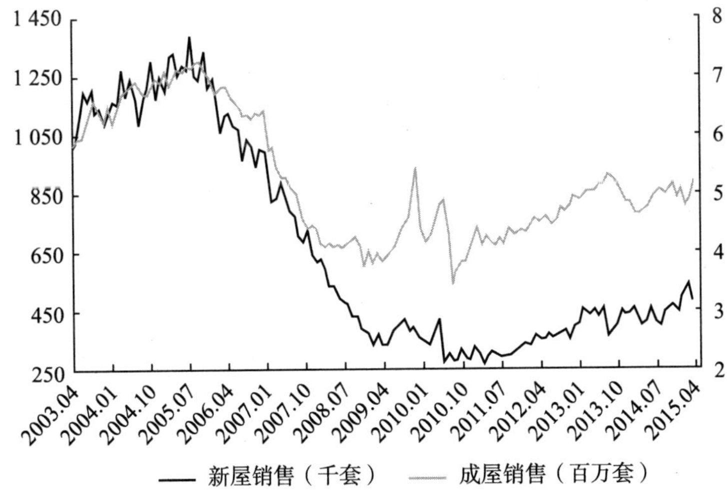

图 14-8　美国房屋销售

资料来源：彭博资讯，诺亚研究。

过去几年压抑或被推后的需求有望释放，刚性需求和投资需求都有保障，2015年开年房地产销售反弹，房屋库存去化较好，对房地产开发商信心非常有利，预计新开工项目也将逐渐加速。刺激潜在购房者入市的因素包括以下几个。首先，当前三十年固定抵押贷款利率仍然保持在2013年6月以来的最低水平，预期将随着基准利率的上调有所上行，这将刺激潜在购房者加快入市。其次，潜在购房者购买力处于历史高位。就初次购房者和综合情况来看，住宅购买力指数均处于历史较高水平；新屋和成屋价格稳健上行，收入增长的稳定加速都有利于住宅购买力指数的保持。最后，银行放贷意愿有望逐渐放松。

预期2015年下半年，住宅销售仍将稳健增长，销售价格上行，以标普CS20大城市房价指数计算，预计房价涨幅为5%~6%。

这是一个资产配置全球化的好时机，2015年，各财富管理机构都增加了海外市场的产品，以此提高客户的资产价值，分散国内投资的风险。

资本市场改革与居民资产配置转变

当前，中国资本市场改革的方向是拥抱股权融资。周小川行长在2015年两会答记者问环节上明确表示，股票市场上的融资资金直接支持了实体经济的发展。提高股权融资的比重，降低企业杠杆率，服从了当前中国经济产业结构转型升级的需求，有助于减轻企业负担。

中国居民资产配置结构

在资本市场顶层设计方案的引导下，中国居民资产配置将发生历史性转变：以房产为代表的实物投资及非标产品投资正逐渐部分地被权益类投资替代。权益类投资将在居民资产配置中，尤其是高净值人群资产配置中占据越来越重要的地位。

如图14-9所示，2011年中国居民资产配置结构中，存款、股权类资产以及房地产的占比分别为22%、4%和59%。而在美国居民资产配置结构（2014年6月）中，这三者比重分别为10%、24%（公司股权加非公司股权）和24%。由此可见，股权类产品在中国居民的资产配置结构中还有很大上升空间。随着利率市场化改革的推进以及中国多层次资本市场不断健全，中国居民对公司股权类资产的配置在未来将呈现上升趋势，居民资产将不断从银行和房地产部门流出转入股权类市场。

万得数据显示，2014年全年，银证转账净额为8 046亿元，2015年年初至5月8日，银证转账净额已达26 455亿元。

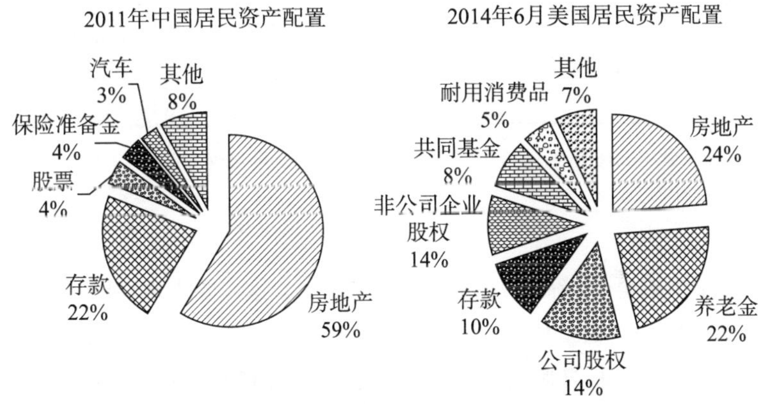

图14-9 2011年中国VS2014年美国居民资产配置分类

资料来源：Wind资讯，诺亚研究。

注册制在新三板落地，股权融资步步推进

发展新三板市场是全面推进注册制过程中的重要一环。自从2013年年底中央明确提出“发展多层次资本市场”，各地掀起了新三板投资热潮。中国资本市场改革的主要参照对象是美国（见表14-1）。从国外经验来看，随着新三板的发展，挂牌的公司数量将迅猛提升，它们将构建起中国多层次资本市场金字塔的最底层（也是数量最多的一层）。场外市场将成为场内市场的储备池，扩展投资者推出渠道。

表 14-1　　　　美国多层次资本市场体系

市场类型	具有代表性的市场		服务对象
场内市场	全国性交易所	纽交所、纳斯达克	上市公众公司
	地方性交易所	芝加哥证券交易所、波士顿证券交易所等	非上市公众公司
场外市场	公告板市场（OTORR）		
	OTO 市场（原“粉单市场”）	注册市场（OTOQB）	非上市公众公司、公众公司
		可信任市场（OTOQX）	
		粉单	
	第三市场		上市公司
	私募证券转让市场		上市公众公司、非上市公众公司与非公众公司

资料来源：王一萱、王晓津等，《场外市场发展和制度安排国际比较》，2010 年 9 月 30 日，深圳证券交易所综合研究所。

2014 年年初至今，新三板遭遇了井喷式发展。这主要表现在以下三个方面。首先，累计挂牌公司数量从 2013 年年底的 356 家猛增至 2014 年年底的 1 572 家。2014 年一年，新三板挂牌公司数量达到了前所未有的 366 家，超出以往三年总和。据万得数据显示，截至 2015 年 4 月底，挂牌公司合计达到了 2 343 家。其次，在募集金额方面，2015 年前 4 个月挂牌公司募集资金合计 132.49 亿元，超过 2014 年全年募资总和。最后，在制度设计方面，做市商制度与新三板市场指数的推出提升了市场流动性，注册制在新三板得以落地，为后续全面推进注册制打下了基础。高端财富管理行业也因此发生着深刻变化。

高端财富管理行业变局

首先，新三板投资热潮引导着高端投资者改变投资习惯：越来越多的投资者选择通过机构进行股权类产品的投资。新三板定位于专业投资市场，是以机构投资者为主的证券交易场所。由于新三板对于企业没有硬性盈利指标的规定，不少业绩波动大、治理不规范的企业也得以挂牌。新三板市场上鱼龙混杂、良莠不齐的现象比较突出，暴涨暴跌现象层出不穷。例如，新三板挂牌企业水治理曾创下单日涨幅 2 000 倍的纪录。根据 2015 年 4 月 20 日颁布的《证券法》（修订草案），注册制全面实行后，企业挂牌门槛将进一步降低，交易所仅检查发行人的注册文件是否完备、可理解以及前后一致，不对发行人的投资价值、盈利能力进行判断。在这一趋势下，具有专业财务知识、法律知识、行业知识并且能够对发行企业作出投资价值判断、风险判断的机构将在市场上受到追捧。缺乏相关专业知识及信息的投资个人将倾向于委托此类机构进行资产配置。当前投资者对新三板产品的追捧，反映了投资者在新三板的投资中逐渐抛弃了原有的投资习惯。

这将改变当前的投资者市场结构。目前，中国的股权市场投资结构中散户是主力。中登公司的《中国结算统计月报》显示，截至 2015 年 4 月底，A 股自然人投资者总数为 43 386 064 位，其中 66.69% 的自然人投资者持有的上市 A 股流通市值在 10 万元以下，91.47% 的自然人投资者所持有的上市 A 股流通市值在 50 万元以下；A 股机构投资者总数为 60 874 户，其中的 57.04% 所持有的上市 A 股流通市值在 100 万元以上。注册制全面落实以后，企业的挂牌条件将进一步放宽，将会有更多的个人投资者委托机构或者通过购买机构所发行的产品进行投资。

另外，“大众创业，万众创新”的浪潮以及蓬勃发展的股权投资市场将吸引高净值人群增加股权投资以及对风险投资类产品的配置。从项目供给方面来说，当前经济正处于转型期，这为“大众创业，万众创新”创造了历史性机遇，政策层面的大力引导又刺激了大众的创业欲望。从项目退出方面来说，多层次资本市场的构筑为投资机构创造了更多的退出机会。近一年以来，做市场制度的实施、新三板指数的推出都使得新三板从一个相对小众的场外市场逐渐转变为大众投资的创新型成长性市场。目前，新三板政策红利尚未完全释放，即将实行的竞价交易方式将进一步提升市场流动性。另外，市场预期的转板机制（符合条件的新三板挂牌企业满 12 个月后将允许其在创业板发行上市）也将加强股权类产品对于投资者的吸引力。

PE / VC 产品普遍投资门槛高、市场风险大且投资期限较长，需要投资者有较多资产和较好的风险承受力。高净值人群是配置此类资产的主力军。在可以预见的未来，越来越多的高净值人群会选择配置 PE / VC 类资产。

访谈手记

【访谈手记一】

国内私人银行业务的发展趋势

2007 年是国内商业银行开始发展私人银行业务的元年，2008—2014 年，整个私人财富市场的增长非常可观。2014 年年末，全国个人可投资资产总体规模达 112 万亿元，个人可投资资产在 1 000 万元以上的高净值人士已经超过 100 万人。为此，课题组通过巴曙松研究员搭建的“传薪讲坛”专访了招商银行私人银行部总经理王菁博士。王菁博士向我们系统解读了国内私人银行业务的发展趋势。

高净值客户投资行为的变化

王菁博士认为，高净值人群投资行为的变化指引着私人银行业务的发展方向。她认为，近年来高净值人群的投资行为主要在如下 5 个方面发生了重要变化。

资产配置日趋多元化。2007 年时的高端客户的资产配置仍处于非常原始的状态，主要是三大项：存款、股票、房产，呈现出自主交易的特征。这些年专业机构投资者加入到高净值客户的管理过程，如 2009 年的银行理财，2011—2013 年的信托产品以及私募、公募基金等占资本市场的份额都在逐步加大。

对专业理财机构的态度的转变。2007 年，客户对投资风险与收益方面的认知还不成熟，对于专业的财富管理机构的信任度也比较低。他们自己作为第一代创业、创富的人群，比较自信，参与投资与自主操作意识都很强。2008 年以及后续的一系列宏观政策调控带来了各项资产价格的剧烈波动，有很多由个人主导的投资由于信息不对称和专业能力不足，造成了投资损失，因此才开始选择逐渐成长起来的专业机构来服务。

选择专业财富管理机构应看重：首先是品牌；其次是服务；最后，客户对专业能力的关注日益提高到第一要素。未来一旦有哪家机构能在以客户为中心的整个服务理念的指导下提供更专业、更全面的服务，并且让客户满意，那么它就会成为客户主要的财富管理机构。

客户的财富目标。2007年的市场呈现的是非常好的单边上涨趋势，创造更多财富、寻求高品质的生活是客户的首要财富目标。在经过了2008年和2009年之后，有一部分客户转变了目标，对财富保障、财富传承的需求持续上升到前两位。一方面是有的客户认为，保障财富比创造财富更重要。另一方面是有一批客户跨进60岁以后，其首要目标是把企业和财富传给下一代，而如何帮助他们实现财富的保障和传承就成了最重要的财富目标。

对境外资产投资比重的增加。2007—2008年间，人民币呈现单边上涨的态势，外币在成熟市场的投资收益率很难抵过汇率带来的损失，客户在境外投资的比例相对非常低，初步估算不超过15%。近年来，随着人民币单边上涨的趋势转变为双向波动，客户增加了境外资产的配置。再加上养老、保障、孩子教育等原因而选择投资移民的需求增加，境外资产配置的需求进一步上涨。

客户对境外资产配置的顺序是从房产到风险比较低的固定收益资产，然后到有一定风险的权益类资产。客户在开始增加海外投资时会发现，境外各国的政治经济环境以及法律、税务等要求都有差异，同时还要面对不同币种之间的汇率风险，这是客户在境外投资时主要关注的问题。

高净值客户投资呈现出实体经济空心化的倾向。当企业家创造了财富之后，很多人会脱离实体经济进入金融投资和其他虚拟投资领域。统计发现，这些年企业家在高净值人士中的占比累计下降了将近十个百分点，特别对于接班的第二代新富人群体来说，他们更倾向于做金融投资而不是实体投资，更不愿意做实体创业。

对未来发展方向的思考

王菁博士认为，未来私人银行的发展趋势有三个方向。

第一，客户财富传承和保障的需求。招商银行私人银行从三年前开始尝试设立针对超高端客户的家庭工作室，开始推广家族信托服务。家族信托不是一个产品，而是一个法律框架和结构设计，通过这种法律框架和结构设计来帮助客户达到一定的财富目标。

这些目标包括用家族信托方式设定未来财产管理与分配上的纪律。例如，婚姻状况出现变化后，配偶和孩子的财富该如何分配；如何通过家族信托来保证几代以后家族企业的管理权不会过于分散；在企业经营出现风险时，如何通过家族信托来屏蔽这些风险，从而建立个人资产和企业资产的防火墙。

第二，资产境外投资。王菁博士认为人民币国际化的趋势会进一步加强，私人银行作为财富管理机构帮助客户打理境外财富，必须要以很快的速度建立在境外市场上的投资分析能力和资产配置建议能力。

以招商银行私人银行为例，招商银行私人银行几年前已经开始尝试并积累了一些境内外联动的经验，帮助客户实现资产的全球配置，并逐步力争实现以客户为中心的、统一视图的全球资产配置服务。

第三，进一步综合化金融服务。私人银行能够支持投资银行业务对于企业资本的运作，它们了解客户的需求，并能在跟客户沟通的过程中发掘机会。同时，私人银行有很多合作伙伴，加上交易撮合能力和投行业务的发掘能力，这些联合起来能给客户背后的企业提供更加综合的金融服务。这些服务背后还会有法律、税务的咨询服务，对于私人银行业务的健康、可持续发展非常重要。

总体上，私人银行客户是一个小众群体，但是他们的财富可能会对整个社会起到至关重要的作用。王菁博士认为服务好这些客户，一方面会给银行带来经济效益，另一方面，可以丰富整个金融投融资体系，对整个经济的健康发展也有积极意义。

15

金融产品发展与展望

2015

本章导读

- 经历近 30 年的发展，国内金融市场上的产品已经形成了“百花齐放、百家争鸣”的局面。权益类产品、固定收益类产品纷纷扩容，场内外衍生品纷纷面世，为投资者提供了多样化的投资选择。
- 截至 2014 年年底，保险资产规模达 10.16 万亿元，突破 10 万亿元大关，较年初增长 22.57%。信托资产规模达 13.98 万亿元，公募基金资产业管理资产合计 66 811.36 亿元，银行理财资产规模在 2014 年也达到了 15 万亿元的巨大规模体量。
- 经济周期、产业政策、金融生态均深刻而广泛地影响着金融产品的诞生、成长与成熟。公募基金、信托产品、金融衍生品也莫不如此。近两年大热的互联网金融产品也正是金融生态下的产物。然而经历了 30 多年的高速增长之后，中国已经告别以高增长、高投资、高出口、高污染与高能耗为特征的“旧常态”，开始步入经济“新常态”。
- 经济的“新常态”令金融生态发生了重大变化：波动率管理产品、ETF 期权产品、信用违约互换产品、资产证券化产品等金融衍生品、结构化金融产品将成为改善风险收益特征单一的有力工具。海外投资也将成为金融产品的重要投向，同时金融产品与互联网的拥抱也将迸发出新的创新火花。

金融产品总览

经历近 30 年的发展，国内金融市场上的产品已经形成了“百花齐放、百家争鸣”的局面。权益类产品、固定收益类产品纷纷扩容、场内外衍生品纷纷面世，为投资者提供了多样化的投资选择。图 15-1 展示的是各金融产品类别及其风险收益特征。

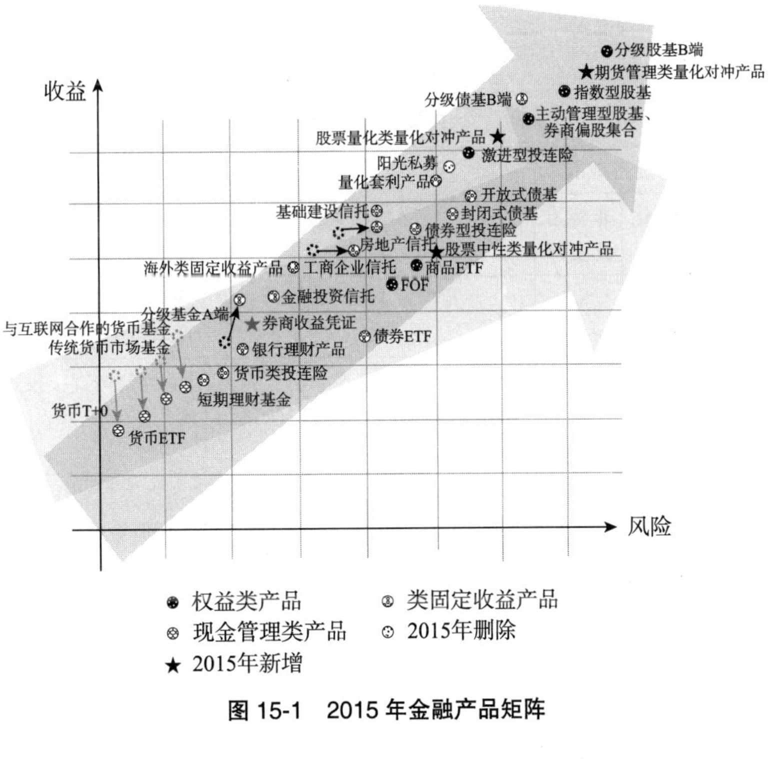

图 15-1　2015 年金融产品矩阵

面对丰富又颇具创新性的产品，银证保等监管机构均采用了“投资者人数是否超过 200 人以及是否公开宣传”的标准将这些产品划分为公募类金融产品和私募类金融产品（见表 15-1 和表 15-2）。

表 15-1　　类公募体系金融产品

类别	可投资范围		认购门槛	相关制度
	标准化资产	非标准化资产		
银行理财	√	√	5 万元起	《关于中国银监会关于完善银行理财业务组织管理体系有关事项的通知（35 号文）》
投连险	√	√	1 000 元起	《投资连结保险管理暂行办法》
公募基金	√		1 000 元起，超过 200 人	《公开募集证券投资基金运作管理办法》《资产管理机构开展公募证券投资基金管理业务暂行规定》

资料来源：华宝证券研究所。

表 15-2　　类私募体系金融产品

<table>
<tr><th rowspan="2">类别</th><th colspan="2">可投资范围</th><th rowspan="2">认购门槛</th><th rowspan="2">相关制度</th></tr>
<tr><th>标准化资产</th><th>非标准化资产</th></tr>
<tr><td>券商资产管理计划</td><td>√</td><td>√</td><td>100 万元起</td><td>《证券公司资产管理业务管理办法》</td></tr>
<tr><td>券商直投基金</td><td>√</td><td>√</td><td>1 000 万元，但直投子公司及其下属机构的投资管理团队进行跟投的，不受此限制</td><td>《证券公司直接投资业务规范》</td></tr>
<tr><td>基金专户</td><td>√</td><td></td><td rowspan="2">单一客户：3000 万元以上；多个客户：100 万元以上，不超 200 人；但单笔委托金额 300 万元以上投资者数量不受限制</td><td rowspan="2">《基金公司特定客户资产管理业务试点办法》</td></tr>
<tr><td>基金子公司产品</td><td>√</td><td>√</td></tr>
</table>

续前表

类别	可投资范围		认购门槛	相关制度
	标准化资产	非标准化资产		
期货资管	√		100 万元，可开展单一客户和多个客户的资产管理业务，资产委托人应当为合格投资者(规定同“私募基金”)，单只资产管理计划的投资者人数不得超过 200 人	《期货公司资产管理业务管理规则（试行）》
直接私募	√	√	100 万元以上（净资产不低于 1 000 万元的单位，金融资产不低于 300 万元且近三年个人收入年均不低于 50 万元的个人）	《私募投资基金监督管理暂行办法》
信托计划	√	√	100 万元以上，不超过 50 人，但单位委托金额在 300 万元以上的不受限制	《中国银监会办公厅关于信托公司风险监管的知道意见（99 号文）》
保险资产管理计划	√	√	单一客户：3 000 万元以上；多个客户：100 万元以上，不超过 200 人	《关于保险资金投资集合资金信托计划有关事项的通知》
券商收益凭证	√	√	券商柜台市场发行或转让：单个投资者自己金额不得低于 100 万元；报价系统发行或转让：单个投资者的资金数额由市场监测中心规定	《证券公司开展收益凭证业务规范》《证券公司柜台市场管理办法》

资料来源：华宝证券研究所。

截至 2014 年年底，保险资产规模达 10.16 万亿元，突破 10 万亿元大关，较年初增长 22.57%。信托资产规模 13.98 万亿元，公募基金资产业管理资产合计 66 811.36 亿元，银行理财资产规模在 2014 年年底也已达 15 万亿元的巨大规模体量（见图 15-2）。

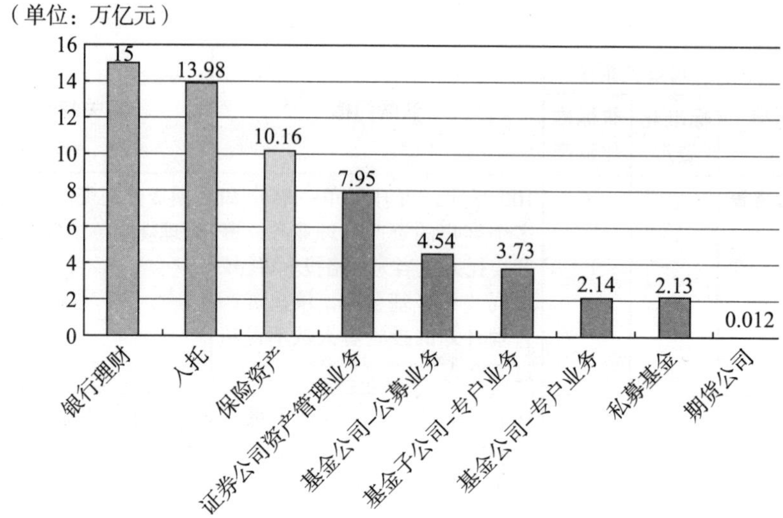

图 15-2　各类资产管理产品管理规模

资料来源：用益信托，华宝证券研究所。

金融产品发展的历史根源探究

金融产品的繁荣史既是中国金融机构的发家史，也是中国资本市场的成长史。因此，笔者试图从经济、产业政策、金融生态环境变化等多个角度观察金融产品的发展史。

A 股市场的发展带动基金业的“兴”与“衰”

1998 年，第一批基金产品基金开元和基金金泰在证交所公开网上发行。2001 年，第一只开放式基金华安创新基金正式发行。从此，基金行业的命运就紧随中国 A 股市场的兴衰前行。2007 年受益于中国 A 股的繁荣，基金行业也迎来首个发展扩张期（见图 15-3）。

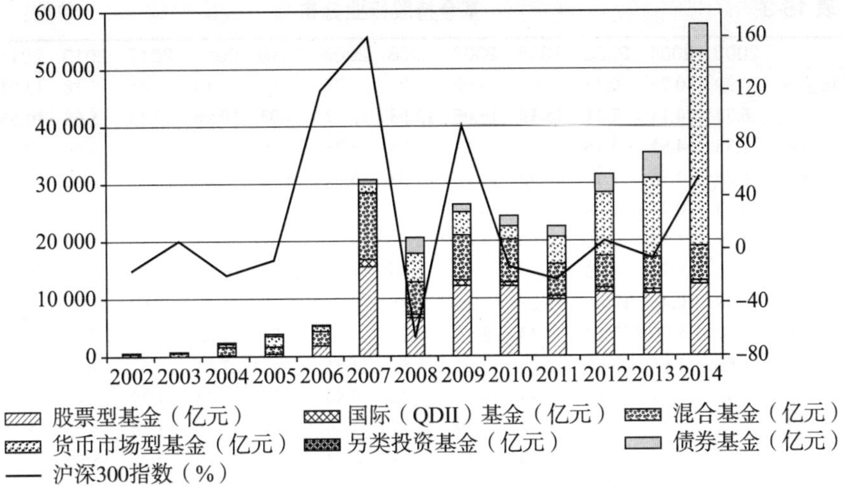

图 15-3　基金行业管理规模与上证综指收益对比

资料来源：华宝证券研究所。

2007 年之前，钢铁作为固定资产投资需求的代表性行业，反映着全社会的固定资产投资兴衰。因此在基本面向好的情况下，A 股市场节节攀升，钢铁、房地产等固定资产投资相关行业发展良好，银行业随之成为公募基金重配板块。2008 年，在全球金融危机的作用下，A 股市场受到重挫。2009 年，为防止经济继续下滑，中央释放出 4 万亿元资金刺激宏观经济。在资金面宽松的状态下，房地产行业得到了飞速发展。2012 年，4 万亿元对于市场的催化作用不断淡化，基本面持续下滑，但以苹果公司为首的新兴产业异军突起，激发了公募基金的投资热情。

2013 年，传媒板块在政府支持的作用下带动了整个中小创业板的发展，成为公募基金的重配板块。2014 年，在国企改革、经济转型的大背景下，无论是主板还是创业板都受到人们的热捧，尤其是 2015 年，政府重视互联网 +，也为 A 股市场带来大量投资机会，紧跟 A 股市场的公募基金也在此轮行情中为投资者获取了不少收益（见表 15-3）。

表 15-3　　基金持股行业分布　　单位：%

	2003	2004	2005	2006	2007	2008	2009	2010	2011	2012	2013	2014
非银金融	0.39	0.25	0.33	3.02	6.90	6.23	**7.75**	5.13	5.15	8.45	5.18	**13.91**
银行	6.33	4.14	7.31	**15.10**	**16.05**	**12.98**	**16.72**	**7.83**	**10.96**	**10.43**	5.68	**10.55**
医药生物	2.35	4.81	4.86	3.92	3.13	7.78	6.21	10.10	9.56	10.75	14.99	9.27
房地产	1.85	4.66	7.79	**10.92**	**9.10**	7.92	6.64	4.72	6.43	**9.75**	4.59	7.64
计算机	0.23	0.41	1.29	1.41	0.99	1.94	1.40	3.23	3.51	3.48	7.36	7.03
机械设备	3.98	3.58	2.46	4.50	3.17	3.45	3.68	5.39	4.55	3.56	4.55	4.24
公用事业	**13.06**	**9.72**	**8.18**	2.69	2.71	3.20	1.27	1.65	2.55	3.38	3.75	3.91
化工	8.78	**10.48**	**10.06**	7.25	6.16	5.85	5.85	5.38	4.42	4.62	5.46	3.89
食品饮料	3.91	5.00	7.18	**9.33**	5.56	7.24	6.07	**7.74**	**11.03**	8.62	7.76	3.77
汽车	**11.52**	3.65	2.86	2.28	2.92	1.51	4.23	3.61	3.63	4.52	4.78	3.62
传媒	0.93	1.41	1.77	1.94	0.93	1.26	0.80	0.92	1.54	1.30	4.26	3.21
电气设备	0.58	1.49	1.64	1.68	1.39	4.72	2.48	4.43	3.36	1.74	4.07	3.15
电子	1.62	1.75	1.62	1.09	0.59	0.48	0.94	3.35	2.10	2.78	5.50	2.83
建筑装饰	0.12	0.10	0.32	0.36	0.86	3.11	1.55	2.46	2.77	4.30	2.15	2.66
家用电器	0.37	1.15	1.06	0.77	1.28	2.11	3.03	2.75	2.77	3.43	4.55	2.65
国防军工	0.13	0.32	1.01	1.66	1.69	0.59	0.50	1.29	1.21	0.70	1.73	2.48
有色金属	2.64	2.43	2.88	2.78	4.19	1.76	3.49	4.71	2.57	2.93	1.45	2.28
通信	7.77	4.33	6.82	2.69	2.17	2.73	2.57	2.81	2.27	0.93	1.36	1.79
交通运输	**15.70**	**19.15**	**14.10**	4.90	7.28	4.33	2.81	2.38	2.24	1.72	1.19	1.70
商业贸易	0.47	1.94	4.62	7.55	5.11	6.69	5.85	6.18	4.57	2.55	1.78	1.70
采掘	4.13	6.51	3.75	2.26	6.64	6.91	**7.68**	5.38	4.72	3.49	1.72	1.41
农林牧渔	0.60	0.74	0.76	0.96	0.57	0.94	0.86	2.32	2.03	1.42	2.08	1.36
建筑材料	1.11	0.87	0.90	1.32	1.24	1.74	1.91	2.44	1.53	1.94	1.23	1.17
钢铁	8.59	6.22	4.00	7.38	**7.34**	2.85	4.00	0.85	0.79	0.64	0.40	1.00
轻工制造	1.42	2.21	0.91	0.73	1.04	0.74	0.61	0.72	0.72	0.52	0.88	0.83
休闲服务	0.03	0.32	0.50	0.47	0.25	0.27	0.29	0.61	0.95	0.75	0.77	0.80
纺织服装	0.29	1.27	0.54	0.30	0.24	0.52	0.52	0.98	1.61	1.11	0.59	0.74
综合	1.08	1.07	0.47	0.71	0.49	0.16	0.30	0.64	0.47	0.16	0.18	0.43

资料来源：Wind 资讯，华宝证券研究所。

产业政策推动下的信托行业发展

自中国国际信托投资有限公司成立以来，中国信托行业经历了几轮“迅猛扩张 - 危机 - 政府干预”的过程。2007 年随着“新两规”（即《信托公司管理办法》和《信托公司集合资金信托计划管理办法》）的颁布，信托行业逐渐开始形成以补充商业银行和资本市场体系、提供信贷融资服务为主的商业模式，使得信托行业的发展进入了快车道。到 2014 年年末，信托业占 GDP 总额的比例已经达到21.97%，成为仅次于银行的第二大金融子行业，在中国的资本市场上有着举足轻重的地位（见图15-4）。

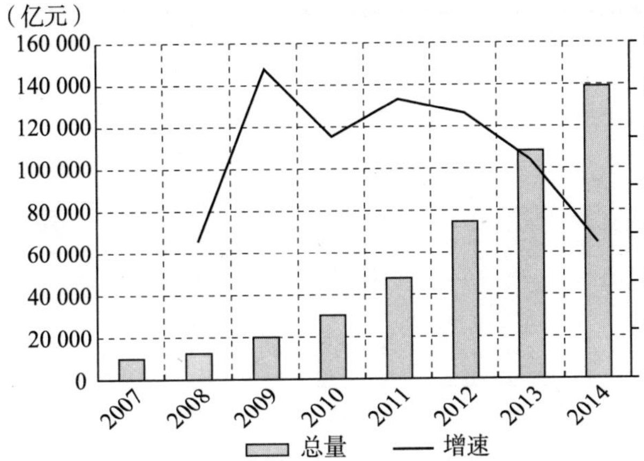

（a）中国信托业资产管理规模及增长情况

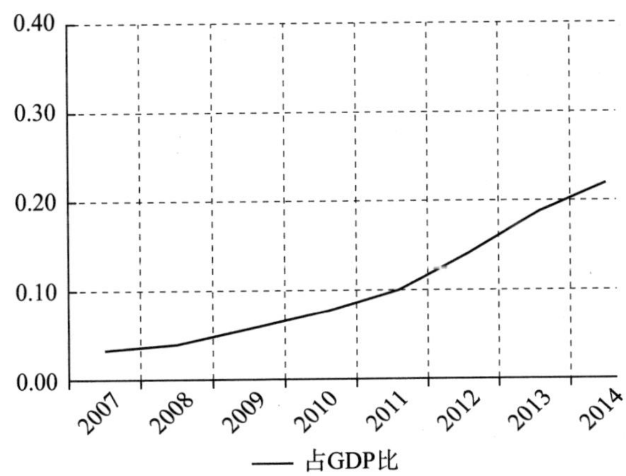

（b）中国信托业资产管理规模占GDP总额比例

图15-4 中国产业经济的变革和产业政策的发展带动并影响着中国信托业的发展

资料来源：保监会，华宝证券研究所。

2014年，信托业风险频发，监管政策密集出台，这一年信托业的整体基调演变为“控风险，谋转型”。截至2014年年底，信托资产规模为13.98亿元，虽然同比仍增长 28.1%，但增速大幅下滑，而从结构上看，信托在投向上也表现出一定的结构上的差异（见图 15-5）。

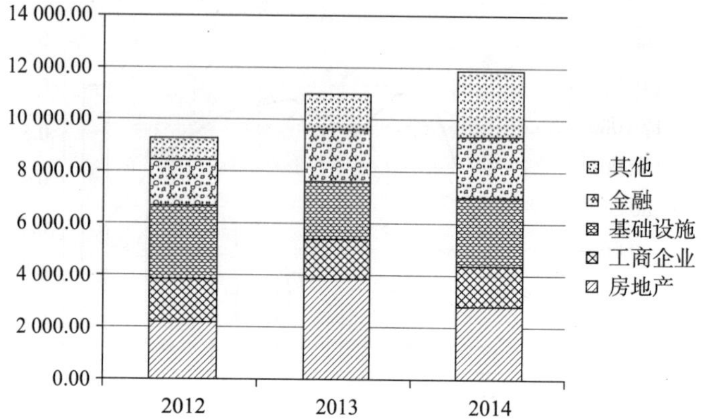

图 15-5　最新集合信托投向分布

资料来源：用益信托，华宝证券研究所。

衍生品发展催生新的金融产品模式

20 世纪末，期货交易机制被引入，商品期货品种逐渐丰富；同一时期，配股权证推出，可转债进入试点期，封闭式基金也开始集中设立。随后，上市型开放式（LOF）基金、ETF 等基础可投资产迅速丰富。近些年，分级基金（2007 年）、融资融券（2010 年）、股指期货（2010 年）、国债期货（2013 年）、场外衍生品（2014 年）、ETF 期权（2015 年）等杠杆工具和对冲工具开发浪潮迭起，为中国对冲基金的发展提供了良好的基础。

2004 年以来，中国对冲基金发行量逐年增加（见图 15-6）。第一波是 2008—2009 年，权益类对冲基金年发行量由往年的 10 余只增加至近 50 只；第二波是 2011 年，当年权益类对冲基金发行量突破 100 只；第三波是 2013—2014 年，尤其是 2014 年，权益类对冲基金发行量冲击 900 只。三波发行高峰的时间点与金融工具新增的时间基本契合。2015 年以来，对冲基金发行热度不减，截至2015年4月，权益类对冲基金已发行320只，管理期货产品已发行71只。

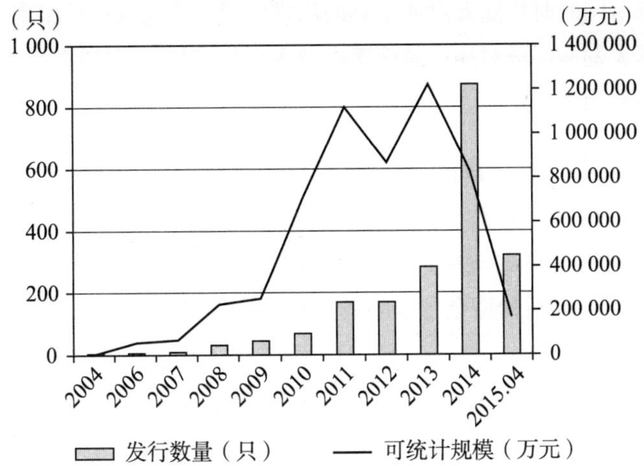

（a）对冲基金（权益类）发行量

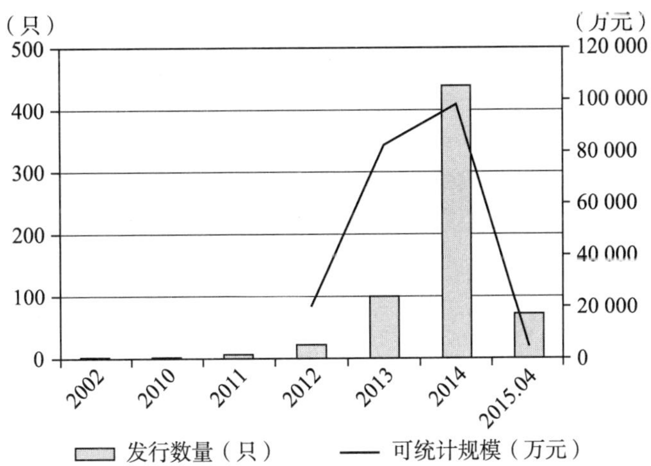

（b）管理期货产品发行量

图15-6　中国对冲基金发行量

注：统计主要涵盖信托平台的对冲基金，对借其他通道发行的对冲基金涵盖不全。管理期货产品多以单账户形式存在，难以统计，图中统计仅限于可得数据。

资料来源：Wind资讯，华宝证券研究所。

我们以权益类相对价值产品为例，观察金融工具对对冲基金业绩表现的影响。2005—2014 年，相对价值产品的收益率标准差先经历了一波下降趋势，表示在策略雷同的时代随着对冲工具的出现，对冲产品收益率出现收敛；但随后金融工具大发展促进对冲产品策略走向多元化，对冲产品收益率也趋于多元，收益率标准差随之扩大。

从极值情况来看，杠杆工具的出现对提高对冲产品收益率的作用是显著的。2013—2014 年，相对价值对冲基金的最大收益已做到 100% 以上。在最小值方面，对冲工具的应用使得类似 2008 年的－44.15% 的亏损极少出现，2012—2014 年，相对价值全行业的最大亏损控制在 20% 以内（见表 15-4）。

表 15-4　　相对价值产品收益率统计　　单位：%

	平均数	中位数	标准差	最大值	最小值	N	沪深 300 同期涨跌幅
收益率（2005）	1.29	1.29		1.29	1.29	1	－7.65
收益率（2006）	36.52	50.56	24.95	51.30	7.71	3	121.02
收益率（2007）	16.53	12.12	10.40	28.41	9.06	3	161.55
收益率（2008）	－9.15	2.81	25.93	12.02	－44.15	6	－65.95
收益率（2009）	10.27	5.94	15.63	54.78	－2.06	11	96.71
收益率（2010）	12.69	15.09	14.05	31.65	－5.31	12	－12.51
收益率（2011）	－10.66	－15.33	10.67	23.35	－23.11	23	－25.01
收益率（2012）	2.73	4.07	6.33	21.75	－17.74	40	7.55
收益率（2013）	13.69	9.95	20.56	134.71	－11.55	57	－7.65
收益率（2014）	10.75	9.22	19.77	106.49	－16.42	65	51.66

注：为提高统计的有效性，纳入统计的产品为当年成立三个月以上的产品。

资料来源：Wind 资讯，华宝证券研究所。

从最大回撤来看，期货、融券等对冲工具的丰富对对冲基金控制最大回撤贡献较大。2005—2014 年，相对价值产品的最大回撤均值逐年下降，目前已经基本在－4%～－5% 的区间内，而同期大盘有涨有跌。类似的，最大回撤的标准差也逐年下降，这表示越来越多的对冲产品接受并熟练运用对冲工具，在风险控制上表现出了趋同性。在极值方面，近年来，部分对冲产品表现出了

"零回撤"，当然这一般是在产品成立不久出现的现象，长期而言产品难以做到真正的零回撤（见表 15-5）。

表 15-5　相对价值产品最大回撤统计　单位：%

	平均数	中位数	标准差	最大值	最小值	N	沪深 300 同期涨跌幅
最大回撤（2005）	－12.32	－12.32	—	－12.32	－12.32	1	－7.65
最大回撤（2006）	－30.05	－22.77	13.01	－22.31	－45.07	3	121.02
最大回撤（2007）	－27.78	－40.40	23.28	－0.91	－42.03	3	161.55
最大回撤（2008）	－17.50	－5.92	21.20	－1.58	－46.15	6	－65.95
最大回撤（2009）	－5.61	－4.66	5.61	－0.30	－18.37	11	96.71
最大回撤（2010）	－9.42	－8.17	6.55	－0.32	－24.63	12	－12.51
最大回撤（2011）	－11.71	－14.91	7.53	－0.01	－23.11	23	－25.01
最大回撤（2012）	－5.17	－3.55	5.53	0.00	－22.07	40	7.55
最大回撤（2013）	－4.41	－3.14	4.28	0.00	－22.32	57	－7.65
最大回撤（2014）	－5.75	－4.14	4.24	0.00	－22.21	65	51.66

资料来源：Wind 资讯，华宝证券研究所。

2015 年，上证 50ETF 期权的推出开启了中国期权的元年。对冲基金迅速跟进，重点发力期权的各类套利策略和趋势策略，包括正向 / 反向套利、牛 / 熊市价差交易、波动率交易等。2015 年对冲基金的另一个重要投资领域是新三板，做市商制度极大活跃了新三板市场，基于新三板投资的对冲基金在 2015 年涌现，但新三板指数推出不久，新三板投资缺乏良好对冲工具。随着基础金融产品的进一步丰富化和从业人员素质的同步提升，未来对冲基金行业的表现更可期待。

投资范围的放宽为提升资产端收益奠定了基础

在 1984—2014 年长达 30 年的时间里，中国保险资金运用的业务范围不断拓宽。保险资产管理经历了从传统的银行存款、债券向股票、基金，再向另类投资品种逐步转变的过程（见图 15-7）。

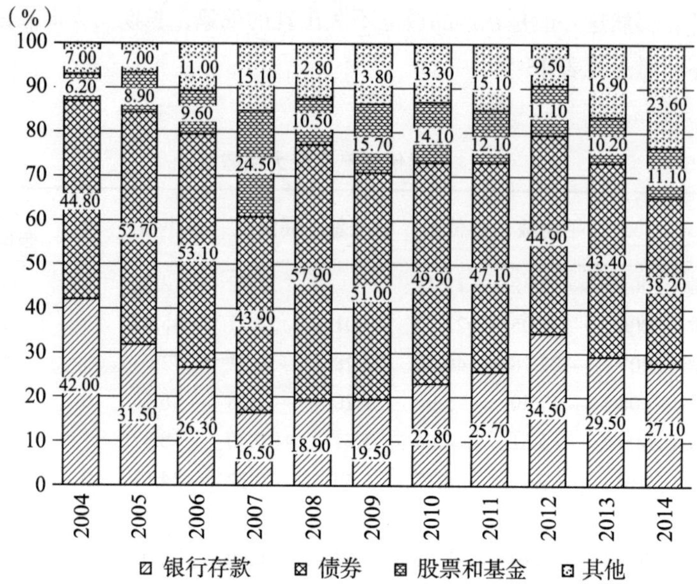

（a）以非标资产为代表的其他投资占比显著提升

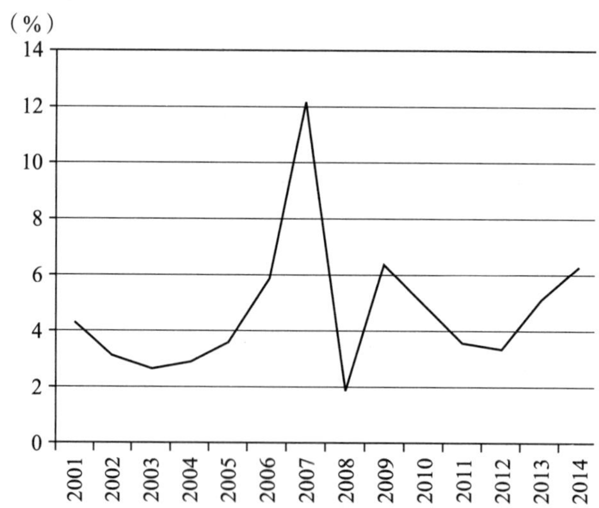

（b）保险行业投资收益率情况

图 15-7　中国保险资金运用情况

资料来源：保监会，华宝证券研究所。

特别是近两年来，伴随“十三条新政”的出台，保险资金投资范围迅速开放，资产配置的空间和弹性上断扩大，打破了行业壁垒，实现了与银行、信托、证券等金融平台的同台竞技。

目前，保监会正在进一步大幅度放开对保险资金投资领域及其投资比例的限制，投资监管方式也由过去的审批制调整为注册制，继续逐步拓宽基础设施投资计划涉及的行业范围，且股权、不动产投资政策和境外投资政策也在进一步完善。随着政策红利的不断释放，险资的大类资产配置将更趋多元化（见表15-6）。

表 15-6　　保险资金投资运用范围变化

时间	投资范围
2006—2010 年	银行存款、国债、金融债、基金、股票、间接投资国家基础设施建设项目、不动产
2010 年至 2012 年 3 月	银行存款、国债、金融债、基金、股票、间接投资国家基础建设项目、不动产、PE
2012 年 3 月至 2014 年	银行存款、国债、金融债、企业（公司债）、基金、股票、直接或间接投资国家基础建设项目、不动产、股指期货、金融衍生产品、海外投资、投资境内依法发行的商业银行理财产品、银行业金融机构信贷资产支持证券、信托公司集合资金信托计划、证券公司专项资产管理计划、保险资产管理公司基础设施投资计划、不动产投资计划和项目资产支持计划等金融产品
2014 年以后	银行存款、国债、金融债、企业（公司债）、基金、股票、直接或间接投资国家基础建设项目、不动产、股指期货、金融衍生产品、海外投资、投资境内依法发行的商业银行理财产品、银行业金融机构信贷资产支持证券、信托公司集合资金信托计划、证券公司专项资产管理计划、保险资产管理公司基础设施投资计划、不动产投资计划和项目资产支持计划等金融产品 新增：创业板股票、蓝筹股、优先股、创投基金等保险资金投资领域

资料来源：华宝证券研究所。

互联网金融引发新的金融生态

互联网金融相比传统金融具有透明度高、使用便捷、中间费用低等优势。2013 年，余额宝唤醒了人们的理财意识。受“宝宝类”产品的冲击，大量存款从银行“搬家”，为了留住储蓄客户，银行也开始与货币基金合作，推出银行系的“宝宝”产品，一些个人存款占比较少的银行甚至主动放弃个人存款业务，主动为客户提供个人储蓄转货币基金的业务。在这些因素的推动下，2012 年起，货币基金占整个基金市场的规模逐渐增大，至 2014 年年底，货币基金占整个基金市场规模的将近一半。

腾讯调查问卷的数据显示，目前已有 80% 的人购买过互联网理财产品。从投资者年龄分布上看，20~30 岁和 30~40 岁的投资者分别占比三成。从投资者收入分布上看，年收入在 10 万元以下的投资者占 53%；年收入在 10~100 万元的投资者占 41%；年收入在 100~600 万元的投资者占 5%，600 万元以上的投资者占 1%。因此，年收入在 100 万元以下的投资者占比最多，为 94%（见图 15-9）。

面对如此庞大的投资者市场，除了货币基金以外，传统金融机构也纷纷寻找“触网”路径。在保险行业，投连险产品成为触网最深的品种；信托业也在寻找能够“拆分”信托收益并且进行低门槛募资的各种互联网对接模式；银行机构除了继续深化各类手机及网络支付外，也出现了涉足 P2P 的苗头。特别需要指出的是，在这个阶段，第三方平台迅猛发展，从传统的第三方支付到综合性的金融产品代销平台、P2P 产品平台，甚至自身独立发起设立的基金公司。

除了传统金融外，众筹模式也受到了互联网金融参与者的格外重视（见图 15-10）。2014 年 12 月 18 日，中国证券业协会发布《私募股权众筹融资管理办法（试行）（征求意见稿）》，对股权众筹融资的性质、投资人门槛、融资者的准入范围等作出初步界定。根据网贷天眼数据显示，2014 年网贷行业投资人数达到 116 万人，较 2013 年增加 364%，2014 年 12 月，单月活跃人数达到 88.2 万人。

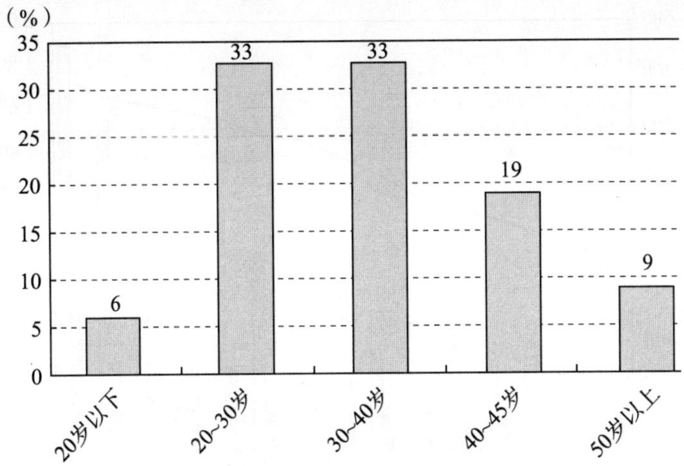

（a）投资者的年龄分布（截至2014.08.18）

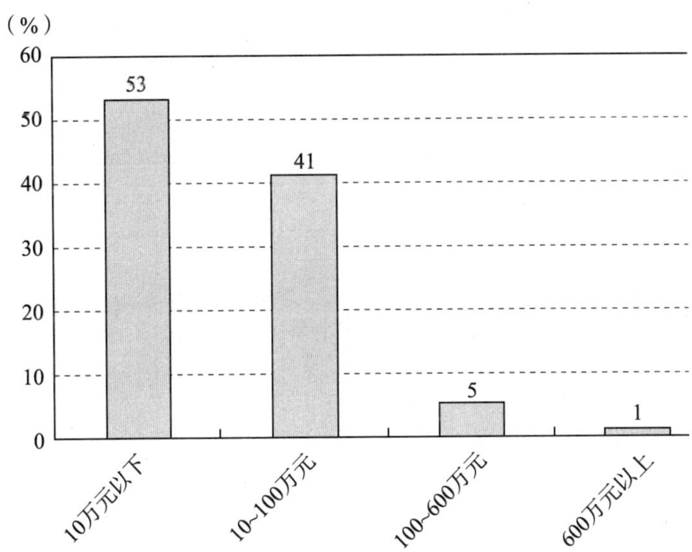

（b）投资者收入分布（截至2014.08.18）

图 15-9　互联网金融投资者年龄收入分布图

资料来源：华宝证券研究所。

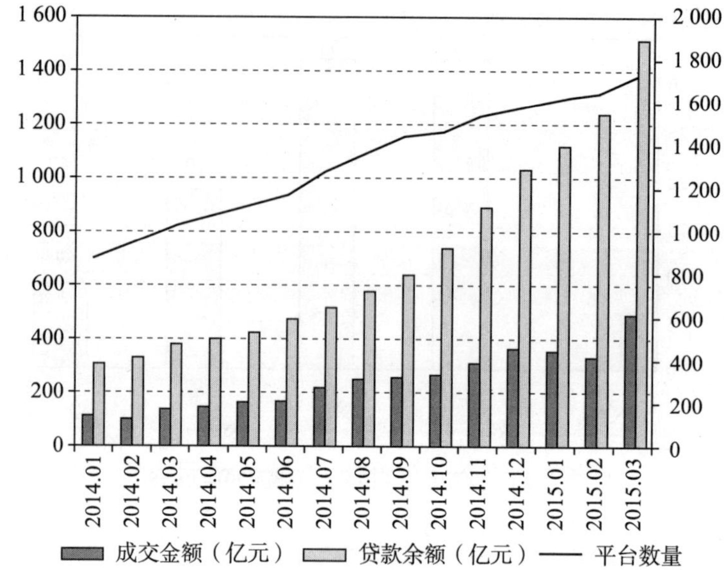

（a）P2P平台数量及成交额

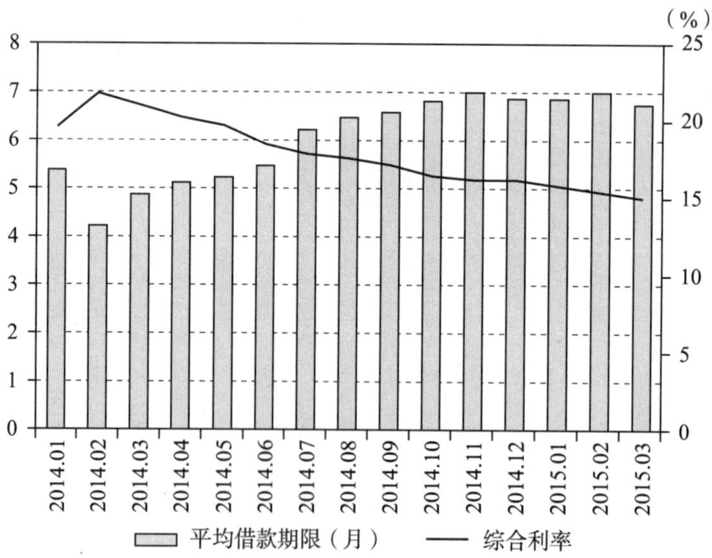

（b）P2P综合利率与平均借款期限

图 15-10　P2P 行业发展迅速

资料来源：华宝证券研究所。

“新常态”下金融产品发展展望

在经历了 30 多年的高速增长之后，中国已经告别以高增长、高投资、高出口、高污染与高能耗为特征的“旧常态”，开始步入经济“新常态”。其核心特征主要有 5 点：一是经济增速放缓，以 7~8% 的经济增长率为新的正常水平；二是经济结构优化，消费支出增加，产业结构开始转向以服务业为主导；三是由要素驱动、投资驱动转型为创新驱动；四是货币政策基调由相对宽松进入稳健；五是市场化的定价机制在逐步推进，利率市场化、汇率市场化进程加快等。在经济“新常态”下，金融业发展的外在条件、内在环境都发生着深刻的变化。经济的“新常态”令金融生态发生了重大变化。

金融衍生品将成为改善风险收益特征单一的有力工具

随着融资融券、股指期货的上市以及后续股指期权、个股期权的相继推出，中国金融衍生品市场将会变得更加丰富。从金融衍生品的基础功能出发，无论是从套期保值角度，还是从单边投机的角度，都为金融机构管理资产负债表的波动以及分散收益风险提供了非常有用的工具。

（1）ETF 期权产品

2015 年 1 月，证监会批准上海证券交易所开展股票期权交易试点，试点范围为上证 50ETF 期权，正式上市时间为 2015 年 2 月 9 日，中国证券市场即将引来期权时代。股票期权的推出有利于优化资产配置，将会催生更丰富的投资策略，甚至带来新的套利机会。由于股票期权采用实物交割，因此，期权组合投资策略对标的证券的需求加大，这会对股价造成正面的刺激作用，并提升交易量，同时也会丰富风险管理工具及策略。期权损益的非线性特征可构造出多种组合，形成不同的损益形态，从而实现更加精细化的风险管理。

（2）波动率管理产品

波动率管理产品是基于期权创造出来的。波动率是用来描述股票、期货或指数价格变化的术语。单就期权而言，有两个波动率非常重要，一个是历史波动率，另一个是隐含波动率。波动率交易的目的是要发现隐含波动率可能出现的错误情况，与股票本身的前景没有关系。目前，由于中国市场上期权产品的缺失，波动率管理产品也没有出现，但是相信随着个股期权和股指期权的相继推出，开发波动率相关产品会成为各类资产管理机构竞相追逐的事情，那么相应的，提前做好产品设计和产品销售方面的准备无疑是金融机构必须在当下及时跟进的。

（3）信用违约互换产品

信用违约互换等风险衍生工具是目前全球交易最为广泛的场外信用衍生品。该产品的出现解决了信用风险的流动性问题，使得信用风险可以像市场风险一样进行交易，从而转移担保方风险，同时也降低了企业发行债券的难度和成本。由于信用违约互换类衍生品将信用利差单独分离出来并对其赋予了流动性，因此可以更加纯粹和及时地反映违约风险信息。未来伴随着参与主体的多样化，信用利差的定价也会变得更加精确细致，波动性和流动性也会逐步增强，促进市场的价格发现也能为市场提供更多的交易机会。

海外投资将成为金融产品的重要投向

全球化资产配置目前越来越多地受到国内投资者的重视和关注。首先，投资海外的金融资产有助于金融机构丰富投资组合的种类，无论是从资产类别还是资产地域上都能够有效做到多样化。其次，视野开拓后自然能够选择更多具有更高回报率的产品，从整体收益率的角度给金融机构带来了好处。最后，目前许多金融机构都需要面对风险分散和风险控制的需求，海外资产的加入能够令投资组合的整体风险水平进一步降低，尤其是一些涉及单一市场货币政策或是经济增长的风险，能够有效地在进行跨市场投资之后得到降低。

因此，金融机构会加大拓展对海外资产的投资范围和投资比例，全面延伸海外投资的触角，开发出更多满足客户负债需求的类固定收益型金融产品，满足客户不断变化的资产配置需求，提供更丰富的金融产品。

结构金融产品迅速发展，满足资产负债端需求

从负债端的角度来看，各类金融机构应立足结构金融，通过融资结构和融资形式的创新创造一些新的负债端的金融产品。这些结构性金融产品不仅可以成为一种投资工具，它同样能够被塑造成一种融资工具，成为金融机构在负债端应对不断变化的市场环境的重要手段。

（1）收益凭证是负债经营的利器

收益凭证是券商发行的典型金融结构化产品，其收益可灵活挂钩各类资产，资金投向宽泛，无强制保本保收益要求，证券公司可以通过发行方向相反、名义金额相同的收益凭证对冲风险，获取无风险利差。同时，按照规定，收益凭证发行余额不得超过净资本的 60%，这有望为券商新增 0.6 倍的杠杆，补充业务资金需求。关于结构化产品的各类设计架构就可以装入收益凭证，从而实现结构化产品的快速发行、低门槛购买。

再者，收益凭证业务可提供另类融资方式。通过约定挂钩杠杆倍数的标的资产价格，收益凭证业务实际上为客户提供了杠杆融资工具；通过约定挂钩某定增的标的股票价格，收益凭证业务实际上实现了定增项目的代持。在某种意义上，该融资工具锁定了客户的资金投向，使融资风险可控，丰富的产品设计更增加了该融资工具的吸引力。

（2）其他新型融资工具进一步拓宽负债来源

银行资管计划的推出实际上有助于银行参与利率市场化进程，以较高的收益率参与市场资金的竞争，预计未来主动管理型银行资管计划将会逐步取代原本的银行理财产品。依靠更透明的投资结构、更专业的投资管理、更清晰的产权关系，银行资管计划会成为商业银行在负债端应对“新常态”下挑战的重要武器。

随着对通道业务监管的加强，各类非标准化的金融产品越来越多地受到了资金的追捧，第一批参与债权直接融资工具试点的融资企业以国企为主，其与传统通道业务接触的客户有一定差异。未来，商业银行发行的资管计划和标准化债务融资工具可能会成为其追求杠杆化经营的重要渠道。

合作共赢，互联网金融产品不断涌现

在新的金融生态环境下，与互联网相结合的产品也会迅速得到市场的认可和发展。在互联网金融模式下，金融机构的传统目标客户群将发生改变，未来，金融机构会利用互联网技术，通过数据分析、客户行为完整精准分析来获取更加准确的客户需求信息，帮助金融产品实现产品价值的重构，实现全新的客户体验，拓展产品服务功能，创造出新产品的营运模式和品类丰富的金融产品类型。而互联网机构涉足金融领域需要引入专业的金融服务团队，只有专业才能赢得客户认同和市场地位。随着金融机构与互联网公司合作的深度、广度得到极大拓展，金融机构在未来行业中的竞争地位将不断提升。这种结合成就了互联网企业、金融机构的双方共赢。

2015

第三部分

全球资产管理篇

◎ 全球资产管理行业正处于强劲复苏阶段，资产管理规模连续三年超过危机前水平，盈利能力依然强健，净现金流入有所增加。伴随着高精简的运营平台、高客户忠诚度的行业品牌、高针对性的产品方案的产生，新一代的全球资产管理机构将逐步兴起。

◎ 在经济复苏的背景下，美国资产管理机构在存量和增量方面均表现出增长势头。与此同时，欧洲和日本的经济复苏缓慢，使得美国资产管理机构在规模上继续领跑全球。

16

全球资产管理，快速增长下的新趋势

2015

本章导读

- 全球资产管理行业正处于强劲复苏阶段，资产管理规模连续三年超过危机前水平，盈利能力依然强健，净现金流入有所增加。从地区分布来看，资产管理行业的“双速发展”局面正在向“多种发展速度共同出现”的局面转变。欧美资产管理规模持续增长，部分发展中国家资产管理规模增长有所放缓，而在亚洲、中东和非洲等国家的资产管理规模增速则出现急剧增长。
- 全球资产管理行业扩张的机会主要来源于全球财富增长与高净值人群的增加，养老制度的完善促进了养老基金市场增长以及主权财富基金的不断扩张。多因素叠加使得全球共同基金和专户迎来了新的增长。
- 尽管全球资产管理行业已经摆脱了金融危机的阴影，规模超过危机前水平，行业利润持续增长，但资产管理机构依然面临着来自市场环境不断变化、行业竞争水平加剧、投资者需求更加复杂和新产品提供者的挑战。
- 未来全球资产管理行业将在金融行业中占有更重要的地位，并逐步获得在市场结构、商业模式、产品定价等方面的发言权。伴随着高精简的运营平台、高客户忠诚度的行业品牌、高针对性的产品方案的产生，新一代全球资产管理机构将逐步兴起。

全球资产管理行业发展概况

全球资产管理行业已从危机中复苏，并处于强劲增长的阶段，全球资产管理规模超过危机前水平，盈利能力依然强健，净现金流入有所增长。但传统的资产管理机构正面临更加严峻的挑战，新的市场参与者和非传统产品供应商表现抢眼。2014 年，全球资产管理规模上升了 7 个百分点，达到 74 万亿美元规模，连续三年超过金融危机前的最高水平。在危机开始前，即 2007 年，全球资产管理规模仅为 54.7 万亿美元（见图 16-1）。

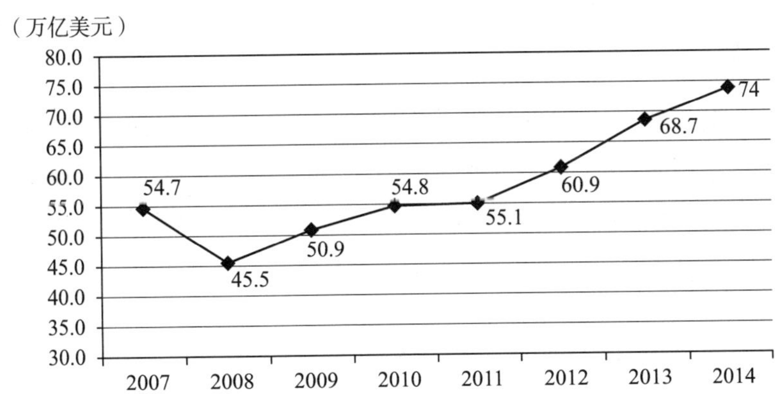

图 16-1　全球资产管理行业规模增长情况

资料来源：BCG。

从区域分布来看，美国资产管理行业依然占据全球资管行业的半壁江山。2013 年，美国资产管理规模达到 34 万亿美元，同比增长 16%；欧洲资产管理规模达到19.3万亿美元，同比增长7%。从发展速度来看，日本和澳大利亚市场、中东和非洲市场的发展速度最快，其2013年资产管理规模同比增长18%（见图16-2）。

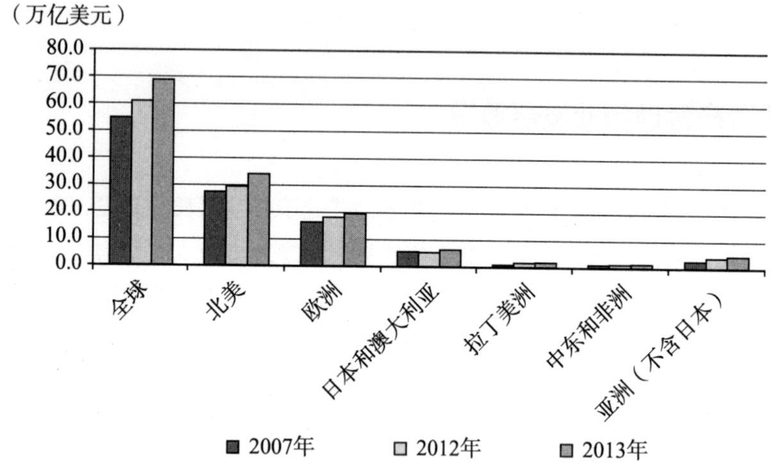

图16-2　全球各地区资产管理发展水平

资料来源：BCG。

资产管理的“双速发展”局面正在朝“多种发展速度共同出现”的局面转变，在发达国家，资产管理规模持续增长，部分发展中国家资产管理规模增长有所放缓，而在亚洲、中东和非洲，资产管理规模增速则出现急剧增长。2013年，新兴市场和发达国家市场资产管理规模平均增长率分别为14%和13%；而2012年的数据分别为18%和10%。因此，新兴市场国家资产管理份额在全球占比仅从2007年的6%提升到2013年的9%，增幅有限。

全球股票市场的繁荣极大地推动了全球资产管理份额的增长，其贡献程度甚至大于新资金的流入，但资产管理市场的新资金流入仍然达到了危机后的新高点。2014年，全球资产管理新资金流入量为上一年资产规模总额的1.7%，2013年该数字为1.6%。但在危机发生之前，新资金流入一般在3%~6%之间。2014年新资金的流入主要贡献来自个人投资者，全球股票市场的兴起对此起到了重要作用，此外，机构投资者的不断恢复也是新资金流入的重要原因。

从盈利能力来看，资产管理行业依然是最吸引人的行业之一。从运营利润率（利润占净收入的比重）来看，2014 年全球资产管理行业利润率为 39%，与 2013 年持平，但依然没有达到危机前的最高水平，即 41%。尽管资产管理行业的净收入基准点并没有提升，但由于资产管理机构更加重视成本控制，因此行业成本总体水平有所下降，从而促进了利润率的提升（见图 16-3）。

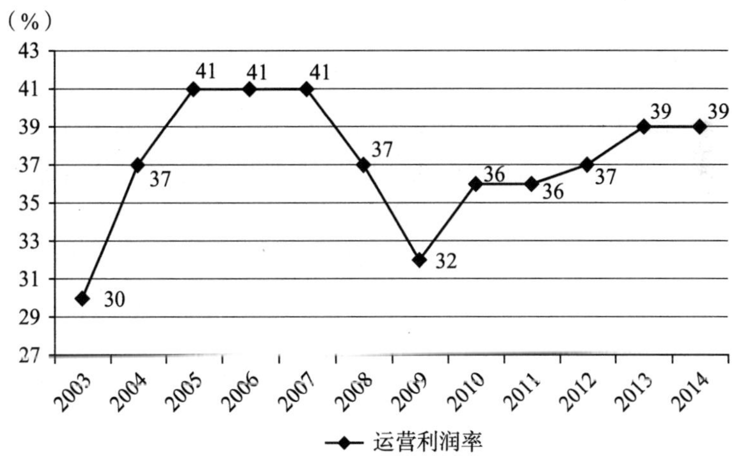

图 16-3 全球资产管理行业利润增长情况

资料来源：BCG。

全球资产管理市场的增长机会

未来，全球资产管理行业的扩张将主要来自高净值人群、养老基金和主权财富基金的推动（见表 16-1）。

表 16-1 不同类型客户资产管理规模增长情况（单位：万亿美元）

客户类型	2004 年	2007 年	2012 年	2020 年（预计）
养老基金	21.3	29.4	33.9	56.5
保险公司	17.7	21.2	24.1	36.1

续前表

客户类型	2004 年	2007 年	2012 年	2020 年（预计）
主权财富基金	1.4	3.3	5.2	8.9
高净值人群	37.9	50.1	52.4	76.9
富裕大众	42.1	55.8	59.5	100.4

资料来源：普华永道。

全球财富增长贡献行业机会

全球财富的加速增长为资产管理行业的发展提供了广阔市场。2013 年全球多数地区的私人财富增长速度继续提升，亚太地区增长速度依然居全球之首。此外，北美、东欧、中东、非洲和拉美地区的私人财富水平也都经历了两位数的增长，相较而言，西欧和日本的财富增长速度则相对缓慢。从绝对数来看，北美和西欧的私人财富水平依然是全球最高的，亚太地区（不含日本）紧随其后（见图 16-4）。

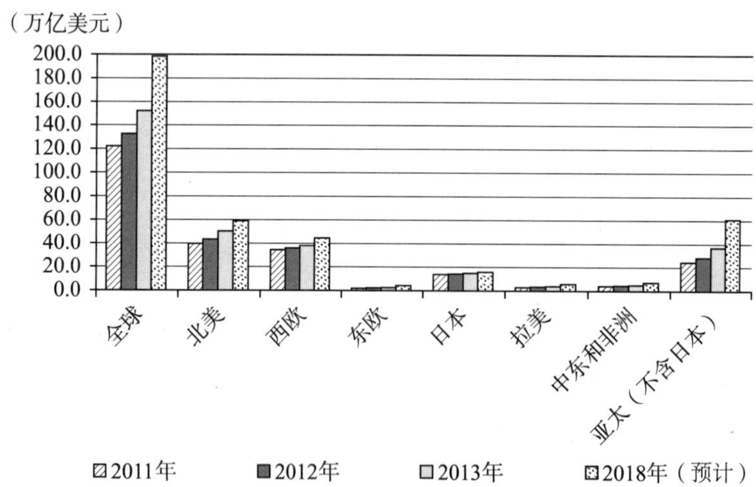

图 16-4　全球各地区私人财富增长情况

资料来源：普华永道。

发展中国家私人财富的聚集与增长，给全球资产管理公司带来了新的行业发展机会。2010—2020年，预计全球高净值人群及富裕大众阶层的资产规模将翻倍，并扩大了资产超过10亿元的中产阶级规模，这极大地推动了对于金融产品的需求，进而促进了资产管理行业发展。

养老制度完善促进养老基金市场增长

目前，固定收益（DB）养老金计划正逐渐被固定缴款（DC）养老金计划所代替。在发达国家与发展中国家，人口老龄化与养老制度的不断完善使得全球养老金资产显著增加，特别是新兴市场国家的拉美和亚太地区。从绝对值来看，美国和欧洲依然是最大的养老金市场。2020年，北美养老基金总资产将超过30万亿美元，而欧洲则接近14万亿美元（见图16-5）。

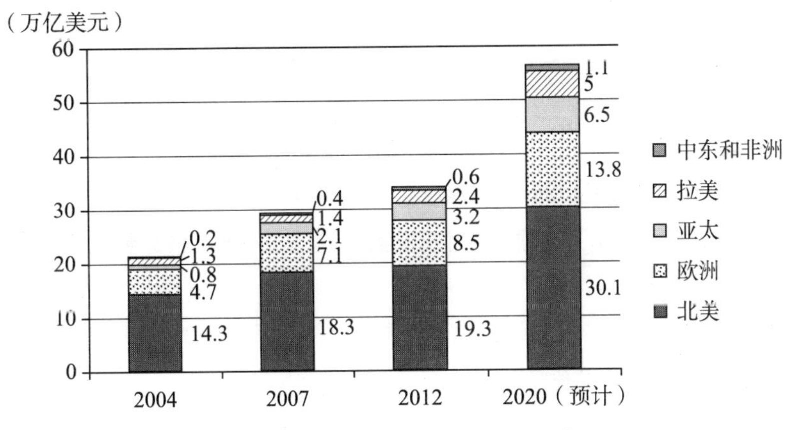

图16-5 全球各地区养老基金增长情况

资料来源：普华永道。

主权财富基金市场影响力增强

尽管主权财富基金在全球的资产管理市场所占比例并不大，但是更多的国家和政府已经或正在设立主权财富基金。同时，由于主权财富基金除了具有财富增长的目的外，还能通过稳定市场、储蓄财富和资源、提高社会经济效益等多方面的目的体现出更强的国家意志，因此，主权财富基金在资本市场的影响力正在逐步增强。

伴随着金融全球化、大宗商品价格波动加剧、全球经济发展的不平衡，部分国家的主权财富基金已经积累了大量外国资产，该趋势会在未来数十年中延续。目前，全球主权财富基金的资产规模约在 5 万亿美元，预计到 2020 年资产规模将增加到约 9 万亿美元（见图 16-6）。

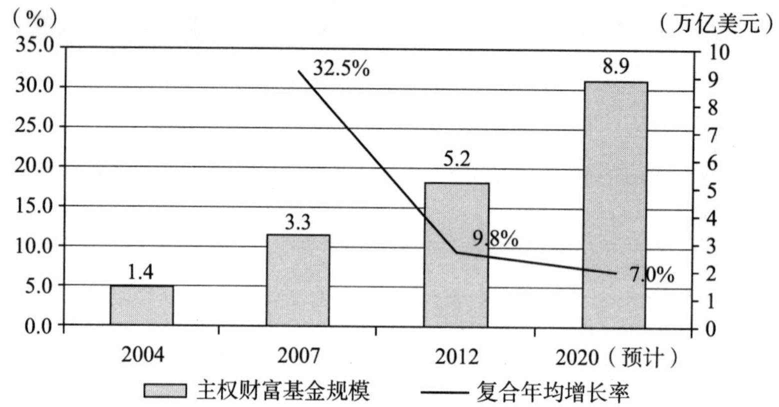

图 16-6　全球主权财富基金规模及其复合年均增长率

资料来源：普华永道。

共同基金和专户协同成长

在全球各个国家与地区，共同基金与专户作为最主要的资产管理方式将继续快速成长。共同基金资产管理规模将继续以 5.4% 左右的年均速度增长，同时专户资产管理规模年均增长率也将达到 5.7% 左右。不断增长的居民财富管理需求、退休养老储蓄投资和财富积累增值需要，将促进共同基金的增长。另外，专户也将通过机构投资者，特别是养老基金投资份额的增加，迎来新的增长机会，主权财富基金和高净值人群财富的迅速增长也将成为专户膨胀的重要推动力之一（见图 16-7）。

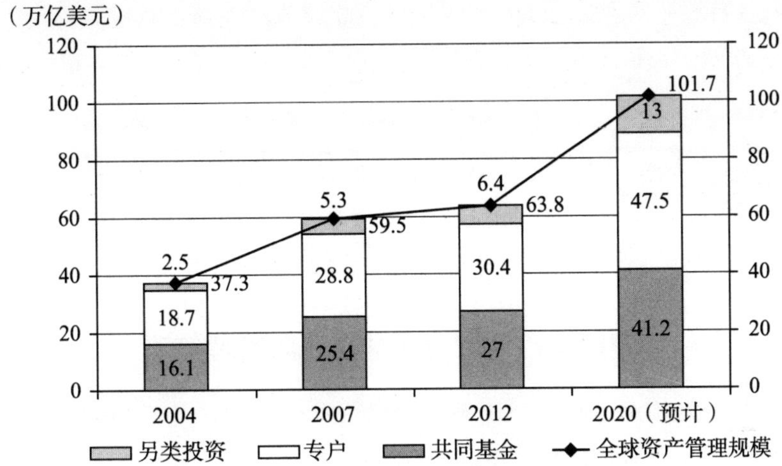

图 16-7　全球共同基金及专户资产管理规模

资料来源：普华永道。

全球资产管理行业面临的挑战

尽管全球资产管理行业已经摆脱金融危机的阴影，规模已超过危机前水平，行业利润也持续增长，但资产管理机构依然面临着来自市场环境不断变化、行业竞争水平加剧、投资者需求更加复杂和新产品提供者的挑战。

1. 受到金融危机的影响，资产管理行业的监管要求趋严。另类投资基金经理指令（AIFMD）、可转让证券集合投资计划（UCITS）、金融工具市场指令、美国投资顾问法《多德 - 弗兰克法案修正案》等，都对资产管理机构提出了更高的要求，资产管理机构面临更高的信息披露要求，其产品特性、服务模式、分销渠道、风险管理机制都被迫加以修正。目前，对于资产管理公司是否应作为全球系统性重要金融机构（G-SIFI）进行监管，哪些资产管理公司以及大型基金可以纳入系统性重要金融机构以及对这些大型资产管理公司有哪些更高的监管要求都在讨论中。可以肯定的是，资产管理行业将面临更加严格的监管要求及风险管理要求。

专题

摩根士丹利的对冲基金风险管理策略

本专题根据课题组通过巴曙松研究员搭建的“全球市场与中国连线”平台，对平安证券董事总经理刘艳华博士的专访整理而成。

刘艳华博士在2008金融危机期间曾管理摩根士丹利上百亿美元的对冲基金。在管理摩根士丹利的另类投资部时，他们需要给客户提供全方位的资产管理方案或产品。从投资者的角度来看，资产应该进行全球配置，分配在多策略、多行业与多个区域。通过控制各个策略之间的相关性和各自的仓位，可以实现很好的避险效果。全球配置也可以通过母基金的方式实现。当时他们的对冲基金内部团队有量化基金与大宗商品基金，还有市场中性股票型基金，不同的基金专注投资在不同区域，如欧洲、美国、亚洲等，并且配置于不同的行业。

风险管理方法的很多理念都相通，但在具体的做法上，每个公司各有特色。他们对各个基金的杠杆率进行了严格控制，对风险敞口也有严格要求。不仅如此，当时他们的量化基金有系统内设的止损线和平仓线，基金的仓位是在风险掌控的基础上优化出来的。在对冲基金的风险管理中，最重要的措施是压力测试，即模拟核算在市场出现极端情况下，投资组合可能出现的潜在风险以及可能带来的连锁负面效应，比如被要求追加保证金、市场丧失流动性等风险。

从机构层面来看，对冲基金的主动型风险管理主要包括两部分内容。第一部分是资产配置方面的风险管理，主要包括：1. 管理策略风险、交易对手信用风险以及模型风险；2. 针对风险 - 收益分析，对投资组合的配置做量化优化；3. 由于投资回报往往不是正态分布，因此应重点关注和管理收益分布的损失端（loss part of distribution）。第二部分是管理基金公司运营过程中涉及的风险因素，包括操作风险、财务风险、监管环境变化带来的风险以及管理与经纪商、投资人的关系等。

从资产组合的层面来看，对冲基金采用的风险管理措施包括：1. 监测策略风险和操作风险，监测是否有风格漂移（style drift）发生；2. 在不利的市场事件出现时，触发事先设定好的应急处理预案；3. 用 VaR 和压力测试进行风险监测，评估风险承受能力；4. 实时评估主要风险因素的变化，如交易对手信用风险、市场风险等；5. 监测风险敞口（risk exposure）的集中度、资产组合预期收益以及不同资产预期收益之间的相关性变化。

2. 信息技术和大数据革命将更深刻地改变资产管理行业模式。在数字化革命的初期，资产管理行业受到的影响要小于财富管理者，诸如零售银行、独立的金融咨询服务供应商、保险公司等机构都在扩展他们的数字化平台。而现在，数字技术和数据革命正在快速且广泛地影响着资产管理机构的运营模式，数字化成为一种重要的行业竞争优势。目前，资产管理机构正不断在技术和数据管理方面进行投资，未来几年，资产管理行业的运营投入和 IT 支出将持续上升。

3. 在新的市场环境下，投资者类型不断增加，其对金融产品的需求也不断扩大并复杂化。投资者的金融需求从最开始的低收益率的传统产品向定制化产品、金融解决方案、多资产配置产品和被动型产品转变。预计到 2020 年，被动型产品和另类产品的资产管理规模将分别达到 22.7 万亿美元和 13 万亿美元（见图 16-8）。

传统的主动管理产品在不断丧失其原有的市场地位，全球资产管理池中的份额从 2012 年的 56% 下降到 2013 年的 45%。机构投资者和散户投资者对被动型投资产品和另类投资产品的偏好增加。投资者在寻求低廉的管理费与广泛的 beta 收益时，增加了对被动型产品的投资，使得 alpha 和 beta 产品分化不断加速。此外，由于监管机构允许一些特别监管的金融产品，如欧洲的 UCITS 和美国的另类共同基金在更广的范围内进行销售，也使得许多散户投资者可以购买另类产品。在一些发达金融市场，特别是高净值人群主权财富基金市场，另类投资产品的增长值得期待。

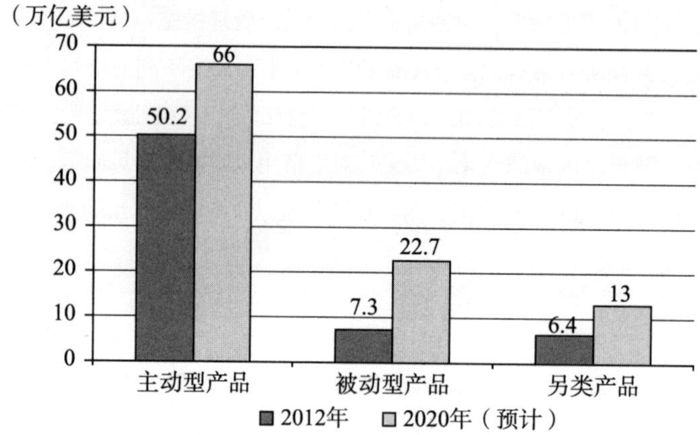

图 16-8　主动型、被动型、另类产品资产管理规模

资料来源：普华永道。

4. 更多的非传统资产管理产品供应商产生，加剧了行业竞争趋势。投资者对于产品需求的转化,给传统的资产管理机构带来了更大的压力。与此同时，更多专业型资产管理机构开始创造符合消费者个性化需求的创新金融产品，另类资产管理公司正在继续扩大其产品范围，包括在一级市场提供贷款，在二级市场进行债务交易，在一级市场进行证券化以及资产负债表外融资等。传统的资产管理机构正在逐步进行产品分类，完善其产品供应链，但其创新发展程度则有所区别。资产管理产品的供应商将大概率面临行业洗牌的影响。

5. 在金融全球化背景下，多元化市场使得资产管理机构的运作机制更加复杂，全球性的资产管理公司必须适应其所在国的本土规章制度以及本地化的投资者和金融需求。尽管大型资产管理机构希望通过跨区域的海外扩张获得规模效应，并且在新兴市场获得更大的增长，但是全球经营对资产管理机构在多国组织模型和运营机制方面提出了更高的要求。而对于本土化的资产管理机构，金融全球化无疑带来了更强大的市场竞争者和更多样化的产品竞争压力。

因此，无论是本土经营的资产管理公司还是发展海外战略的资产管理公司，在金融全球化的变革下，都需要重新设计公司的经营管理模式和产品服务策略。

全球资产管理行业新趋势

市场和人口结构的变化推动资产管理行业发展

在泛资产管理行业兴起的背景下，资产管理机构的市场影响力正在努力向银行、保险等传统金融机构靠拢，并逐步获得了在市场结构、商业模式、产品定价等方面的发言权。

首先，金融危机之后，全球金融监管模式的变化给银行和保险公司带来了巨大影响，其自营投资和其他非核心业务发展都受到了更严格的监管，资本成本有所提高，而资产管理公司可以在传统金融机构去杠杆的过程中进入该领域，发挥核心作用。

其次，资产管理公司在资金筹集和再分配方面的作用日益凸显，在全球城市化、贸易全球化过程中，发挥着更为重要的金融促进作用（见图 16-9）。

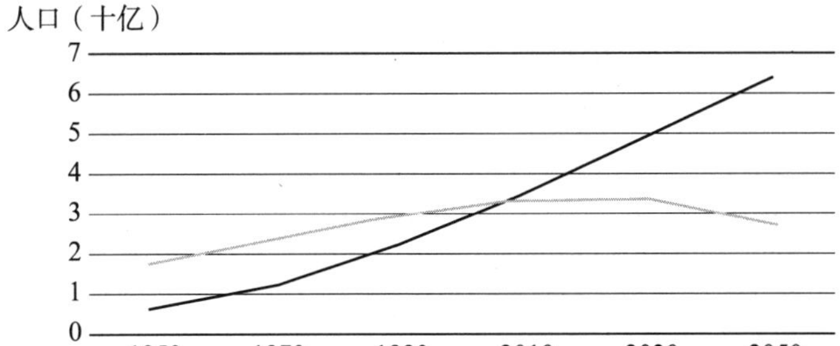

图 16-9　全球城市化发展将促进资产管理行业发挥更大的金融配置作用

资料来源：普华永道。

最后，受到世界人口老龄化的影响，退休、医疗保健、养老保险都成为影响经济的重要因素。因此，资产管理公司在为客户积累财富、配置资产、提供定制化金融需求方面将发挥更大的作用（见图 16-10）。

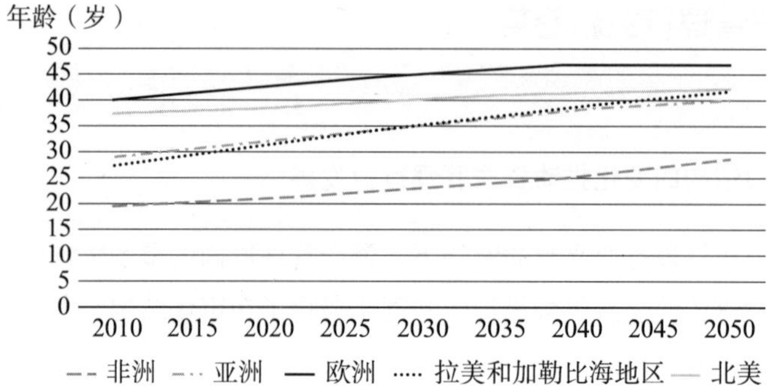

图 16-10　全球人口老龄化带来资产管理行业外部环境变化

资料来源：普华永道。

资产管理产品格局继续改变，另类投资渐成主流

投资者金融需求的改变和创新产品供应商的入局，将继续改变资产管理行业产品分配的原有格局。另类投资产品和被动型投资产品将大幅增加，成为投资组合中更加重要的组成部分，到 2020 年将占到资产管理规模的 35%（见图 16-11）。其中，另类投资产品主要包括对冲基金、对冲基金类似产品、私募股权基金和固定资产投资；被动型投资产品则主要包括交易所交易基金、指数跟踪产品等。全球领先的资产管理公司率先在产品类型上作出了改变，领航集团（Vanguard）大力发展被动型产品，并取得了显著增长，贝莱德集团也紧随其后，其增长主要来自于公司被动型产品 iShares 业务。

未来，另类投资产品将逐步进入主流市场，伴随着投资者不断调整投资策略与风险收益偏好，在获得 alpha 收益的同时低于市场下行风险，另类投资产品将更多的成为资产配置池中的一部分。此外，监管机构会对另类投资产品进行更多的监督管理，以保证广大投资者的权益，另类投资必将面临更为严格的监管和更加透明的信息披露要求。

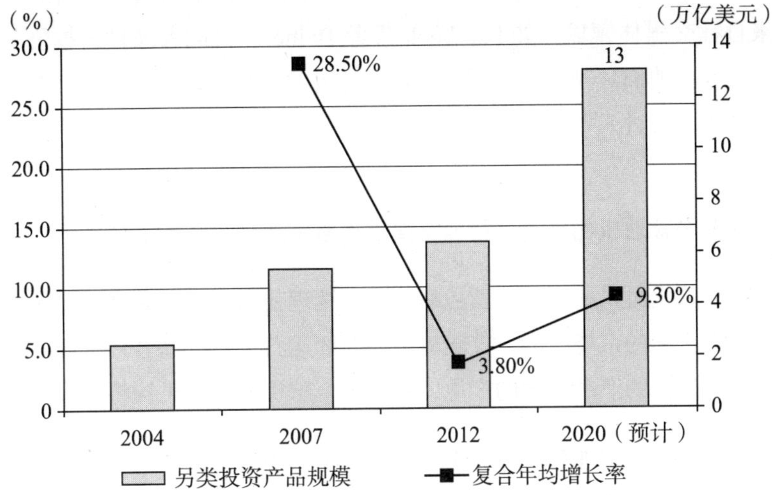

图 16-11　主动型、被动型、另类产品资产管理规模

资料来源：普华永道。

信息技术与大数据带来的“互联网 +”机会将逐步显现

目前，资产管理行业的基础设施框架技术含量相对较低，但是由于客户个性化金融需求的不断提升，信息技术水平和大数据革命的促进推动，资产管理行业必须创立新的技术使用模式，通过对客户信息数据的挖掘、分析和运用，提升客户参与度，提高机构运营效率。

由于客户的产品需求已从传统的利润获取转向集成化、定制化的金融解决方案，资产管理机构必须依赖新型技术和数据分析来完成相关工作。更多的全球性资产管理公司将聘请首席数字官（CDO）来完成相关的技术工作。

在客户经营方面，大数据可以帮助资产管理机构更好地了解客户、整理产品、完成定价、管理风险，让信息在各部门间顺畅流通，减少层级距离产生的经营问题。通过技术带来更强的投资管理能力和客户关系管理能力，更好地满足合规方面的需求，将成为未来资产管理公司努力发展的方向。资产管理公司可能会选择投入更多的成本进行技术优化,也可以通过外包公司解决技术方案。

此外,“互联网+”将给更多的参与者带来分一杯羹的机会,新的参与者可能来自社交媒体领域,如 Facebook 或者 Twitter;又或者来自科技公司,如苹果公司等。他们利用庞大的用户基础、先进的网络知识和影响力,与资产管理公司结成联盟进入资产管理领域,从而创造出新的资产管理结构。

新型全球资产管理机构兴起,行业格局遭遇重塑

金融全球化对采取全球经营战略的资产管理公司提出了更高的要求,同时也提供了更广阔的市场空间,伴随着高精简的运营平台、高客户忠诚度的行业品牌、高针对性的产品方案的产生,新一代全球资产管理机构将逐步兴起。

新兴全球资产管理机构的产生源于新区域板块的出现、规模经济的重要性和品牌价值的重要作用。新兴市场兴起成为全球资产管理行业的新资金平台,因此,服务这些平台必须要提高规模效应和经营效率,向客户提供更为丰富的投资产品,建立更为完善的分销渠道。资产管理机构通过手续费分拆、通过互联网进行产品分销、利用资本市场继续扩大机构规模以获得强势品牌,从而建立其全球竞争优势。

为了保持和提高市场竞争地位,全球性的资产管理机构将更加重视人才培养,招聘属地化的本土团队,利用区域中心来吸引人才;设计合理的薪酬模式来满足投资者需求;运用技术手段获得规模经济和改善效应;通过外包业务减少运营成本。在一系列变革中,资产管理行业格局将重新洗牌,新一代资产管理机构将来自勇于创新、不断改变的传统基金公司以及迫切获取市场份额的另类投资公司。

17

美国资产管理行业发展现状与展望

2015

本章导读

- 2014 年，美国经济强势复苏，伴随失业率下降、个人消费上升和企业开支超预期，三季度实际 GDP 年化环比增长 5.0%。随着 QE 的退出和升息周期的临近，资产管理市场将面临新的机遇与挑战。
- 在经济复苏的背景下，美国资产管理机构在存量和增量方面均表现出增长势头。与此同时，欧洲和日本的经济复苏缓慢，使得美国资产管理机构在规模上继续领跑全球。
- 美国拥有全球最大的共同基金市场，其占据了全球共同基金的半壁江山，规模近 16 万亿美元。财富涌向共同基金的趋势是不可逆的，在销售渠道不断完善、资本市场的结构与层次走向成熟以及养老金市场逐渐成长之后，人们会发现共同基金仍然是最好的选择之一。
- 过去 10 年间，ETF 需求逐年增加，其间发行的 ETF 净份额超过 1.2 万亿元。随着需求的增加，ETF 的发行种类也逐渐多元化。截至 2014 年，美国市场发行的 ETF 总计约 2.0 万亿美元。ETF 正面临着牛市中表现欠佳和监管加强的困境，但随着投资者偏好的改变，其市场前景依旧可期。

2014年美国经济增速加快，2015年有望进入升息周期

2014年，美国经济表现出了强劲的增长势头，经济增长在一季度短暂放缓后，二季度以来呈现良好发展态势，美国商务部于2014年12月23日公布美国2014年第三季度GDP修正数据，受消费支出和投资提振影响，经济增长率大幅上调，三季度实际GDP终值年化环比增长5.0%，大超预期的4.3%，为2003年第三季度以来的最大增幅。

美国经济增长如此强劲主要得益于个人消费上升和企业开支超预期，这表明美国经济已从根本上显露出有望持续的走强劲头，在全球经济景气较低迷的背景下，美国经济仍保持了较好的复苏势头。

对于美国的财富管理行业来说，2014年无疑是繁荣的一年，因为经济的改善，就业率上升带来的家庭财富的增长，进而使得家庭消费、投资支出增加。同时，关键道琼斯指数突破18 000点，表明了金融市场的景气。在这种背景下，财富管理需求势必增加。

美国进入升息周期后，将对股市和债市均产生影响。一方面，由于美国股市自2009年量化宽松以来一直呈现出“超级牛市”的状态，牛市运行以来也一直未现大幅调整，在量化宽松即将完全退出的背景下，美国股市是否能持续保持上涨值得怀疑。从历史数据来看，美国升息后，股市也会出现一定程度的调整。

1994年2月4日，美联储将基准利率从3%上调至3.25%；2004年6月30日，美联储将基准利率从1%上调至1.25%。两次加息过后，股市均呈现先升

后降的走势。美股本轮的牛市很大程度上是由于美联储持续的货币宽松政策导致的，一旦美联储开始紧缩货币，将很有可能导致美股的下跌。另一方面，由于宽松的货币环境逐渐消失，进入 2014 年下半年后，美国退出 QE 使得资本回流美国的预期升温，美国长期国债收益率已经对此有所反应，一度出现了回升的态势，随着美国加息的明确，美国十年期国债收益率将必然出现大幅上升。从历史数据来看，1994 年及 2004 年的加息过程均引发了国债收益率的大幅提升，进而吸引美元资本大幅回流美国。

2015 年 5 月 22 日，美联储主席珍妮特·耶伦（Janet Yelln）在关于美国经济展望的讲话中明确指出：鉴于货币政策的滞后效应，美联储有必要采取前瞻性措施，在就业和通胀已经达到预定目标之前采取行动，否则可能带来经济过热的风险。因此，如果美国经济一如预期地持续改善，在 2015 年的某个时点开始提升联邦基金利率目标，并开始货币政策正常化程序是恰当的。然而经济数据显示，2015 年第一季度美国实际 GDP 增长为 -0.7%，远低于此前的市场预期。这也是市场对于升息的预期有所推迟。但是从耶伦的讲话中可以看出，美联储的态度很可能是尽早进入升息轨道并低速运行。然而，无论未来美国的利率政策如何变化，其都将对大到全球经济，小到资产管理，产生千丝万缕的联系。

伴随经济复苏，美国资产管理机构继续领跑

得益于美国经济复苏，人口老龄化等因素，美国资产管理行业的景气程度和国际地位都有所提升。对内，美国投资机构在家庭、企业的资产配置中的作用愈发重要。对外，在国际竞争中，美国资产管理公司的规模领先于国际市场。

美国投资公司市场地位凸显

（1）美国注册投资公司

美国注册投资公司占据了其资产管理行业的最大份额。截至 2014 年年末，这些机构管理的总资产约 182 亿美元，涉及的投资者近 9 000 万名。在过去

的 20 多年间，随着资产的不断升值、居民财富增长带来的资产管理需求扩张、人口老龄化以及退休系统的革新，使得这一行业获得了强劲的增长。从其组成来看，到 2014 年年末，有 80% 的投资公司都是独立基金顾问。同时，这些公司管理了 66% 的投资公司资产。其余的中介机构包括非美国基金顾问、银行和其他储蓄机构、保险公司和经纪公司（见图 17-1）。

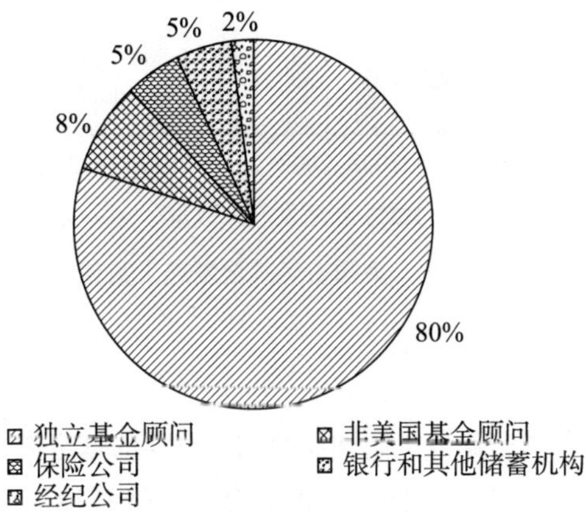

图 17-1　美国注册投资公司构成

资料来源：《美国投资公司协会报告》。

（2）美国投资公司数量变迁

2014 年，共有 867 家来自世界各地的金融公司服务于美国投资者。20 世纪 80~90 年代，低进入门槛引来了大批的基金发起者。但到了 2000 年后，随着竞争的加剧，盈利空间被压缩。2004—2009 年，有 248 家基金发起人退出市场，只有 238 家进入。在此衰退期间有许多大投资机构完成了对小公司的收购，一些基金发起人完成了基金的清算退出，另有许多大机构售出了它们的基金咨询业务。2000 年后，投资公司的固定资产和吸引的新投资较 20 世纪 90 年代有所下降。

但在最近几年，基金发起人的数量再次上升，2009—2014 年，净增 185 家（新增 431 家，退出 262 家）。许多新进入的公司都利用第三方来完成审计、托管、法律等工作，借助其规模效应缩减了成本。同时，这一措施使得基金发起人能更专注于投资组合的管理。2014 年，新增发起人和退出发起人均有所下降，但是基金发起人仍然净增 24 家（见图 17-2）。

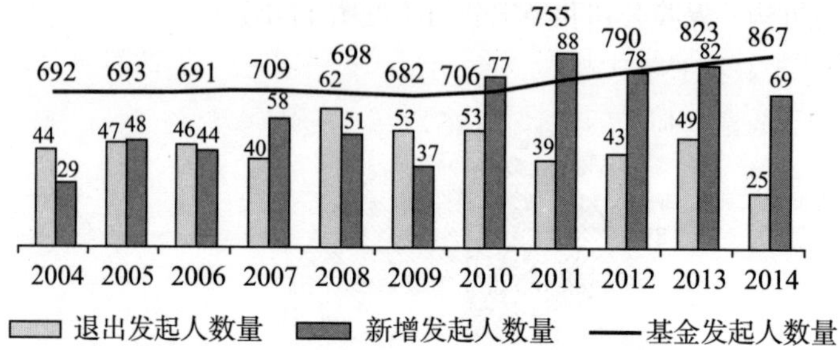

图 17-2　美国市场基金发起人数量

资料来源：《美国投资公司协会报告》。

宏观经济态势和动态竞争机制同样影响着每年的基金数量。发起方发起新的基金以满足投资者的需求，同时，他们合并或清算掉那些对投资者缺乏吸引力的基金产品。2014 年新增 654 只基金，比上年略有减少，并低于 2007 年的峰值 726 只，但与 2003—2014 年的均值相差无几。基金的合并和清算数在 2014 年继续大幅下降，由 2013 年的 428 只下降至 424 只。

美国投资公司的总量相比 2005 年的低点有所回升，但依旧低于 2000 年的峰值。这大部分是由于新增单位投资信托基金数（UITs）在 2000—2005 年间减少，同时许多之前的产品也已到期完成清算。到 2013 年，UITs 的规模依旧在缩减，由 2013 年的 5 552 只减至 5 381 只。2014 年年末，封闭式基金的总量为 568 只，自 2013 年首次跌至 600 只以下后继续下跌。ETF 基金数量持续呈增加势头，2014 年新增 119 只，年末达到 1 451 只，超过 2000 年年末的 16 倍。

（3）美国投资者对投资机构的依赖日渐增强

在美国市场上，大量注册投资公司的资产由个人和家庭投资者占有。到 2014 年年末，由这些投资公司管理的个人及家庭金融资产占比达 24%（见图

17-3）。过去的10年里，随着个人和家庭投资者持有的基金增加，其直接持有股票资产在减少，而危机之后，其直接持有债券资产的需求也逐年减少（见图17-4）。2014年，随着投资者买入的债权基金达到440亿美元，债券基金表现出少量的净买入。总体而言，家庭投资者投资于长期投资公司的资产在2013年增加了4 160亿美元。2005—2014年这10年间，个人及家庭投资者投资与投资公司的资金平均每年净增3 790亿美元，其中只有2008年的净增为负。而直接投资于股票和债券的资金年均减少4 330亿美元。

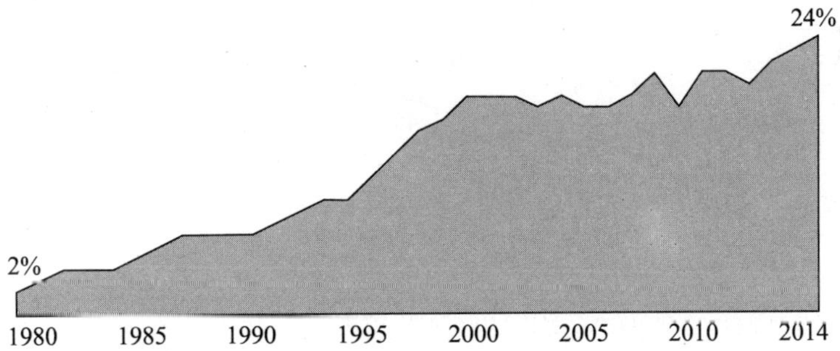

图17-3　投资机构持有的个人及家庭金融资产比例

资料来源：《美国投资公司协会报告》。

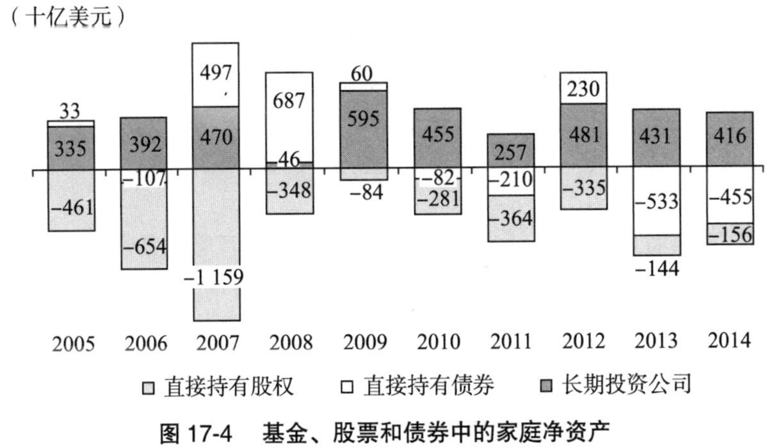

图17-4　基金、股票和债券中的家庭净资产

资料来源：《美国投资公司协会报告》。

个人养老金账户和固定养老金计划，尤其是401（k）计划规模的增长解释了过去20年美国家庭投资者对投资公司产品需求的增加。到2014年年末，投资于401（k）等固定养老金计划的个人及家庭金融资产占比达到9.9%，而在1994年，这一数字仅为7.0%。

同时，个人养老金账户占家庭投资者持有金融资产的10.9%，这相当于共同基金管理了48%的个人养老金账户资产（见图17-5）。另外，共同基金还管理着1.2万亿美元的可变年金和5.7万亿美元的应税家庭账户。

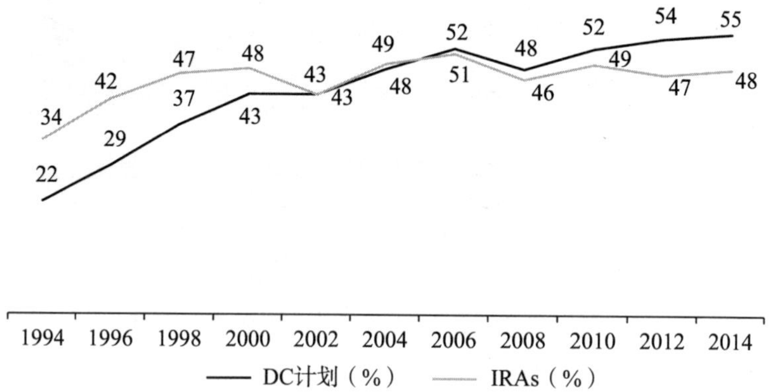

图17-5　共同基金中的家庭养老金账户占比

资料来源：《美国投资公司协会报告》。

商业及其他机构投资者同样依赖于基金投资，许多机构通过货币市场基金管理现金和短期资产。截至2014年年末，非金融公司有23%的现金投入货币市场基金。

机构投资者对于ETF基金的需求也在增加。资产管理者们利用ETF基金管理流动性，以此保证投资者的所有现金流均投入市场。同时，ETF基金还作为他们投资策略的一部分，用以对冲其在股票市场上的风险。

专题

美国企业年金投资策略及特点

本专题根据课题组通过巴曙松研究员搭建的“全球市场与中国连线”平台，对美国教师年金基金会（TIAA CRFF）资产管理部董事主管陈力君的专访内容整理而成。

年金发展概况

年金投资对于中国是一个新概念，在美国的历史也不悠久。但在 2000 年前，古罗马时代就有为战士进行养老金投资的先例，对古罗马的版图扩张起到了很大作用，而军队年金的崩溃也导致了罗马帝国的崩溃。当代的年金是从 19 世纪末发展起来的，1875 年，美国运通开始给员工发放退休金；1900 年，全美国只有 12 个年金账号，主要是公共事业退休金和铁路工人退休金。到现在的 2015 年，年金在很多国家都已较为普遍。

年金投资情况

各个国家的社会福利不同，规划方式及管理方式也不同。相对统一的方法是，将年金健康状况用年金总量与年金需求量的比例来衡量，比例越大意味着越健康。不幸的是，世界人口大国的年金健康状况均相对靠后。年金健康指数最高的是澳大利亚，原因是其资源丰富，而人口相对较少；美国居中；日本倒数第二，原因是其人口结构老化，经济增长长期停滞，导致年金健康指数低。中国位列最后，原因主要是人口数量世界第一，且年金制度与养老金融安全的概念发展较晚。

养老金融安全只需考虑两个方面：需要养老的人数和能够支持养老的财富量，即人口和积累的财富。美国人口在迅速增长，从第二次世界大战结束时的1亿5千万人增长到现在的3亿5千万人，预计2050年将接近4亿5千万人。在人口基数迅速增长的阶段，对年金储备的要求提高，如果储备不高的话，则对投资回报率的要求会越来越高。同时人口基数也有自身结构，第二次世界大战后生育潮时出生的人现在开始养老，导致美国人口老化速率增加，而中国在这方面的问题也是有过之而无不及。

中国国内市场目前的情况与养老金的投资要求有相当大的距离。养老金融风险的突出导致投入资源总量高，这就要求投资产生的回报也越来越高。美国投资退休金市场总量达19.5万亿美元，而正在工作的人群或年轻员工参与养老金投资的比例也在增加，说明人们的养老意识在上升。中国人的养老投资意识也在上升，不过由于中国金融市场尚不成熟，投资人可选择的投资方式并不多。而且投资人没有长期投资的概念，很多养老金投资公司仍在追求短期回报，甚至是每天计价的回报。金融市场投资管理中一些普遍存在的问题同样反应在养老金投资的过程中，如投资的基金换手率高、基金经理人换位情况多，均不利于长期投资，而企业年金、养老金最主要的要求就是追求合理风险条件下的稳定回报。

因政府政策鼓励，年金在美国的渗透率较高。美国民众对养老投资参与率高，企业提供养老储蓄的渠道也很多。此外，美国另一个明显优势是，在一定形式下，养老投资可以免税，增值收益所造成的税赋在领取养老金时按当年的税率补交。对于年轻人来说，免税所带来的增值是一个长达30年或者更长的增值过程。此外，美国税收制度与收入呈正相关，人在退休时的收入整体下降，交税比例也随之下降。相较之下，这些政策在中国是缺失的。

年金投资特点

1. 年金投资作为长期投资，投资的主要概念之一是买入持有（Buy and Hold）。例如，买入三十年国库券，年利率为6.5%，其意图是准备持有30年，30年后取回本金。买入持有和按市值计价（Mark to Market）是对立的，传统的年金在历史上以买入持有作为主导投资方式。做买入持有投资时需要计算虚拟负债。例如，年金投资人目前40岁，预计 65 岁退休，所以有 25 年的投资期限，并确定 25 年后资产达到的水平，从而估算回报率，然后按照此回报率进行长期投资。投资过程中要严格控制风险，资产配置中还要考虑长期、中期和短期效益。效益评估是反馈机制，通过评估效益进行资产配置和投资对象的选择，明确效益是否符合预期，能否优化（见图 17-6）。

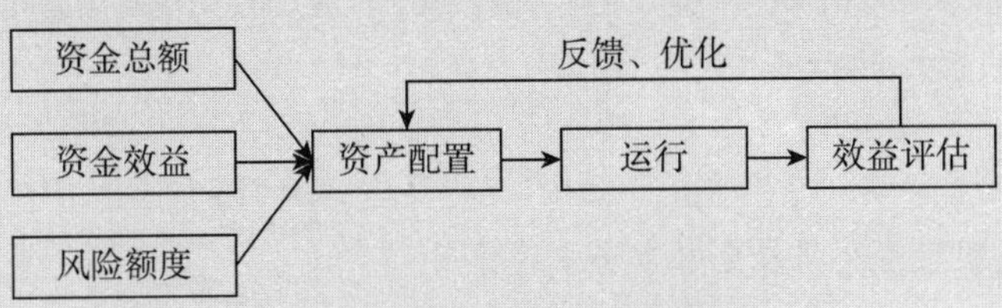

图 17-6　投资流程框架图

总的来说，年金投资周期较长，在资产配置的调整中，长期的为 10 年以上，中期为几年，短期最短为 个季度。在投资过程中，由于是长期投资，不担心客户撤离，也不担心短期市场波动，但会担心长期系统性风险。系统性风险会导致债券违约，优先股拖欠分红，普通股市场价格下跌。所以长期投资需要风险评估框架，从年金投资的角度来看，起到的作用不仅是风险控制和管理，还有资产配置的参数。只有在这样的框架下才能比较合理地进行资产配置。

2. 年金投资板块和方向覆盖了所有投资工具。按规模排列是固定收益类、权益类、房地产类。养老金投资适合长期、安全、流动性高、美元币种、固定收益类资产。退休金投资是一个长期的过程,受益人退休后自取。退休金账户的责任是保证养老金安全，流动性高就是买卖成本低，当有大量流动性高的资产时，即使换手，转移资产的成本也较低。结合了这些特点的产品便是政府债、信用等级高的企业债与结构化债。虽然某些结构性债券过速扩张导致了金融危机的发生，但依然能在市场上起到重要作用，因此，结构性债券也是必不可少的投资工具。房地产类投资以商业房地产为主，商业房地产的专业投资机会较多，因此需要逐个分析。其他板块也有参与，如信用等级低的次级债、欠发达国家的主权债、贵金属和能源期货等。美国教师年金基金会的 5 300 亿美元总资产的每个板块都需要参与，只是比例不同。

3. 年金投资交易反馈与风险评估反馈很重要。风险评估的反馈确保我们承担的是合理的风险，如果出了问题可以及时发现问题、修正问题或止损。投资交易评估机制不仅可用于优化资产配置，同时也是一种团队奖励机制。

4. 年金投资人选择越来越简单，专业化程度也在不断增加。ETF 基金增长很快，此外，基金的发展也很快，虽然请专业人士做资产配置的费用很高，但可以做到专业化投资，其长远效果更好。

（4）美国投资公司在金融市场中的作用

过去 20 年里，投资公司一直是美国国内市场上最大的投资者。他们持有大量发行在外的股票和货币市场证券。截至 2014 年年末，美国的所有投资公司都持有 30% 发行在外的股票。共同基金仍然是美国商业票据的最大投资者，其投资份额在 2014 年年末达到 46%，比上年略微增加 1%，这其中货币市场基金贡献了绝大部分。共同基金根据投资者对优质货币市场基金的需求和商业票据的供给来调整其持有的商业票据份额。尽管到 2014 年，以美元计算的商业票据连续 7 年减值，共同基金对其持有量依旧在增加。2014 年年末，美国投资公司持有的美国市政发行的免税债券占比 26%，这一比例在过去 10 年间保持稳定。2014 年，基金持有了 11% 的美国国库券和政府机构证券，同时其持有的公司债券由 2013 年的 15% 增至 19%（见图 17-6）。

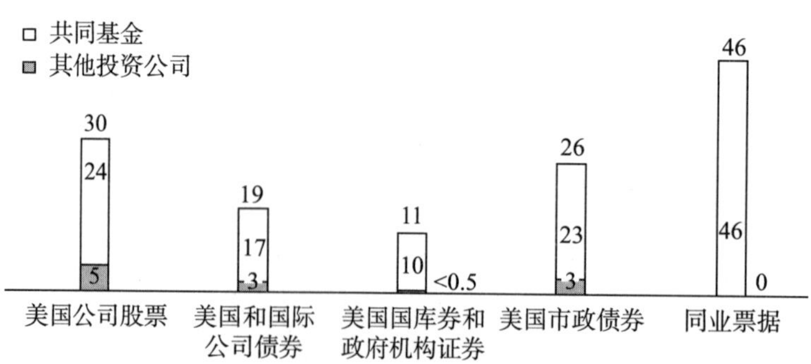

图 17-6　投资机构的投资渠道

资料来源：《美国投资公司协会报告》。

美国资产管理公司规模领先世界

截至 2013 年年底，全球 500 大资产管理公司管理的总资产规模达到 76.5 万亿美元，同比增长 12.0%，总规模在这一年首次超过金融危机之前 2007 年的水平。在全球 500 大资产管理公司中，北美地区的资产管理公司的规模约为 42 万亿美元，同比增长 17.0%；欧洲约为 26.3 万亿美元，同比增长 9.8%；日本约为 4.6 万亿美元，同比减少 5.5%（见图 17-7）。

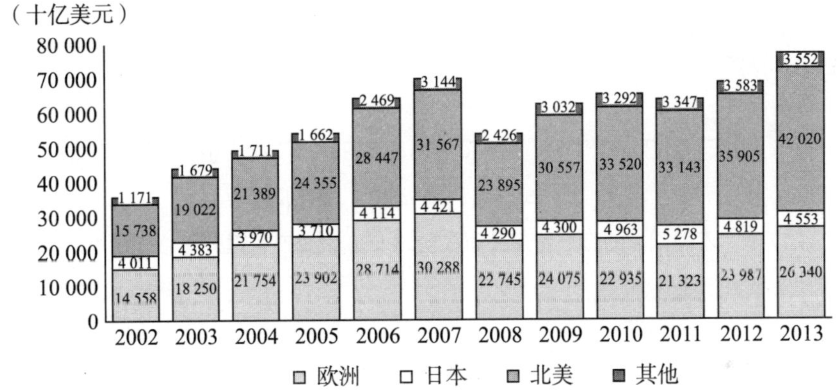

图 17-7　全球 500 大资产管理公司管理的总资产规模

资料来源：韬睿惠悦。

在过去 10 年的全球资产管理版图上，美国资产管理公司所占的份额上升。与此形成鲜明对比的是，日本以及几个欧洲国家的资产管理公司的占比减少（见图 17-8）。2013 年，在全球前 20 大资产管理公司中，美国和欧洲的资产管理公司管理的资产规模全都出现了上升。其中，前 20 大资产管理公司中有 12 家是美国公司，其资产在其中占比 66.6%，去年为 64.2%。

而与欧洲相比，2003—2006 年，美国资产管理公司管理规模略低于欧洲资产管理公司，但从 2007 年开始，双方的差距开始不断扩大，截至 2013 年年底，欧洲资产管理公司的规模几乎只有美国公司的一半（见图 17-9）。

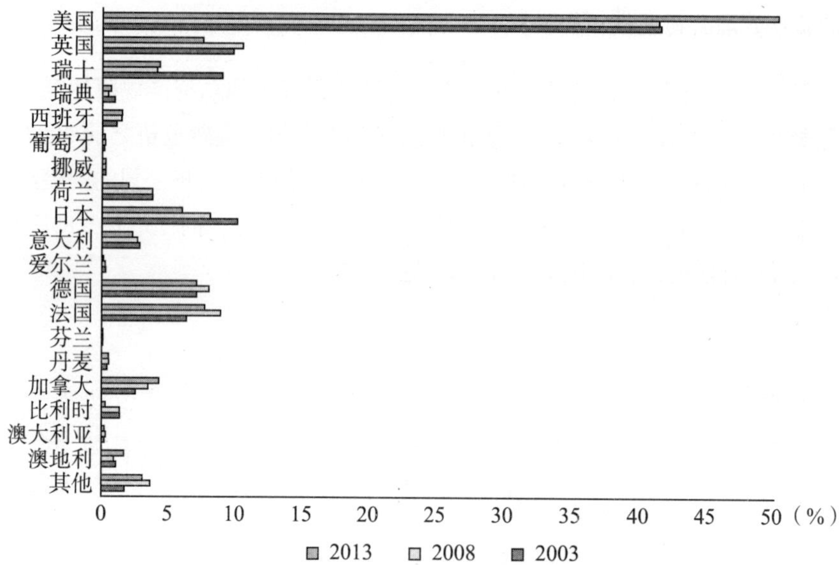

图 17-8　不同国家的资产管理公司在全球 500 大资产管理公司总规模中的占比

资料来源：韬睿惠悦。

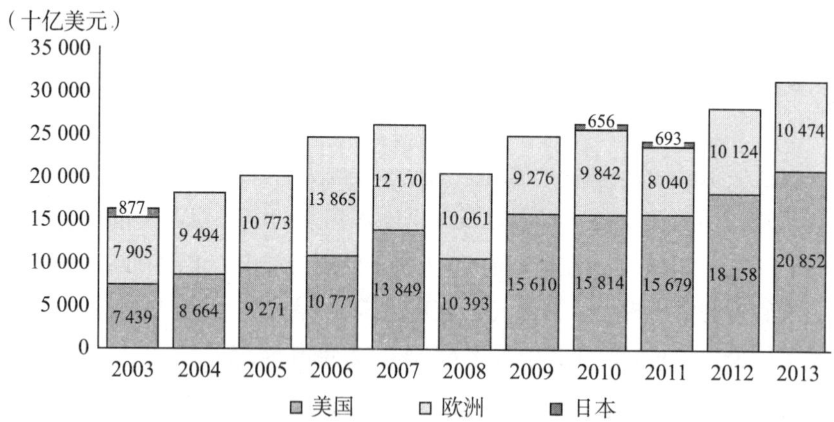

图 17-9　全球前 20 大资产管理公司管理的总资产规模

资料来源：韬睿惠悦。

从2014年的全球经济局势来看，欧洲、日本经济复苏缓慢，而美国经济保持着稳健的增长势头。在美国经济复苏的强势支撑下，预计未来美国资产管理公司的规模和市场地位将继续保持稳固和攀升。

专题

美国“两房”的资产管理

本专题根据课题组通过巴曙松研究员搭建的“全球市场与中国连线”平台，对吴荣文博士的专访内容整理而成。

“两房”发展的背景介绍

房利美和房地美是美国两家最大的住房抵押贷款融资机构，也是得到美国联邦政府赞助的特殊金融公司。两家机构分别创立于1938年和1970年，历经了美国不同的经济发展周期，“两房”经过长期的市场开拓，共同缔造了美国房地产贷款的二级市场。公司经营的宗旨主要是为美国房地产贷款二级市场提供流动性，降低购房者贷款利率，从而为美国房地产市场资金提供稳定支持。

进入20世纪90年代以来，“两房”规模极速增长，对美国经济的发展产生了积极作用，以至后来在美国国会预算局公布的批评“两房”的研究报告中也不得不承认它们对美国经济的重要性。随着抵押贷款规模的不断增大，房利美和房地美两家机构总计拥有或担保了高达近5万亿美元的住房贷款，占美国所有抵押贷款余额的近一半，由此可见这两大机构在美国房地产市场中举足轻重的作用。勿庸置疑，美国金融市场和居民购房离不开“两房”的有力支持，对其依赖程度已相当高。

2008年，次贷危机全面爆发，“两房”经受了一次重大考验。当时房地产市场一度陷入极端低迷，低信用借款居民违约率急剧攀升，“两房”深陷亏损149亿美元的困境。最终，美国财政部于2008年9月7日宣布接管濒临破产的房地美和房利美。一方面，向“两房”注资并同时收购相关优先股，接管其日常业务，重新任命公司领导人。另一方面，给予政策倾斜，放宽了对“两房”等金融机构融资、准备金额度等方面的限制。试图以此挽救房地产市场，并遏制次贷危机蔓延。

在美国政府采取了一系列积极的救市政策措施后，2012年上半年，美国楼市终于开始反弹，随着美国经济的逐步复苏和就业市场稳步改善，居民个人收入水平回升和被压抑的购房需求的释放，“两房”逐渐摆脱危机，收入水平显著回升。2013年，房利美和房地美分别以年利润839.6亿美元和486.7亿美元的骄人业绩远超苹果、埃克森美孚公司等商业巨头，成为美国最新500强企业中最赚钱的两家公司。“两房”从绝境中重生，依靠的不仅是政府支持、市场回暖，更和它们自身的经典资产管理模式、市场运作模式和风险对冲策略密不可分，非常值得中国房地产市场借鉴。

“两房”资产管理模式及资产选择原则

资产管理框架结构

资产管理涉及对各种抵押贷款产品的现金流和相对价值的深入理解。如图17-10所示，“两房”的投资业务基本上以股东权益最大化为宗旨。资产选择以风险调整后的资本收益率为标准。对于每个可能的抵押贷款投资产品，第一，“两房”使用后面将讨论的模型来计算期权调整后的利差（Option Adjusted Spread, 简称OAS）。第二，估计每个产品的资本配置额；这里的资本配置以经济资本为主，虽然有时也会考虑到监管资本的影响。第三，结合利差和相应的资本配置额，可以计算出每项投资的预期风险调整后的收益率，同时根据公司董事会设置的临界收益率（hurdle rate）和相应配置的资本水平来估计该项投资可带来的股东增值大小。

各项投资的资本配置额基于对边际投资的风险进行详细评估后得出，主要考虑了该项投资对现有整个投资组合利率风险、流动性风险、基差风险和模型风险的影响。这种计算资本收益率的方法最终将使整个投资组合的风险在调整后的资本收益率最大化，换句话说也就是，夏普值最大化。总而言之，边际投资分析在一个综合框架下评估了任意一种投资对现有投资组合盈利能力和风险（利率、基差、流动性、模型）的正面及负面影响，同时隐性地对这项投资机会进行了大量敏感性分析。

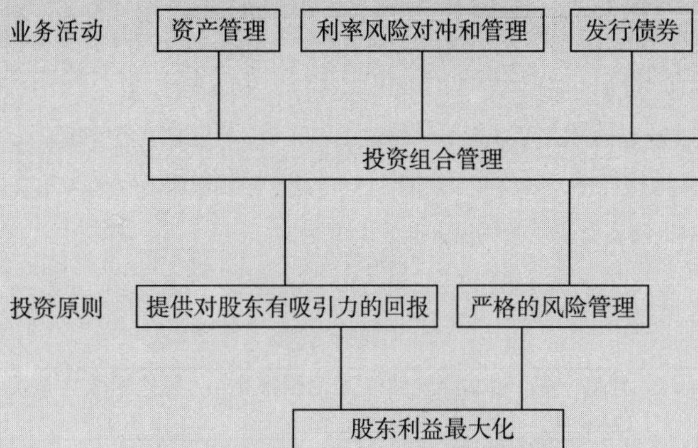

图 17-10 "两房"的投资业务与投资原则

所以，对任何一个新的投资机会，如果风险调整后的收益率低于公司董事会批准的临界收益率，"两房"是不会配置资本的。但是，预期收益率绝对不是唯一需要考量的因素。除此以外，资产选择还需要考虑市场条件（收益率曲线、市场波动性等）、市场供求关系以及更细节的敏感性分析结果等。在确定购买某一资产后，"两房"会立刻对整个投资组合的宏观面进行风险认证及评估，包括整个投资组合的久期、凸性等各项风险指标。资产负债管理方法的挑战在于，无论利率如何剧烈变化，都要确定购买时的预期收益率基本上能实现。从这一点上说，风险管理策略就像是一种保证股东实现其购买的任何资产的预期回报率的保险政策。

资产选择的重要性

首先来看利差和资本配置对整个投资收益的影响。假设有 1 亿美元的抵押贷款投资机会，税率为 35%，无风险收益率为 1%，税后的门槛收益率为 9%。

产品 a：假设可投资产品 a 的期权调整后的利差为 70 bp，资本配置额为投资大小的 6%，则税后回报率为：ROE（a）=（70/6+1）×（1 – 35%）=8.2%。所以这项投资的预期收益率低于门槛收益率，"两房"不会购买此类产品。

产品 b：假设产品 b 的期权调整后的利差为 50bp，资本配置额为投资大小的 3%，则税后回报率为：ROE（b）=11.5%。上述预期收益率大于门槛收益率，“两房”可能会投资这类抵押贷款。如果投资了，税后股东增值量 =（11.5% − 9%）× 5 年 × 资本配置量 = $ 372 000。

从预期收益率的角度可以看出，相对于产品 a，产品 b 更值得投资（见表 17-1）。可见在这个计算过程中，如何准确估计利差和资本配置额就显得尤为重要。这就需要对各种产品的提前支付速度的特性有准确的预测。

表 17-1　　资产选择

	利差（OAS）	资本配置额（% 投资）	税后回报率（%）	息差期限（年）	税后股东增值（美元）
产品 a	70bp	6	8.2	3	− 138 000
产品 b	50bp	3	11.5	5	372 000

共同基金仍然是美国资管行业的中流砥柱

2014 年，全球资产管理行业中共同基金的管理规模已经超过 30 万亿美元。其中，美国市场的占比继续领跑全球，其共同基金达到了 16 万亿美元，ETF 达到 2 万亿美元。其中，共同基金规模较前一年增长 2 万亿美元，主要是受到股票基金资产增长的促进。美国及欧洲经济回暖、股票市场的优异表现、不断增长的长期利率、指数基金的持续火热和美国人口统计数据的公布，以上种种因素都影响了投资者对特定种类共同基金的需求。2013 年，股权基金结束了之前连续 5 年的萎缩，其规模强势反转。而与之形成鲜明对比的是，债权基金从 2004 年以来第一次出现了净赎回。混合基金在 2013 年依旧受到投资者的青睐，其资金净流入持续增加。而货币市场基金在 2013 年净流入 15 万亿美元，结束了此前连续 4 年的资金净流出局势。

美国共同基金资产规模

受股市和债市双重上涨因素的影响，截至 2014 年年末，美国共同基金管理的资产总额达到 16 万亿美元，比 2013 年增长了 0.82 万亿美元，规模仍然保持世界领先。大部分美国共同基金的资产配置于长期基金。其中，股权基金占 52%，债权基金占 22%，货币市场基金占 17%，混合基金占 9%。

2013 年，美国管理共同基金的发起人超过 800 家。长期的竞争机制使得任何一家公司都不能主导市场。比如，2000 年，规模最大的 25 个基金家族中只有 13 家到 2013 年仍然留在市场前列。赫希曼指数（HHI）可以用来测度市场集中度，2013 年 12 月共同基金的赫希曼指数为 481（<1 000），显示出该市场处于分散状态。

尽管如此，大型共同基金所占资产比例却在不断增加。最大的 10 个基金家族的资产占比从 2000 年的 44% 增长到 2013 年的 53%。最大的 25 只占比从 68% 增加到 72%。

上述趋势受多种因素影响，其中之一是大基金对小基金的兼并。另外，主动型股权基金资产规模连续 8 年减少，同时，指数型国内股权基金规模却在逐年增加，而排名前 10 的基金家族管理着大多数指数型基金。加之债权基金规模在过去 10 年的增长提升了管理大型债权基金的基金家族的资产份额，这些都使得大型共同基金家族的资产占比日趋增加。

共同基金现金流

用净现金流测度的共同基金需求在 2014 年有所减缓。对股权基金、混合基金和货币基金的需求增加超过了对债权基金的需求减少。总的来说，2014 年，共同基金的净现金流入为 1 020 亿美元，低于前一年的 1 759 亿美元。其中，长期基金净流入 960 亿美元，60 亿美元流入货币市场基金（见图 17-11）。现金流流量主要受到美联储政策、国际经济形势、投资业绩和人口统计数据的影响。

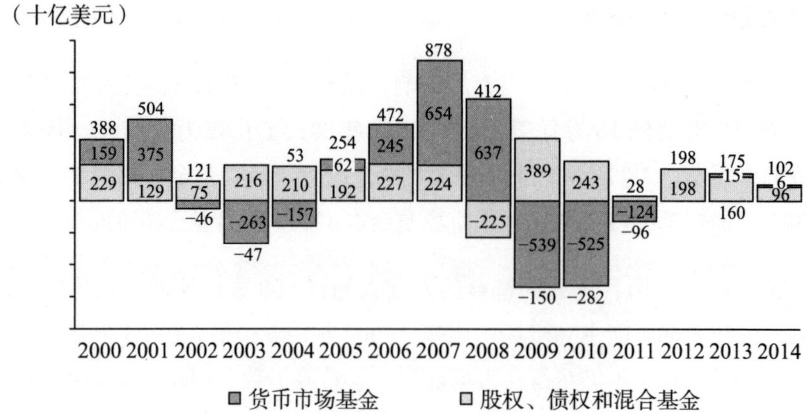

图 17-11　共同基金净现金流量

资料来源：美国投资公司协会。

股权基金

股权基金的净流量与股价呈正相关，即当股价上涨时，股权基金表现为净流入；股价下跌时，股权基金表现为净流出。美国明晟公司（MSCI）编制的全球总收益率指数是一个衡量全球股票市场收益率的指标，2014 年该指标为 5%，而 2013 年为 23%。同时，股权基金在 2014 年净流入 250 亿美元，比 2013 年的 1 600 亿美元下降了 1 350 亿美元。

股票市场的流动性降低也可能促使股权基金的需求增长。芝加哥期权交易所流动性指数（VIX）以标普 500 指数为对象，可以用来测度市场风险。VIX 大于 30 表示市场风险高，低于 20 表示市场处于温和状态。2014 年，VIX 均值为 14，但在 10 月和 12 月分别达到了 26 和 24。相比于 2013 年，在股权基金大幅净流入时，其 VIX 也从未高于 21。2014 年上半年，股票市场较低的流动性是维持股权基金需求的因素之一。

美国投资者配置于全球型股权基金的资产逐渐增加，在过去 10 年里，全球型股权基金资金累计流入 6 390 亿美元，而美国国内股权基金累计流出 6 470 亿美元。2013 年，全球型股权基金资金流入 1 420 亿美元，而美国国内股权基金则首次实现资本净流入，为 180 亿美元。到了 2014 年，尽管美元处于强势地位，美国国内股权基金又回到了净流出的状态。在全球股权基金收货850亿美元净现金流入时，美国国内股权基金净赎回达600亿美元。

对于全球型股权基金的需求增长也反应出了近年来美国海外市场的高收益率。2003—2010年，国际股票市场的平均收益要高于美国本土股票市场13%（8%）。而在2013年和2014年，美国股票市场收益大幅反超国际市场，威尔夏5000指数总收益率为13%，而同期全球股票市场为－3%。美国股票市场价值的迅速攀升使得国内主要指数PE均大幅增加。例如，标普500的PE从2013年年初的22涨到2014年年末的27，达到了20年均值的水平。一般情况下，投资者将PE低于长期均值视为股票市场低估的现象，所以这可以解释为什么2014年美国国内股权基金的需求下降。

债权基金

债权基金流量与债市之间有很强的相关性，而债市的表现又取决于利率水平。2013年，美联储大规模通过QE3在公开市场购买固定收益证券，同时将利率控制在极低水平。2013年5月，美联储官员的讲话被市场理解为联储即将减少公开市场资产的购买。这使得长期利率急剧攀升，固收市场收益下降，进而导致2013年下半年投资者对债权基金的需求减弱，从7月到12月，投资者共赎回债权基金1 700亿美元。2013年全年，债权基金资金净流出为710亿美元，为2004年来首次净流出。但这仅占债权基金净资产的2.4%，相比1994年，同样的收益率缩减造成了10.1%的债权基金资产流出。2014年美国长期利率又转而向下，这造成了债权价值的反转，促使债券及债权基金的收益率攀升，债券基金在2014年净流入440亿美元。

当长期利率上升时，投资者资产可能会奔向短期债权基金，即流出长期债权基金的资产会有很大一部分流向短期市场。2014年，公司和政府短期债券基金净现金流入210亿美元，相比2013年减少了110亿美元。同时，主要投资于中长期国债、公司债或抵押担保证券等标的的长期债权基金，在2014年净流入940亿美元。

人口老龄化是过去10年里促进债权投资的重要因素之一。调查显示，随着年龄增长，人们对风险的偏好会减弱。2014 年的一项调查显示，当家年龄在 35~49 岁的家庭中有 25% 愿意投资风险高于平均值的资产，而当家年龄在 65 岁以上的家庭中仅有 12% 愿意承担这种风险。

老年投资者还会更倾向于分散投资，调查显示，2014 年 35 岁以下的家庭持有的共同基金仅占 6%，而 55~64 岁的家庭持有 25%。大量老年共同基金持有者和临退休投资者倾向于投资固定收益产品，这意味着老年投资者对债权基金有潜在的需求。

目标日期基金的流行同样减少了债权基金的资金流出。目标日期基金以动态比率投资于股票和债权，当该基金接近或者超过目标日期时，其资产配置会逐渐全部移向债券及债权基金。2014 年，目标日期基金流入资金 450 亿美元，年末资产总量为 7 030 亿美元。投资者对目标日期基金的兴趣源于其自动平衡功能以及它可以作为 DC 计划投资标的的特征。

混合基金

除了 2008 年，混合基金的规模在过去 10 年里一直在增长。由于混合基金按一定的目标比例投资于股票和债权。因此，它兼具股票产品的收益性和债权产品的长期稳定性，即风险低于股权基金，收益高于债权基金。所以，越来越多的投资者使用混合基金管理和平衡投资组合。在过去 8 年中，共有 4 360 亿美元现金及分红再投资收益流入混合基金。2014 年的净资金流入为 270 亿美元。

指数型基金

指数型基金的市场吸引力也呈增长趋势。在投资共同基金的家庭中有 31% 持有至少一只指数基金。截至 2014 年年末，382 家指数型基金共管理资产 2.1 万亿美元。2014 年，指数型基金的需求依然强劲，净现金流入 1 480 亿美元。在美国的指数型基金中，有 41% 的跟踪美国国内股票指数，26% 的以国际股票指数为标的，还有 33% 的盯住债券及混合指数。指数型股票基金在 2013 年的需求增长了近两倍，吸引资金 520 亿美元，2013—2014 年间又增长了 17%，达到了 610 万亿美元。指数型股票基金的增长带动了指数型基金整体资产规模的扩大。82% 的指数型基金资产投资于标普 500 及其他美国和国际股票指数基金，其中以标普 500 为标的的指数基金占 33%。指数型股票基金在所有股票相关的基金中占比达到了 18.4%。

美国资产管理新趋势——ETF 组合管理[①]

美国 ETF 组合策略及其特点

（1）美国 ETF 市场的发展

近十几年的资本市场为 ETF 发展提供了很多机会。2000 —2013 年，美国 ETF 下的资产从 100 亿美元增长到约 1.5 万亿美元，数量约 1 700 个（见图 17-2）。市场上存在各种各样的 ETF，如标普 500 的 ETF、市场中性的 ETF、另类资产的 ETF 等。

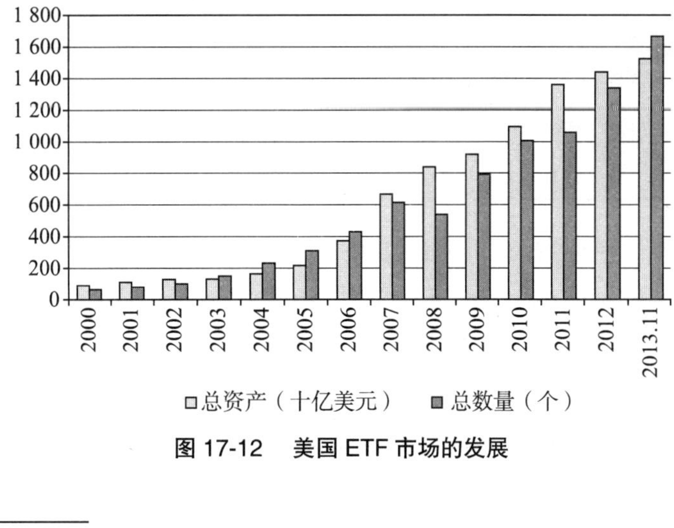

图 17-12　美国 ETF 市场的发展

① 聚力资产管理有限公司总裁兼首席投资官马祥海博士对本节内容有重要贡献。

（2）ETF 组合策略

尽管数量很多，但很多 ETF 资产很少、成交量小，并不算非常成功。不过总体来说，ETF 的发展是很快的。在资本市场中，大市值（如标普 500、美国市场 ETF）、小市值、各地区、各行业、贵重金属（如黄金）、主动型、被动型等各类型 ETF 都可以买得到，这为策略公司提供了更多投资机会。

ETF 投资策略公司可以用 ETF 发行公司发行的各种 ETF 建立不同的 ETF 组合策略（Managed ETF Strategies），并将这些策略提供给投资理财顾问。投资理财顾问则根据客户的不同需要，将不同类型的 ETF 组合策略（包括收入类型、增长类型、大宗商品类型等）放在对应的客户投资组合中。现在，ETF 组合策略也产生了很多 ETF 投资组合策略公司，最初仅是一些私人公司，慢慢地，一些大基金公司也开始进入这一领域。投资理财顾问是最终客户，投资策略组合公司将 1 700 余个 ETF 组合起来构成各种各样的模型，投资理财顾问根据不同客户的需求将模型放入他们的客户投资组合中（见图 17-13）。

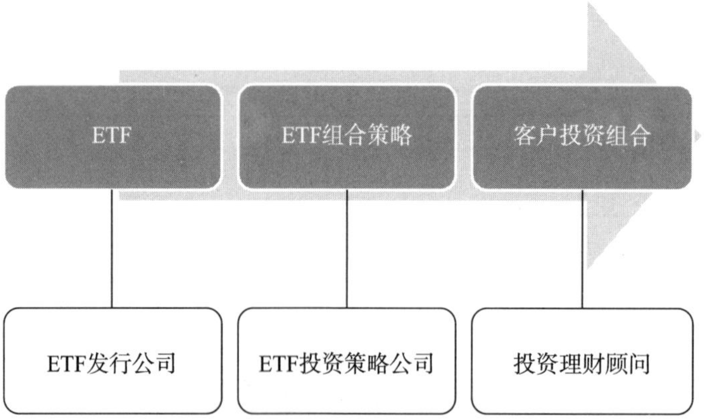

图 17-13　ETF 组合策略

（3）ETF 组合策略的发展

ETF 组合策略在近 5 年发展迅速，目前其总资产约有 1 000 亿美元，其中

80%~90% 是多类资产（即将各种资产组合起来进行动态管理），可以选择大小市值股票、新兴市场、垃圾债券、投资级债券、大宗商品等，把各种资产组合起来寻找最好的投资机会。

动态管理每个月（或每周）会将资产重新配置，供投资顾问使用。这是现在最普遍的做法。目前，另类资产所占比重较低，可能是未来的发展趋势之一（见图 17-14）。

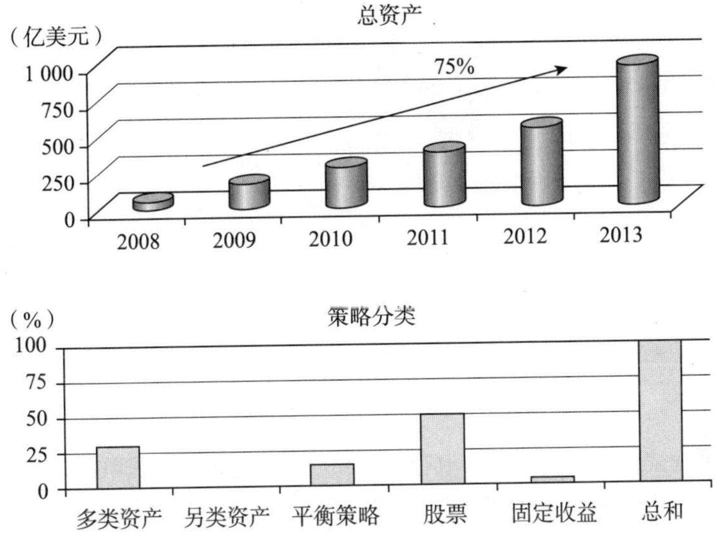

图 17-14 ETF 组合策略的发展

（4）投资顾问面临的挑战

内部需求：投资环境和工具复杂化、对资产风险分散和管理的要求提高。需求的增加主要是因为外部市场在变化，而内部的需求也在变化。2008 年金融危机之后，由于很多投资顾问的风险管理和风险分散能力弱，同时，投资工具也变得比较复杂，因此他们寄希望于专家的帮助——希望 ETF 公司给他们提供一些投资策略，使他们可以将组合策略直接拿过来用于构建客户的投资组合。

外部需求：客户的要求增加、投资顾问的时间有限。金融危机过后，很多客户都对投资顾问缺乏信任，因此需要顾问花费更多的时间夯实服务。一般来说，投资顾问 80% 的时间都用在维护客户关系上，没有时间做投资，因此将做投资的任务交给了 ETF 组合策略公司（见图 17-15）。

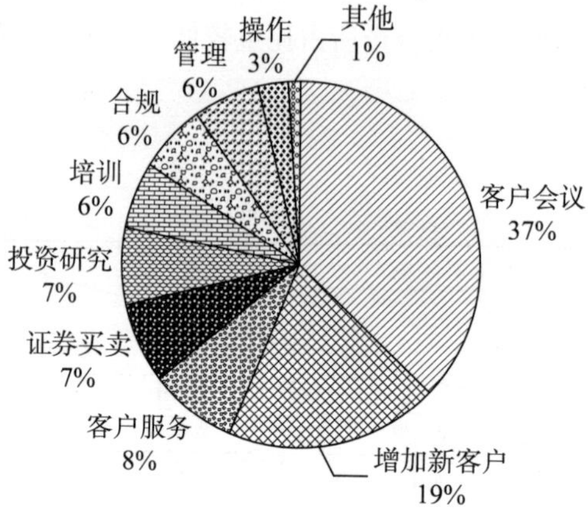

图 17-15　投资顾问的时间分配

（5）投资顾问运用 ETF 组合策略的模式

卫星模式：一个投资组合中有股票和债券，再把这些股票和债券中的一部分放在 ETF 投资组合策略里。例如，一个投资组合中有 50% 的股票和 50% 的债券，将其中 10% 的股票和 10% 的债券放在 ETF 里，使用动态管理策略，当市场表现不好时，这 20% 就可以降低组合风险。

多策略模式：不同的 ETF 策略公司提供不同的模型，根据客户的需求，将多个公司的模型组成一个资产组合提供给客户。

外包模式：投资顾问与 ETF 策略公司合作，根据客户的需求，由策略公司提供一个模型，并将各项资产按照这一模型进行配置。有些顾问更愿意花更多时间在与客户打交道上，而不愿意花更多的时间在管理资产上，因此给 ETF 策略公司提供了机会（见图 17-16）。

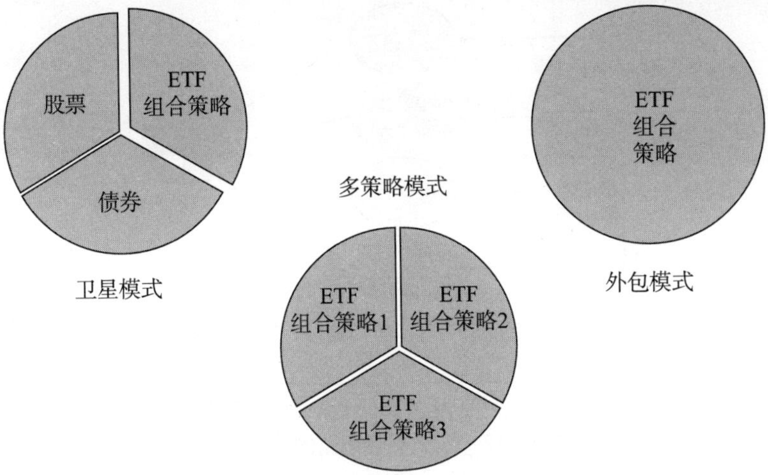

图 17-16　投资顾问运用 ETF 组合策略的模式

（6）ETF 组合策略的销售渠道

近 5 年来，ETF 组合策略的销售渠道逐渐成熟，与共同基金销售渠道类似。

第一，通过美林证券和摩根士丹利等券商将组合策略的一些模型放在平台上，每个券商下面的众多投资顾问们可以直接使用这些模型管理客户的资金。

第二，目前发展了许多投资顾问平台，像富达国际投资、嘉信理财等公司拥有很多投资顾问。ETF 策略公司也变成了投资顾问，提供资产管理服务。

第三，一些退休金平台可以将 ETF 策略模型提供给他们的投资顾问使用。

第四，银行业，如私人理财，也可能将策略组合放在其平台上供投资顾问使用。

此外，有些高价值的私人投资者愿意直接投资于 ETF 组合策略。最后，机构投资者对 ETF 的兴趣也日渐攀升，纷纷将其作为另类投资的一部分，这是由于有些公司愿意提供绝对收益和相关度较低的投资策略（见图 17-17）。

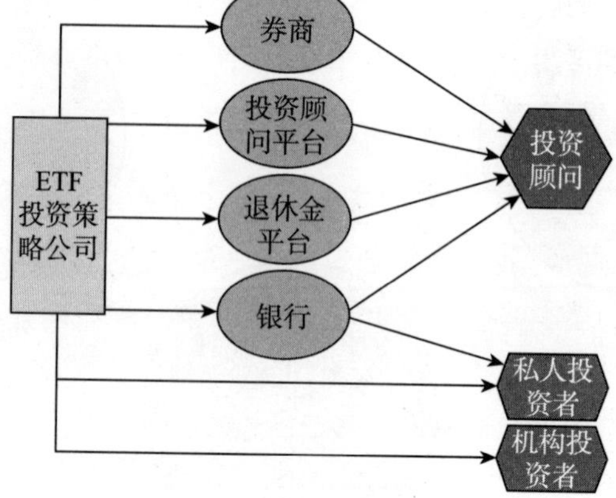

图 17-17　ETF 组合策略的销售渠道

ETF 策略公司面临的问题及发展方向

（1）ETF 策略公司在发展中面临的问题

1. 投资业绩在牛市表现中不突出。在牛市中，市场一直上涨，如果持续进出而没有把握好机会，则容易造成表现不突出。2013 年，美国股市增长率为 32%，很多 ETF 公司的表现弱于美国股市。这是由于很多动态组合没有将组合完全投在美国股市上，而是分散投资于世界各地的其他股票，或者投在黄金上，但黄金业绩的表现糟糕导致组合表现平平。

美国三大 ETF 策略公司之一的 Good Harbor Financial 约有 10 年的历史，其在 2008 年市场普遍亏损的情况下获得了盈利，因此它自认为自身的投资策略模型非常优秀，但其在 2014 年的业绩表现却差强人意，市场上涨了 4%，标普涨了 3%，它却亏损了 10%。2014 年 1 月市场下跌，由于它是动态模型，每个月都会将资产重新组合一次，因此在 2 月时，由于觉得市场不好，所以它将资产配置在债券上，故而没有赶上市场回弹，之后其组合又回到了股票，但几次重新组合都没有得到好处，反而在市场上涨的情况下亏损了。此外，由于公司规模较大，有 100 亿美元左右的资产，并且每个月都重新组合，市场预期到它的行为会在每个月的第一天或第二天给市场带来很大的波动。比如 2 月时，它卖出了所有股票而购买债券，使债券市场上升，股票市场下降，为华尔街高频交易者从他们的买卖中获利提供了机会。资产重新组合时会造成巨大的市场波动，对其自身业绩也没有好处。

2. 遭到了美国证券管理委员会的调查。由于许多ETF策略公司的历史较短,往往用回测数据来支持自身的模型。F-Squared管理了约200亿美元的资产，但却遭到了美国证券管理委员会（SEC）的调查，原因就在于F-Squared提供的市场材料不够清晰。事实上，2008年的F-Squared并没有资金运作，完全是回测模型的结果，但它没有将这一点描述清楚，从而使一些投资者误认为它在2008年有实际的资金运作，因此，SEC对其提供的资料有异议。

（2）ETF组合策略的发展方向

ETF现在约是1 000亿美元的资产规模，5~7年内以30%的增长率可以达到5 000亿美元。从投资顾问的角度来说，谁也不愿重历2008年的金融危机，他们希望用动态的方法提高在熊市中的承受力，因此投资顾问的市场需求依然很大。从销售渠道的角度来说，随着投资策略公司不断发展，投资销售渠道已经比较稳健，只需建立一个模型就能对其进行销售。目前，100多家策略公司都提供这种商品。

对收入类型产品的需求会增加。一方面,最近几年利息率很低；另一方面，如果利息率上涨，债券价格会下跌。2014年债券指数下跌了2%，不但无法获得收入还会亏损，所以大家对收入类型的产品的需求会增加。

机构投资者开始感兴趣。市场最早从投资顾问和私人投资者开始，机构投资者一开始被认为是零售市场，现在由于ETF发展很快，机构投资者也开始对ETF策略产生兴趣。如果机构投资者使用ETF策略进行资产管理，那么策略公司也会看准这一机会。很多机构投资者将ETF作为一个动态资产管理组合策略。很早以前，机构投资者也使用动态资产组合策略，由于近些年ETF的发展，这个策略的构建也变得更加容易。

如果一个策略中有1 000多个ETF，就可以做成不同类型的组合策略，交易机会也更多。机构投资者如果对动态资产组合感兴趣，ETF 对他们来说就是一个很好的工具，因为能够提供较好的收益。很多机构投资者都希望把动态投资组合策略作为对冲基金的一部分，并且它没有对冲基金那么贵，一般动态投资组合的管理费是 1%，而对冲基金的管理费是 2%。此外，近些年由于对冲基金的表现不是很好，也为动态资产组合策略提供了一些机会。牛市时投到对冲基金中不能提供较多收益，若通过动态投资组合策略提供下滑保护，能够比对冲基金表现更好。

401（k）养老基金有很大的市场潜力。401（k）养老基金在美国市场大约有 3 万亿美元的规模，现在大部分 401（k）市场都在使用共同市场基金，ETF 进入的还很少，因此其市场潜力很大。因为共同基金，特别是主动型共同基金的价格较高，慢慢也会有一些 401（k）公司开始用 ETF 策略，这给 ETF 提供了更多的机会。

18

欧洲资产管理行业发展现状与展望

2015

本章导读

- 资产经理在引导储蓄向投资的流动中扮演关键角色。通过为客户制定高效率的投资基金产品与解决方案，资产经理们同时也为中小企业、跨国公司、银行、政府等机构的融资提供资金支持。欧洲市场被管理的资产总量（AuM）在2014年连续第三年强劲增长，达到了创记录的19万亿欧元，占整个欧洲市场GDP总量的124%。欧洲市场AuM的快速增长主要得益于金融市场条件的改善、投资者信心的恢复以及全球金融市场的良好表现。
- 2014年7月，欧盟委员会宣布推行资本市场联盟项目，主要目标是刺激资本市场在引导欧洲各经济体的融资中扮演更加重要的角色，从而促进欧洲经济的持续增长与充分就业。
- 欧洲市场资产经理专注于全权委托资产与投资基金领域。截至2014年年底，欧洲市场全权委托管理的资产总量为9.9万亿欧元，占AuM的52%，投资基金管理的资产总量为9.1万亿欧元，占AuM的48%。机构客户在所有客户中占据多数，其资产占AuM的76%。在全部机构的AuM中，39%来自保险公司，33%来自养老基金，3%来自银行，剩下的25%来自其他机构。欧洲资管行业的资产配置中债券占据最大比重，约占43%的份额。权益类资产和货币市场票据分别占总资产的33%和8%。

欧洲资产管理行业：现状与比较

欧洲资管行业快速恢复，银行集团仍占据主导地位

2013 年以来，尽管欧元区的宏观经济形势依旧不容乐观，但欧洲市场资产管理行业发展良好，被管理的资产总量在 2013 年增长了 8.6%，达到 16.5 万亿欧元。这一强劲增长主要来自欧元区货币管理能力的加强与投资者信心的恢复。2014 年，随着欧洲国家在采取措施削减赤字与提升竞争力方面取得进展，投资者对危机结束、经济恢复的信心高涨，股票市场强劲回弹，资产管理行业继续高速发展。增长的驱动因素主要有 4 个：一是欧洲极低的利率水平驱使投资者追求高收益资产；二是基于投资者保护的监管措施增强了投资基金的吸引力；三是欧洲市场上不同风险与收益的投资组合产品非常丰富；四是欧元区与欧洲其他国家的非传统货币政策促进了资管行业的发展。

根据欧洲基金与资产管理协会（EFAMA）的估计，欧洲市场的 AuM 总量在 2014 年增长了大约 15% 至 19 万亿欧元。AuM 占 GDP 的比重从 2013 年的 114% 增长到了 2014 年的 124%，这一增长客观反映了 2014 年 AuM9% 的高增长率与欧洲宏观经济萧条、GDP 增长缓慢的现状（见图 18-1）。2008—2014 年间，尽管受到了金融危机与欧元区债务危机的影响，欧洲资产管理行业管理的资产总量仍然增长了 74%，而值得注意的是，这一增长是在欧洲 STOXX 600 指数一度大幅下跌的背景下实现的。在大多数欧洲国家，银行集团作为母公司控制着大量资产管理机构，在土耳其（89%）、奥地利（71%）和德国（60%），超过半数的资管公司被银行集团控制（见图 18-2）。

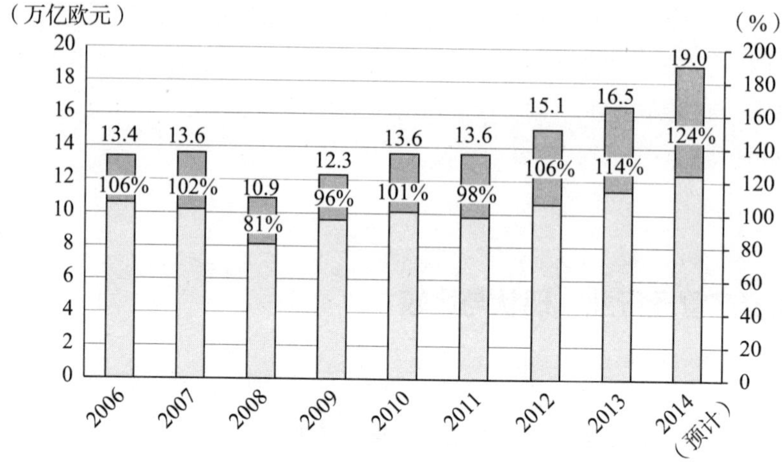

图 18-1　欧洲市场 AuM 与 AuM/GDP 比例

资料来源：《欧洲基金与资产管理协会报告》，2015。

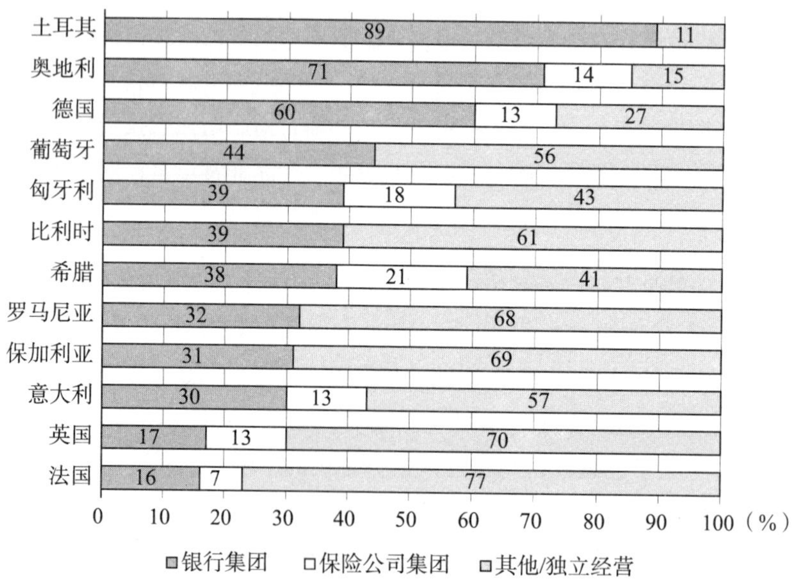

图 18-2　2013 年年末按母公司类别划分的资管机构的占比

资料来源：《欧洲基金与资产管理协会报告》，2015 年（比利时的母公司为银行集团的资管机构数据包含母公司为保险公司的资管机构）。

但是，英国和法国作为两个最重要的的资产管理市场却是例外。在英国，只有 17% 的资产管理机构被银行集团控制，保险公司集团也控制了 13% 的资管机构。而在法国，大多数资管公司由独立的资产经理经营，银行和保险公司控股的资管机构仅分别占 16% 和 7%。

欧洲主要国家资产管理行业对比

截至 2013 年年底，欧洲各国资产管理行业的发展状况如表 18-1 所示。

表 18-1　2013 年年底欧洲各国 AuM 与 AuM/GDP

国家	AuM（十亿欧元）	增长率（%）	市场份额（%）	AuM/GDP（%）
英国	6 101	12	37	302
法国	3 258	9	20	154
德国	1 613	0	10	57
意大利	881	5	5	54
荷兰	469	0	3	73
比利时	229	2	1	58
奥地利	85	1	1	26
葡萄牙	74	11	0.45	43
匈牙利	25	20	0.15	25
土耳其	18	15	0.11	3
希腊	9	13	0.05	5
其他国家	3 694	9	22	107
合计	16 456	9	100	114

资料来源：《欧洲基金与资产管理协会报告》。

从表 18-1 中可以看出，欧洲市场上被专业管理的资产主要集中在少数作为金融中心的大国。英国拥有欧洲最大的资产管理市场，紧随其后的是法国和德国。截至 2013 年年底，这三个主要国家的 AuM 总量超过 10 万亿欧元，约占整个欧洲 AuM 的三分之二。此外，意大利和荷兰也占有较大比重。较高的集中度一方面是因为这些国家拥有更大的人口规模、经济总量和储蓄总量，另一方面也源于其金融服务的悠久历史与崇高声望。

值得注意的是，在英国和法国，AuM 占 GDP 的比重分别达到了 302% 和 154%，大大高于欧洲其他国家。其他主要国家中，德国的这一比重仅为 57%，而意大利仅为 54%。而在一些资产管理行业欠发达的国家，如希腊和土耳其，这一比重低于 5%。大多数国家的 AuM 在 2013 年都实现了增长，但增长率差别很大。其中，英国和法国的 AuM 分别增长了 12% 和 9%，意大利的 AuM 也增长了 5%。但在德国和荷兰，这一数字几乎没有增长。在一些新兴市场国家，资管行业发展迅速，匈牙利和土耳其资管行业管理的资产分别增长了 20% 和 15%。

在市场份额方面，英国的市场份额占据榜首，在 2013 年年末达到了 37%。法国和德国的市场份额分别为 20% 和 10%。表中的“其他国家”占据了 22% 的市场份额，这是因为“其他国家”中包含了瑞士和北欧各国，而这些国家的投资者一直以来都有请资产管理机构来管理储蓄和退休金的传统。

全球视角下的欧洲资管行业

欧洲是全球第二大资产管理市场，截至 2013 年年底，在全世界价值约 50 万亿欧元的资管市场中占据 33% 的比重（见图 18-3）。

全球最大的资产管理市场在美国，2013 年年底，美国市场的 AuM 总量为 23 万亿欧元，占全世界的 46%。2013 年，美国市场实现了 8% 的增长，AuM 在 2007 年的峰值后首次突破 20 万亿欧元，2014 年则继续实现 7% 的高增长。澳大利亚的资产管理市场在 2014 年大约增长了 8%。值得注意的是，日本的资管市场在 2014 年出现了衰退的情况，增长率为— 11%。新兴市场则延续了一直以来的强劲增长势头，亚洲和拉美资管市场的 AuM 自 2008 年以来翻了一番还多。

图 18-4 反映了主要发达国家和地区 AuM/GDP 的比例，在美国这一比例高达 174%，意味着在美国资产管理在经济活动中至关重要。全球主要国家中，只有英国的 AuM/GDP 比例高于美国。欧洲市场的 AuM/GDP 比例为 108%，

但值得注意的是，英国和法国两个 AuM/GDP 比例高的国家在其中占有较高的权重，欧洲仍有很多国家的资产管理市场并不发达。在澳大利亚和日本，AuM 分别占到 GDP 的 101% 和 80%。

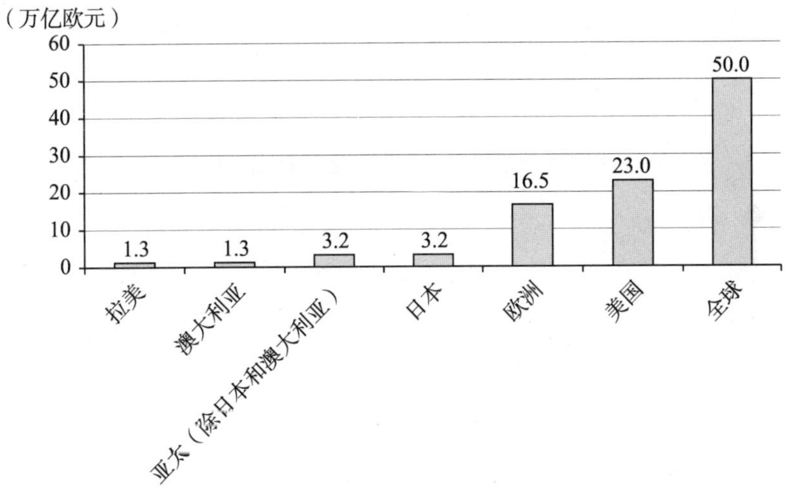

图 18-3　2013 年年末的全球 AuM

资料来源：BCG，欧洲基金与资产管理协会。

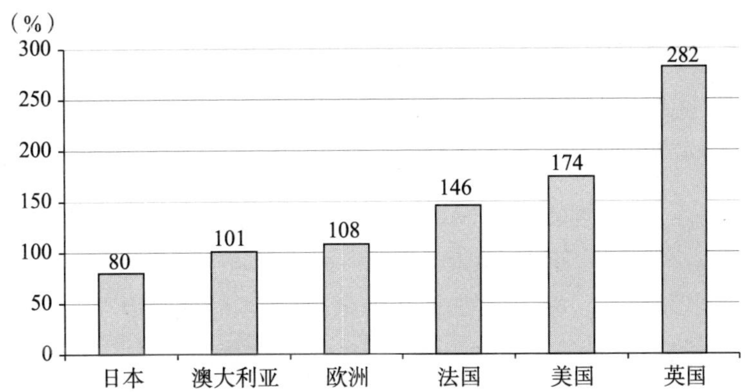

图 18-4　2013 年年末各国的 AuM/GDP

资料来源：BCG，欧洲基金与资产管理协会。

专题

欧洲资管行业对宏观经济的贡献

资产管理行业为宏观经济作出贡献的一个重要衡量标准是资管公司直接雇用的员工数量。截至2013年年末，仅英、法、德三个主要国家的资管公司就直接雇用了57 300名员工。鉴于这三国资管行业的AuM占整个欧洲的三分之二左右，EFAMA估计，整个欧洲范围内资管行业直接雇用的员工数量超过9万人。除了直接雇用大量员工之外，资管行业还带动了大量相关行业的就业。在欧洲，会计、审计、管理、营销、科研、订单处理、分配等很多行业都有大量岗位是为资管公司提供相关服务的。

将直接和间接与资管行业相关的工作岗位都纳入考虑之后，法国资产管理协会（AFG）估计，在法国，每一个资管行业的直接工作岗位都可以带来4.6个相关服务产业的间接工作岗位。这就意味着，仅在法国，资管公司与相关服务行业就带来了85 000个工作岗位。

法国资产管理协会还估计，有48 300人从事与资管产品的营销和分配相关的职业。如果将1：4.6的比例应用在整个欧洲范围内，我们有理由估计，整个欧洲的资管行业直接或间接带动了欧洲超过50万人的就业。

2014年，詹斯·哈根多夫（Jens Hagendorff）利用行业净收入、雇佣员工成本和税收支付状况等数据，用基于收入的估计方法，计算出欧洲资管行业平均每年为宏观GDP贡献约0.35%。哈根多夫的研究还显示，在欧洲所有国家中，英国资管行业为GDP的贡献是最大的（占GDP的0.95%），在法国和德国，这一数字分别为0.50%和0.21%，这一数据与各国资管行业的AuM数据基本匹配。

欧洲资管行业的核心服务

欧洲资管行业为客户提供的核心服务主要包括储蓄管理、降低投资风险、增强资产流动性和降低交易成本 4 个方面。

（1）储蓄管理

资管经理为机构和零售客户的财富管理提供一系列帮助。图 18-5 表示客户与行业间资金流的传导模式。对普通家庭而言，储蓄主要指其收入中暂时不消费的部分，而对诸如保险公司和养老基金等机构投资者而言，这一资金主要包括其收入的现金流。资管公司以客户的名义进行投资并为客户获取收益。获取的收益会使储蓄增加，这一循环周而复始。

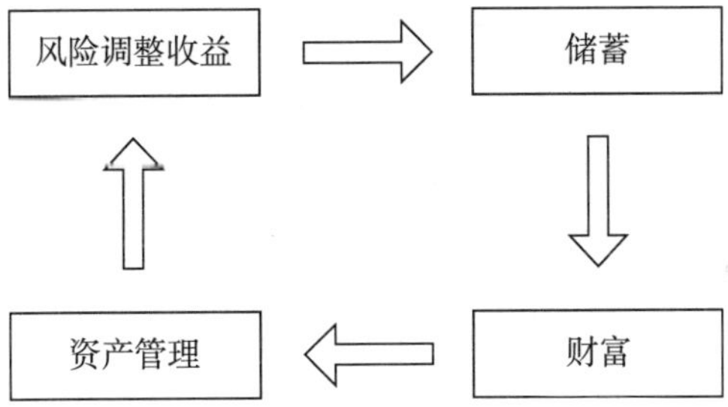

图 18-5　资产管理在投资中扮演的关键角色

（2）降低投资风险

受益于经营的规模优势，资管经理可以通过不同途径降低客户的投资风险。首先，资管经理可以通过将客户的财富分散配置到不同地理区位、资产类别和产品的市场中来降低投资风险。而由于信息成本和交易成本的存在，普通投资者很难做到这一点。通过合理选择专注于某一类投资产品的第三方资管经理，分散化投资的益处还可以进一步放大。其次，通过大规模投资，资管经理们可以将不好的投资机会筛选剔除出去，从而通过逆向选择的方式降低风险。再次，通过密切关注其投资的不同国家、区域以及行业的发展，资管经理可以相对降低道德风险带来的损失。而由于缺乏专业知识和投资规模相对较小，普通家庭和投资者通常很难做到这一点。

（3）增强资产流动性

资管行业的存在使得很多倾向于投资低流动性资产的投资者也可以享受相对较高的流动性便利。这是因为为了应对挤兑风险，资管经理们通常会将其管理资产中的一部分以流动性较高的准备金的方式保存起来。通常来说，投资者数量越多，单个投资者撤资的影响越小；而包含多类不同资产的资产组合规模越大，其中包含的即将到期的资产规模也就越大，投资者撤资的影响就越小。

（4）降低交易成本

随着交易规模的扩大，单位交易成本迅速下降。资管经理交易的资产规模很大，因此可以获得相对优惠的佣金条款。因此，资管公司可以显著降低交易成本，使得普通投资者获益。通常用来衡量交易成本降低程度的指标是买卖价差，即买方愿意为购买一项资产支付的最高价格与卖方愿意出售该项资产需求的最低价格之间的差别。这一价差主要受到资产流动性的影响。哈根多夫指出，2002—2013 年，欧洲股票的买卖价差平均降低了 0.712 分欧元。基于这一数据，哈根多夫认为，欧洲资管经理的交易活动为投资者节省了 120 亿欧元的交易费用。

专题

欧盟资本市场联盟

资本市场联盟（CMU）是欧盟委员会主席让 - 克洛德·容克（Jean-Claude Juncker）于 2014 年 7 月作为委员会工作计划的一部分宣布推行的项目。欧盟委员会于 2015 年 2 月出版了一册绿皮书，针对资本市场联盟项目进行了讨论。建立资本市场联盟的主要目标是促进资本市场在引导欧洲各经济体的融资中扮演更加重要的角色，从而促进欧洲经济的持续增长与充分就业。

欧盟委员会设定这样一个目标充分考虑了欧洲的实际情况。与美国不同，欧洲各国（英国除外）属于银行主导型经济体，传统上较为依赖银行融资，银行借贷在企业融资中占据很大的比重。因此，欧洲企业，尤其是中小企业对金融危机时期银行收紧借贷的行为非常敏感。资本市场联盟项目旨在最大化资本市场与非银行金融机构给宏观经济带来的好处，从而减轻企业对银行借贷的依赖。

资本市场联盟项目主要包含三项目标：（1）促进欧洲范围内的所有企业（尤其是中小企业）使用资本市场进行融资，从而多样化融资渠道。这会促进资本市场的融资需求；（2）引导储蓄向资本市场的投资工具进行投资，这会增加资本市场的资金供给；（3）提升资本市场的运作效率，尤其要关注市场基础设施建设、企业法、公司治理、破产倒闭和税收等方面。这会使得资本市场的运作效率更高、成本更低。

总的来说，一个有效率的资本市场联盟应该可以帮助欧盟范围内的企业从多种渠道进行融资，同时为投资者提供额外的投资机会。通过解除欧盟范围内的跨境投资壁垒、降低融资成本，资本市场联盟可以成为一个覆盖28个成员国的单一资本市场，从而促进与优化整个欧盟范围内的资本配置。

值得注意的是，截至2013年年底，欧元区家庭金融财富中的41.6%以货币或银行存款的形式持有，投向投资基金的金融财富仅占8.5%。而在美国，银行存款与投资基金分别占据家庭金融财富的15.9%和15.1%。这说明，欧元区的资本市场与美国相比还不是很发达，资本市场联盟项目的一个主要目标是使欧元区的银行存款得到更加合理与高效的使用。

为实现这一目标，欧洲基金与资产管理协会认为在以下两个领域取得突破至关重要：（1）为使欧元区长期投资基金（ELTIFs）在市场上获得成功，有必要确保零售投资者的投资需求与整个欧元区的宏观经济目标相匹配，因而合理的政策框架与激励措施至关重要；（2）为个人养老基金建立一个全欧盟范围内的单一市场对拓宽整个欧洲的资本市场也有积极作用。尤其值得注意的是，泛欧养老基金的发展可以刺激跨境市场整合，从而帮助克服目前欧元区各国养老基金行业相对分化的局面。同时，发展养老基金的举措可以鼓励家户进行退休储蓄，从而增加可以被引导投向长期投资的资本总量。

目前，欧洲与美国在资本市场发展程度上的差异表明，在欧盟内部建立一个统一与集中的资本市场联盟，提升储蓄者与借贷者的匹配效率，通过更加有效的资本配置来降低融资成本、提高投资收益，最终促进欧洲经济全面复苏方面拥有巨大的潜力。在欧盟这项宏伟的目标中，资管行业的支持至关重要。在未来一段时间，随着欧元区银行逐步减少借贷活动，同时欧洲逐步老龄化的社会寻求更加长期与健康的退休金投资计划，资产管理行业将拥有更加广阔的发展空间。而伴随着对长期金融解决方案的需求不断增长，长期储蓄与风险管理将日益成为整个欧洲资管行业的核心。

欧洲投资基金与全权委托资产管理发展现状与比较

在欧洲,被专业管理的资产通常分为两类：投资基金和全权委托资产管理。其中，全权委托资产管理主要服务于机构投资者和高净值人群，而投资基金主要服务于零售投资者。截至 2013 年年底，欧洲市场上的全权委托管理的资产为 85 720 亿欧元，占 AuM 的 52.1%；投资基金管理的资产为 78 840 亿欧元，占 AuM 的 47.9%（见图 18-6）。

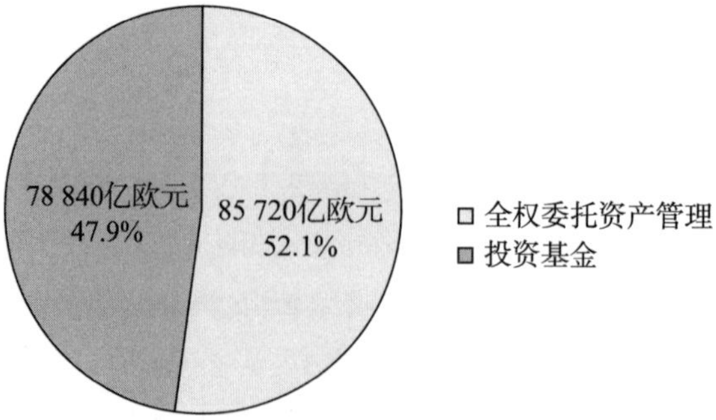

图 18-6　2013 年年末欧洲全权委托资产管理与投资基金

资料来源：《欧洲基金与资产管理协会报告》，2015。

从发展趋势上可以看出，投资基金和全权委托资产管理在2013年都实现了强劲的增长。全权委托资产管理在2013年增长了9.8%，连续第5年实现了增长；投资基金则实现了7.6%的年增长率。欧洲市场投资基金和全权委托资产管理的资产在2013年都达到了历史新高（见图18-7）。

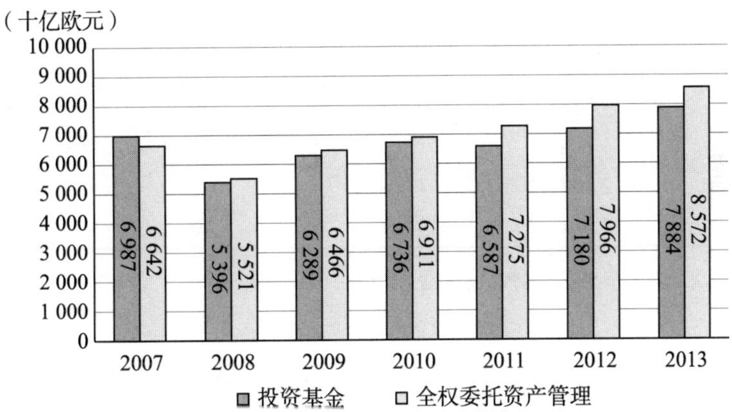

图18-7 欧洲投资基金与全权委托资产管理的发展

资料来源：《欧洲基金与资产管理协会报告》，2015。

投资基金高速增长

欧洲市场上被专业管理的投资基金在2013年年底接近7.9万亿欧元。欧洲央行“不惜一切代价”拯救欧元的承诺和其实施的一系列数量型和结构型非传统货币政策在一定程度上稳定了金融市场，提振了消费者信心，投资基金的AuM在2013年实现了近10%的增长（见表18-2）。

表18-2 2013年年末欧洲各国投资基金的AuM与AuM/GDP

国家	AuM（十亿欧元）	增长率（%）	市场份额（%）	AuM/GDP（%）
英国	1 869	11	24	93
法国	1 699	15	22	80
德国	1 330	0	17	47

续前表

国家	AuM（十亿欧元）	增长率（%）	市场份额（%）	AuM/GDP（%）
意大利	263	7	3	16
比利时	104	1	1	26
奥地利	85	1	1	26
荷兰	69	1	1	11
葡萄牙	19	4	0.24	11
土耳其	16	13	0.20	3
匈牙利	16	33	0.20	16
希腊	6	3	0.07	3
其他国家	2 407	13	31	70
合计	7 884	10	100	55

资料来源：《欧洲基金与资产管理协会报告》，2015。

从表 18-2 中可以看出，截至 2013 年年底，英国、法国和德国三个主要的金融中心管理着欧洲投资基金 63% 的资产。在占有 31% 比重的“其他国家”中，贡献最多的国家包括瑞士、北欧各国、卢森堡和爱尔兰。

欧洲所有国家的投资基金 AuM 在 2013 年都实现了增长。在主要的国家中，法国的增长率最高，为 15%，紧随其后的是增长率为 11% 的英国和增长率为 7% 的意大利。德国的投资基金 AuM 在 2013 年几乎没有增长。值得注意的是，一些新兴国家的投资基金行业增长很快，匈牙利的投资基金 AuM 增长率高达 33%。

英国投资基金 AuM 占 GDP 的比例最高，达到了 93%，而法国和德国的这一比例分别为 80% 和 47%。这些资本市场发达的国家的资产管理机构管理着数量众多的境外资产。在整个欧洲，投资基金 AuM 占 GDP 的比例为 55%。

全权委托资产管理高度集中

英国和法国拥有欧洲最大的两个全权委托资产管理市场。截至 2013 年年底，英法两国的全权委托资产 AuM 占据整个欧洲约 67% 的份额（见表 18-3）。

值得注意的是，与投资基金相比，欧洲全权委托资产管理市场的分布更加集中。这是因为全权委托资产管理主要面向机构投资者，因此面临的监管环境较为宽松，大量境外资本向英法等金融业发达的国家集中。

表 18-3　　2013 年年底欧洲各国全权委托资产管理的 AuM 与 AuM/GDP

国家	AuM（十亿欧元）	增长率（%）	市场份额（%）	AuM/GDP（%）
英国	4 231	12	49	210
法国	1 559	4	18	74
意大利	618	4	7	38
荷兰	400	0	5	62
德国	283	－2	3	10
比利时	124	2	1	31
葡萄牙	55	14	0.64	32
匈牙利	10	5	0.11	10
希腊	3	41	0.03	2
土耳其	2	29	0.02	0
其他国家	1 287	4	15	37
合计	8 572	8	100	59

资料来源：《欧洲基金与资产管理协会报告》，2015。

欧洲全权委托资产管理 AuM 在 2012 年整体增长了 8%。但各国的发展情况有所不同，一些国家全权委托资产管理 AuM 甚至出现了下降的情况，如德国市场下降了 2%。但英国、法国和意大利三个欧洲最大的全权委托资产管理市场 AuM 分别实现了 12%、4% 和 4% 的增长。一些新兴市场国家的全权委托资产管理行业发展较快。

英国全权委托资产管理 AuM/GDP 的比例为 210%，是欧洲这一比例最高的国家，法国和荷兰的全权委托资产管理 AuM/GDP 比例也超过了 50%，分别为 74% 和 62%。欧洲这一比例的整体水平为 59%。

出于分散风险与提高效率的考虑，全权委托管理的资产有时也经常投向投资基金。如图 18-8 所示，在德国和匈牙利，超过 25% 的全权委托管理资产份额投向了投资基金，法国和希腊的这一份额也较高，分别为 15% 和 12%。值得注意的是，在意大利和希腊，全权委托管理资产分别有 11% 和 9% 的份额投向了非本公司管理的投资基金；而在德国和法国，这一份额仅分别占 2% 和 3%。

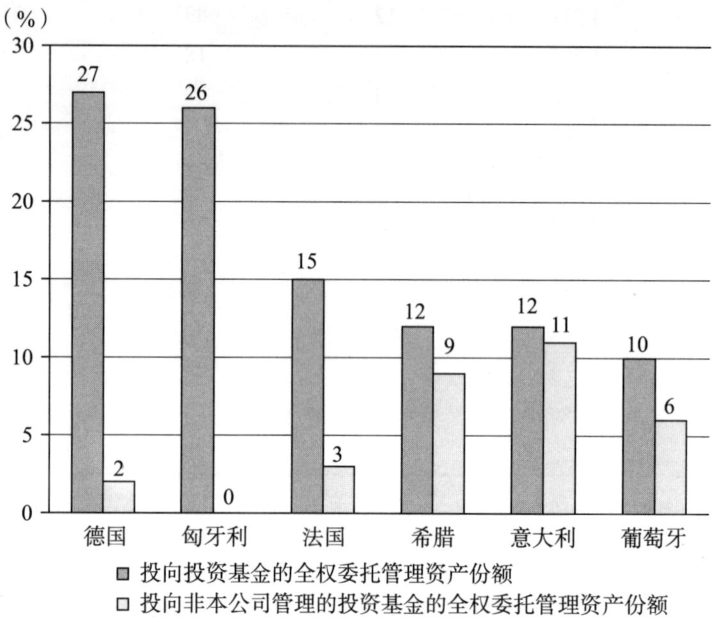

图 18-8　2013 年年末投向投资基金的全权委托管理资产份额

资料来源：《欧洲基金与资产管理协会报告》，2015。

欧洲资产管理行业客户分析

机构投资者占据主体

资产管理行业的客户通常分为零售客户与机构客户。其中，零售客户主要包括普通家庭与高净值人群，机构客户主要包括政府机构、企业、保险公司、养老基金以及其他金融机构。

近年来，机构客户在 AuM 中所占的比重总体表现出上升的趋势，从 2007 年的 69% 上升到了 2013 年的 74%。值得注意的是，普通家庭投资者通过持有保险和养老金等产品，间接地持有了很大比重的机构客户份额。对于不同类型的资管企业，客户结构也有所差异，投资基金的客户主要是零售投资者，而全权委托资管的客户主要是机构投资者。

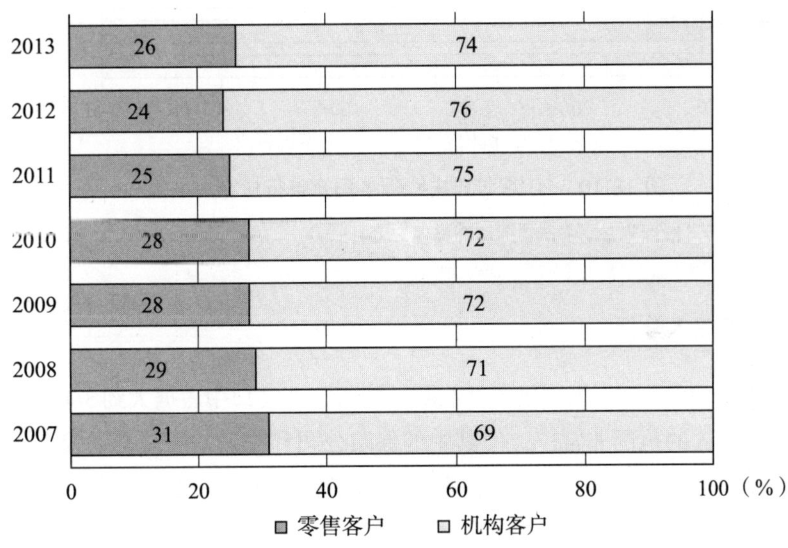

图 18-9　欧洲资管行业客户结构

资料来源：《欧洲基金与资产管理协会报告》，2015。

在欧洲各国，资管行业的客户结构有很大不同。在法国、英国和葡萄牙，机构客户在全体客户中的份额均接近 80%，这也客观反映了这些金融业发达的国家吸引大型机构投资者的能力。而在一些金融业欠发达的国家，零售客户仍然占据主体（见图 18-10）。

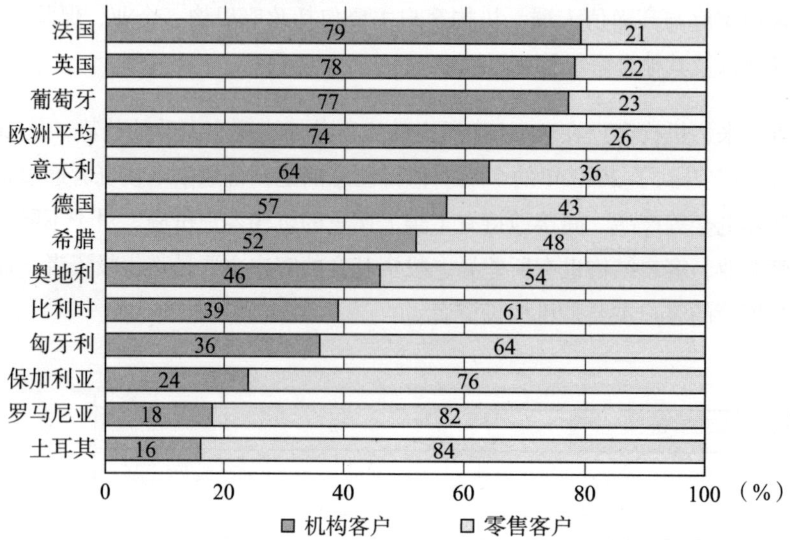

图 18-10　2013 年年末欧洲各国资管行业客户结构

资料来源：《欧洲基金与资产管理协会报告》，2015。

机构投资者深入分析

截至 2013 年年底，机构投资者在欧洲资管行业客户中占据大约 3/4 的份额。机构客户包含的范围非常广，但其中的保险公司和养老基金占据了较大比重。这两类客户持有的资产分别占机构客户 AuM 的 39% 和 33%（见图 18-11）。

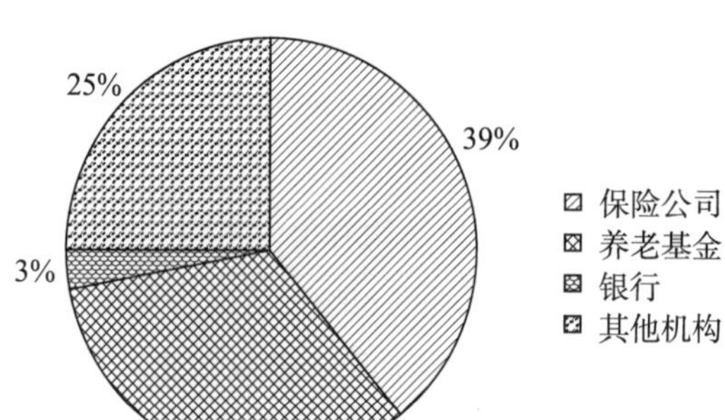

图 18-11　2013 年年末按持有资产细分的机构投资者类型

资料来源：《欧洲基金与资产管理协会报告》，2015。

在欧洲各国之间，机构投资者的类型也有显著不同，这在一定程度上是由各国保险产品占退休储蓄的比例、退休金体系以及银行理财产品的重要性等因素决定的。在希腊、保加利亚、英国和土耳其，养老基金持有的资产在机构投资者中占据最大的比重。而在意大利、葡萄牙、法国、匈牙利、德国和奥地利，保险公司是最重要的机构客户。在大多数国家，银行持有的资产在机构客户 AuM 中所占的比重较小（见图 18-12）。

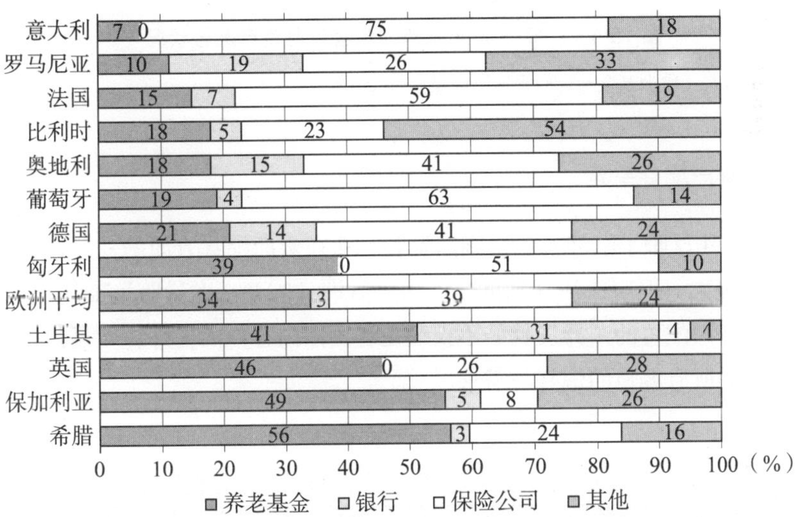

图 18-12　2013 年年末欧洲各国机构投资者类型

资料来源：《欧洲基金与资产管理协会报告》，2015。

欧洲资产管理行业资产配置状况

截至 2013 年年底，债券在欧洲资管行业的资产配置中占据主导，约占 43% 的份额。权益类资产和货币市场票据分别占总资产的 33% 和 8%。其余 16% 的份额包括房地产、对冲基金、私募股权以及基础设施资产等一系列产品（见图 18-13）。

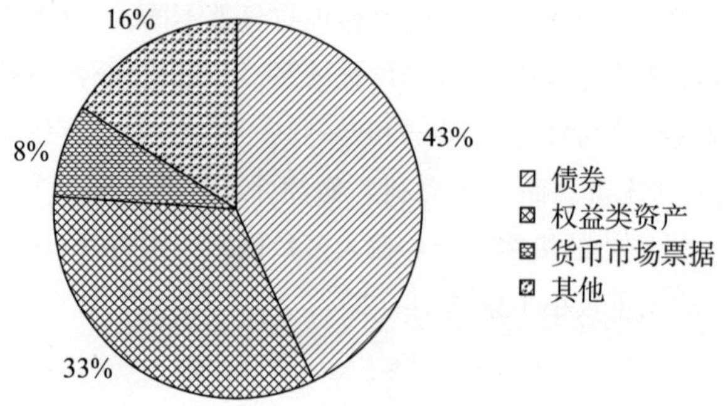

图 18-13　2013 年年末欧洲资管行业资产配置状况

资料来源：《欧洲基金与资产管理协会报告》，2015。

不同国家资产配置差异

图 18-14 反映了欧洲各主要国家资管行业在资产配置方面的差异，各国之间的差异很大。但应该注意到的是，由于欧洲各国存在大量跨境委托与交易，资管行业资产配置的差异反映的不仅仅是各国国内客户的偏好，而是包含国外客户在内的所有客户的偏好与需求。

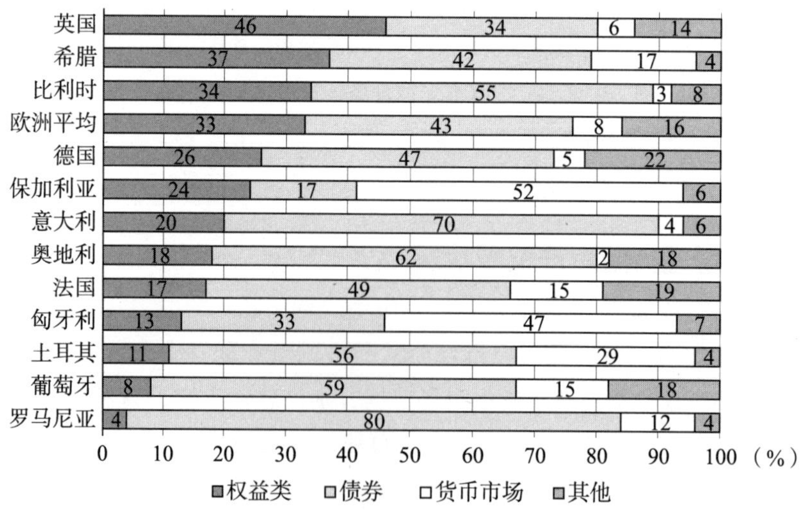

图 18-14　2013 年年末欧洲各国资管行业资产配置状况

资料来源：《欧洲基金与资产管理协会报告》，2015。

值得注意的是，与其他国家不同，在英国，权益类资产所占的比重高达46%。这一方面是因为英国长期以来就有将固定收益类养老金投资于权益类资产的传统，另一方面是受到了近年来固定缴款类养老金所占比重越来越大的影响。而鉴于英国资管行业在整个欧洲占据高达 1/3 的份额，如果去除英国的影响，欧洲平均水平将发生显著变化。

欧洲其他几个金融业发达国家的情况和英国有显著不同。截至 2013 年年底，权益类资本在德国和法国资管行业中所占的比重均仅占全部 AuM 的 26% 和 17%，意大利的这一比重也仅为 20%。而债券在这三个国家都占据最大比重。意大利债券资产所占的比重高达 70%，在法国和德国，这一比重也接近 50%。

不同类型资管企业资产配置差异

投资基金与全权委托资产管理拥有不同的客户群体和投资目标，因此在资产配置方面也存在显著不同。2013 年年底，在欧洲各国投资基金的资产配置中，只有比利时（48%）、希腊（39%）和德国（27%）3 个国家的投资基金将超过 1/4 的资产投向了权益类资产。而在罗马尼亚（80%）、奥地利（62%）、土耳其（59%）和意大利（57%），投资基金将超过一半的资产投向了债券（见图 18-15）。

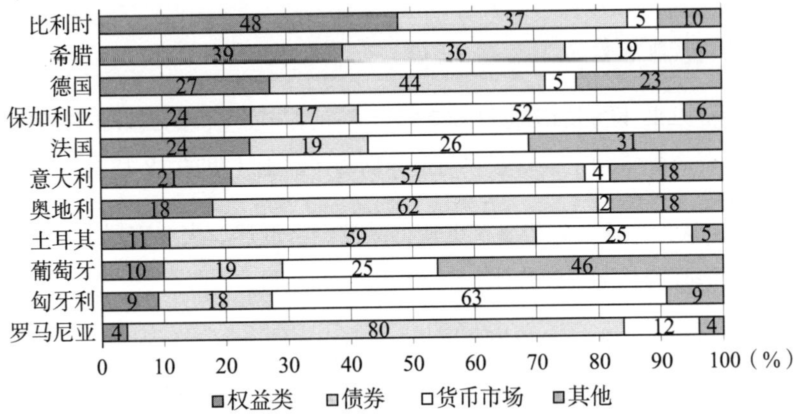

图 18-15　2013 年年末欧洲投资基金资产配置状况

资料来源：《欧洲基金与资产管理协会报告》，2015。

对欧洲全权委托资产管理 AuM 来说，截至 2013 年年末，债券类资产占据高达 55% 的比重，权益类资产占比约为 27%，而货币市场票据仅占 6% 的比重。

这一占比分布客观反映了全权委托资产管理相较于投资基金更加稳健的投资风格。尤其是在法国、意大利和葡萄牙，债券类资产占全权委托资产管理 AuM 的比重更是分别达到了 82%、76% 和 74%（见图 18-16）。

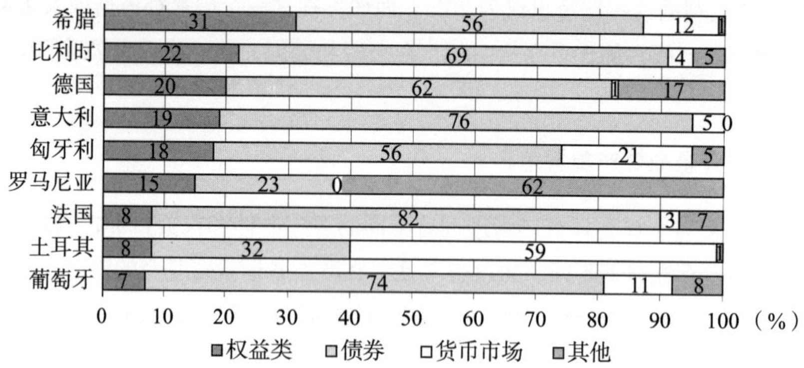

图 18-16　2013 年年末欧洲全权委托资产管理资产配置状况

资料来源：《欧洲基金与资产管理协会报告》，2015。

不同客户的资产配置差异

金融危机以来，欧洲的零售投资者们对流动性与安全性的偏好越来越明显，纷纷将更多资产配置到了银行账户与退休储蓄产品上（见图 18-17）。

EFAMA 认为，这一趋势事实上使得欧洲经济低迷、失业率居高不下、资本市场缺乏信心的状况更加恶化。

欧元区的保险公司和养老基金自 2007 年以来在所持有的资产中，股权资产所占比重明显下降，而投资基金所占比重不断增加（见图 18-18）。

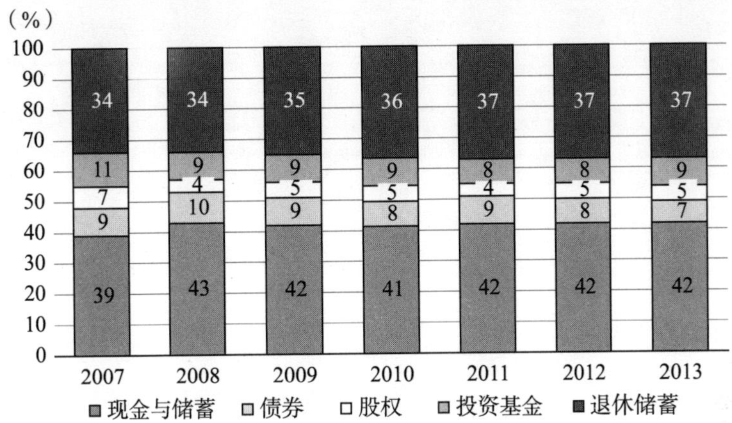

图 18-17　欧元区家庭资产配置状况

资料来源：欧洲中央银行。

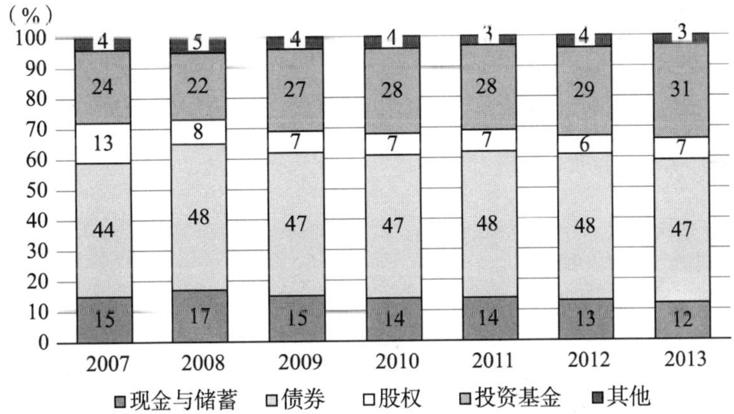

图 18-18　欧元区保险公司与养老基金资产配置状况

资料来源：欧洲中央银行。

19

新兴市场国家资产管理行业发展现状与展望

2015

本章导读

- 新兴市场经济体制正在逐步完善，存在巨大的发展潜力，是世界经济的主要增长点，在国际资管中扮演着愈发重要的角色，成为被资管行业挖掘的新资产池。
- 受近期美元走强、大宗商品和原油价格大跌等因素的影响，资本出现大幅外流。由于各国宏观经济基本面以及所采取的政策或改革措施存在区别，资本流动在不同新兴市场国家间的表现存在差异。
- 从业务发展的情况来看，债券资产在新兴市场资管中扮演了重要角色，但在美联储 Tapering[①] 背景下，许多新兴市场国货币出现大幅贬值、风险偏好也下降，股票市场、债券市场都出现了明显的下跌；投资基金是新兴市场资管的主要部分，随着美国经济强势复苏，各主要经济体也进入宽松周期，发展中国家经济增长预估出现下调，大型基金对新兴市场的人气出现衰退；在银行资管方面，新兴市场银行在本土快速扩张，但从总体水平来看，新兴市场银行在国际舞台上的发展任重道远。
- 就投资者行为而言，机构投资者显然比散户投资者更为稳定。但总体来看，新兴市场的投资者都具有一定的相似投资行为，反应出新兴市场相较于发达市场具有更强的资金波动性。

① 指代美联储削减其月度购债计划。——编者注

新兴市场国家资管行业地位凸显

新兴经济体是指相对于成熟或发达市场而言，正处于发展中的国家、地区或某一经济体。新兴市场国土面积大、人口多，其中“金砖国家”[①]国土面积占世界土地面积的27%，5国人口占世界总人口的43%。同时，新兴市场大多处于欠发达地区，经济发展潜力巨大。

总体来说，新兴市场作为发展中的经济体的特点是：市场经济体制正逐步完善，经济发展速度较快，市场存在巨大的发展潜力，是世界经济的主要增长点。首先，新兴经济体在经济增长中日益成为世界经济格局中的重要力量。据世界银行统计整理，新兴市场国家近10年GDP年均增长率均为正。金融危机以后，2008—2013年，新兴市场国家中15国GDP年均增长率超过世界年均增长率2.85%，其中中国达12.65%。从地域范围来看，位于东欧的新兴市场国家人均GDP较高，然后是位于南美、西亚的国家。其次，新兴市场国家经济规模相对较小，发展起步迟，但发展速度比较快，而且各有各的优势产业，存在新型多元的资管行业开发潜力。此外，新兴市场国家的经济发展程度和居民收入参差不齐，对理财资管的档次总体要求不算高，但对产品需求层次多，并且市场消费观念也逐步得到了转变。比如，巴西及南美国家已经具有超前透支消费的观念，消费需求的增长速度非常快，资产管理市场空间巨大。

据普华永道的调查和预测，南美、亚洲、非洲、中东（简称SAAAME）这些地区代表着新兴市场，其经济地位愈发重要，总体资产管理规模增速将会

① 特指新兴市场投资代表，因其中的巴西、俄罗斯、印度、中国和南非的英文单词首字母拼写为“BRICS”，遂称为“金砖国家”。——编者注

超过发达国家，从而形成资管行业的新资产池。到 2020 年，亚洲（除日本外）对全球 GDP 的贡献可能远高于 25%。若反映在 MSCI 世界指数中，即巨额的新资金流入东方的资本市场，尤其是中国人民币的国际化将会极大促进资管市场的开放。目前，发达国家超过 40% 的资产管理公司在寻找国外投资机会时认为，SAAAME 区域将成为最重要的区域。

除此之外，2010—2020 年期间，全球范围内将增加超过 10 亿的中产阶级消费者，这个 10 年内的客户增长数量将是历史最高。其中，SAAAME 地区富裕大众阶层和高财富净值人群将是增长的主要动力。从客户层面来看，SAAAME 区域的富裕大众阶层和高净值人群的增加也是驱动全球资产增长的主要趋势之一，此外该区域的中产阶级也将激增，因此针对这个群体的潜在业务机会将会很大（见图 19-1）。SAAAME 市场不仅将给现有的资产管理公司提供机会，挖掘新的资产、迅速扩大业务，也会为在 SAAAME 地区快速成长的竞争对手提供支持，不仅在 SAAAME 区域形成竞争，在发达市场也会形成竞争。

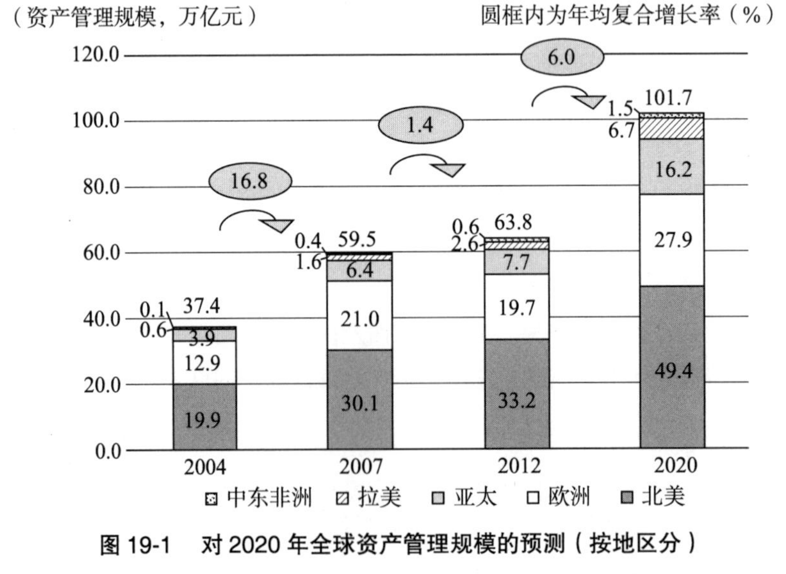

图 19-1　对 2020 年全球资产管理规模的预测（按地区分）

资料来源：普华永道。

资本流向曲折，或有两极分化之势

经历了快速发展，新兴市场国家的金融环境发生了显著变化，基本面改善再加上全球经济一体化，使得新兴市场资本流入大幅增加，加之全球金融危机前美联储的宽松货币政策以及危机后主要发达国家央行实施的非传统货币政策，更是助长了这一趋势。但这是一种靠外债驱动的增长，易受到发达国家利率、汇率变动等外部因素的制约，造成金融不稳定。2013 年 5 月，美联储提出逐步削减并最终退出资产购买计划（“Tapering Talk”），投资者迅速调高了对美国政策利率的预期，导致国际资本流向出现逆转。

据统计，2013 年下半年从新兴市场流出的资本近 600 亿美元，对部分国家（如巴西、印度、印尼、土耳其和南非等）经济造成了很大影响，包括当地货币汇率大幅贬值、政府债券价格显著下跌以及股市遭受严重冲击，由此导致新兴市场的资本积累减少（见图 19-2）。由于各国宏观经济基本面以及所采取的政策或改革措施存在差别，资本流动在不同新兴市场国家间的表现存在差异。

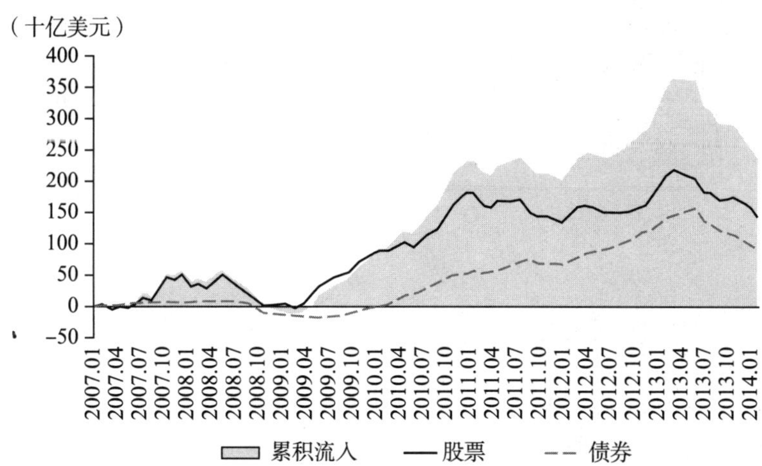

图 19-2　新兴市场资本净流入累计额的变化

资料来源：新兴市场投资基金研究公司，德盛安联。

随着欧元QE的启动以及在购债规模和混合制结构方式上超出预期，全球流动性得到提升，对新兴市场产生了利好面，资金会外溢至新兴国家，亚洲新兴市场国际资金流动整体出现大幅改善势头。但好景不长，近期美国债收益率大幅上涨，2015年6月初美国十年期国债收益率达到2.5%，德国十年期国债收益率也一度升至1%。这次发达国家国债收益率意外上涨对新兴市场资本流动和汇率也造成了一定的影响。

2015年6月以来，亚洲新兴市场国际资金流动状况开始恶化，造成亚洲新兴市场资金流动指标大幅下跌。在美元走强、欧美货币政策分化的背景下，新兴市场国家资本外流严重。据新兴市场投资基金研究公司（EPFR）数据显示，截至6月10日当周，新兴市场股市资本流出达到88.90亿美元，创下金融危机以来的最高水平。资金流向主要为美国、欧洲及日本等发达国家的资本市场。图19-3即为发达市场和新兴市场总体的资金流向。

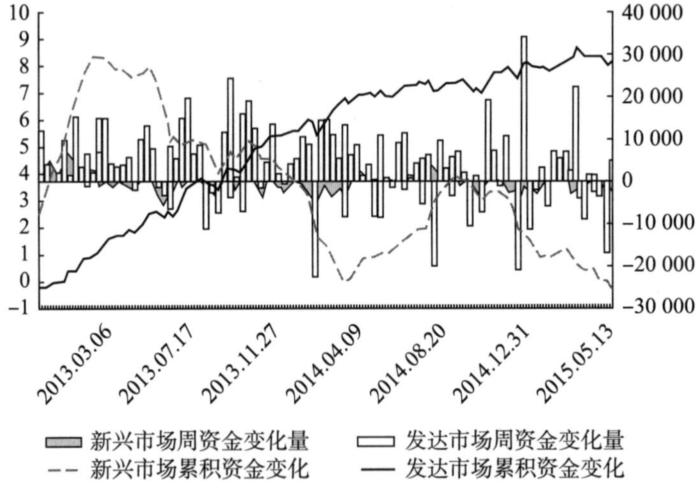

图19-3　发达和新兴市场资金流向

资料来源：新兴市场投资基金研究公司，中国中投证券研究总部。

两级分化趋势，巴西、印度尤为明显

随着美元的走强引发全球资金的流动，资金的流向会出现两种情况。一种

是部分新兴市场国家的资金将会回流美国；另一种情况，受美元走强影响而出现基本面恶化的国家，其资本既有可能流向美国，也有可能流至其他新兴市场国家。两种不同的途径将导致新兴市场出现分化。俄罗斯 2014 年净资本流出达 1 250 亿美元，2015 年很可能还会超过此规模，马来西亚等国也出现了外资外流和货币贬值现象。但中国、印度等总体仍呈现资本流入态势。

此轮新兴经济体内部的分化以印度和巴西最为显著。两国 2010 年在金砖国家中同属第二梯队，但到了 2014 年情形却大相径庭。巴西早在 20 世纪 90 年代就确立了以大宗商品出口为导向的经济发展模式，这就意味着其国内的经济周期与大宗商品周期密切相关。2014 年 6 月后，大宗商品价格出现断崖式下跌，导致巴西的大宗商品出口一蹶不振，而后也带来了经济增长的停滞和经常账户的恶化。

相反对印度而言，该国对大宗商品出口的依赖偏低，但对大宗商品的进口依赖度在金砖国家中最高，特别是以原油进口为主导。2014 年 6 月，油价大跌，印度显然从中获得不少好处。首先，低油价大幅改善了印度的经常账户。其次，低油价拉低了通胀，为货币政策宽松释放了空间，还能为政府削减能源补贴提供时间窗口，改善未来财政赤字。再加上当期两国政府政策层面的差异化，两国的资本流动处于不同周期阶段，通过外汇市场的供求直接影响到两国汇率的表现。

对于巴西而言，始自 2009 年的大规模资本流入在 2012 年使临近尾声，2012—2015 年，不仅外商直接投资净流入大幅放缓，政府面对热钱流出采取的外汇市场干预也大幅消耗了外汇储备。当前，巴西政府已经放弃对外汇市场的干预，巴西雷亚尔贬值远未结束。

印度则从 2013 年开始出现持续的资本流入，尤其在莫迪政府大幅放缓 12 个领域外商直接投资限制后，印度的外商直接投资净流入大幅上升（见图 19-4）。境外机构投资者因此对印度经济增长形成了良好预期，将印度新兴市场作为首选投资标的。在 2015 年印度外汇储备连创历史新高的形势下，印度卢比有望在美联储加息过程中成为新兴市场最坚挺的货币。

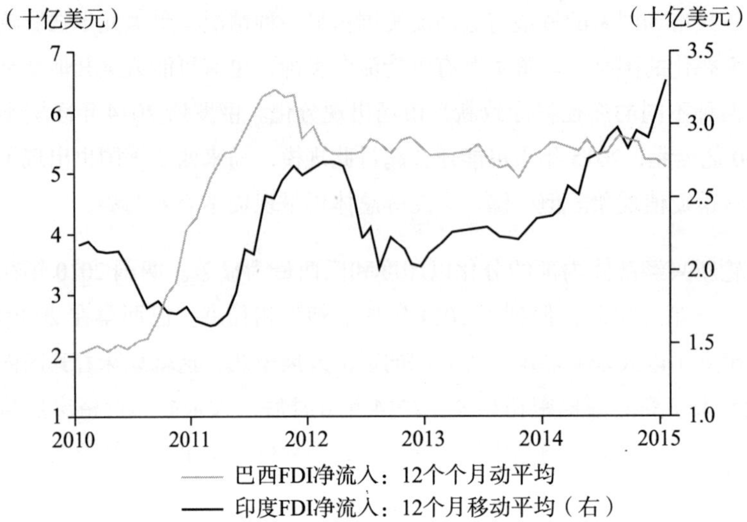

图 19-4 巴西和印度外商直接投资净流入

资料来源：彭博资讯，国信证券经济研究所。

中国经济带来的影响

在“新常态”下，中国经济增速逐步下滑至更具可持续性的范围内，中国经济的放缓同样将对其他新兴市场国家产生显著影响。中国 2015 年第一、二季度的经济增速均仅维持在 7% 的政策目标水平，国内需求仍旧疲弱、新增房地产投资持续低迷。此外，中国股票市场近期的剧烈波动给居民财富与可支配收入造成负面冲击，进一步促使消费需求下行。

作为新兴市场最大经济体的中国，其经济增速放缓可通过两条途径影响其他新兴市场国家。首先，中国经济减速将影响自身对大宗商品的进口需求。在中国，房地产业的大宗商品需求是具有决定性作用的。但目前中国房地产仍在去库存阶段，各类层出不穷的政策支持也不能改变新增房地产投资的持续疲弱。中国作为国际大宗商品市场的主要消费国，由于房地产市场的欠佳表现而减少了对原材料进口的需求，将不利于依赖大宗商品出口的一些新兴市场国家。

其次，中国经济下滑以及金融市场动荡可能造成国际资本风险偏好发生变化。跨国资本为了追逐避险资产，可能大规模流出新兴市场而进入发达国家。据国际货币基金组织数据显示，新兴市场正在经历较为严重的跨境资本外流，新兴市场各国的外汇储备在2014年经历了近20年来的首次同比负增长。美元走强给新兴市场各国货币带来显著的贬值压力，同时伴随中国经济增速放缓，未来全球金融市场中的避险情绪可能有所升温，新兴市场资本可能出现进一步的外流风险。

不同新兴市场国家受到中国经济放缓的影响亦不尽相同。那些与中国贸易关系更为紧密的国家（如菲律宾、巴西及南非等）受到的影响将更加显著。此外，外币债务负担较重的国家（如印尼、土耳其等）由于坏账风险显著上升将遭受更大冲击。反观中国一直以来的竞争对手印度，由于其大宗商品出口方面的低风险敞口，可能从中获益。

从长远来看，中国致力推行“走出去”战略，如亚洲基础设施投资银行、“一带一路”等，这对于新兴市场国家来说蕴含着巨大的机会。目前，中国已主导创建了三大国际机构：法定资本为1 000亿美元的亚投行、初始资金为500亿美元的新开发银行（即“金砖银行”）以及完全由中国出资的总规模达400亿美元的丝路基金。如果未来这些大规模的海外直接投资日益见效，其他发展中国家最终将从中国受益。

新兴市场国家资产管理行业发展趋势

新兴市场投资基金研究公司的数据表明，新兴市场总体资产管理规模增长强劲，股票和债券基金的资产管理规模从2007年的9 000亿美元增加到了2014年5月的1.4万亿美元。其中，股票基金的资产管理规模从2009年年末的7 020亿美元，增加到2013年的1.1万亿美元；债券基金在同期翻了4倍，从880亿美元增加到3 400亿美元。

虽然总体趋势在增加，但从图19-5可以看出，股票基金的份额从2009年的12.3%下降到了9.4%；债券基金（外币和本币）的占比则从4.1%上升到了

6.4%。这些变化从估值面表现出来，2009—2013 年，新兴市场的债券指数表现高于发达地区债券市场 10%，包括一些急剧增加的地方债。与此同时，新兴市场的股价指数却比发达地区低了 30%，因此新兴市场股票基金分配出现上升。

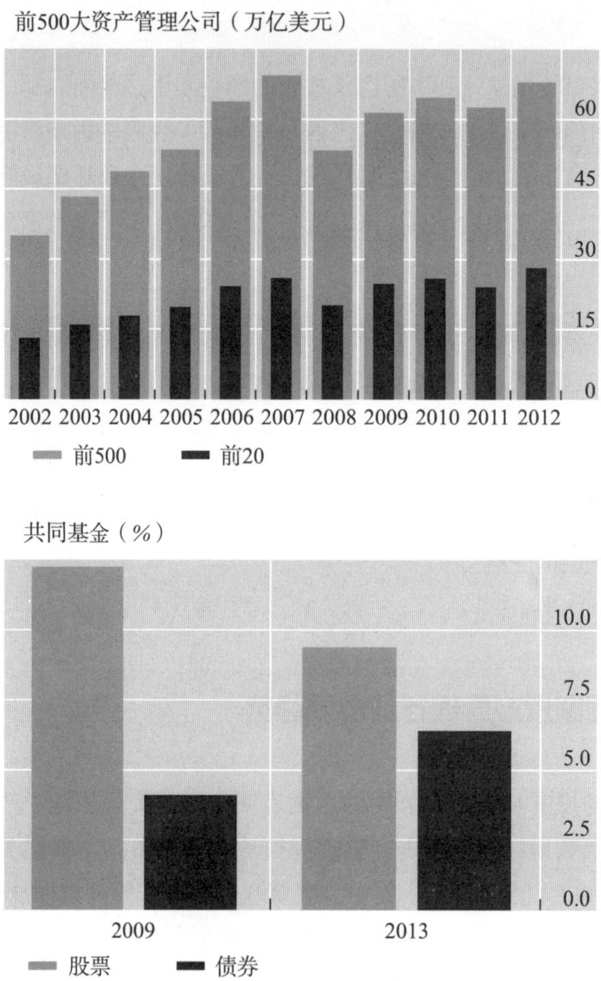

图 19-5　新兴市场资产管理规模

资料来源：新兴市场投资基金研究公司，韬睿惠悦。

规模和集中度较大的资管公司在相对较小、流动性较差的新兴市场是具有主导作用的，任何一个改变组合配置的决定都会对这个新兴市场产生重大的影响。如图 19-5 所示，规模前 500 的公司（总规模达 70 万亿美元），若重新配置资管规模的一个百分点，将会导致 7 000 亿美元的额外投资组合流动到新兴市场。这比 2014 年记录在国际货币基金组织上的 2008 年资金流出 2 460 亿美元和 2012 年资金流入 3 680 亿美元的规模还要大。并且对于那些更小、更开放的经济体来说，其影响将会更加显著。

证券市场总体发展迅猛，近期陷入困局

证券资产尤其是债券资产在新兴市场资管中扮演了举足轻重的角色，近年来国际投资者持有的本币主权债券和本币非金融企业债券显著增加，新兴市场国家更是倾向于通过国际债券市场进行海外融资，而非跨境银行贷款。图 19-6 反映了 10 大新兴市场国家资本流入的增长与美、欧、英、日央行资产负债表规模的扩大高度关联。

在许多新兴市场国家，资本流入尤其是债务融资的大幅增加，往往伴随其国内信贷规模的强劲增长。虽然银行是外国资本流入的主要对象，但是部分新兴市场国家影子银行系统得到迅速扩张。与此同时，企业发行的非投资级债券占其债务发行总额的比例也迅速增长。

不过在美联储 Tapering 背景下，全球债券和股票市场反应剧烈，许多新兴市场国家货币出现大幅贬值，风险偏好也下降，股票市场、债券市场都出现了明显的下跌。全球金融的紧缩促成了新兴市场的两轮紧缩。

第一轮从 2013 年 5 月持续到 9 月，受发达地区债券抛售的影响，新兴市场经济体也出现了急转的债券抛售，遭受了一轮较长期的损失；股价指数在 7 月之后下跌了 16%，主权风险的担忧上升导致主权债券收益率上涨逾 100bp。

第二次是新兴市场经济体自身的发展原因，由于恢复不如发达市场，投资者对新兴市场经济的担忧在 2013 年 12 月出现，市场定价反映了宏观经济的恶化和金融市场的不平衡，政府债券收益率和信用利差保持高位、资金持续外流、市场持续损失。

2014 年 1 月，紧张局势升级，焦点从经济增长前景转向了政治局势。2014 年 2 月，股价和货币开始弥补 1 月的损失，债券息差收窄。随着环境恢复到低波动性，新兴市场逐渐又受到投资者的青睐。

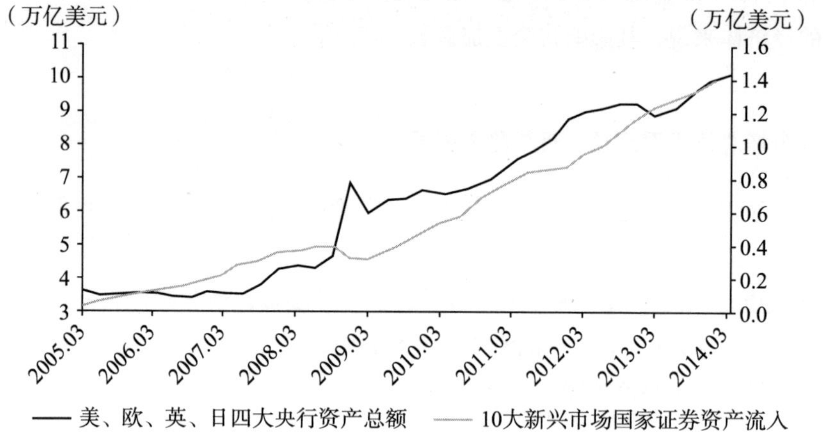

图 19-6　美、欧、英、日四大央行资产总额与 10 大新兴市场国家证券资产流入的趋势比较

资料来源：英国保诚集团。

但目前新兴市场仍然十分低迷，现在美国经济在全球是一枝独秀，而且它的结构性改善还在持续，就业、收入等方面也逐渐恢复景气，收入增速已经开始反弹，美国的财政赤字状况也在改善。

在这种情况下，大量资金回流至美国，再加上导致新兴市场最直接原因——国际大宗商品和原油价格的暴跌，对很多出口型新兴市场国家造成了巨大的压力，出现群体性货币贬值，股票、债市大幅下滑的景象。图 19-7 分别反映了投资者从新兴市场撤离资金、新兴市场股价指数一直处于低处徘徊、债券收益率大幅下降的情况。

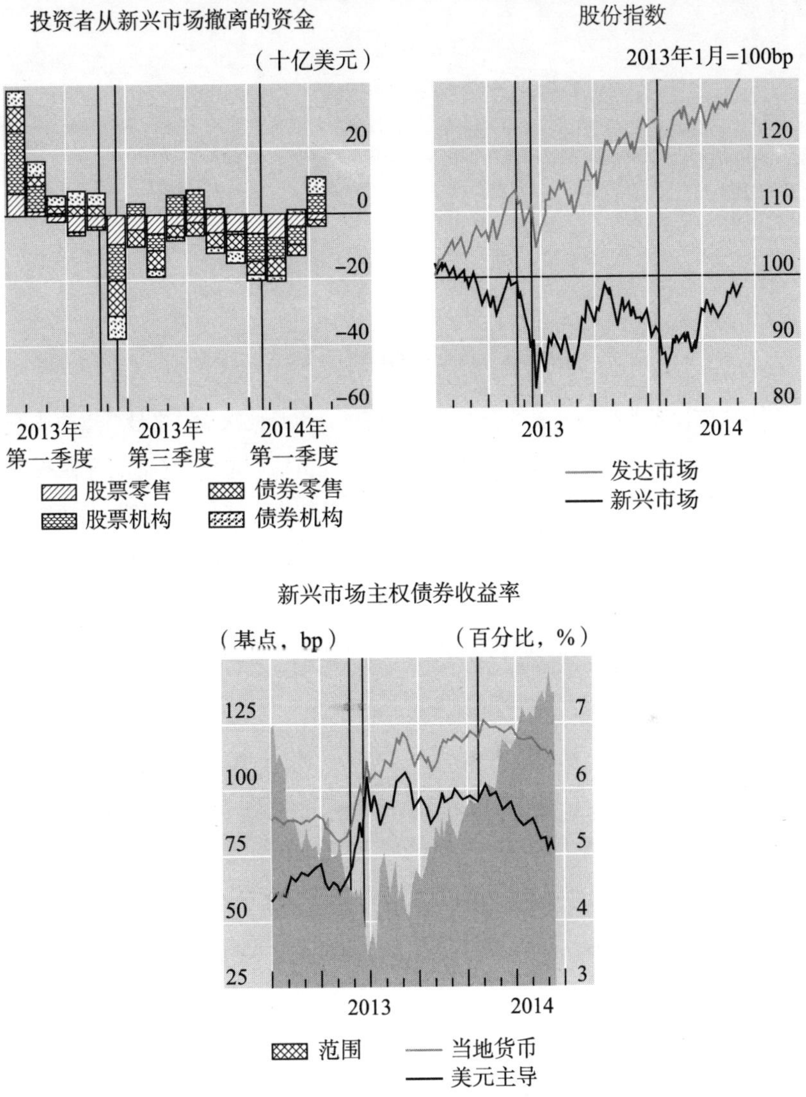

图 19-7　证券市场投资者的撤离以及股价指数和主权债收益率走势

资料来源：Datastream 数据库，新兴市场投资基金研究公司，国际清算银行计算。

专题

委内瑞拉股市的“疯狂”

委内瑞拉代表着小型开放的新兴市场经济体，也是此次受冲击最严重的典型。石油是委内瑞拉最为丰富的资源，因此该国主要的经济活动是进行石油开采及提炼，以满足国内和出口需求。委内瑞拉已探明的石油储量居世界之最，天然气储量也位于世界第8，石油出口占出口总额的80%。更有说法称，石油出口占委内瑞拉全国出口收入的95%以上、政府收入的近50%。不论哪种说法更准确，有一点可以肯定的是石油出口是委内瑞拉的经济支柱。因此，2014年以来国际油价的暴跌无疑使委内瑞拉遭受了沉重的打击。

与此同时，在债务方面，委内瑞拉通过大幅举债进行经济扩张。2015年，委内瑞拉有110亿美元到期债券。此前，已于3月偿还了10亿欧元的到期债务。这意味着在2015年的余下时间里，委内瑞拉还有近100亿美元的债务需要偿还，而其手中的外汇储备却在不断创下新低。如果发生债务违约，其经济无疑更加深陷泥沼。

据统计，2015年6月的第一周，委内瑞拉货币贬值了30%；外汇储备从此前一周的175.26亿美元降至168.97亿美元，创12年新低，年初至今已下降21%。与此同时，委内瑞拉国内的通胀率却高达100%，实际感受到的情况可能会更糟，约翰·霍普金斯-卡托研究所（Johns Hopkins-Cato Institute）的数据显示，委内瑞拉当前隐含的年通胀率实际上在510%左右。外汇储备快速消耗，货币也必将面临更大的贬值。在这种情况下，人民已经预期到手中的货币价值已大打折扣，那么只有一种选择——尽快把手里的货币花出去。但在经济低迷，政府面临执政危机，担心硬通货即将耗尽的情况下，绝望的委内瑞拉人民选择了依靠股市来防范货币贬值和通胀飞升，对因严格资本与外汇管制而有资金困在委内瑞拉的投资者来说，股市明显是最佳选择。由此委内瑞拉股市出现飙涨，一周之内委内瑞拉出现了基准股指狂涨72%的疯狂局面，股市的这种暴涨是荒唐的。同时，大家疯狂地用玻利瓦尔换取美元对冲货币贬值，显然已对本币失去信心。

然而，委内瑞拉的经济问题不仅仅是一国的问题，作为拉美的重要国家，委内瑞拉与拉美地区许多国家都有着紧密的联系，就连美国都是委内瑞拉石油的重要输入国。因此，委内瑞拉的经济走势势必影响拉美地区的经济发展。

首先，由于委内瑞拉从拉美国家进口大量商品，国内经济下行将会导致进口规模削减，从而影响到拉美地区多国间的贸易。有报道称，受到委内瑞拉进口减少的影响，哥伦比亚的出口遭遇下滑。委内瑞拉是哥伦比亚第二大出口目的地，2014年，哥伦比亚对委内瑞拉的出口已经减少了12%。其次，为了避免债务违约，委内瑞拉政府会采取一些举措，其中就包括减少对古巴等拉美国家石油供给的补贴。该措施一旦实施，势必导致这些国家油价上涨，从而对这些国家国内经济产生影响。最后，拉美一体化会受到影响。鉴于委内瑞拉前总统乌戈·拉斐尔·查韦斯·弗里亚斯（Hugo Rafael Chares Frias）自2005年启动的“加勒比石油计划”——委内瑞拉为签约国提供极其廉价的石油，以换取加勒比海地区各国的服务（例如医疗），无形之中将参与国与本国的经济绑在了一起，如果委内瑞拉切断石油供应，会对整个南半球尤其是中美和加勒比地区接受该国石油援助的国家（如古巴）产生冲击，影响拉美一体化。一旦这些潜在影响开始发挥作用，势必影响到拉丁美洲新兴市场的资产管理行业发展。

投资基金吸引力减弱，交叉销售再造亮点

投资基金是新兴市场资管的主要部分，全球投资者往往会借助资管公司进行对新兴市场的投资。对于散户投资者而言，他们借助资管公司的投资工具进行集合投资，而机构投资者也会使用这种投资工具或者使用独立账户进行投资。表19-1是发达市场和新兴市场的投资基金类型所占比例，从中可以看出开放式基金和ETF在数量和资产总量上都比封闭式基金多。主动型基金占到新兴市场投资工具的 70%~90%，指数型基金包括所有的 ETF，在近几年有所增加，尤其是在 2008 年金融危机过后，由于低成本，新兴市场的 ETF 逐渐受到欢迎。

表 19-1　　投资基金类型占比

	债券基金		股票基金	
	发达市场	新兴市场	发达市场	新兴市场
资金结构				
开放式基金	90.9%	91.5%	83.9%	72.9%
封闭式基金	2.2%	1.1%	0.9%	1.8%
ETF	6.9%	7.3%	15.2%	25.3%
投资者				
机构投资者	50.8%	55.0%	48.4%	62.4%
零售投资者	48.6%	44.7%	50.8%	37.2%
投资策略				
主动型	85.7%	92.8%	69.3%	69.5%
被动型	14.2%	7.2%	30.7%	30.5%

资料来源：新兴市场投资基金研究公司。

但随着美国经济的强势复苏，各主要经济体也进入宽松周期，以及对发展中国家经济增长预估的下调，使得新兴市场人气出现衰退。过去两年，发达国家的投资回报超过新兴市场，吸引着对收益稳定性要求高的避险类基金，包括大型养老、保险以及主权基金都对新兴市场产生了动摇，新兴市场基金面临失去关键支撑的可能。因为这些大型基金管理的资金规模巨大，仅全球养老基金就管理着逾 35 万亿美元资产，它们在 2013—2014 年共同基金和对冲基金撤出新兴市场期间提供了强有力的平衡力量（见图 19-8）。

在推动资金流向新兴市场的理由越来越不充分的情况下，中国股市的大涨成为助推新兴市场基金又走强的力量。2015 年上半年，中国股市的表现掩盖了新兴市场大相庭径的表现，新兴市场投资基金研究公司最新发布的资金流向监测报告显示，在截至 2015 年 5 月 27 日的一周内，全球新兴市场基金对中国股市的配置比例上升至创纪录高点，专注于中国股票的投资基金净流入资金额高达45亿美元。中金公司研究报告指出，2015年以来排名前5的全球新兴市场ETF中有4只将至少16%的资产配置在中国股票上，这些基金也显著受益于A股市场的大幅攀升。

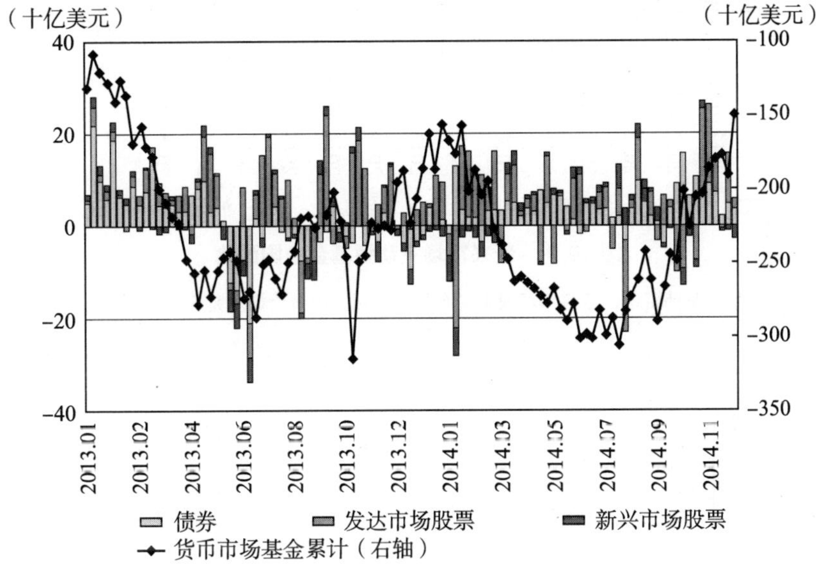

图 19-8　全球投资基金流向

资料来源：新兴市场投资基金研究公司，彭博资讯，中金公司研究部。

全球最大的ETF管理公司先锋集团（先锋基金）于2015年6月3日宣布，将A股纳入旗下的新兴市场指数（Vanguard FTSE Emerging Markets）及对应ETF。该基金规模约500亿美元，未来将增加对A股的敞口，权重约5.6%。

将A股纳入全球指数体系，将为中国带来大量需要配置A股的海外资金，中国A股在MSCI新兴市场指数中占多少比重，机构投资者也可以将相应比例的资金配置到中国A股，而自上而下最好的办法是配置指数ETF，这将大大促进中国指数基金的发展，进而推动A股纳入MSCI及富时全球指数的进程。如图19-9、19-10所示，新兴市场主动型基金中国配比和海外A股平均换手率都出现了较大的升高。

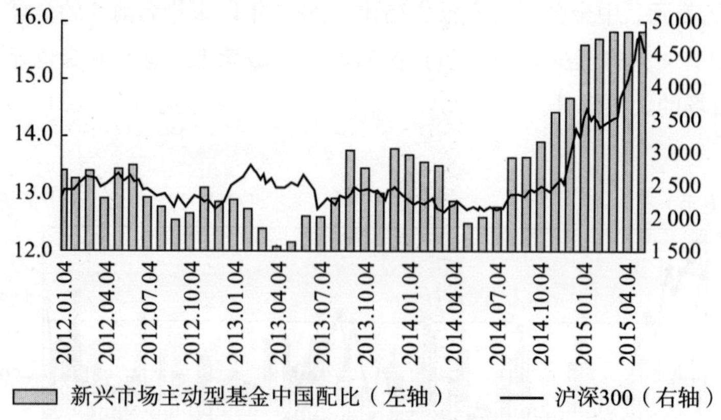

图 19-9　新兴市场主动型基金中国配比

资料来源：彭博资讯，新兴市场投资基金研究公司，中金公司研究部。

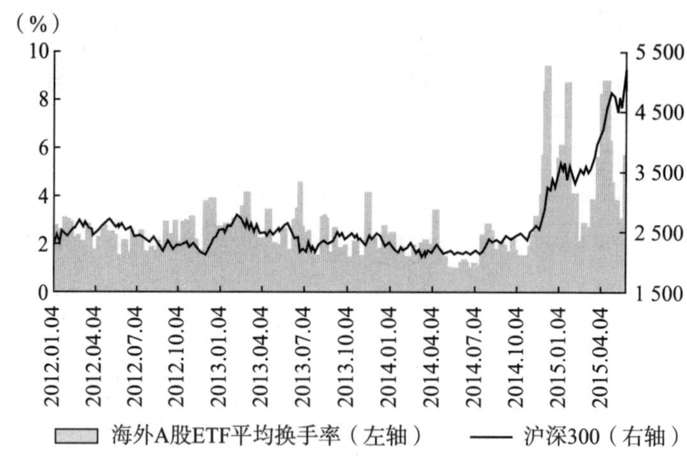

图 19-10　海外 A 股 ETF 平均换手率

资料来源：彭博资讯，新兴市场投资基金研究公司，中金公司研究部。

此外，大中华板块（包括中国大陆、香港特别行政区和台湾地区）将形成更深化的监管一体化。香港特别行政区与中国大陆的互认将全面建立，以实现从香港特别行政区到中国大陆的产品灵活零售分销，台湾地区也会逐步加入其中。

在收购伦敦金属交易所的两年后，2014 年 12 月 1 日，港交所的伦敦金属期货小型合约正式交易，尽管亚洲期货商品的推出被同期的沪港通盖过风头，但毫无疑问，商品期货的推出对于港交所及香港特别行政区的意义不亚于沪港通。

在东南亚，东盟各国正在努力创建一个结构，使共同基金在该地区的所有国家内得到认可。原始的东盟平台（新加坡、泰国和马来西亚），还会包括印度尼西亚、菲律宾和越南，这些都是拥有大量富裕中产阶层投资者的新兴市场国家。

到 2020 年，无论是在东北亚还是南亚地区，都将建立起有利于交叉销售投资基金的计划安排。亚太经合组织亚洲基金护照计划即将实施，由创始成员澳大利亚、新西兰、新加坡、韩国在 2016 年推出首只基金。而后其他国家，如日本也会陆续加入其中。

因此到 2020 年，这种基金跨境通行制度将被写入区域间双边协定，从而实现全球一体化通行，同时为资产管理公司在亚洲分销产品铺平道路。

专题

中国大陆与香港特别行政区的基金互认

2015 年 7 月 1 日，备受瞩目的中国大陆和香港特别行政区基金互认开始正式实施。基金互认在为 A 股带来大量新增海外认购资金的同时，也为中国内地投资者提供了更多的海外配置品种，从而助力推动投资者进入全球资产配置时代。

大陆和香港地区基金互认机制是指，在香港地区注册的基金可以向大陆投资者直接销售，大陆符合条件的基金也可销售至香港地区的国际投资者。与沪港通相比，大陆和香港地区的基金互认对投资者的门槛较低，资金进出规模上限为各 3 000 亿元人民币。据估算，香港市场符合互认条件的基金有约 100 只，而大陆市场有约 850 只基金。

香港投资产品部执行董事梁凤仪此前在香港表示，将会推出多项措施在香港打造一个有助基金公司开展业务的金融生态环境，将香港发展成为一个提供全方位服务的资产管理国际枢纽，从而吸引更多的海外基金公司到香港设立基金，让大陆和香港地区的基金互认发挥最大效果。梁凤仪还指出，在最近一年，改革开放已加快步伐，要实现资本账户可兑换的目标非常明确。2014 年 11 月启动的沪港通及于 2015 年 5 月 22 日公布的大陆与香港基金互认两项开创性举措有助加快该步伐，两项改革举措的共同点就是允许个人投资者以互惠、对等和有序的方式进入对方的资本市场。

沪港通开通半年来，沪股通和港股通的人民币额度都用去过半。随着投资多元化的发展，投资者信心的增强，来自海外的资金将会持续上升。在沪港通开通以后，香港的资产管理环境发生了新的变化，以人民币资产为投资标的的创新产品数量攀升。据统计，截至 2015 年 5 月，证监会共认可了 91 只 RQFII 基金、人民币沪港通基金以及 ETF，相比 2014 年增加了 2/3，而这些基金所管理的总资产规模已上升至 690 亿元人民币，上升幅度约 30%。按市值计算，QFII 和人民币沪港通 ETF 只占到总体约 15%，但每日成交量却占到所有 ETF 的 30%。

中国证监会主席肖钢认为，基金互认有多方面的好处：

第一，基金开盘以后会被两地的居民进行便利化投资，香港成熟的基金经过香港证监会的批准到大陆来销售，以及大陆的基金到香港去销售，对于居民的投资，特别是随着居民财富的增加，可以为其提供便利。

第二，大陆和香港地区开展基金互认后，对于大陆基金业，是促进其转型升级的一个好机会，因为大陆的基金产品多。但从总体来看，在为客户提供更好的服务和较好的回报的表现上依然有差距。如果引进香港地区的基金到大陆销售，可以促进竞争，提高对客户的服务水平。

第三，开展了基金互认后，也就是说将来中国大陆的基金要销往海外，就会通过香港。全球的基金产品将来若想到大陆来销售，就要通过香港。

第四，有利于大陆和香港地区在行业方面共同增强竞争力，特别是在基金监管的标准方面能够有更多的话语权，在制度方面有更为深度的合作。

银行资管涨势强劲，国际竞争力仍待提升

新兴市场银行的国际活动从2008—2009年以来已保持了上涨的势头，部分反应了其对危机事件的相对抗跌。在后危机时期，许多新兴市场银行加强了它们的财务概况和市值，并与其本地的具有战略剥夺性的欧洲银行（以及少部分美国银行）形成了争夺商业机会的竞争关系。新兴市场银行同时也广泛推进有机信贷在本国的发展，许多管辖区的国有银行在美国次贷危机的余波中从事更激进的资产扩张。一些金融中心，如中国香港、新加坡，在地区银行调控上担起了中介作用。虽然本国和外国银行市场份额占比出现变化，并且每个国家差异很大，但通过本国银行强劲的信贷增长和选择外资新兴市场并购，却也缓冲了后危机时期在新兴市场的发达国家银行市场份额大幅下降的情况（见图19-11）。

对于大型的新兴市场，比如巴西、中国、印度、俄罗斯来说，其本国银行大都是国有的并且在后危机时期实现了强劲的信贷增长，相对于外资银行取得了一定的市场份额。此外，一些小型新兴市场本国银行的强劲放贷促使了外资银行的市场份额降低，并使那些提供跨境新兴市场收购机会的发达国家银行开始撤资。结果就是，新兴市场国家的银行以外资银行的身份占据了在拉丁美洲、欧洲新兴市场以及东南亚更大的外资银行活动份额。图19-11的上图反映出，外资银行（既包括发达国家也包括新兴国家）在新兴市场的所有权总体呈现下降，但图19-11的下图则说明，这种所有权的下降大部分来自发达国家银行，相反新兴市场银行作为外资银行在总体新兴市场地区呈现出所有权上升的态势。

不过，尽管新兴市场银行在不断扩张，但从总体水平来看，它们在国际上留下的足迹依然很少。目前，越来越多的新兴市场银行通过将总部设在发达市场的措施减小资金紧缩，以便让外资银行广泛参与新兴市场金融领域。但它们所占的资产份额仍然较小，尤其是在较大的经济体中。图19-12反映了三大新兴市场板块国内、国外银行的占比情况，无论是作为本国的银行还是外资银行，新兴市场银行的占比都很少，表现突出一点的只有委内瑞拉、哈萨克斯坦。更不用说在发达市场占有的席位，因此从长期来看，新兴市场银行的发展还有较长的路要走。

总体外资银行所有权变动

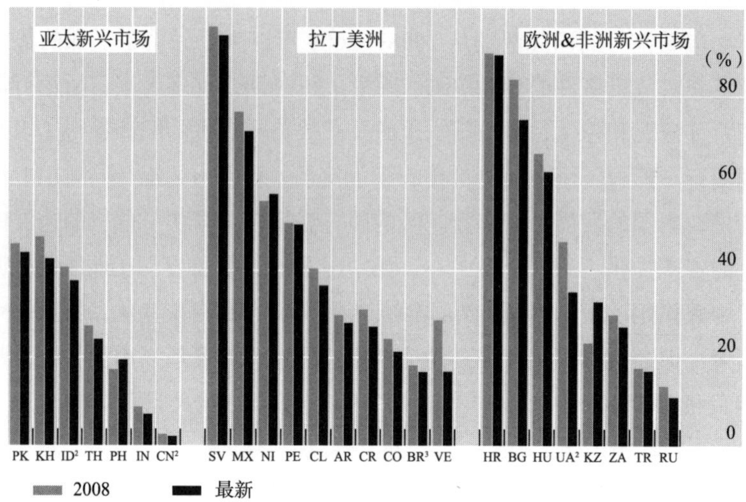

新兴市场外资银行所有权变动

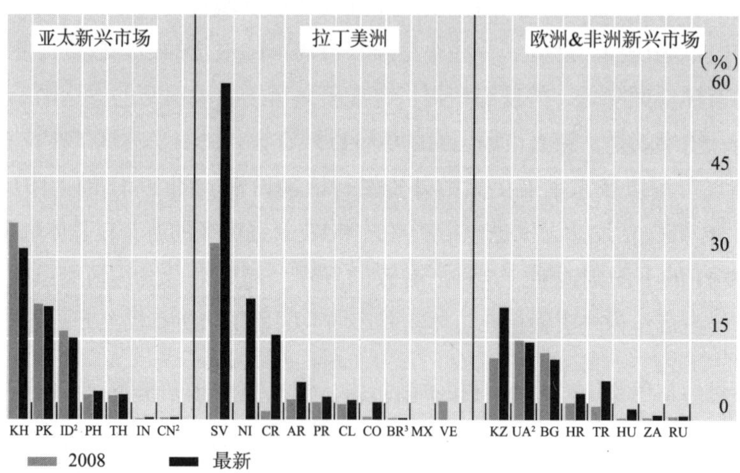

AR = 阿根廷；BG = 保加利亚；BR = 巴西；CL = 智利；CN = 中国；CO = 哥伦比亚；CR = 哥斯达黎加；HR = 克罗地亚；HU = 匈牙利；ID = 印度尼西亚；IN = 印度；KH = 柬埔寨；KZ = 哈萨克斯坦；MX = 墨西哥；NI = 尼加拉瓜；PE = 秘鲁；PH = 菲律宾；PK = 巴基斯坦；RU = 俄罗斯；SV = 萨尔瓦多；TH = 泰国；TR = 土耳其；UA = 乌克兰；VE = 委内瑞拉；ZA = 南非。

图 19-11　总体外资银行和新兴市场外资银行的所有权变动

资料来源：Bankscope 数据库，CEIC 数据库，EMED 数据库，各银行财务报表等。

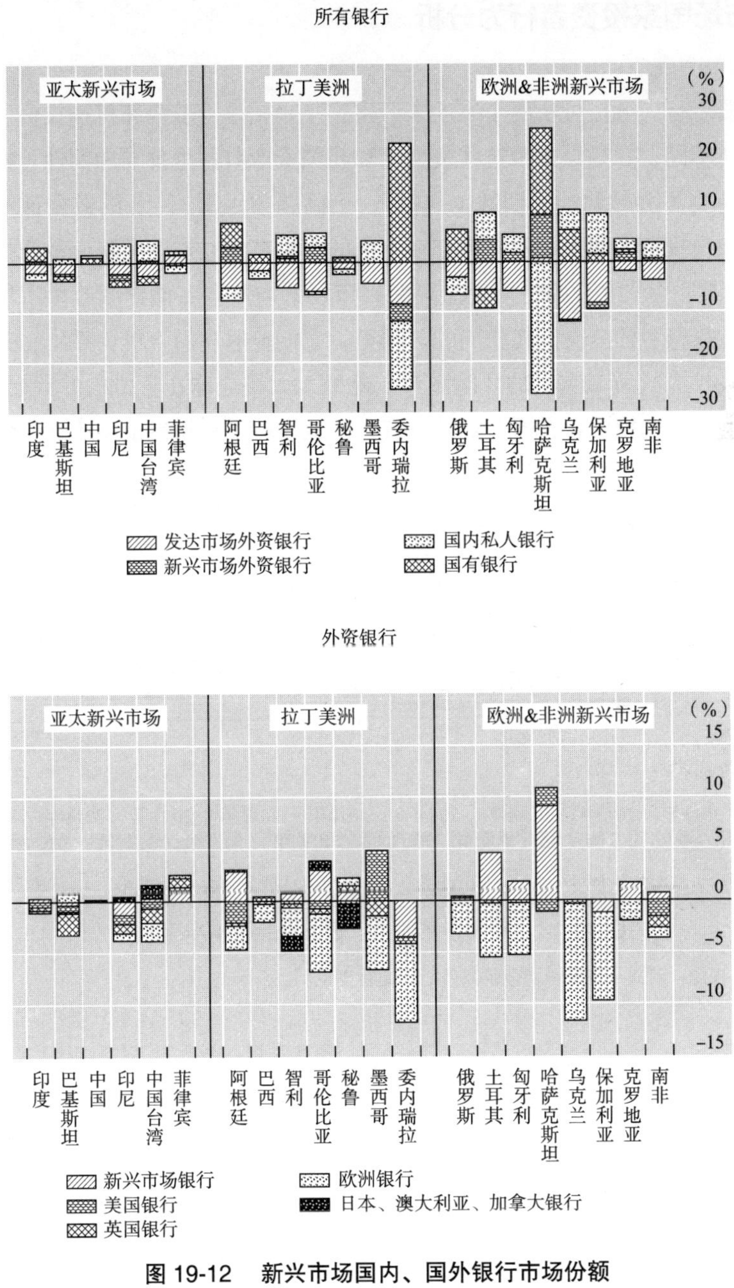

图 19-12　新兴市场国内、国外银行市场份额

资料来源：Bankscope 数据库，CEIC 数据库，EMED 数据库，各银行财务报表等。

新兴市场国家投资者行为分析

投资者行为分析可从两个维度来考察：一是，是否散户和机构投资者的资金流有所不同；二是，是否这些资金流和相关资产收益呈现顺周期性（投资者自己的行为不会导致顺周期性）。在第一个问题中，图 19-13 的数据证明了新兴市场散户投资者和机构投资者存在不同的投资行为，左图反映出散户投资者在 2013 年第一季度开始将资金撤离新兴市场共同基金、债券和股票市场。右图为机构投资者的情况，在相同的时间里，它们较散户而言更少撤出，甚至以一种波动性方式调节它们的风险敞口。此外，大型全球托管机构的数据表明，相对大型的机构投资者在同期继续持有，甚至增持了在新兴市场的资产配置。

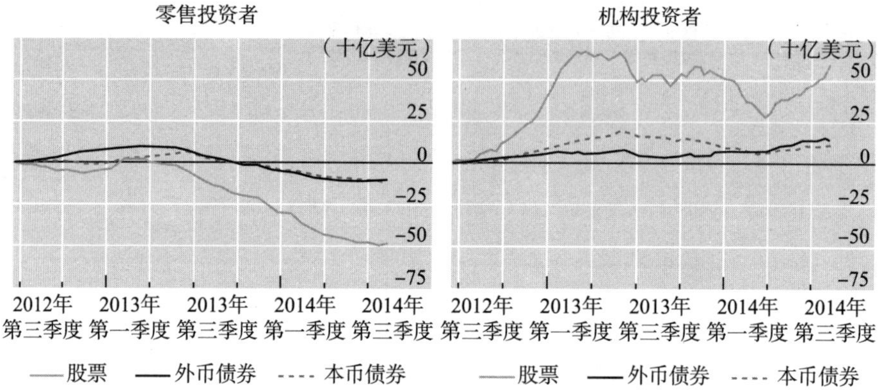

图 19-13 新兴市场股票、债券基金资本净流入

资料来源：新兴市场投资基金研究公司，韬睿惠悦。

第二个问题是流向新兴市场的资金是否是导致周期不稳定的原因，如果投资者为了追逐收益而投资新兴市场，资金的流入会导致本国资产价格和汇率的提高，从而导致顺周期价格流动并进一步提升国内资产价格和汇率的升值。新兴市场投资基金研究公司的研究结果表明，散户投资者和机构投资者投资于新兴市场的资产和回报率具有顺周期性。例如，股权回报率的标准差的上涨可能会导致一个相似幅度的股权流动，在债券市场也得出了相似的结果。从表面上来看，这一结果并不符合那些认为机构投资金流相较散户资金流更少顺周期性的观点，因为机构投资者拥有更大的市场份额，它们对交易的负面后果更具包容性。一个可能的解释就是，新兴市场投资基金研究公司选取的机构投资者相比上述的全球主要托管机构规模较小，类似于散户投资者。共同基金投资者的资金是新兴市场资管投资的重要来源，从 2013 年 1 月到 2014 年 6 月的每周债券基金流量的观察中可以发现，零售投资者习惯于在相同的时间进行买卖（见图 19-14）。

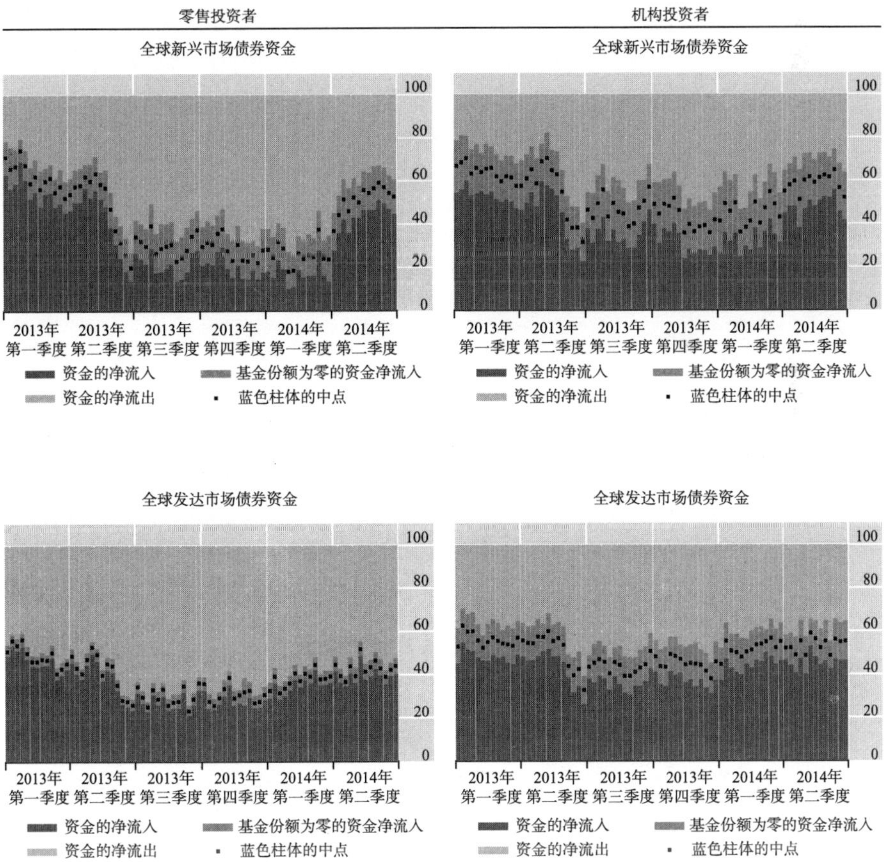

图 19-14　新兴市场、发达市场散户和机构债券资金流向

资料来源：新兴市场投资基金研究公司，德盛安联。

2013年6月，资金流方向从流入转向流出，说明散户大多数时间习惯于同方向上的投资。然而对于机构投资者来说，这种联动程度却不明显，虽然大部分机构投资者在2013年6月卖出基金，但在总的资金流动上却一直保持相对平衡。总体而言，从图19-14中上面两幅图相似的顶部和底部不难看出，新兴市场的所有投资者一定程度上都具有投资行为的趋同性，从而反应出新兴市场相较于发达市场具有更强的资金波动性。

后记

近年来，中国以及全球资产管理行业的发展之快，可用日新月异来形容。10年前，作为中国主要资产管理机构的公募基金，只有区区数十家，不仅从机构数量上看非常有限，市场上的资产管理产品种类亦非常单一和匮乏。而如今，不仅中国资产管理行业机构范围急剧扩张，涵盖了银行、券商、基金、保险等所有主流金融机构，产品种类更是百花齐放，创新产品和思路让人应接不暇。

中国资产管理行业大发展的过程，也正是中国金融系统发展过程的一个缩影。随着中国直接融资渠道不断丰富、规模不断扩大，中国资产管理行业不再仅仅是中国经济发展和转型过程中的一个无足轻重的分享者，而逐步成长为一个越来越重要的直接参与者。并且，几乎所有人也应该可以预见到，中国资产管理行业未来必然将以一个更有效率、更富有活力的姿态，更加深度地参与中国经济金融转型和开放改革的过程中，中国经济金融运行的机理和结构也将逐步得到改进，整个经济金融系统的运行也必将更加专业高效。

但与此同时，结合2015年中国上半年发生的股票市场大震荡以及海外国家金融市场多年发展的经验教训，我们也应当看到，每一次金融体系的大变革和资产管理行业活力的释放，都伴随着市场格局的重新洗牌。风险的隐患往往就在几乎所有人都在享受盛筵之时慢慢积累，并在几乎所有人意料之外的时刻发生。此轮发生于2015年6月底至7月初的股市大幅波动，虽然经过各方的积极努力，系统性风险得以化解，但也给整个市场上了重要的一课：金融动荡的历史不会重演，但是常常押着韵脚。

至书稿完成之时，中国股市大幅波动的余波尚在。总结此次市场的大震荡行情，应当会成为中国资产管理市场发展历程中非常有参考价值的一次事件。如果把这个大的波动放到整个中国资产管理行业发展的大趋势和大历史中考察，我们可以得出更多有参考价值的思考。因此，在这 10 年里，我们通过系列的资产管理行业发展报告，持续地观察和记录中国资产管理行业成长起伏的历程，这其中的价值可以说是弥足珍贵的，特别是在市场大幅波动的时期。

巴曙松

2015年9月

湛庐，与思想有关……

如何阅读商业图书

商业图书与其他类型的图书，由于阅读目的和方式的不同，因此有其特定的阅读原则和阅读方法，先从一本书开始尝试，再熟练应用。

阅读原则1 二八原则

对商业图书来说，80%的精华价值可能仅占20%的页码。要根据自己的阅读能力，进行阅读时间的分配。

阅读原则2 集中优势精力原则

在一个特定的时间段内，集中突破20%的精华内容。也可以在一个时间段内，集中攻克一个主题的阅读。

阅读原则3 递进原则

高效率的阅读并不一定要按照页码顺序展开，可以挑选自己感兴趣的部分阅读，再从兴趣点扩展到其他部分。阅读商业图书切忌贪多，从一个小主题开始，先培养自己的阅读能力，了解文字风格、观点阐述以及案例描述的方法，目的在于对方法的掌握，这才是最重要的。

阅读原则4 好为人师原则

在朋友圈中主导、控制话题，引导话题向自己设计的方向去发展，可以让读书收获更加扎实、实用、有效。

阅读方法与阅读习惯的养成

（1）回想。阅读商业图书常常不会一口气读完，第二次拿起书时，至少用15分钟回想上次阅读的内容，不要翻看，实在想不起来再翻看。严格训练自己，一定要回想，坚持50次，会逐渐养成习惯。

（2）做笔记。不要试图让笔记具有很强的逻辑性和系统性，不需要有深刻的见解和思想，只要是文字，就是对大脑的锻炼。在空白处多写多画，随笔、符号、涂色、书签、便签、折页，甚至拆书都可以。

（3）读后感和PPT。坚持写读后感可以大幅度提高阅读能力，做PPT可以提高逻辑分析能力。从写读后感开始，写上5篇以后，再尝试做PPT。连续做上5个PPT，再重复写三次读后感。如此坚持，阅读能力将会大幅度提高。

（4）思想的超越。要养成上述阅读习惯，通常需要6个月的严格训练，至少完成4本书的阅读。你会慢慢发现，自己的思想开始跳脱出来，开始有了超越作者的感觉。比拟作者、超越作者、试图凌驾于作者之上思考问题，是阅读能力提高的必然结果。

好的方法其实很简单，难就难在执行。需要毅力、执著、长期的坚持，从而养成习惯。用心学习，就会得到心的改变、思想的改变。阅读，与思想有关。

[特别感谢：营销及销售行为专家 孙路弘 智慧支持！]

我们出版的所有图书，封底和前勒口都有“湛庐文化”的标志

湛庐文化 Cheers Publishing

a mindstyle business 与思想有关

并归于两个品牌

财富汇　　心视界

找“小红帽”

为了便于读者在浩如烟海的书架陈列中清楚地找到湛庐，我们在每本图书的封面左上角，以及书脊上部 47mm 处，以红色作为标记——称之为**“小红帽”**。同时，封面左上角标记**“湛庐文化 Slogan”**，书脊上标记**“湛庐文化 Logo”**，且下方标注图书所属品牌。

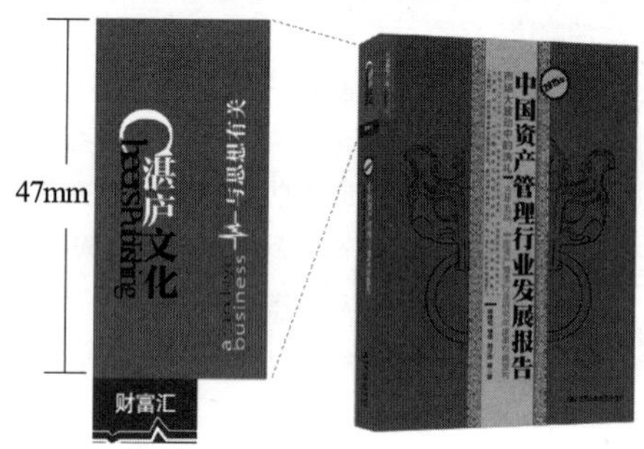

湛庐文化主力打造两个品牌：**财富汇**，致力于为商界人士提供国内外优秀的经济管理类图书；**心视界**，旨在通过心理学大师、心灵导师的专业指导为读者提供改善生活和心境的通路。

阅读的最大成本

读者在选购图书的时候，往往把成本支出的焦点放在书价上，其实不然。

时间才是读者付出的最大阅读成本。

阅读的时间成本=选择花费的时间+阅读花费的时间+误读浪费的时间

湛庐希望成为一个“与思想有关”的组织，成为中国与世界思想交汇的聚集地。通过我们的工作和努力，潜移默化地改变中国人、商业组织的思维方式，与世界先进的理念接轨，帮助国内的企业和经理人，融入世界，这是我们的使命和价值。

我们知道，这项工作就像跑马拉松，是极其漫长和艰苦的。但是我们有决心和毅力去不断推动，在朝着我们目标前进的道路上，所有人都是同行者和推动者。希望更多的专家、学者、读者一起来加入我们的队伍，在当下改变未来。

湛庐文化年获奖书目

《大数据时代》
国家图书馆“第九届文津奖”十本获奖图书之一
CCTV“2013 中国好书”25 本获奖图书之一
《光明日报》2013 年度《光明书榜》入选图书
《第一财经日报》2013 年第一财经金融价值榜“推荐财经图书奖”
2013 年度和讯华文财经图书大奖
2013 亚马逊年度图书排行榜经济管理类图书榜首
《中国企业家》年度好书经管类 TOP10
《创业家》“5 年来最值得创业者读的 10 本书”
《商学院》“2013 经理人阅读趣味年报·科技和社会发展趋势类最受关注图书”
《中国新闻出版报》2013 年度好书 20 本之一
2013 百道网·中国好书榜·财经类 TOP100 榜首
2013 蓝狮子·腾讯文学十大最佳商业图书和最受欢迎的数字阅读出版物
2013 京东经管图书年度畅销榜上榜图书，综合排名第一，经济类榜榜首

《爱哭鬼小隼》
国家图书馆“第九届文津奖”十本获奖图书之一
《新京报》“2013 年度童书”
《中国教育报》“2013 年度教师推荐的 10 大童书”
新阅读研究所“2013 年度最佳童书”

《牛奶可乐经济学》
国家图书馆“第四届文津奖”十本获奖图书之一
搜狐、《第一财经日报》2008 年十本最佳商业图书

《影响力》(经典版)
《商学院》“2013 经理人阅读趣味年报·心理学和行为科学类最受关注图书”
2013 亚马逊年度图书分类榜心理励志图书第八名
《财富》鼎力推荐的 75 本商业必读书之一

《影响力》(教材版)
《创业家》“5 年来最值得创业者读的 10 本书”

《大而不倒》
《金融时报》·高盛 2010 年度最佳商业图书入选作品
美国《外交政策》杂志评选的全球思想家正在阅读的 20 本书之一
蓝狮子·新浪 2010 年度十大最佳商业图书，《智囊悦读》2010 年度十大最具价值经管图书

《第一大亨》
普利策传记奖，美国国家图书奖
2013 中国好书榜·财经类 TOP100

《卡普新生儿安抚法》(最快乐的宝宝 1·0~1 岁)
2013 新浪“养育有道”年度论坛养育类图书推荐奖

《正能量》
《新智囊》2012 年经管类十大图书，京东 2012 好书榜年度新书

《认知盈余》
《商学院》“2013 经理人阅读趣味年报·科技和社会发展趋势类最受关注图书”
2011 年度和讯华文财经图书大奖

《神话的力量》
《心理月刊》2011 年度最佳图书奖

《真实的幸福》
《职场》2010 年度最具阅读价值的 10 本职场书籍

湛庐文化 Cheers Publishing
a mindstyle business 与思想有关

延伸阅读

《巴塞尔资本协议Ⅲ的实施》

扫码直达本书购买链接

◎《巴塞尔资本协议Ⅲ的实施：基于金融结构的视角》是国务院发展研究中心重点基础领域研究课题“国际经济金融结构研究”的阶段性成果，也是巴曙松研究员在哥伦比亚大学从事高级访问学者研究的研究重点之一。

◎《巴塞尔资本协议Ⅲ的实施》是应对2008金融危机、金融监管框架调整的代表性成果，是国际银行业的监管准则，也是包括中国金融界和美国金融界在内的全球金融市场共同关注的重要课题。

《2014年中国资产管理行业发展报告》

扫码直达本书购买链接

◎ 国务院发展研究中心金融研究所副所长，研究员巴曙松带领团队，继续延续将产业发展的宏观理论分析和金融机构实务经验有机结合的研究框架，对新常态下的中国资产管理行业发展过程中面临的机遇与挑战，取得的成绩与遭遇的损失，一一进行梳理。本书对资产管理行业的从业者、研究者、机构与投资者而言，都极具指导意义。

◎ 研究团队连续9年权威发布，堪称“中国资产管理行业的年度晴雨表”。

《当音乐停止之后》

扫码直达本书购买链接

◎ 美国著名经济学家、美联储前副主席、普林斯顿大学经济学教授艾伦·布林德最新力作，一部真实描述美国金融危机历史及其教训的大师级著作。

◎ 国务院发展研究中心金融研究所副所长，中国银行业协会首席经济学家巴曙松领衔翻译。

◎《纽约时报》2013年度十大好书，《金融时报》·高盛年度图书入选作品。

《资本之王》

扫码直达本书购买链接

◎ 全球私募之王黑石集团成长史。

◎ 唯一一部透视黑石集团运作内幕的权威巨著。

◎ 首度展现黑石创始人史蒂夫·施瓦茨曼叱咤风云的私募传奇。